# Made Simple

This new instructive series
has been created
primarily for self-education
but can equally well
be used as
an aid to group study.
However complex the subject,
the reader is taken
step by step,
clearly and methodically
through the course. Each volume
has been prepared by
experts,
using throughout the
Made Simple technique of teaching.
Consequently the gaining
of knowledge now becomes
an experience to be enjoyed.

# ITALIAN Made Simple

Eugene Jackson
and
Joseph Lopreato, M.A.

Advisory editor
Elizabeth Gusterson, B.A.

Made Simple Books
W. H. ALLEN   London
*A Division of Howard & Wyndham Ltd*

© 1960 by Doubleday & Company, Inc., and completely revised and reset 1968 by W. H. Allen & Company Ltd.

---

Made and printed in Great Britain
by Richard Clay (The Chaucer Press), Ltd, Bungay, Suffolk
for the publishers W. H. Allen & Co., Ltd.
Essex Street, London WC2R 3JG
First edition, October 1968
Reprinted June 1972
Reprinted and Revised September 1973

ISBN 0 491 01490 2 paperbound

# Foreword

A holiday in Florence or on the Italian Riviera, a business trip to Milan or Turin, a visit to the opera, Italian painting and sculpture, the works of Dante, Petrarch or Boccaccio in the original, a pilgrimage to Rome—perhaps this is one of the many reasons why you would like to learn Italian? But even if there are Italian classes in your area it may be difficult to find time to attend them regularly.

*Italian Made Simple* has been specially written with the needs of the self-taught student in mind. It is assumed that you do not have even a basic knowledge of the language, and in the book you are introduced step by step to its structure and vocabulary. A language is essentially a spoken medium: so each new word in the Building Vocabularies has been transcribed into the International Phonetic Alphabet so that you know exactly how it should be pronounced. The many exercises are provided with answers at the back of the book so that a constant check can be kept on your progress and the frequent revision chapters ensure that ample opportunity is given for consolidating your knowledge before you go on to the next section. The dialogues in each chapter contain useful everyday phrases, and the carefully graded material will prove of value to schools and evening institutes, particularly for classes studying at O-level G.C.E. and beyond. The book will be a pleasant source of revision for those who already know some Italian and wish to brush up their knowledge and achieve greater fluency.

ELIZABETH GUSTERSON

# Table of Contents

# CHAPTER 1

## MEET THE ITALIAN LANGUAGE

In beginning your study of Italian you will soon discover that you can already understand, or will be able to guess the meaning of a good many Italian words. Some Italian words have come into the English language unchanged—musical terms, for instance—and quite a few English words are used in Italian—**il film**, for example. In many cases there is only a very slight difference in spelling between an Italian word and its English equivalent. Below you will see some Italian words which you should have no difficulty in recognizing.

(*a*) Italian words which are similar to English words except for a final vowel (**a, o,** or **e**) added at the end:

| | | | | |
|---|---|---|---|---|
| **poeta** *poet* | **problema** *problem* | **artista** *artist* | **forma** *form* | **lista** *list* |
| **persona** *person* | **pianista** *pianist* | **musica** *music* | **concerto** *concert* | **moderno** *modern* |
| **evento** *event* | **periodo** *period* | **spirito** *spirit* | **calmo** *calm* | **monumento** *monument* |
| **porto** *port* | **cordiale** *cordial* | **cereale** *cereal* | **classe** *class* | **generale** *general* |
| **regione** *region* | **importante** *important* | | | |

(*b*) Italian words which are similar to English words but with the final vowel pronounced instead of the English final silent **e**:

| | | | | |
|---|---|---|---|---|
| **rosa** *rose* | **guida** *guide* | **data** *date* | **statura** *stature* | **vaso** *vase* |
| **uso** *use* | **sincero** *sincere* | **fortunato** *fortunate* | **stato** *state* | |

(*c*) Italian words which you should be able to guess easily. They differ only very slightly in spelling from their English equivalents:

| | | | | |
|---|---|---|---|---|
| **articolo** *article* | **scuola** *school* | **generoso** *generous* | **teatro** *theatre* | **famoso** *famous* |
| **famiglia** *family* | **programma** *programme* | **letteratura** *literature* | **edificio** *edifice* | **centro** *centre* |
| **turista** *tourist* | **attore** *actor* | **dottore** *doctor* | **gruppo** *group* | **colore** *colour* |

1

(*d*) Words in which the Italian ending **-zione** corresponds to the English ending **-tion**:

| | | |
|---|---|---|
| **conversazione** | **emozione** | **stazione** |
| *conversation* | *emotion* | *station* |
| **informazione** | **competizione** | **disposizione** |
| *information* | *competition* | *disposition* |

(*e*) Words in which the Italian endings **-à** and **-ia** correspond to English words ending in **y**:

| | | | | |
|---|---|---|---|---|
| **opportunità** | **quantità** | **qualità** | **dignità** | **formalità** |
| *opportunity* | *quantity* | *quality* | *dignity* | *formality* |
| **gloria** | **varietà** | **attività** | **identità** | **velocità** |
| *glory* | *variety* | *activity* | *identity* | *velocity* |
| **geografia** | **società** | | | |
| *geography* | *society* | | | |

(*f*) Some musical terms which have come into English from Italian:

| | | | |
|---|---|---|---|
| **sonata** | **soprano** | **contralto** | **alto** |
| **opera** | **primadonna** | **fortissimo** | **pianissimo** |

(*g*) Italian verbs similar to their English equivalents except for the ending:

| | | | | |
|---|---|---|---|---|
| **visitare** | **conversare** | **presentare** | **arrivare** | **confessare** |
| *to visit* | *to converse* | *to present* | *to arrive* | *to confess* |
| **decidere** | **preferire** | **studiare** | **indicare** | **preparare** |
| *to decide* | *to prefer* | *to study* | *to indicate* | *to prepare* |
| **informare** | **costare** | **dividere** | **differire** | |
| *to inform* | *to cost* | *to divide* | *to differ* | |

## A word of warning

Not all the words that look similar do in fact have the same meaning as their English equivalents—**domandare** means *to ask* not *to demand*. Although the similarity in meaning and form will help you to understand many words, don't be misled into thinking that they are pronounced in the English way.

## Italian is not difficult to pronounce

Italian is a phonetic language. This means that it is pronounced exactly as it is spelt. Unlike English every syllable is pronounced and the only 'silent' letter in the alphabet is the 'h'. In Chapter 2 it will be explained how each letter is pronounced in Italian. If possible you should try to find an Italian person who is willing to help you with your pronunciation. There is one difficulty: regional accents vary enormously in Italy. Unlike some other languages, the 'standard' language of Italy is not that spoken in the capital, Rome, or even in the business capital, Milan; it is the language spoken in Tuscany, Florence, and Siena in particular. (Italy, you may remember, was not a unified country until 1870 and Rome did not become the capital until that year.) Italian, as it is spoken in Tuscany, Florence, and Siena in particular, is considered to be the 'standard' language: so don't try to imitate the pronunciation of an uneducated person who comes from, say, Calabria. If you can't find an Italian person to help you, buy a record or a tape so that you can listen to Italian as spoken by a native. Try to listen, too, to the teaching programmes put out on television and radio. In this book we have tried to keep to the standard Tuscan pronunciation.

# CHAPTER 2

## ITALIAN PRONUNCIATION

Italian is a fairly easy language to pronounce once you have learned the main differences from English: for instance a c before an e or an i is pronounced ch, but a ch is pronounced k. Having once learned such rules, though, you should not find it difficult because there are no exceptions. In this book the International Phonetic Alphabet has been used to give the pronunciation of every new word in the Building Vocabularies. You will find the pronunciation in brackets immediately after the Italian. Once the symbols of this phonetic alphabet have been mastered, a greater degree of accuracy will be possible than through any other phonetic aid. The stressed syllables are written in heavy type.

In the first part of this chapter you will learn the Italian alphabet and the phonetic symbols used to represent the sounds in this book. You will also be given the nearest English sound represented by the phonetic symbol. It is important to master the pronunciation and the International Phonetic Alphabet before rushing on to the rest of the book, so don't try to hurry over this chapter. Go back to it frequently to make sure you are speaking correctly as you go through the book.

In the second part of this chapter you will find some useful words and phrases for practising your pronunciation. Read them aloud several times.

Do not worry about all the rules given. You do not need to know these now as the phonetic script will give you the correct pronunciation.

### PARTE PRIMA (FIRST PART)
### ITALIAN SOUNDS ILLUSTRATED IN FAMILIAR WORDS

In the tables below the first letter given is the Italian letter. The phonetic symbol which represents it follows immediately after in brackets. The nearest English equivalent sound is given; and Italian words are included so that you can practise the sounds being explained. Remember that the stressed syllables are printed in heavy type.

#### Vowels

In Italian each vowel is clearly enunciated. When you first try to pronounce Italian words, take things slowly and don't try to rush. Concentrate on saying each syllable correctly: you can read more quickly later on when you have become more familiar with the sounds of the language.

In the tables below the Italian sound is followed by the phonetic symbol used to represent it in brackets. e (ε) means that ε is the phonetic symbol used to represent the e described. After reading about the sound, practise saying the words which include it, reading them aloud at least three times. Refer to this section of the book whenever you are uncertain about a sound.

**a (a)**   Pronounced something like the *a* in *father*.
  Practise saying: **data** (**da**-ta), **artista** (ar-**ti**-sta), **teatro** (te-**a**-tro).

**e (e)**   'closed' **e**. Pronounced like the *a* in *day*.
The letter **e** has two different sounds in Italian. In an unstressed syllable it is always what is called a 'closed' **e**. In a stressed syllable it may be either a closed **e** or an open **e** (ε), see below.
Practise saying: **totale** (to-ta-le), **fede** (fe-de), **penna** (pen-na).

**e (ε)**   'open' **e**. Pronounced like the *e* in *met*.
The open **e** is always stressed.
Practise saying: **problema** (pro-blε-ma), **studente** (stu-dεn-te), **dente** (dεn-te).

**i (i)**   Pronounced like the *ee* in *see*.
Practise saying: **turista** (tu-ri-sta), **vino** (vi-no), **lista** (li-sta).

**iu (ju)**   When an **i** itself is not stressed and occurs immediately before another vowel (i.e. in the combinations **ia, ie, io,** and **iu**), it is pronounced rather like the *y* in *yet*.
Practise saying: **più** (pju), **soffiare** (sof-fja-re), **soffiamo** (sof-fja-mo).

**o (o)**   'closed' **o**. Pronounced like the *o* in *dote*.
Like **e**, the vowel **o** has two different sounds in Italian. In an unstressed syllable it is always a closed **o** (o). In a stressed syllable it may be either a closed **o** (o) or an open **o** (ɔ).
Practise saying: **colore** (ko-lo-re), **totale** (to-ta-le), **persona** (per-so-na).

**o (ɔ)**   'open' **o**. Pronounced like the *o* in *hot*.
Open **o** (ɔ) only occurs in a stressed syllable.
Practise saying: **costa** (kɔ-sta), **opera** (ɔ-pe-ra), **posta** (pɔ-sta).

**u (u)**   Pronounced like the *oo* in *boot*.
Practise saying: **fortuna** (for-tu-na), **virtù** (vir-tu), **turista** (tu-ri-sta).

**u (w)**   When a **u** occurs immediately before another vowel (i.e. in the combinations **ua, ue, ui,** and **uo**) and is not stressed itself, it is pronounced like a short English w, the *w* in *Lewis*, for example.
Practise saying: **guida** (gwi-da), **suonare** (swo-na-re), **questo** (kwe-sto), **quantità** (kwan-ti-ta).

## Consonants

The letters **j, k, w, x,** and **y** are not now used in Italian (very occasionally they are used to write foreign words). The letter **h** is used as a spelling aid, but it is not itself pronounced. Some forms of the present tense of the verb 'to have' are spelt with an **h**, but they are pronounced as if the **h** did not exist. An **h** is also used to make a **c** or a **g** hard (see **c** and **g** below). Many Italian consonants are pronounced very like the corresponding English sounds: a few need special attention, but once you have mastered these you should not find that the Italian alphabet presents you with any great difficulty.

**b (b)**   Pronounced like the *b* in *been*.
Practise saying: **buono** (bwɔ-no), **bambino** (bam-bi-no), **bene** (bε-ne).

**c (k)**   'hard' **c**. When **c** is followed by a consonant or by the vowels **a, o,** or **u** it is pronounced like the *c* in *cake*.
Practise saying: **calmo** (kal-mo), **scultura** (skul-tu-ra), **classe** (klas-se).

**ch (k)**   The combination **ch** only occurs before an **e** or an **i** in Italian (the 'h' is inserted to keep the 'c' hard). It is pronounced like the hard **c** (k) above.
Practise saying: **chimica** (ki-mi-ka), **che** (ke), **chi** (ki).

**c (tʃ)**   When a **c** occurs before an **e** or an **i** it is pronounced like the *ch* in *church*.
Practise saying: **centro** (tʃɛn-tro), **cinema** (tʃi-ne-ma), **sincero** (sin-tʃɛ-ro).

**sc (ʃʃ)**   When the combination **ce** or **ci** is immediately preceded by an **s** (i.e. in the combinations **sce** and **sci**) it is pronounced like the *sh* in *shute*.
Practise saying: **uscire** (uʃ-ʃi-re), **scientifico** (ʃʃen-ti-fi-ko), **scendere** (ʃʃen-de-re).

### Summary

c before **a, o, u,** or a consonant = pronounced k (k)
ch = pronounced k (k)
c before **i** or **e** = pronounced ch (tʃ)
sci or sce = pronounced sh (ʃʃ)

NOTE: the letter g behaves in a similar way.

**d (d)**   Pronounced like the *d* in *deed*.
Practise saying: **data** (da-ta), **guida** (gwi-da), **decidere** (de-tʃi-de-re).

**f (f)**   Pronounced like the *f* in *fun*.
Practise saying: **futuro** (fu-tu-ro), **fortuna** (for-tɹ-na), **differire** (dif-fe-ri-re).

**g (g)**   When a **g** is followed by **a, o,** or **u,** or by a consonant which is not **n** or **l** it is pronounced like the hard *g* in *good*.
Practise saying: **gala** (ga-la), **gruppo** (grup-po), **grande** (gran-de).

**gh (g)**   The combination **gh** only occurs before an **e** or an **i**. It is pronounced as the hard g above (i.e. the *g* in *good*).
Practise saying: **spaghetti** (spa-get-ti), **paghiamo** (pa-gja-mo), **Inghilterra** (iŋ-gil-tɛr-ra).

**g (dʒ)**   When **g** occurs immediately before an **e** or an **i**, it is pronounced like the *g* in *gentle*. The combination **ggi** or **gge** has the phonetic symbol ddʒ.
Practise saying: **gentile** (dʒen-ti-le), **generale** (dʒe-ne-ra-le), **fragile** (fra-dʒi-le), **raggio** (rad-dʒo), **viaggio** (vjad-dʒo).

**gl (ʎ)**   When the combination **gl** is immediately followed by an **i**, it is usually pronounced rather like the *lli* in *million*. Occasionally it is pronounced like the *gl* in *glass*, but the phonetic symbols will show you which way you should say it.
Practise saying: **miglio** (mi-ʎo), **famiglia** (fa-mi-ʎa), **gli** (ʎi), **gloria** (glɔ-rja), **negligente** (ne-gli-dʒɛn-te).

**gn (ñ)**   Pronounced like the *ni* in *onion*.
Practise saying: **bagno** (ba-ño), **ogni** (o-ñi), **signore** (si-ño-re).

**n (ŋ)**   When an **n** is immediately followed by a hard **c** or **ch** (phonetic symbol k) or by a hard **g** or **gh** (phonetic symbol g), it is pronounced like the *ng* in *sing*.
Practise saying: **banca** (baŋ-ka), **anche** (aŋ-ke), **lingua** (liŋ-gwa).

**n (n)**   Pronounced like the *n* in *night*.
Practise saying: **notte** (nɔt-te), **nove** (nɔ-ve), **uno** (u-no).

**h**   There is no phonetic symbol for this letter because it is silent in Italian.
Practise saying: **ho** (o), **hai** (ai), **hanno** (an-no), **chi** (ki).

l (l)     Pronounced like the *l* in *list*, except in the combination **gli** (see above).
Practise saying: **lista, (li-sta), calmo (kal-mo), alto (al-to)**.

m (m)    Like the *m* in *me*.
Practise saying: **musica (mu-zi-ka), primo (pri-mo), informare (in-for-ma-re)**.

p (p)     Pronounced like the *p* in *penny*.
Practise saying: **opera (ɔ-pe-ra), parte (par-te), preparare (pre-pa-ra-re)**.

qu (kw)  Pronounced like the *qu* in *quick*.
Practise saying: **quarto (kwar-to), quale (kwa-le), quantità (kwan-ti-ta)**.

r (r)     The **r** is trilled in Italian. It is never left out or swallowed as it is in English. Practise saying **rrr** on its own. Remember to say the **r** clearly whenever you meet it in Italian words.
Practise saying: **parlare (par-la-re), raramente (ra-ra-mɛn-te), primo (pri-mo)**.

s (s)     The letter **s** has two different sounds in Italian. When it occurs at the beginning of a word and is followed by a vowel, when it is a double s (ss), and when it occurs in front of the consonants **c, f, p, q,** and **t** it is pronounced like the *s* in *soup*. It is called an unvoiced **s** in this case.
Practise saying: **sonata (so-na-ta), soprano (so-pra-no), sfortuna (sfor-tu-na)**.

s (z)     The letter **s** can also be pronounced like the *s* in *please*—when it is called a voiced **s**. It is pronounced in this way when it is at the beginning of a word and not followed by a vowel i.e. **svago (zva-go)**, and when it occurs in front of consonants other than **c, f, p, q,** and **t**.
Practise saying: **rosa (rɔ-za), esame (e-za-me), misura (mi-zu-ra)**.

sc (ʃʃ)   When the combination **sc** is followed either by **e** or **i**, it is pronounced like the *sh* in *shute*.
Practise saying: **ambasciata (am-baʃ-ʃa-ta), sci (ʃʃi), scena (ʃʃɛ-na)**.
When the combination **sc** is not followed by an **e** or an **i**, it is pronounced *sk*: **scusare (sku-za-re)**.

t (t)     Pronounced like the *t* in *ten*.
Practise saying: **statura (sta-tu-ra), trovare (tro-va-re), sabato (sa-ba-to)**.

v (v)     Pronounced like the *v* in *view*.
Practise saying: **vino (vi-no), velocità (ve-lo-tʃi-ta), evento (e-vɛn-to)**.

z (ts)    Like **s**, the letter **z** has two sounds in Italian. When it is unvoiced it is pronounced like the *ts* in *its*.
Practise saying: **stazione (sta-tsjo-ne), grazie (gra-tsje), zucchero (tsuk-ke-ro)**.

z (ds)    Pronounced like the *ds* in *leads*.
Practise saying: **zero (dzɛ-ro), zona (dsɔ-na), zeffiro (dsef-fi-ro)**.

## Summary of Phonetic Symbols

Below you will find a list of the phonetic symbols used in this book, together with their nearest equivalents in English.

| | | | |
|---|---|---|---|
| a | *a* in *father* | l | *l* in *list* |
| b | *b* in *been* | m | *m* in *me* |
| k | *c* in *cake* | n | *n* in *night* |
| tʃ | *ch* in *church* | o | *o* in *dote* |
| ʃʃ | *sh* in *shute* | ɔ | *o* in *hot* |
| d | *d* in *deed* | p | *p* in *penny* |
| e | *a* in *day* | kw | *qu* in *quick* |
| ɛ | *e* in *met* | r | trilled *r* |
| f | *f* in *fun* | s | *s* in *soup* |
| g | *g* in *good* | z | *s* in *please* |
| dʒ | *g* in *gentle* | t | *t* in *ten* |
| ʎ | *lli* in *million* | u | *oo* in *boot* |
| ñ | *ni* in *onion* | v | *v* in *view* |
| ŋ | *ng* in *sing* | w | *w* in *Lewis* |
| i | *ee* in *see* | ts | *ts* in *its* |
| j | *y* in *yet* | ds | *ds* in *leads* |

## Double Consonants

In Italian a double consonant is pronounced quite distinctly from a single consonant. Pause on the first consonant before saying the second—say the consonant twice. Distinguish between the words **capello** (ka-**pel**-lo) meaning *hair* and **cappello** (kap-**pɛl**-lo) meaning *hat*. Practise saying: **immaginare** (im-ma-dzi-**na**-re), **mamma** (**mam**-ma), **ecco** (**ɛk**-ko).

## Accents

Most Italian words are stressed on the penultimate syllable (i.e. **accento** (at-**tʃɛn**-to) is stressed on the **cen** syllable). When the final syllable is stressed, an accent is inserted above it (i.e. **virtù, bontà**). Otherwise no accents are used to show the stress, so you will have to learn how to say each new word you meet. In this book the stressed syllable is printed in heavy type in the phonetic script so always look carefully to see which is the stressed syllable.

## The Days of the Week

**lunedì** (lu-ne-**dì**), Monday
**martedì** (mar-te-**dì**), Tuesday
**mercoledì** (mer-ko-le-**dì**), Wednesday
**giovedì** (dʒo-ve-**dì**), Thursday

**venerdì** (ve-ner-**dì**), Friday
**sabato** (**sa**-ba-to), Saturday
**domenica** (do-**me**-ni-ka), Sunday
**settimana** (set-ti-**ma**-na), week

## PARTE SECONDA (SECOND PART)

The second part of this chapter contains some useful words and expressions. Do not try to memorize all of them at this point. They will appear again in later chapters when you will be able to learn them thoroughly.

## Some Useful Words and Expressions for the Traveller

A. Practise reading the Italian aloud:

1 **Per piacere** (per pja-**tʃe**-re), Please
2 **Signore** (si-**ño**-re), Mr.
3 **Signora** (si-**ño**-ra), Mrs.

4 **Signorina** (si-ño-**ri**-na), Miss
5 **Grazie** (**gra**-tsje), Thanks
6 **Prego** (**prɛ**-go), You're welcome, *or* Don't mention it.

7 **Mi scusi** (mi-sku-ʒi). Excuse me.

8 **Quanto costa** (kwan-to kɔ-sta)? How much does it cost?

9 **È molto caro** (ɛ mol-to ka-ro). It is very dear.

10 **È a buon mercato** (ɛ a bwɔn mer-ka-to). It is cheap.

11 **Desidero** (de-ʒi-de-ro), I want

12 **Dov'è** . . . (do-vɛ)? Where is . . . ?

13 **Ha Lei** . . . (a lɛ-i)? Have you . . . ?

14 **Dove posso comprare** . . . (do-ve pɔs-so kom-pra-re)? Where can I buy . . . ?

15 **Dove posso trovare** . . . (tro-va-re)? Where can I find . . . ?

16 **Capisco** (ka-pi-sko). I understand.

17 **Non** (non) **capisco**. I do not understand.

B. Read aloud the words in the lists below:

## I. Quanto costa . . . ?

1 **il cappello** (il kap-pɛl-lo), the hat

2 **il vestito** (ve-sti-to), the suit, dress

3 **il soprabito** (so-pra-bi-to), the overcoat

4 **la camicia** (ka-mi-tʃa), the shirt

5 **la camicetta** (ka-mi-tʃet-ta), the blouse

6 **la giacca** (dʒak-ka), the jacket

7 **la gonna** (gon-na), the skirt

8 **la cravatta** (kra-vat-ta), the tie

9 **la borsetta** (bor-sɛt-ta), the handbag

10 **questo paio** (kwe-sto paj-o), this pair

11 **questo paio di guanti** (di gwan-ti), this pair of gloves

12 **questo paio di scarpe** (skar-pe), this pair of shoes

13 **questo paio di calze** (kal-tse), this pair of stockings

14 **questo paio di calzini** (kal-tsi-ni), this pair of socks.

## II. Desidero . . .

1 **una tazza** (u-na tat-tsa), a cup

2 **di caffè** (di kaf-fɛ), of coffee

3 ⎰ **un bicchiere** (bik-kje-re), a glass

4 ⎱ **d'acqua** (dak-kwa), of water

5 **una camera** (ka-me-ra), a room

6 **con bagno** (kon ba-ño), with bath

7 **un giornale** (dʒor-na-le), a newspaper

8 **una penna** (pen-na), a pen

9 **il menù** (me-nù)

10 **una rivista** (ri-vi-sta), a magazine

11 **telefonare** (te-le-fo-na-re), to telephone

12 **mangiare** (man-dʒa-re), to eat

13 **dormire** (dor-mi-re), to sleep

14 **andare** (an-da-re), to go

15 ⎰ **andare a casa** (a ka-sa), to go home

16 ⎪ **al cinema** (al tʃi-ne-ma), to the cinema

17 ⎪ **a teatro** (a te-a-tro), to the theatre

18 ⎱ **al negozio** (al ne-gɔ-tsjo), to the store

19 **pagare** (pa-ga-re), to pay

20 **il conto** (il kon-to), the bill

## III. Per piacere, signore, dov'è . . . ?

1 **la posta** (pɔ-sta), post office

2 **la questura** (kwe-stu-ra), police station

3 **il centro** (tʃen-tro), the centre

4 **il telefono** (te-lɛ-fo-no), telephone

5 **il gabinetto** (ga-bi-net-to), toilet

6 **la sala d'aspetto** (sa-la da-spɛt-to), the waiting-room

### Dialogo (dja-lo-go) Dialogue

C. Practise aloud:

1 — **Buon giorno, signor Facci. Come sta?** Good day, Mr. Facci, how are you?

1 (bwɔn dʒor-no, si-ñor **fat**-tʃi. **ko**-me sta)

2 — **Molto bene, grazie, e Lei?** Very well, thank you, and you?

2 (**mol**-to bɛ-ne, **gra**-tsje, e lɛ-i)

3 — **Molto bene, grazie.** Very well, thank you.

3 (**mol**-to bɛ-ne, **gra**-tsje)

4 — **Arrivederci, Filippo.** Good-bye, Philip.

4 (ar-ri-ve-**der**-tʃi, fi-**lip**-po)

5 — **Arrivederci, signor Facci.** Good-bye, Mr. Facci.

5 (ar-ri-ve-**der**-tʃi, si-ñor **fat**-tʃi)

# CHAPTER 3

## CHI È IL SIGNOR SMITH?

### Who Is Mr. Smith?

You have acquired a working knowledge of Italian pronunciation and are already familiar with a number of words and expressions. You are now ready for a closer study of the Italian language. Follow all directions for study, reading aloud and speaking. Remember: the only way you can learn to speak a language is by speaking it.

This chapter will introduce Mr. Smith, a London businessman who is as eager as you are to learn Italian. You will also meet his teacher, **Signor Facci (fat-tʃi)**, an Italian living in London.

So, **Buona Fortuna (bwɔ-na for-tu-na)** (Good Luck) and **Buon Viaggio (bwɔn vjad-dʒo)** (Happy Journey) as you accompany Mr. Smith on the road which leads to a practical knowledge of the Italian language.

**Come studiare ogni (ɔ-ñi) capitolo.** How to study each chapter.

Read the Italian text, referring to the English when necessary to understand the meaning.

Cover up the English text and read the Italian text to yourself.

Practise reading aloud, with the help of the pronunciation key, the words and expressions under 'Building Vocabulary'.

Then read the Italian text aloud, pronouncing each syllable carefully.

Study the 'Grammar Notes' and do all the 'Practical Exercises'.

Check your answers to each exercise in the 'Answers' section at the back of the book.

### Chi è il signor Smith?

1 Il signor Smith è [1]commerciante.

2 Lui è inglese.

3 Lui ha un ufficio a Londra.

4 La famiglia Smith abita in un sobborgo.

5 Nella famiglia ci sono sei persone: il padre, il signor Smith; la madre, la signora Smith; e quattro figli.

6 Ci sono due ragazzi e due ragazze.

7 Il signor Smith è un uomo di trentasette anni.[2]

8 La signora Smith è una donna di trentacinque anni.

9 Lei è inglese.

10 La casa del signor Smith ha sette stanze: il salotto, la sala da pranzo, la cucina, e quattro camere da letto.

11 C'è anche una stanza da bagno.

12 È una casa privata.

13 Il lunedì,[3] il martedì, il mercoledì, il giovedì e il venerdì il signor Smith va in città.

14 Lui lavora tutto il giorno.

15 Il sabato e la domenica non va in città.

## Who Is Mr. Smith?

1 Mr. Smith is a [1]businessman.

2 He is English.

3 He has an office in London.

4 The Smith family lives in a suburb.

5 In the family there are six people: the father, Mr. Smith; the mother, Mrs. Smith, and four children.

6 There are two boys and two girls.

7 Mr. Smith is a man of thirty-seven.[2]

8 Mrs. Smith is a woman of thirty-five.

9 She is English.

10 Mr. Smith's house has seven rooms: the living-room, the dining-room, the kitchen, and four bedrooms.

11 There is also a bathroom.

12 It is a private house.

13 On Mondays,[3] Tuesdays, Wednesdays, Thursdays, and Fridays Mr. Smith goes to town.

14 He works all day.

15 On Saturdays and Sundays he does not go to town.

NOTES: 1. In Italian the indefinite article is not used in the phrase he is an X, where X stands for an occupation. *He is a doctor*, **lui è medico.** If the occupation is qualified by an adjective, phrase or clause, then the article is used e.g. **Il signor Smith è *un* commerciante di Londra.** 2. **anni,** which means *years*, is omitted in the English translation. 3. **Il lunedì, il martedì,** etc. (literally *the* Monday, *the* Tuesday, etc.), are translated *on* Mondays, etc.

### Building Vocabulary

**il** (il), the—*with a masculine noun*

**il bambino** (bam-bi-no), the child, little boy

**il commerciante** (kom-mer-tʃan-te), the businessman, trader, dealer

**il figlio** (fi-ʎo), the son; **i figli** (fi-ʎi), children

**il fratello** (fra-tɛl-lo), the brother

**il padre** (pa-dre), the father

**il ragazzo** (ra-gat-tso), the boy

**il salotto** (sa-lot-to), the living-room

**il sobborgo** (sob-bɔr-go), the suburb

**la** (la), the—*with a feminine noun*

**la bambina** (bam-bi-na), the child, little girl

**la camera** (ka-me-ra), the room, bedroom

**la casa** (ka-sa), the house

**la città** (tʃit-ta), the city

**la cucina** (ku-tʃi-na), the kitchen

**la donna** (dɔn-na), the woman

**la famiglia** (fa-mi-ʎa), the family

**la figlia** (fi-ʎa), the daughter

**la madre** (ma-dre), the mother

**la persona** (per-so-na), the person

**la ragazza** (ra-gat-tsa), the girl

**la sala da pranzo** (pran-tso), the dining-room

**la sorella** (so-rɛl-la), the sister

**la stanza** (stan-tsa), the room

**la stanza da bagno** (ba-ño), the bathroom

**l'**, the—*before any word beginning with a vowel*

**l'Inglese** (*m.*) (iŋ-ʎe-se), English-(man)

**l'Inglese** (*f.*) (iŋ-ʎe-se), English-(woman)

**l'anno** (an-no), the year

**l'ufficio** (uf-fi-tʃo), the office

**l'uomo** (wɔ-mo), the man

**è** (ɛ), he, she, it is

**ha** (a), he, she, it has

**abita** (a-bi-ta), he, she, it lives (dwells)

**lavora** (la-vɔ-ra), he, she, it works

**va** (va), he, she it goes
**lui** (lwi), he; **lei** (lɛ-i), she
**anche** (aŋ-ke), also, too
**a**, to; **a + il = al**, to the
**di**, of; **di + il = del**, of the; **di +
la = della**, of the

**in**, in; **in + la = nella**, in the
**per** (per), for
**un** (un), **una** (u-na), a, an
**e** (e), and
**sì** (si), yes; **no** (no), no
**non** (non), not

### Espressioni italiane (*e-spres-*sjo-*ni i-ta-*lja-*ne*) Italian Expressions

1 **C'è** (tʃɛ), There is . . .
2 **C'è . . . ?** Is there?
3 **Ci sono . . .** (tʃi so-no), There are . . .
4 **Ci sono . . . ?** Are there . . . ?
5 **tutto il giorno** (tut-to il dʒor-no), all day

6 **in città** (in tʃit-ta), to the town, in the town
7 **a Londra, a Roma**, etc. In London, or to London, etc., in Rome, etc.

### Grammar Notes and Practical Exercises

1 The Definite Article and Noun—Singular.

#### Masculine Singular

| | |
|---|---|
| *il* ragazzo | *the* boy |
| *il* libro | *the* book |
| *il* padre | *the* father |
| *l'*Inglese | *the* Englishman |
| *l'*Australiano | *the* Australian (*male*) |

#### Feminine Singular

| | |
|---|---|
| *la* ragazza | *the* girl |
| *la* casa | *the* house |
| *la* madre | *the* mother |
| *l'*Inglese | *the* Englishwoman |
| *l'*Australiana | *the* Australian (*female*) |

The definite article agrees with its noun in number and gender.

**il** (*the*) is used with masculine singular nouns. **la** (*the*) is used with feminine singular nouns.

**l'** (*the*) is used instead of **il** or **la** when the next word begins with a vowel.

2 The Gender of Nouns.

Nouns in Italian are either masculine or feminine in gender. There is no neuter gender.

Nouns ending in **-o** are nearly all masculine. (**il ragazzo, il libro, l'Australiano, l'ufficio**)

Nouns ending in **-a** are generally feminine. (**la ragazza, la signora, la casa, l'Australiana**)

Nouns ending in **-e** are masculine or feminine. (**il padre, il signore, la madre, l'amore** *m.* love; **l'arte** *f.* art.)

As there is no easy way of telling whether a noun ending in **-e** is masculine or feminine, you will have to learn the gender of each one as you meet it. Some are obvious: **il padre**, *the father*; **la madre**, *the mother*; but often the meaning of the word will not give any hint about its gender. **L'arte**, *art*, is feminine, for example, but **l'amore**, *love*, is masculine.

**Esercizio** (e-zer-tʃi-tsjo) **No. 1** (Exercise No. 1)

Study the nouns in the 'Building Vocabulary'. Use with each of the following nouns the correct form of the definite article (**il, la, l'**). Check your answers and the answers to all future exercises in the 'Answers' section which you will find at the end of the book.

**Esempio** (e-zɛm-pjo) (Example): **l'uomo**.

| | | | |
|---|---|---|---|
| 1 uomo | 7 camera | 13 salotto | 19 Inglese (*m.*) |
| 2 donna | 8 figlia | 14 signora | 20 Inglese (*f.*) |
| 3 padre | 9 amico | 15 ragazzo | 21 signorina |
| 4 madre | 10 cucina | 16 ragazza | 22 commerciante |
| 5 anno | 11 signore | 17 famiglia | 23 sala da bagno |
| 6 libro | 12 arte | 18 ufficio | 24 Australiana |

3 The Definite Article and Noun—Plural.

*Masculine*

| Singular | | Plural |
|---|---|---|
| *il* ragazzo | *i* ragazzi | the boys |
| *il* padre | *i* padri | the fathers |
| *l'*Inglese | *gli* Inglesi | the English |
| *l'*Australiano | *gli* Australiani | the Australians |

*Feminine*

| Singular | | Plural |
|---|---|---|
| *la* ragazza | *le* ragazze | the girls |
| *la* madre | *le* madri | the mothers |
| *l'*Inglese | *le* Inglesi | the English |
| *l'*Australiana | *le* Australiane | the Australians |

Definite Article in the Plural.

The definite article before masculine nouns in the plural beginning with a consonant is **-i**. (For exceptions to this rule see Chapter 5, page 24.) The definite article before masculine nouns in the plural beginning with **-a, -e, -o,** and **-u** is **gli**, and before **-i** *may* become **gl'**.

Thus: **il padre** plural **i padri**
**l'Australiano** plural **gli Australiani**
**l'Inglese** (*m.*) plural **gl'Inglesi**

The definite article before feminine nouns in the plural beginning with a consonant is **le**. Before feminine nouns in the plural beginning with the vowels **-a, -i, -o,** and **-u** it is **le**. Before feminine nouns in the plural ending in the vowel **-e** it may become **l'**.

Thus: **la madre** plural **le madri**
**l'Inglese** (*f.*) plural **le Inglesi**
**l'espressione** (*f.*) plural **l'espressioni** or **le espressioni**

Adjectives denoting nationality are *not* written with an initial capital letter in Italian: **un nome italiano**, *an Italian name*. Nouns naming a person of a given nationality are written with a capital letter: **gli uomini italiani**, *the*

*Italian men*; but **gl'Italiani**, *the Italians*. In the case of the phrase 'he is Italian' a small letter is used: **è italiano**.

**Esercizio No. 2** Change these nouns to the plural, using the correct plural forms of the definite article (**i, gli, le**).

**Esempi** (Examples): **il libro, i libri; la camera, le camere; l'anno, gli anni; l'arte** (*f.*), **le arti.**

| | | |
|---|---|---|
| 1 il ragazzo | 7 il figlio[1] | 13 il fratello |
| 2 la famiglia | 8 l'ufficio[1] | 14 la sorella |
| 3 l'Inglese (*m.*) | 9 la madre | 15 il signore |
| 4 la donna | 10 la signorina | 16 la cucina |
| 5 il salotto | 11 l'Australiana | 17 la figlia |
| 6 la signora | 12 il commerciante | 18 l'uomo[2] |

NOTES: 1. Use only one **i** in the plural: **figli, uffici.** 2. Irregular plural: **uomini.**

## 4 About Italian Verbs.

Italian verbs have endings which usually indicate quite clearly what the subject pronoun is. Hence subject pronouns such as **egli** (ε-li), or **lui** (lu-i), *he*, **lei** or **ella** (εl-la), *she*, and others which you will learn later, are usually omitted, when there is no chance of any misunderstanding. Thus:

1 **è** = he, she, or it is
2 **ha** = he, she, or it has
3 **abita** = he, she, or it lives
4 **lavora** = he, she, or it works
5 **sono** = they are (also I am)
6 **va** = he, she, or it goes

In the early chapters the subject pronouns will be used quite frequently so that you may become familiar with them. Later they will generally be dropped according to Italian usage.

**Esercizio No. 3** Complete the following sentences by putting the English verbs into Italian.

**Esempio:** Il signor Smith (is) commerciante. Il signor Smith è commerciante.

1 La signora Smith (is) inglese.
2 Lei (has) quattro figli.
3 (There are) sei persone nella famiglia.
4 Il padre (goes) in città.
5 Lui (works) tutto il giorno.
6 La famiglia (lives) in una casa privata.
7 (There are) sette stanze.
8 (There is) anche una stanza da bagno.
9 Il signor Smith e la signora Smith (are) inglesi.
10 Lei (is) in casa.

**Esercizio No. 4**

**Domande** (do-man-de) e **Risposte** (ri-spɔ-ste) (Questions and Answers)
Read silently each Italian question and answer, noting the English meaning.
Read aloud each Italian question and answer twice, without referring to the English.

| | |
|---|---|
| 1 Chi è il[1] signor Smith? | 1 Who is Mr. Smith? |
| Lui è un commerciante di Londra. | He is a London businessman. |
| 2 È inglese il signor Smith? | 2 Is Mr. Smith English? |
| Sì, signore, lui è inglese. | Yes, he is English. |
| 3 Dove ha un ufficio il signor Smith? | 3 Where does Mr. Smith have an office? |
| Ha un ufficio a Londra. | He has an office in London. |
| 4 È inglese la signora Smith? | 4 Is Mrs. Smith English? |
| Sì, signore, lei è inglese. | Yes, she is English. |
| 5 Quante persone ci sono nella famiglia Smith? | 5 How many people are there in the Smith family? |
| Nella famiglia Smith ci sono sei persone. | In the Smith family there are six people. |
| 6 Quanti ragazzi ci sono? | 6 How many boys are there? |
| Ci sono due ragazzi. | There are two boys. |
| 7 Quante bambine ci sono? | 7 How many girls are there? |
| Ci sono due bambine. | There are two girls. |
| 8 Quante stanze ha la casa del signor Smith? | 8 How many rooms has Mr. Smith's house? |
| La casa ha sette stanze. | The house has seven rooms. |
| 9 C'è anche una stanza da bagno? | 9 Is there also a bathroom? |
| Sì, c'è anche una stanza da bagno. | Yes, there is a bathroom too. |
| 10 Quando va il commerciante in città? | 10 When does the businessman go to town? |
| Lui va in città il lunedì, il martedì, il mercoledì, il giovedì, e il venerdì. | He goes to town on Mondays, Tuesdays, Wednesdays, Thursdays, and Fridays. |

NOTE 1. The definite article is used with titles preceding a name, except in direct address. Thus: **Il signor Smith è commerciante** (*Mr. Smith is a businessman*). *But* **Buon giorno, signor Smith.** (*Good morning, Mr. Smith.*)

**Signore** before a name drops the final **-e**. This is also true of other titles like **dottore, professore,** etc.

Learn the question words:

chi (ki)? who?
dove (dɔ-ve)? where?
quando (kwan-do)? when?

quanto (kwan-to) *or* quanta? how much?
quanti (kwan-ti)? *or* quante? how many?

# CHAPTER 4

## PERCHÈ IL SIGNOR SMITH STUDIA L'ITALIANO
### Why Mr. Smith Is Studying Italian

1 Il signor Enrico Smith è un commerciante di Londra.
2 Lui importa oggetti d'arte e altri articoli dall'Italia.
3 Lui ha un rappresentante a Roma.
4 In primavera egli desidera fare un viaggio in Italia.
5 Lui desidera visitare il rappresentante.
6 Desidera anche visitare molti posti interessanti in Italia.
7 Ma il signor Smith non parla italiano.
8 Perciò studia la lingua.
9 Ha un buon maestro.
10 Il maestro si chiama Riccardo Facci.[1]
11 Lui è un uomo di quarantacinque anni. È italiano.
12 Il martedì e il giovedì i due signori hanno un appuntamento.
13 L'appuntamento è quasi sempre in casa del signor Smith.
14 Là loro parlano italiano.
15 Il signor Smith è molto intelligente.
16 Lui impara rapidamente.
17 Impara i nomi di molte cose in italiano.
18 Impara molte espressioni italiane.
19 Impara: buon giorno; buona sera; buona notte.
20 Impara anche: arrivederci; a domani; a giovedì; a più tardi.

1 Mr. Henry Smith is a London businessman.
2 He imports *objets d'art* and other articles from Italy.
3 He has an agent in Rome.
4 In the spring he wants to make a trip to Italy.
5 He wants to visit the agent.
6 He also wants to visit many interesting places in Italy.
7 But Mr. Smith does not speak Italian.
8 Therefore he is studying the language.
9 He has a good teacher.
10 The teacher's name is Richard Facci.
11 He is a man of forty-five. He is Italian.
12 On Tuesdays and Thursdays the two men have an appointment.
13 The appointment is almost always at Mr. Smith's house.
14 There they speak Italian.
15 Mr. Smith is very intelligent.
16 He learns quickly.
17 He learns the names of many things in Italian.
18 He learns many Italian expressions.
19 He learns: good day (*or* good morning); good evening; good night.
20 He also learns: good-bye; until tomorrow; until Thursday; until later.

NOTES: 1. Literally: The teacher calls himself Richard Facci. 2. In Italian on Tuesday is **martedì**, but on Tuesdays is **il martedì**. No preposition is used in Italian to translate the English 'on'.

## Building Vocabulary

il **posto** (pɔ-sto), place
il **maestro** (ma-ɛ-stro), teacher
il **nome** (nɔ-me), name
il **rappresentante** (rap-pre-sen-**tan**-te), agent, representative
la **cosa** (kɔ-sa), thing
la **lingua** (liŋ-gwa), language
la **primavera** (pri-ma-vɛ-ra), spring
l'**appuntamento** (ap-pun-ta-**men**-to), appointment, meeting
l'**articolo** (ar-**ti**-ko-lo), article
l'**Italia** (i-**ta**-lja), Italy
l'**oggetto** (od-**dʒ**ɛt-to), object
l'**oggetto d'arte** *objet d'art*
**parlare** (par-**la**-re), to speak
**visitare** (vi-ʒi-**ta**-re), to visit
**desidera** (de-ʒi-de-ra), he, she, it wants
**impara** (im-**pa**-ra), he, she, it learns
**importa** (im-**pɔr**-ta), he, she, it imports
**studia** (**stu**-dja), he, she, it studies
**parla** (**par**-la), he, she, it speaks
**parlano** (**par**-la-no), they speak
**hanno** (**an**-no), they have
**si chiama** (si **kja**-ma), his, her, its name is (he, she, it calls himself, herself, itself)
**altri** (**al**-tri), other; **altri posti**, other places

**buon** (bwɔn), good (*shortened form of* **buono**)
**intelligente** (in-tel-li-**dʒ**ɛn-te), intelligent
**interessante** (in-te-res-**san**-te), interesting
**molto** (**mol**-to), much, very
**molti, molte** (**mol**-ti, **mol**-te), many
**là** (la), there
**quasi** (**kwa**-zi), almost
**rapidamente** (ra-pi-da-**mɛn**-te), rapidly, quickly
**sempre** (**sɛm**-pre), always
**perciò** (per-**tʃɔ**), therefore
**ma** (ma), but
**essi, esse** or **loro** (**es**-si), they
**di** (di), of; **da**, from; **in** (in), in
**di** + **le** = **delle** (**dɛl**-le), of the
**da** + **l'** = **dall'**, from the
**in** + **il** = **nel** (nel), in the
**perchè** (per-**kɛ**), why, because
**Alcune lingue dell'Europa** (e-u-rɔ-pa) **sono . . .**, Some languages of Europe are . . .
l'**italiano** (i-ta-**lja**-no), Italian
l'**inglese** (iŋ-**ʎe**-se), English
il **francese** (fran-**tʃe**-ʒe), French
lo **spagnolo**[1] (spa-**ño**-lo), Spanish
il **tedesco** (te-de-sko), German
il **russo** (**rus**-so), Russian

NOTE 1. Spagnolo is also spelt **spagnuolo**.

## Espressioni italiane

**buon giorno** (bwɔn **dʒor**-no), good day, good morning
**buona sera** (bwɔ-na se-ra), good evening
**buona notte** (bwɔ-na nɔt-te), good night
**arrivederci** (ar-ri-ve-**der**-tʃi), good-bye

**a domani** (a do-**ma**-ni), until to-morrow
**a più tardi** (a pju **tar**-di), until later, see you later
**fare un viaggio** (**fa**-re un **viad**-dʒo), to make a trip
**il giovedì** (il dʒo-ve-**di**), on Thursdays

## Grammar Notes and Practical Exercises

1 The Indefinite Article *a, an* in Italian.

**un** (*a, an, one*) is used with masculine nouns beginning with either a vowel or a consonant.

| | |
|---|---|
| **un padre** | **un uomo** |
| **un amico** (friend (*m.*)) | |

| | |
|---|---|
| **un fratello** | **un viaggio** |
| **un giorno** | **un nome** |

**una** (*a, an, one*) is used with all feminine nouns that do not begin with a vowel.

| | | | |
|---|---|---|---|
| una madre | una donna | una cosa | una notte |
| una lingua | una casa | una sorella | una sera |

**un'** is used with all feminine nouns that begin with a vowel.

| | | |
|---|---|---|
| un'Americana | un'Italiana | un'espressione |
| un'arte | un'amica (friend (*f.*)) | |

**Esercizio No. 5** Place the correct form of the indefinite article (**un, una,** or **un'**) before each noun.

Esempi: un Australiano; un'Australiana; una famiglia.

| | | | |
|---|---|---|---|
| 1 Australiano | 7 cosa | 13 sera | 19 ufficio |
| 2 Australiana | 8 uomo | 14 nome | 20 camera |
| 3 famiglia | 9 amica | 15 arte | 21 espressione (*f.*) |
| 4 ragazzo | 10 oggetto | 16 Italiana | 22 esercizio |
| 5 esempio | 11 giorno | 17 signora | 23 Italiano |
| 6 viaggio | 12 donna | 18 salotto | 24 signore |

**Esercizio No. 6** Complete these sentences in Italian using the correct forms of the definite article (**il, la, l', i, gli, gl', le, l'**) and of the indefinite article (**un, una, un'**).

Esempio: **Il maestro è un amico del commerciante** (The teacher is a friend of the businessman).

1 (The) **maestro è** (a) **amico del commerciante.**

2 (The) **commerciante ha** (an) **appuntamento.**

3 (The) **famiglia abita in** (a) **casa privata.**

4 **C'è** (a) **camera per** (the) **ragazze.**

5 (The) **casa ha** (a) **salotto e** (a) **sala da pranzo.**

6 (The) **signora Smith è** (an) **amica di Carlotta.**

7 (The) **ragazzi e** (the) **ragazze sono intelligenti.**

8 (The) **uomini non parlano italiano.**

9 **'Buon giorno' è** (an) **espressione italiana.**

10 **Dov'è** (the) **ufficio del maestro?**

11 (The) **signori hanno** (the) **oggetti d'arte.**

12 **Chi impara** (the) **italiano?**

## 2 Verb Endings.

A large majority of Italian verbs have the ending **-are** in the infinitive. Thus:

| | | |
|---|---|---|
| **parlare,** to speak | **imparare,** to learn | **abitare,** to live |
| **desiderare,** to want | **chiamare,** to call | **visitare,** to visit |
| **studiare,** to study | **lavorare,** to work | |

To form the present tense, third person singular (the *he, she, it* form) of an **-are** verb, drop the ending **-are** and add **-a.**

To form the third person plural (the *they* form), drop the ending **-are** and add **-ano.** Thus:

**parlare,** to speak
**parla,** he speaks, is speaking, does speak
**parlano,** they speak, are speaking, do speak

**studiare,** to study
**non studia,** he does not study, is not studying
**non studiano,** they do not study, are not studying

NOTE: The vowel in italics, in each verb form, indicates the syllable which is stressed.

**Esercizio No. 7** Review the verb forms in 'Building Vocabulary'. Then complete each sentence by translating the verb into Italian.

1 Lui (wants) **fare un viaggio.**
2 Lei (works) **tutto il giorno.**
3 Carlo (is learning) **l'italiano.**
4 La signora Smith (is calling) **Anita.**
5 Lui (lives) **in una città.**
6 Il signor Smith (is called) **Enrico.**
7 (Lei is visiting) **l'ufficio.**

8 Enrico (is learning) **a parlare francese.**
9 (They speak) **francese e inglese.**
10 Lui desidera (to make) **un viaggio.**
11 Anita non desidera (to study) **l'inglese.**
12 I signori (are learning) **a parlare italiano.**

**3 The Negative and the Interrogative of Verbs.**

The negative of a verb is formed by placing non (*not*) before it.

**Lui lavora tutto il giorno.**       He works all day.
**Lui non lavora tutto il giorno.**   He does not work all day.

The interrogative in Italian may be formed in three ways.

(*a*) By using a question mark and inflection of the voice without changing the word order.
(*b*) By placing the *Subject* after the *Verb*, as in English.
(*c*) By placing the *Subject* of the question at the end of the sentence.

(*a*) **Il signor Smith impara l'italiano?**        Is Mr. Smith learning Italian?
(*b*) **Impara il signor Smith l'italiano?**        Is Mr. Smith learning Italian?
(*c*) **Impara l'italiano il signor Smith?**        Is Mr. Smith learning Italian?

There is no equivalent in Italian for the English 'do' in questions.

Do they speak Italian?       **Parlano italiano?**

### Esercizio No. 8—Domande e Risposte

1 Chi[1] è un commerciante di Londra?
  Il signor Smith è un commerciante di Londra.
2 Che cosa[2] importa lui?
  Importa oggetti d'arte e altri articoli.

1 Who[1] is a London businessman?
  Mr. Smith is a London businessman.
2 What does he import?
  He imports *objets d'art* and other articles.

3 Quando desidera fare un viaggio in Italia?

In primavera desidera fare un viaggio in Italia.

4 Chi[1] desidera visitare lui?

Desidera visitare il rappresentante a Roma.

5 Parla italiano il signor Smith?

Non parla italiano.[3]

6 Che lingua studia lui?

Studia l'italiano.[3]

7 Come si chiama il maestro?

Si chiama signor Facci.

8 È inglese?

Non è inglese. È italiano.

9 Quando hanno un appuntamento i due signori?

Il martedì e il giovedì.

10 Dove hanno l'appuntamento?

Quasi sempre in casa del signor Smith.

11 È intelligente il signor Smith?

È molto intelligente.

12 Impara rapidamente o lentamente?

Impara rapidamente.

---

3 When does he want to make a trip to Italy?

In the spring he wants to make a trip to Italy.

4 Whom[1] does he want to visit?

He wants to visit the agent in Rome.

5 Does Mr. Smith speak Italian?

He does not speak Italian.

6 What language is he studying?

He is studying Italian.

7 What is the teacher's name?

His name is Mr. Facci.

8 Is he English?

He is not English. He is Italian.

9 When do the two men have an appointment?

On Tuesdays and Thursdays.

10 Where do they have the appointment?

Nearly always in Mr. Smith's house.

11 Is Mr. Smith intelligent?

He is very intelligent.

12 Does he learn quickly or slowly?

He learns quickly.

NOTES: 1. **chi** means *who* or *whom*. It may be used as subject or object. 2. **che cosa** means *what*. It may be used as subject or object. 3. The names of languages usually take the definite article. When they come immediately after the verb **parlare** the definite article is omitted: **imparo l'italiano,** *I am learning Italian,* but **parlo italiano,** *I speak Italian.*

# CHAPTER 5

## I NOMI DELLE COSE SONO IMPORTANTI, SIGNORE

### The Names of Things Are Important

1 Il maestro dice — I nomi delle cose sono importanti. Perciò bisogna imparare i nomi di molte cose.

2 Allora indica una sedia, una tavola, un divano, e così via, e domanda — Che cosa è questo?

3 Il signor Smith risponde — È una sedia; una tavola; un divano; e così via (ecc.).

4 Il signor Facci fa altre domande e il signor Smith risponde. Così:

5 Signor F. Dov'è il pianoforte?

6 Signor S. Ecco il pianoforte.

7 Signor F. Dove sono la matita e la penna?

8 Signor S. Ecco la matita e la penna.

9 Signor F. Vede Lei la porta?

10 Signor S. Sì, signore, io vedo la porta.

11 Signor F. Vede Lei lo specchio?

12 Signor S. Sì, io vedo lo specchio.

13 Signor F. Ha Lei un orologio?

14 Signore S. Sì, io ho un orologio.

15 Così il signor Smith impara l'espressioni: Che cosa è questo?—Dov'è . . . ? —Dove sono . . . ?—Vede Lei . . . ?—Io vedo . . .—Ha Lei . . . ?—Io ho . . . Ecco. . . .

16 Impara anche le parole: la tavola; la lampada; la scrivania; la penna stilografica; la porta; la finestra; la matita; la parete; il ritratto; il libro; l'orologio; lo specchio; lo scaffale.

17 Impara anche questo dialogo a memoria.

18 Come sta, signor Facci?

Molto bene, grazie. E Lei?

Molto bene, grazie.

1 The teacher says: 'The names of things are important. Therefore it is necessary to know the names of many things.'

2 Then he points to a chair, a table, a sofa, etc., and asks: 'What is this?'

3 Mr. Smith replies: 'It is a chair; a table; a sofa'; and so forth (etc.).

4 Mr. Facci asks other questions and Mr. Smith replies. Thus:

5 Mr. F. Where is the piano?

6 Mr. S. Here is the piano.

7 Mr. F. Where are the pencil and the pen?

8 Mr. S. Here are the pencil and the pen.

9 Mr. F. Do you see the door?

10 Mr. S. Yes, I see the door.

11 Mr. F. Do you see the mirror?

12 Mr. S. Yes, I see the mirror.

13 Mr. F. Have you a watch?

14 Mr. S. Yes, I have a watch.

15 And so Mr. Smith learns the expressions: What is this?—Where is ... ? —Where are ... ? —Do you see ... ?—I see ... Have you ... ?—I have ... Here is ... *or* Here are ...

16 He also learns the words: the table; the lamp; the desk; the fountain pen; the door; the window; the pencil; the wall; the portrait; the book; the watch; the mirror; the bookcase.

17 He also learns this dialogue by heart.

18 How are you, Mr. Facci?

Very well, thank you. And you?

Very well, thank you.

NOTE 1. In Italian the words **signore, signora,** and **signorina** are used much more frequently than their English equivalents. Consequently they are not always translated in the English, though it would be impolite to omit them in the Italian.

## Building Vocabulary

**il divano** (di-**va**-no), sofa

**il pianoforte** (pja-no-**fɔr**-te), piano

**il ritratto** (ri-**trat**-to), portrait

**la domanda** (do-**man**-da), question

**la finestra** (fi-**nɛ**-stra), window

**la lampada** (**lam**-pa-da), lamp

**la matita** (ma-**ti**-ta), pencil

**la porta** (**pɔr**-ta), door

**la parete** (pa-**re**-te), wall (inside)

**la penna stilografica** (**pen**-na sti-lo-**gra**-fi-ka), fountain pen

**la parola** (pa-**rɔ**-la), word

**la risposta** (ri-**spɔ**-sta), answer

**la scrivania** (skri-va-**ni**-a), desk

**la sedia** (**se**-dja), chair

**la tavola** (**ta**-vo-la), table

**l'orologio** (o-ro-**lɔ**-dʒo), watch, clock

**lo scaffale** (skaf-**fa**-le), bookcase

**lo specchio** (**spɛk**-kjo), mirror

**bisogna** (bi-**ʒo**-ña), it is necessary

**dice** (di-**tʃe**), he, she, it says

**domanda** (do-**man**-da), he, she, it asks

**indica** (**in**-di-ka), he, she it points to

**risponde** (ri-**spon**-de), he, she, it answers

**ha Lei** (a **lɛ**-i)? have you?

**io ho** (io o), I have

**vede Lei** (**vɛ**-de)? do you see?

**io vedo** (io **vɛ**-do), I see

**altri, altre** (**al**-tri, **al**-tre), other

**importante** (im-por-**tan**-te), important

**questo** (**kwe**-sto), this

**allora** (al-**lo**-ra), then

**così** (ko-**ʒi**), so

**come** (**ko**-me), how

**che cosa** (ke **kɔ**-sa)? what? (*subject or object*)

**Che cosa è questo?** What is this?

**o** (o), or

## Espressioni italiane

**dov'è** (do-**ve**)? where is?

**ecco** (**ɛk**-ko), here is *or* here are

**e così via** (e ko-**ʒi vi**-a), and so forth

**dove sono** (**so**-no)? where are?

**fare domande** (**fa**-re do-**man**-de), to ask questions

**fa domande,** he, she, it asks questions

**a memoria** (a me-**mɔ**-rja), by heart

Practise reading aloud:

**Bisogna imparare i nomi delle cose.**

It is necessary to learn the names of things.

**Bisogna imparare molto a memoria.**

It is necessary to learn a lot by heart.

**Bisogna fare molte domande.**

It is necessary to ask many questions.

**Bisogna fare un viaggio.**

It is necessary to make a trip.

## Grammar Notes and Practical Exercises

### 1 The Definite Article lo. The Indefinite Article uno.

Lo is used instead of il, and uno is used instead of un before masculine nouns that begin with s plus another consonant, known as s-impure[1] (sc, sp, st, etc.), with a z, gn, ps, x, or i followed by another vowel. Gli (*the*) is the plural of lo (*the*).

| *Singular* | | *Singular* | *Plural* | |
|---|---|---|---|---|
| lo scaffale | the bookcase | uno scaffale | gli scaffali | the bookcases |
| lo specchio | the mirror | uno specchio | gli specchi | the mirrors |
| lo studente | the student | uno studente | gli studenti | the students |
| lo zero (dsɛ-ro) | the nought | uno zero | gli zeri | the noughts |
| lo zio (tsi-o) | the uncle | uno zio | gli zii (tsi-i) | the uncles |

NOTE 1. S-impure or z does not affect the article before feminine nouns. Thus:

| | | | | |
|---|---|---|---|---|
| la stanza | the room | una stanza | le stanze | the rooms |
| la zia (tsi-a) | the aunt | una zia | le zie (tsi-e) | the aunts |
| la studentessa | the student (*f.*) | una studentessa | le studentesse | the students (*f.*) |

### 2 Summary of the Definite and Indefinite Articles.

#### Definite Article

##### Masculine

| | | | | | |
|---|---|---|---|---|---|
| Singular: | *il* libro | *lo* scaffale | *lo* zio | *l'*Australiano | *l'*Inglese |
| Plural: | *i* libri | *gli* scaffali | *gli* zii | *gli* Australiani | *gl'*Inglesi |

##### Feminine

| | | | |
|---|---|---|---|
| Singular: | *la* casa | *l'*Australiana | *la* zia |
| Plural: | *le* case | *le* Australiane | *le* zie |

#### Indefinite Article

##### Masculine

| | | | |
|---|---|---|---|
| *un* libro | *uno* zio | *uno* scaffale | *un* Australiano |

##### Feminine

| | | |
|---|---|---|
| *una* casa | *una* stanza | *un'*Australiana |

**Esercizio No. 9** Place the correct form of both the definite and indefinite article before each singular noun. Place the correct form of the definite article before each plural noun.

Esempio: 1. *l'*orologio, *un* orologio. 2. *gli* orologi.

| | | | |
|---|---|---|---|
| 1 orologio | 7 specchio | 13 parete | 19 studente |
| 2 orologi | 8 specchi | 14 pareti | 20 studenti |
| 3 sedia | 9 cucina | 15 cestino | 21 studentessa |
| 4 sedie | 10 cucine | 16 cestini | 22 studentesse |
| 5 divano | 11 ufficio | 17 uomo | 23 ritratto |
| 6 divani | 12 uffici | 18 uomini | 24 ritratti |

3 Subject pronouns I, he, she, and you, and their verb endings.

The subject pronoun *I* is **io**. It does not have a capital letter in Italian.

The subject pronoun *he* is **egli** or **lui**. Nowadays in spoken Italian the tendency is to use **lui** rather than **egli**. (Strictly speaking, **lui** should only be used for emphasis or after prepositions.)

The subject pronoun for *she* is **ella** or **lei**. Again, **lei** is preferred nowadays in spoken Italian.

**Egli** and **ella** can only be used to refer to people. The pronouns **esso** (masculine) and **essa** (feminine) can be used to refer to either people or things, i.e. *he* or *it*, and *she* or *it*.

**Lei** is the polite form of *you*. It will be explained in Chapter 7, page 42. It has a capital letter to distinguish it from **lei** meaning *she*.

Verb endings:

The first person of **-are** verbs ends in **-o**.

**io parlo**   I speak
**io studio**   I study

The third person (i.e. *he*, *she*, *it*, or polite *you* **Lei**) of **-are** verbs ends in **-a**.

**lui parla**   he speaks
**lei studia**   she studies
**Lei studia**   you study

4 Infinitives in **-ere**.

As well as ending in **-are**, the infinitives of Italian verbs can also end in **-ere**. **Vedere** to see.

The first person of verbs ending in **-ere** ends in **-o**.

**io vedo**   I see

The third person of **-ere** verbs ends in **-e**.

**lui vede**   he sees
**lei vede**   she sees
**Lei vede**   you see

5 **Avere**.

The verb **avere** to have is irregular.

**io ho**   I have
**lui ha**   he has

(Remember that the letter **h** is NOT pronounced in Italian.)

6 Translating the Present Tense.

In Italian the present tense can be translated in many different ways into English.

**Abita Lei a Roma?** {Do you live in Rome?
Are you living in Rome?

**Io abito a Roma.** {I live in Rome.
I am living in Rome.
I do live in Rome.

**Esercizio No. 10** Answer each question with sì and no, using the first person of the verb. Translate each question and answer.

Esempio: Studia Lei l'inglese?
Sì, studio l'inglese.
No, non studio l'inglese.

Are you studying English?
Yes, I am studying English.
No, I am not studying English.

1 Vede Lei lo scaffale?
2 Abita Lei in un sobborgo?
3 Desidera Lei fare un viaggio?
4 Impara Lei le parole?
5 Lavora Lei tutto il giorno?

6 Visita Lei il maestro?
7 Indica Lei gli oggetti d'arte?
8 Ha Lei molti libri?
9 Importa Lei articoli italiani?

**Esercizio No. 11** Complete each sentence in Italian.

1 (What) vede Lei?
2 Vedo (the lamp).
3 Che cosa è (this)?
4 È (the bookcase).
5 Dov'è (the mirror)?
6 (Here is) il ritratto.
7 Dove sono (the students (*m.*))?

8 (Here are) gli studenti.
9 Ha Lei (a pen and[1] pencil)?
10 Impara Carlo (the words)?
11 Lui indica (the tables and[1] chairs).
12 (Who) ha gli specchi?

NOTE 1. The definite or indefinite article must be repeated before each noun.

### Esercizio No. 12—Domande e Risposte

1 Che impara prima di tutto il signor Smith?
Impara i nomi di molte cose.

1 What does Mr. Smith learn first of all?
He learns the names of many things.

2 Che dice il maestro?
Dice — I nomi delle cose sono importanti.

2 What does the teacher say?
He says, 'The names of things are important.'

3 Perchè[1] bisogna imparare i nomi delle cose?
Perchè[1] i nomi delle cose sono importanti.

3 Why is it necessary to learn the names of things?
Because the names of things are important.

4 Chi indica molte cose?
Il signor Facci indica molte cose.

4 Who points to many things?
Mr. Facci points to many things.

5 Che[2] domanda lui?
Domanda — Che cosa è questo?

5 What does he ask?
He asks, 'What is this?'

6 Che risponde il signor Smith?
Risponde — È una sedia; una tavola; ecc.

6 What does Mr. Smith answer?
He answers: 'It is a chair, a table, etc.'

7 Vede il signor Smith la porta?
Sì, lui vede la porta.

7 Does Mr. Smith see the door?
Yes, he sees the door.

8 Vede lui lo specchio?
Sì, vede lo specchio.

8 Does he see the mirror?
Yes, he sees the mirror.

9 Ha il signor Smith un orologio?
Sì, lui ha un orologio.

9 Does Mr. Smith have a watch?
Yes, he has a watch.

10 Che dialogo impara a memoria il signor Smith?

Impara questo dialogo:

— Come sta, signor Facci?

— Molto bene, grazie. E Lei?

— Molto bene, grazie.

10 What dialogue does Mr. Smith learn by heart?

He learns this dialogue:

'How are you, Mr. Facci?'

'Very well, thank you. And you?'

'Very well, thank you.'

NOTES: 1. **perchè?** (per-kɛ) why? **perchè**, because. 2. **che?** what? *object pronoun.* It equals **che cosa?**

# CHAPTER 6

## IL SALOTTO DEL SIGNOR SMITH

### Mr. Smith's Living-room

1 È martedì, il 5 (cinque) gennaio. Sono le otto.

2 Il signor Smith è seduto in salotto.

3 Il signor Facci è seduto vicino al signor Smith.

4 Il signor Facci dice al signor Smith — Intorno a noi ci sono molte cose: nella casa; nell'ufficio; nella strada; nel parco; nella città e nella campagna.

In Inghilterra e negli Stati Uniti bisogna sapere i nomi delle cose in inglese.

In Spagna bisogna sapere i nomi delle cose in spagnolo.

In Francia bisogna sapere i nomi delle cose in francese.

In Germania bisogna sapere i nomi delle cose in tedesco.

5 — Sì, signor Facci, e in Italia bisogna sapere i nomi delle cose in italiano.

6 — Benissimo, signor Smith. Lei è uno studente che[1] impara rapidamente. Ora vediamo se Lei sa dire i nomi delle cose in questa stanza.

Mi[2] dica, per favore, che cosa c'è sul pianoforte?

7 — Una lampada elettrica e un libro di musica.

8 — Bene. Che cosa c'è sulla parete sopra il pianoforte?

9 — C'è un ritratto di mia moglie. Lei suona bene il pianoforte.

10 — Che cosa c'è fra le due finestre?

11 — Fra le due finestre c'è uno specchio.

12 — Che cosa c'è davanti al divano?

13 — Un tavolino. Sul tavolino c'è un vaso italiano con fiori.

14 — Che vede Lei sulla scrivania? Sotto la scrivania? Dietro la scrivania? Vicino alla scrivania?

15 — Sulla scrivania vedo alcuni libri e alcune carte. Sotto la scrivania vedo un cestino. Dietro la scrivania vedo uno scaffale. Vicino alla scrivania vedo una sedia.

16 — Stupendo! Lei sa molto bene i nomi delle cose in questa stanza.

Per oggi, basta. Arrivederci, signor Smith.

17 — A giovedì, signor Facci.

1 It is Tuesday, the 5th of January. It is eight o'clock.

2 Mr. Smith is sitting down in the living-room.

3 Mr. Facci is sitting next to Mr. Smith.

4 Mr. Facci says to Mr. Smith: 'Around us there are many things: in the house; in the office; in the street; in the park; in the town, and in the countryside.

In England and in the United States it is necessary to know the names of things in English.

In Spain it is necessary to know the names of things in Spanish.

In France it is necessary to know the names of things in French.

In Germany it is necessary to know the names of things in German.

5 Yes, Mr. Facci, and in Italy it is necessary to know the names of things in Italian.

6 Well done, Mr. Smith. You are a student who learns quickly.
Now let us see if you know the names of the things in this room.
Tell me, please, what is there on the piano?
7 An (electric) lamp and a music book.
8 Good. What is there on the wall above the piano?
9 There is a portrait of my wife. She plays the piano well.
10 What is there between the two windows?
11 Between the two windows there is a mirror.
12 What is there in front of the sofa?
13 A small table. On the small table is an Italian vase with flowers.
14 What do you see on the desk? Under the desk? Behind the desk? Near the desk?
15 On the desk I see some books and some papers. Under the desk I see a waste-paper basket. Behind the desk I see a bookcase. Near the desk I see a chair.
16 Excellent! You know the names of the things in this room very well. Enough for today. Good-bye, Mr. Smith.
17 Until Thursday, Mr. Facci.

NOTES: 1. **Che** (*who*) is here a relative pronoun. 2. **mi**, *me* or *to me*, is an object pronoun. Object pronouns usually precede the verb.

## Building Vocabulary

**il cestino** (tʃe-**sti**-no), waste-paper basket
**il fiore** (**fjo**-re), flower
**il parco** (**par**-ko), park
**il tavolino** (ta-vo-**li**-no), small table
**il vaso** (**va**-ʒo), vase
**la campagna** (kam-**pa**-ña), countryside
**la strada** (**stra**-da), street
**l'abitante** (a-bi-**tan**-te), inhabitant
**mia moglie** (mia **mo**-ʎe), my wife
**il Francese** (fran-**tʃe**-se), Frenchman
**l'Inglese** (iŋ-**ʎe**-se), Englishman
**Inghilterra** (iŋ-gil-**tɛr**-ra), England
**gli Stati Uniti** (**sta**-ti u-**ni**-ti), the United States
**sapere** (sa-**pe**-re), to know, to know how
**sa** (sa), he, she, it knows (how)

**suona** (**swɔ**-na), he, she, it plays
**vediamo** (ve-**dja**-mo), we see, let us see
**seduto** (se-**du**-to), seated
**dire** (**di**-re), to say, to tell
**mi dica** (**di**-ka), tell me
**con** (kon), with
**fra** (fra), between
**per** (per), through, for
**sopra** (**so**-pra), on, upon, over
**su** (su), on, upon
**sotto** (**sot**-to), under
**davanti** (da-**van**-ti), in front of
**dietro** (**djɛ**-tro), behind
**intorno a** (in-**tor**-no), around
**vicino a** (vi-**tʃi**-no a), near
**noi** (no-i), we, us
**che** (ke), who, which (*relative pronoun*)
**se** (se), if

**Alcuni paesi dell'Europa** (pa-e-zi del-le-u-**ro**-pa) (Some Countries of Europe)

**Italia** (i-**ta**-lja), Italy
**Francia** (**fran**-tʃa), France
**Germania** (dʒer-ma-**nja**), Germany

**Spagna** (spa-**ña**), Spain
**Russia** (rus-sja), Russia

Practise reading aloud:

**Gli abitanti dell'Italia parlano italiano.**

**Gli abitanti della Francia parlano francese.**

Gli abitanti dell'Inghilterra parlano
inglese.

Gli abitanti della Spagna parlano
spagnolo.

Gli abitanti degli Stati Uniti parlano
inglese.

Gli abitanti della Russia parlano
russo.

Gli abitanti della Germania parlano
tedesco.

## Espressioni italiane

**basta** (ba-sta)! enough!

**benissimo** (be-nis-si-mo), very good

**per oggi** (per ɔd-dʒi), for today

**ebbene** (eb-bɛ-ne), well then

**bene** (bɛ-ne), good

**stupendo** (stu-pɛn-do) wonderful

## Grammar Notes and Practical Exercises

1 Contractions of Prepositions with the Definite Article.

When the prepositions **a** (*to, at*), **di** (*of*), **da** (*from, by*), **in** (*in, into*), **su** (*on*), and **con** (*with*) are followed by a definite article, the preposition and article contract and form one word, as follows.

### to the

a + il  = *al* padre
a + la  = *alla* donna
a + lo  = *allo* zio
a + l'  = *all'*uomo
a + i   = *ai* padri
a + le  = *alle* donne
a + gli = {*agli* zii
           *agli* uomini

### of the

di + il  = *del* figlio
di + la  = *della* figlia
di + lo  = *dello* studente
di + l'  = *dell'*amico
di + i   = *dei* figli
di + le  = *delle* figlie
di + gli = {*degli* studenti
            *degli* amici

### from the

da + il  = *dal* ragazzo
da + la  = *dalla* ragazza
da + lo  = *dallo* specchio
da + l'  = *dall'*americano
da + i   = *dai* ragazzi
da + le  = *dalle* ragazze
da + gli = {*dagli* specchi
            *dagli* Americani

### in, into the

in + il  = *nel* cestino
in + la  = *nella* strada
in + lo  = *nello* specchio
in + l'  = *nell'*ufficio
in + i   = *nei* cestini
in + le  = *nelle* strade
in + gli = {*negli* specchi
            *negli* uffici

### on the

su + il  = *sul* ritratto
su + la  = *sulla* scrivania
su + lo  = *sullo* scaffale
su + l'  = *sull'*orologio
su + i   = *sui* ritratti
su + le  = *sulle* scrivanie
su + gli = {*sugli* scaffali
            *sugli* orologi

### with the

con + il  = *col* maestro
con + la  = con la maestra
con + lo  = con lo studente
con + l'  = con l'uomo
con + i   = *coi* maestri
con + le  = con le maestre
con + gli = {con gli studenti
             con gli uomini

NOTES: 1. The contracted forms **coll'**, **collo**, and **colle** do exist, but nowadays the separate forms **con l'**, **con lo**, and **con le** are usually preferred. 2. The preposition **per**, *through* or *for*, also has the contracted forms **pel, pella, pello, pell', pei, pelle**, and **pegli**, but they are much rarer than the separate forms (**per il**, etc.). 3. In compound prepositions like **davanti a, vicino a**, the **a** contracts with the article.

| davanti alla scrivania | davanti allo specchio | vicino all'ufficio |
|---|---|---|
| in front of the desk | in front of the mirror | near the office |

**Esercizio No. 13** Complete the following sentences in Italian.

Esempio 1: **Ci sono molti libri sulla scrivania.**

1 **Ci sono molti libri** (on the) **scrivania.**
2 **Bisogna sapere i nomi** (of the) **cose.**
3 **Il commerciante risponde** (to the) **maestro.**
4 **Le matite sono** (in the) **scrivania.**
5 **Il maestro è** (with the) **studenti.**
6 **Che cosa c'è** (on the) **scaffale?**
7 **Chi parla** (to the) **studenti?**
8 **Che vede Lei** (in the) **libro?**
9 **I signori sono seduti** (on the) **divano.**
10 **Le penne sono** (in the) **cestino.**
11 **Che vede Lei** (in the) **specchio?**
12 **Egli va** (from the) **casa** (to the) **ufficio.**
13 **Chi è seduto** (near the) **maestro?**
14 **C'è un tavolino** (in front of the) **finestra.**
15 **Il maestro parla** (to the) **ragazzi.**
16 **Dov'è la camera** (of the) **ragazza.**
17 **Lei è un'amica** (of the) **maestra.**
18 **C'è una lampada** (on the) **pianoforte.**
19 **Parlano inglese** (in the) **Stati Uniti?**
20 **I fiori sono** (in the) **vasi** (on the) **tavola.**

**Esercizio No. 14** Complete the following phrases in Italian:

1 (on the) **vaso**
2 (in the) **vaso**
3 (from the) **città**
4 (of the) **città**
5 (in the) **cestino**
6 (near the) **cestino**
7 (from the) **famiglia**
8 (to the) **famiglia**
9 (with the) **zio**
10 (to the) **zio**
11 (of the) **amici**
12 (to the) **amici**
13 (from the) **studentesse**
14 (to the) **studentesse**
15 (near the) **scaffali**
16 (behind the) **scaffali**

**2 Possession with the Preposition di.**

**la casa del maestro**
the house of the teacher
the teacher's house

**la zia di Carlotta**
the aunt of Charlotte
Charlotte's aunt

**il padre dei bambini**
the father of the children
the children's father

**gli amici d'Elena**
the friends of Helen
Helen's friends

Possession is indicated in Italian by a phrase with (**di**), never by an apostrophe. **Di** becomes **d'** before a vowel.

**Esercizio No. 15** Read silently. Translate into English. Practise reading aloud.

1 Di chi[1] è questa matita?
 È la matita di Bernardo.
2 Di chi è questo ritratto?
 È il ritratto della signora Smith.
3 Questa penna è di Alberto o di Carlo?
 Questa penna è di Alberto.
4 Dove abita la zia?
 Abita nella casa dello zio.
5 Dove è l'orologio della ragazza?
 È sulla scrivania della maestra.
6 Chi ha i libri di Riccardo?
 Giorgio ha i libri di Riccardo.

7 Quante stanze ha la casa del commerciante?
 Ha sette stanze.
8 Dove sono i bambini della signora Smith?
 Sono nel parco.
9 Chi è il signor Facci?
 È il maestro del signor Smith.
10 Il padre di Paolo parla italiano?
 Sì. Parla italiano e inglese.

NOTE 1. di chi whose (of whom).

## Esercizio No. 16—Domande

Try to give the correct answer yourself before checking in the 'Answers' section at the back of the book. The dialogue at the beginning of the lesson will help you find the right answers, so read it carefully first.

1 Chi è seduto in salotto?
2 Chi è seduto vicino al signor Smith?
3 Ci sono molte cose intorno a noi?
4 Dove bisogna sapere i nomi delle cose in italiano?
5 Chi impara rapidamente?
6 Dov'è la lampada elettrica?
7 Dov'è lo specchio?
8 Dov'è il ritratto della signora Smith?
9 Chi suona bene il pianoforte?
10 Dov'è il tavolino?
11 Che cosa c'è sul tavolino?
12 Che cosa c'è sulla scrivania?
13 Che cosa c'è dietro la scrivania?
14 Dov'è la sedia?
15 Che cosa sa bene il signor Smith?

# REVISION 1

## CHAPTERS 1–6

Each Revision Chapter will begin with a summary of the most important words and expressions that have occurred in the chapters reviewed. Test yourself in the following way:

1 Cover up the English words below the Italian words with a piece of paper. Read one Italian word at a time aloud and try to remember the English meaning. Uncover the English word with the same number and check your answer.

2 Cover up the Italian words. Say aloud, one at a time, the Italian for each English word. Uncover the Italian word and check your answer.

3 Write down, several times if necessary, the words you have difficulty in remembering.

4 Remember to give the definite article with each word. This will help you to get used to the idea of genders.

### Revisione di Parole (Revision of Words)

#### NOUNS

| | | |
|---|---|---|
| 1 l'amico | 17 la madre | 33 la ragazza |
| 2 l'amica | 18 il maestro | 34 il ritratto |
| 3 l'anno | 19 la maestra | 35 lo zio |
| 4 l'arte f. | 20 la matita | 36 la zia |
| 5 il bambino | 21 la moglie | 37 il salotto |
| 6 la camera | 22 il nome | 38 la sedia |
| 7 la casa | 23 la notte | 39 la sorella |
| 8 la cosa | 24 l'oggetto | 40 lo specchio |
| 9 la donna | 25 l'orologio | 41 la stanza |
| 10 il figlio | 26 il padre | 42 la strada |
| 11 la figlia | 27 la parete | 43 la tavola |
| 12 la finestra | 28 la parola | 44 l'ufficio |
| 13 il fiore | 29 la penna | 45 l'uomo |
| 14 il fratello | 30 la persona | 46 gli uomini |
| 15 il giorno | 31 la porta | 47 la sala da pranzo |
| 16 la lingua | 32 il ragazzo | |

| | | |
|---|---|---|
| 1 friend (m.) | 10 son | 19 teacher (f.) |
| 2 friend (f.) | 11 daughter | 20 pencil |
| 3 year | 12 window | 21 wife |
| 4 art | 13 flower | 22 name |
| 5 child (small) | 14 brother | 23 night |
| 6 room | 15 day | 24 object |
| 7 house | 16 language | 25 watch, clock |
| 8 thing | 17 mother | 26 father |
| 9 woman | 18 teacher (m.) | 27 wall |

| 28 word | 35 uncle | 42 street |
| 29 pen | 36 aunt | 43 table |
| 30 person | 37 living-room | 44 office |
| 31 door | 38 chair, seat | 45 man |
| 32 boy | 39 sister | 46 men |
| 33 girl | 40 mirror | 47 dining-room |
| 34 portrait | 41 room | |

## VERBS

| 1 abitare | 10 studia | 19 (lei) parla |
| 2 chiamare | 11 sa | 20 (essi) parlano |
| 3 domandare | 12 va | 21 vede (Lei)? |
| 4 desiderare | 13 bisogna | 22 (io) vedo |
| 5 imparare | 14 ha (Lei)? [2] | 23 dice |
| 6 lavorare | 15 (io) ho | 24 rispondo |
| 7 parlare | 16 parla (Lei)? | 25 risponde |
| 8 sapere | 17 (io) parlo | 26 è |
| 9 domanda [1] | 18 (egli) parla | 27 sono |

| 1 to live, dwell | 10 he studies | 19 she speaks |
| 2 to call | 11 he knows (how) | 20 they speak |
| 3 to ask | 12 he goes | 21 do you see? |
| 4 to want | 13 it is necessary | 22 I see |
| 5 to learn | 14 have you? | 23 he says, tells |
| 6 to work | 15 I have | 24 I answer |
| 7 to speak | 16 do you speak? | 25 he answers |
| 8 to know | 17 I speak | 26 he is |
| 9 he asks | 18 he speaks | 27 I am *or* they are |

NOTES: 1. The verb form used for *he* can also be translated *she, it, you* unless a definite pronoun is given. Thus: **domanda** = he, she, it asks, you ask; è = he, she, it is, you are; etc. 2. The parentheses around the subject pronouns are a reminder that they are usually omitted in Italian.

## ADJECTIVES

| 1 altro | 4 molti (molte) | 7 interessante |
| 2 buono (buon) [1] | 5 importante | 8 privato |
| 3 molto | 6 intelligente | |

| 1 other | 4 many | 7 interesting |
| 2 good | 5 important | 8 private |
| 3 much | 6 intelligent | |

NOTE 1. **buono** becomes **buon** before a masculine noun beginning with a consonant: **buon giorno.**

## ADVERBS

| 1 anche | 4 così | 7 sempre |
| 2 allora | 5 molto | 8 forse |
| 3 bene | 6 quasi | |

| 1 also | 4 so | 7 always |
| 2 then | 5 very | 8 perhaps |
| 3 well | 6 almost | |

## PREPOSITIONS

| | | |
|---|---|---|
| 1 a | 6 fra | 11 davanti a |
| 2 di | 7 per | 12 dietro |
| 3 da | 8 su | 13 intorno a |
| 4 in | 9 sopra | 14 vicino a |
| 5 con | 10 sotto | |

| | | |
|---|---|---|
| 1 to, at | 6 between | 11 in front of |
| 2 of | 7 for, through | 12 behind |
| 3 from | 8 on, upon | 13 around |
| 4 in | 9 on, above | 14 near |
| 5 with | 10 under | |

## QUESTION WORDS

| | | |
|---|---|---|
| 1 chi? | 4 dove? | 7 quanti, quante? |
| 2 che cosa? | 5 quando? | 8 perchè? |
| 3 che? | 6 quanto? | |

| | | |
|---|---|---|
| 1 who? whom? | 4 where? | 7 how many? |
| 2 what? | 5 when? | 8 why? |
| 3 what? | 6 how much? | |

## CONJUNCTIONS

| | | |
|---|---|---|
| 1 e | 3 ma | 5 perchè |
| 2 o | 4 perciò | |

| | | |
|---|---|---|
| 1 and | 3 but | 5 because |
| 2 or | 4 therefore | |

## COMMON EXPRESSIONS

| | | |
|---|---|---|
| 1 Buon giorno | 8 grazie | 15 e così via |
| 2 Buona sera | 9 basta | 16 fa domande |
| 3 Buona notte | 10 per oggi | 17 fare un viaggio |
| 4 arrivederci | 11 a domani | 18 in città |
| 5 ebbene | 12 a più tardi | 19 che cosa è questo? |
| 6 dov'è? | 13 a memoria | 20 tutto il giorno |
| 7 ecco | 14 stupendo! | |

| | | |
|---|---|---|
| 1 Good day, good morning | 8 thanks | 15 and so forth |
| 2 Good evening | 9 enough | 16 he asks questions |
| 3 Good night | 10 for today | 17 to make a trip |
| 4 good-bye | 11 until tomorrow | 18 in(to) the city, town |
| 5 well | 12 until later | 19 what is this? |
| 6 where is? | 13 by heart | 20 all day |
| 7 here is, here are | 14 wonderful! | |

**Esercizio No. 17** From Group II select the antonym (opposite) for each word in Group I.

**I**

| | | |
|---|---|---|
| 1 sì | 5 buon giorno | 9 oggi |
| 2 domanda | 6 l'uomo | 10 davanti a |
| 3 il padre | 7 il fratello | 11 il giorno |
| 4 sopra | 8 dov'è | 12 lo zio |

**II**

| | | |
|---|---|---|
| (a) buona notte | (e) sotto | (i) risponde |
| (b) la notte | (f) domani | (j) la donna |
| (c) dietro | (g) la madre | (k) ecco |
| (d) la zia | (h) no | (l) la sorella |

**Esercizio No. 18** Complete the following sentences in Italian:

1 **Il signor Smith lavora** (all day).
2 **Mi dica,** (please).
3 (Good evening), **signore.**
4 **Il signor Smith va** (to the town).
5 (Therefore) **egli studia l'italiano.**
6 **I due signori** (have an appointment).
7 **Lui importa** (objets d'art).
8 **Il signor Facci è** (a good teacher).
9 **Lui impara** (quickly) **perchè è** (intelligent).
10 (It is necessary) **sapere i nomi delle cose.**
11 **Lui desidera** (to make a trip) **in Italia.**
12 **Ebbene,** (enough for today).
13 **Ecco** (the) **matite,** (the) **penne,** (the) **fiori** (and so forth).
14 Until tomorrow. Until later.

**Esercizio No. 19** Select the group of words in Column II which best completes each sentence begun in Column I.

**Esempio: (ld) Nella famiglia Smith ci sono sei persone.**

| **I** | **II** |
|---|---|
| 1 Nella famiglia Smith | (a) impara molte parole italiane. |
| 2 La casa del signor Smith | (b) bene il pianoforte. |
| 3 Il signor Smith prende il treno | (c) perchè è molto intelligente. |
| 4 Lui studia l'italiano | (d) ci sono sei persone. |
| 5 Lui lavora tutto il giorno | (e) è in un sobborgo vicino a Londra. |
| 6 Lui sa leggere un po' l'italiano | (f) in Italia. |
| 7 Lui impara rapidamente | (g) ma non parla italiano. |
| 8 Durante la prima lezione egli | (h) al suo ufficio. |
| 9 Il martedì e il giovedì | (i) per arrivare al suo ufficio in città. |
| 10 La moglie del signor Smith suona | (j) i due signori hanno un appuntamento. |
| 11 Il signor Smith va a fare un viaggio | (k) perchè desidera viaggiare in Italia. |

**Esercizio No. 20** Revise Chapter 6, Grammar Note No. 1. Then complete these phrases.

| | |
|---|---|
| 1 (in the) **strada.** | 16 (under the) **specchio** |
| 2 (between the) **finestre.** | 17 (for the) **madre** |
| 3 (near the) **porta.** | 18 (for the) **padre** |
| 4 (above the) **pianoforte.** | 19 (behind the) **ragazzo** |
| 5 (from the) **scrivania.** | 20 (near the) **ufficio** |
| 6 (under the) **tavola.** | 21 (from the) **città** |
| 7 (with the) **fiori.** | 22 (to the) **zio** |
| 8 (on the) **tavolino.** | 23 (from the) **salotto** |
| 9 (on the) **pianoforte.** | 24 (from the) **porta** |
| 10 (with the) **studenti** | 25 (the teacher's house)[1] |
| 11 (into the) **ufficio.** | 26 (the girl's mother)[2] |
| 12 (of the) **oggetti.** | 27 (the boys' house)[3] |
| 13 (in front of the) **casa** | 28 (the children's friend)[4] |
| 14 (with the) **uomini** | 29 (Mary's desk)[5] |
| 15 (around the) **tavola** | 30 (Paul's watch)[6] |

NOTES: 1. the house of the teacher. 2. the mother of the girl. 3. the house of the boys. 4. the friend of the children. 5. the desk of Mary. 6. the watch of Paul.

**Esercizio No. 21** Translate.

| | |
|---|---|
| 1 Who is Mr. Smith? | 8 The teacher is Mr. Facci. |
| 2 He is a London businessman. | 9 How are you? |
| 3 Where does he live? | 10 Very well, thank you. |
| 4 He lives in a suburb. | 11 Good day. Good-bye. |
| 5 Why is he learning Italian? | 12 Mr. Smith is English. |
| 6 Because he wants to make a trip to Italy. | 13 There are seven rooms. |
| 7 Who is the teacher? | 14 There is also a bathroom. |

## Dialogo 1

Read each dialogue to yourself several times, using the English translation to make sure you understand everything. Practise reading the Italian text aloud. Do this several times. Follow this procedure with all dialogues.

### Dov'è la Via del Tritone?

| | |
|---|---|
| 1 **Mi scusi, signore, dov'è la Via del Tritone?** | 1 Excuse me, where is Tritone Street? |
| 2 **Continui diritto, signorina.** | 2 Continue straight ahead. |
| 3 **È lontana?** | 3 Is it far? |
| 4 **No, signorina, è a pochi passi da qui.** | 4 No, it's a short distance (a few steps) from here. |
| 5 **Grazie tante, signore.** | 5 Thank you very much. |
| 6 **Di nulla, signorina.** | 6 Not at all. |

## Dialogo 2
### Dove si ferma l'autobus?

| | |
|---|---|
| 1 Per favore, signore, dove si ferma l'autobus? | 1 Please, where does the bus stop? |
| 2 Si ferma all'angolo laggiù, signorina. | 2 It stops at the corner over there. |
| 3 Grazie infinite, signore. | 3 Thank you so much. |
| 4 Non c'è di che.[1] | 4 Not at all. (You're welcome.) |

NOTE 1. Non c'è di che = di nulla = Don't mention it *or* Not at all.

## LETTURA (READING SELECTION)

### Esercizio No. 22—How to read the Letture

1 Read the whole passage to yourself to get the general meaning.

2 Re-read the passage, looking up in the Italian–English vocabulary at the end of this book any words you may have forgotten. There are some new words in the **Letture** of the Revision Chapters and the meanings of these words is given in footnotes.

3 Read each passage to yourself a third time. Then translate it and check your translation with that given in the 'Answers' section at the end of the book.

4 Now read the whole passage aloud several times.

5 Follow this procedure with all succeeding **Letture**.

### Il signor Smith impara l'italiano

Il signor Smith è un commerciante che importa oggetti d'arte dall'Italia. Perciò lui desidera fare un viaggio in Italia. Lui desidera parlare al suo rappresentante. Desidera anche visitare molti posti interessanti in Italia. Ma non sa parlare italiano. Perciò impara la lingua.

Il signor Smith ha un buon maestro. È un maestro italiano che abita a Londra. Si chiama signor Facci. Il martedì e il giovedì il maestro prende il treno per andare dal[1] suo studente. Là i due signori parlano un po' in italiano. Il signor Smith è molto intelligente e impara rapidamente.

Durante la prima lezione, per esempio, egli impara a memoria i saluti[2] e gli addii.[3] Lui sa già dire: Buon giorno; Come sta Lei?; A più tardi; e A domani. Lui sa già dire in italiano i nomi di molte cose che sono nel suo salotto e sa rispóndere correttamente alle domande: Che cosa è questo? Dov'è ... ?

Il signor Facci è molto contento dei progressi[4] del suo studente e dice — Molto bene; Basta per oggi; A più tardi; Arrivederci.

NOTES: 1. to the home of his student. 2. greetings. 3. farewells. 4. Notice that in Italian you say 'to make progresses' (in the plural) and not 'to make progress'.

# CHAPTER 7

## I VERBI SONO IMPORTANTI, SIGNORE

### Verbs Are Important

1 Il signor Smith e il signor Facci sono seduti in salotto.
Il maestro comincia a[1] parlare.
Il commerciante ascolta attentamente.

2 — Lei sa già che i nomi delle persone e delle cose sono importanti, signore.
Ma anche i verbi sono importanti.
Non è possibile parlare senza verbi.
Facciamo[2] un esercizio con alcuni verbi comuni.
Faccio io le domande. Lei risponde.
Se Lei non sa la risposta, dica — Non so.

3 — Bene, signor Facci. Se non so la risposta, dico — Non so. Cominciamo![2]

4 — È un commerciante inglese Lei, signor Smith?

5 — Sì, signore, sono un commerciante inglese. Importo oggetti d'arte e altri articoli dall'Italia.

6 — Perchè studia Lei l'italiano?

7 — Studio l'italiano perchè desidero fare un viaggio in Italia.

8 — Perchè desidera Lei fare un viaggio in Italia?

9 — Perchè desidero visitare il mio rappresentante a Roma.

10 — Parla inglese il Suo rappresentante?

11 — Non parla inglese. Parla soltanto italiano. Desidero parlare italiano con lui.

12 — Conta Lei di[1] visitare altri paesi?

13 — Altri paesi, no. Ma conto d'[1]andare in Sicilia.

14 — Quando parte Lei da Londra per l'Italia?

15 — Parto il 31 (trentuno) maggio.

16 — Viaggia in treno o in aereo?

17 — Viaggio in aereo perchè questo è il modo più rapido.

18 — Quanto costa il volo?

19 — Non so. Ma domani conto di chiedere delle informazioni e di riservare un posto.

20 — Benissimo, signore. Lei impara l'italiano rapidamente.

21 — Mille grazie, signor Facci. Lei è molto gentile.

22 — È la verità. Ebbene, per oggi basta. Arrivederci.

23 — A giovedì prossimo. Arrivederci.

1 Mr. Smith and Mr. Facci are seated in the living-room.
The teacher begins speaking.
The businessman listens attentively.

2 You already know that the names of people and of things are important.

But verbs are important too.

It is impossible to talk without verbs.

Let us do an exercise with some common verbs.

I'll ask the questions. You answer.

If you do not know the answer, say: 'I don't know.'

3 Very good, Mr. Facci. If I don't know the answer, I say: 'I do not know.'

Let's begin!

4 Are you an English businessman, Mr. Smith?

5 Yes, I am an English businessman. I import *objets d'art* and other articles from Italy.

6 Why are you studying Italian?

7 I am studying Italian because I want to make a trip to Italy.

8 Why do you want to make a trip to Italy?

9 Because I want to visit my agent in Rome.

10 Does your agent speak English?

11 He does not speak English. He only speaks Italian. I want to speak with him in Italian.

12 Do you expect to visit other countries?

13 Other countries, no. But I expect to go to Sicily.

14 When are you leaving London for Italy?

15 I am leaving on the 31st of May.

16 Are you travelling by train or by plane?

17 I am travelling by plane because that's the quickest way.

18 How much does the flight cost?

19 I don't know. But tomorrow I intend to get the information and to reserve a seat.

20 Very good. You are learning Italian quickly.

21 Many (a thousand) thanks, Mr. Facci. You are very kind.

22 It's the truth. Well, enough for today. Good-bye.

23 Until next Thursday. Good-bye.

NOTES: 1. After certain verbs the complimentary infinitive is preceded by a or di. Thus: **Comincia a parlare.** *He begins to speak.* **Conto di viaggare.** *I intend to travel.* Before a vowel **di** becomes **d'**. 2. The **noi** (*we*) form of the present tense is also used as an imperative in the sense of *let us.* Thus: **Cominciamo** *We begin* or *Let's begin*; **Facciamo** *We do*, or *Let's do*.

## Building Vocabulary

il modo (mɔ-do), way, method
il paese (pa-e-ʒe), country, (nation)
il posto (pɔ-sto), place, seat
il verbo (vɛr-bo), verb
il volo (vo-lo), flight
il mio rappresentante (mi-o rap-pre-sen-tan-te), my representative, my agent
il Suo (su-o) rappresentante, your representative, your agent
il suo, his, her
la frase (fra-ʒe), sentence

la verità (ve-ri-ta), truth
andare (an-da-re), to go
ascoltare (a-skol-ta-re), to listen
cominciare (a) (ko-min-tʃa-re), to begin
contare (di) (kon-ta-re), to intend, to count, to expect
costare (ko-sta-re), to cost
desiderare (de-ʒi-de-ra-re), to want, desire
riservare (ri-ser-va-re), to reserve
viaggiare (vjad-dʒa-re), to travel

fare (fa-re), to make, to do
io faccio (fat-tʃo), I make, I do
facciamo (fat-tʃja-mo), we make,
　do; let us make, do
non so (so), I do not know
partire (par-ti-re), to leave
parto (par-to), I leave
dire (di-re), to say, to tell
dico (di-ko), I say
comune (ko-mu-ne), common
gentile (dʒen-ti-le), kind, nice, polite

grande (gran-de), big, great
il più rapido (il pju ra-pi-do), the
　fastest, quickest
possibile (pos-si-bi-le), possible
prossimo (prɔs-si-mo), next
attentamente (at-ten-ta-mɛn-te),
　attentively
già (dʒa), already
soltanto (sol-tan-to), only
senza (sɛn-tsa), without
che (ke), that (*conjunction*)

## Espressioni italiane

chiedere (kjɛ-de-re) delle infor-
　mazioni (in-for-ma-tsjo-ne), to ask
　for information

in aereo (a-ɛ-re-o), by plane
in treno (trɛ-no), by train

Practise speaking aloud:

1 Chi chiede (kjɛ-de) delle
　informazioni?
　Who is asking for information?
　Il viaggiatore chiede delle
　informazioni.
　The passenger is asking for
　information.

2 Desidera Lei viaggiare in aereo o
　in treno?
　Do you want to travel by plane
　or by train?
　Desidero viaggiare in treno.
　I want to travel by train.

## Grammar Notes and Practical Exercises

1 More About Verb Endings.

The infinitive is the basic form of the verb. In English it is expressed by *to*. Thus: *to speak, to live, to write*, etc. So far you have met infinitives of Italian verbs ending in -are, -ere. Italian infinitives can also end in -ire. Thus:

parl-*are, to* speak　　　ved-*ere, to* see　　　cap-*ire, to* understand

That part of the verb which is left after the endings have been removed is called the stem. Thus the stems of **parlare, vedere**, and **capire** are **parl-, ved-**, and **cap-**.

The infinitive ending of the verb is dropped and other endings are added to the stem to indicate the various persons and tenses of the verb.

2 Present Tense of **parlare**, to speak, Model Regular -are Verb.

| | | |
|---|---|---|
| io | parl-o (par-lo) | I speak |
| tu | parl-i (par-li) | you speak (*fam.*) |
| Lei | | you speak (*pol.*) |
| egli | parl-a (par-la) | he speaks |
| ella | | she speaks |
| noi | parl-iamo (par-lja-mo) | we speak |
| voi | parl-ate (par-la-te) | you speak |
| Loro | | you speak (*pol.*) |
| essi | parl-ano (par-la-no) | they speak (*m.*) |
| esse | | they speak (*f.*) |

(*a*) The endings of a regular **-are** verb in the present tense are:

| | | | |
|---|---|---|---|
| Singular | **-o** | **-i** | **-a** |
| Plural | **-iamo** | **-ate** | **-ano** |

Learn the endings of the present tense of **-are** verbs.

Verb endings indicate the subject of the verb. Thus: **-o** indicates the first person singular 'I', **io**, **-iamo** indicates the first person plural 'we', **noi**, etc. Therefore subject pronouns are usually omitted in Italian except when they are necessary to make the meaning clear or to show emphasis. Thus:

| | |
|---|---|
| *Io* **studio l'inglese.** | *Lei* **studia il francese.** |
| *I* am studying English. | *She* is studying French. |

(*b*) Note that the stress in all forms of the verb (except the **noi** and **voi** forms) is on the stem, *not* on the ending. Thus: **parlano** (**par**-la-no).

(*c*) The present tense may be translated into English in three different ways. Thus: **studio** = *I study, I do study, I am studying*.

(*d*) You have already had the subject pronouns:

| | | | |
|---|---|---|---|
| **io** | I | | |
| **egli, lui** | he | **ella, lei** | she |
| **esso** | he or it | **essa** | she or it |
| **Lei** | polite you | | |
| In addition: | | | |
| **noi** | we | | |
| **loro** | they (people) NOT things | | |
| **essi** (*m.*) | they (people or things) | | |
| **esse** (*f.*) | they (people or things) | | |

3 Polite and Familiar *you*.

In Italian there is a polite form for the word *you*. It is derived from an old phrase meaning 'Your Excellency' and takes the third person of the verb. (What does Your Excellency want?) The plural of **Lei** is **Loro**. Be careful to use a capital letter when you write them to avoid confusion with **lei** (*she*) and **loro** (*they*). Nowadays the second person plural **voi** (*you*) is often used in preference to the very formal **Loro**.

The second person singular pronoun **tu** (*you*) is only used when speaking to members of one's own family, to young children, and to friends you have known for a very long time. A foreigner should never use the intimate **tu** unless an Italian suggests that he should do so. Though **voi** is the plural of **tu**, it is less intimate and can be used outside the family circle, etc. When addressing one person as *you*, stick to the formal **Lei**. For the formal plural use either **voi** or **Loro**.

| | |
|---|---|
| **Suona Lei il pianoforte, signora?** | Do you play the piano? |
| **Loro parlano bene l'italiano, signori.** | You speak Italian well, gentlemen. |
| **Conti tu di fare un viaggio, papà?** | Do you intend making a trip, father? |
| **Voi parlate troppo, ragazzi.** | You speak too much, children. |

| io | I | noi | we |
|---|---|---|---|
| tu | you (familiar) | voi | you |
| egli, lui | he | loro | they |
| esso | he, it | essi | they (*m.*) (people or things) |
| ella, lei | she | esse | they (*f.*) (people or things) |
| essa | she, it | Loro | you (polite) |
| Lei | you (polite) | | |

## 4 Regular -are Verbs you have already met.

| parlare | to speak | viaggiare | to travel |
|---|---|---|---|
| costare | to cost | visitare | to visit |
| contare (di) | to intend (to) | imparare | to learn |
| abitare | to live | suonare | to play, to ring |
| ascoltare | to listen | cominciare | to begin |
| domandare | to ask | desiderare | to want |
| importare | to import | conversare | to converse |
| chiamare | to call | lavorare | to work |

The majority of verbs in Italian are Regular -are Verbs.

**Esercizio No. 23** Read each verb form aloud at least three times. Be sure to stress the syllable in heavy type in the pronunciation key. Translate each verb form.

**Esempio: egli domanda** (do-**man**-da) (he asks) **domandiamo** (do-man-**dja**-mo) (we ask)

| 1 | lei parla | (**par**-la) | 7 | suoni | (**swɔ**-ni) |
|---|---|---|---|---|---|
| | parlano | (**par**-la-no) | | suonate | (swo-**na**-te) |
| 2 | cominciamo | (ko-min-t**ʃja**-mo) | 8 | imparo | (im-**pa**-ro) |
| | comincio | (ko-**min**-tʃo) | | impariamo | (im-pa-**rja**-mo) |
| 3 | ascoltiamo | (a-skol-**tja**-mo) | 9 | loro visitano | (**vi**-ʒi-ta-no) |
| | ascoltate? | (a-skol-**ta**-te) | | visitiamo | (vi-ʒi-**tja**-mo) |
| 4 | loro viaggiano | (vjad-**dʒa**-no) | 10 | lavora egli? | (la-**vɔ**-ra) |
| | viaggiamo | (vjad-**dʒja**-mo) | | lavori? | (la-**vɔ**-ri)? |
| 5 | lui studia | (**stu**-dja) | 11 | abitano Loro? | (a-**bi**-ta-no) |
| | studiamo | (stu-**dja**-mo) | | abita Lei? | (a-**bi**-ta) |
| 6 | loro chiamano | (**kja**-ma-no) | 12 | desidero | (de-**ʒi**-de-ro) |
| | egli chiama | (**kja**-ma) | | lui desidera | (de-**ʒi**-de-ra) |

**Esercizio No. 24 Brevi Dialoghi.**

Read the short dialogues to yourself. Translate them. Practise reading them aloud.

1 — È italiano Lei?
— No, signore, non sono italiano.
— Ma Lei parla bene l'italiano.
— Grazie, signore, Lei è molto gentile.

2 — Studia Lei il francese?
— Sì, signora, lo[1] studio.
— Perchè lo[1] studia?
— Desidero fare un viaggio in Francia.

3 — Suoni tu il pianoforte, Luisa?
  — No, signora, non lo[1] suono.
  — Suona Rosa il pianoforte?
  — Sì, signora, lei lo suona bene.
4 — Importa automobili[2] il signor
    Smith?
  — No, signore, non importa
    automobili.
  — Conta di fare un viaggio in
    Francia?
  — No. Conta di fare un viaggio in
    Italia.

5 — Abitano gli studenti in una casa
    privata?
  — No, signore, abitano in un
    appartamento.
  — In che strada?
  — In Via Salute.
6 — Ascoltate attentamente in classe,
    ragazzi?
  — Sì, signorina. Ascoltiamo
    attentamente.
  — Imparate molto?
  — Sì, signorina, impariamo molto.

NOTES: 1. **lo studio,** I study it. **lo,** *him* or *it* is a direct object pronoun. In Italian, object pronouns generally precede the verb. 2. **l'automobile** (*f.*), car: **la macchina** is also used as the word for a car.

**Esercizio No. 25** Read each sentence aloud, completing each one with the correct verb ending.

1 I signori non parl. . . italiano.
2 Noi stud. . . la lezione.
3 Chi import. . . oggetti d'arte?
4 Desider. . . Lei imparare
  l'italiano?
5 Lui cominci. . . a parlare
  italiano.
6 Cont. . . Lei di fare un viaggio in
  Italia?
7 Loro parl. . . bene l'italiano,
  signori.
8 Ascolt. . . voi attentamente,
  ragazzi?
9 Loro non impar. . . rapidamente.

10 Anch'io[1] suon. . . il pianoforte.
11 Anch' esse desider. . . viaggiare
   in Italia.
12 Il signor Smith chiam. . . un
   tassì (taxi).
13 Perchè non stud. . . tu la lezione,
   Carlo?
14 Voi parl. . . troppo, ragazze.
15 Dove abit. . . Lei, signore?
16 Quanto cost. . . quest'orologio?
17 Quanto cost. . . questi libri?
18 Che cosa domand. . . il maestro?
19 Studi. . . loro l'inglese?
20 Noi ascolt. . . Loro non ascolt. . .

NOTE 1. **anch'io,** *I also*; **anche noi,** *we also*; **anch'esse,** *they also*. When **anche** (*also, too*) is used, the subject pronoun is never omitted.

**Esercizio No. 26—Domande**

1 Dove sono seduti i signori?
2 Chi comincia a parlare?
3 Chi ascolta attentamente?
4 Sono importanti i verbi?
5 Chi fa le domande?
6 Che dice il signor Smith se non
  sa la risposta?
7 Chi è commerciante?
8 Che cosa importa lui?
9 Perchè desidera fare un viaggio
  in Italia?

10 Parla inglese il suo rappresentante?
11 Quando parte il commerciante
   per l'Italia?
12 Viaggia in treno o in aereo?
13 Come impara l'italiano, rapidamente o lentamente?
14 Chi è molto gentile?

# CHAPTER 8

## LA FAMIGLIA DEL SIGNOR SMITH

1 È giovedì il 14 (quattórdici) gennaio. Sono le otto di sera.

2 Il signor Facci suona il campanello della casa della famiglia Smith.

3 La signora apre la porta e dice — Buona sera, signor Facci. Passi[1] nel salotto per favore.

4 Nel salotto il signor Smith aspetta il signor Facci.

5 Quando il maestro entra in salotto, il commerciante dice — Buona sera. Come sta?

6 — Molto bene, grazie. E Lei? E la famiglia?

7 — Io sto bene, grazie. Ma la mia bambina, Lucia, è malata. Ha un raffreddore e la febbre.

8 — Mi dispiace molto. Ha Lei altri bambini?

9 — Ho quattro bambini, due figli e due figlie.

10 — Come si chiámano i bambini?

11 — Si chiamano Paolo, Carlo, Bianca e Lucia.

12 — Quanti anni hanno?

13 — Paolo ha dieci anni. È il maggiore. Carlo ha otto anni. Bianca ha sei anni. Lucia ha quattro anni. È la più giovane. Tutti eccétto Lucia vanno a scuola.

14 I due signori párlano ancora un po' circa la famiglia.

15 Allora il signor Smith invita il signor Facci a visitare il suo ufficio lunedì prossimo alle dodici e mezzo del pomeriggio.

16 Il signor Facci accetta l'invíto con piacere.

17 Alle nove il signor Facci dice — Arrivederci

18 Il signor Smith risponde — A lunedì alle dodici e mezzo.

1 It is Thursday, the 14th of January. It is eight o'clock in the evening.

2 Mr. Facci rings the (door) bell of the Smith family.

3 The wife opens the door and says, 'Good evening, Mr. Facci. Please go into the living-room.'

4 In the living-room Mr. Smith is waiting for Mr. Facci.

5 When the teacher goes into the living-room, the businessman says, 'Good evening. How are you?'

6 Very well, thank you. And you? And the family?

7 I am well, thank you. But my daughter, Lucy is ill. She has a cold and a temperature.

8 I'm very sorry. Have you other children?

9 I have four children, two sons and two daughters.

10 What are the names of the children?

11 They are called Paul, Charles, Blanche, and Lucy.

12 How old are they?

13 Paul is ten years old. He is the oldest. Charles is eight years old. Blanche is six years old. Lucy is four years old. She is the youngest. All except Lucy go to school.

14 The two men talk for a little longer about the family.

15 Then Mr. Smith invites Mr. Facci to visit his office the following Monday at 12.30 p.m. (*Lit.* at twelve and half in the afternoon).

16 Mr. Facci accepts the invitation with pleasure.

17 At nine o'clock Mr. Facci says, 'Good-bye.'

18 Mr. Smith replies, 'Until Monday at 12.30.'

NOTE 1. **passi** (*pass, go*) is the polite singular imperative form of **passare**. Lei is understood. Regular -are verbs end in -i in this form of the imperative. Thus: **Parli!** Speak! **Mi scusi.** Excuse me.

### Building Vocabulary

il **campanello** (kam-pa-nɛl-lo) the (small) bell

l'**invito** (in-vi-to), invitation

il **maggiore** (mad-dʒo-re), the older

la **scuola** (skwɔ-la), school

**malato** (ma-la-to), sick, ill

**giovane** (dʒo-va-ne), young

la **più giovane,** the smallest, youngest child (*fem.*)

**tutti** (tut-ti), all (*plu.*)

**allora** (al-lo-ra), then

un **po'** (pɔ), a little (*shortened form of* un poco)

**eccetto** (et-tʃɛt-to), except

**accettare** (at-tʃet-ta-re), to accept

**aspettare** (a-spet-ta-re), to wait for, to expect

**entrare** (en-tra-re), to enter

**invitare (a)** (in-vi-ta-re), to invite

**passare** (pas-sa-re), to pass

**passi** (pas-si) pass (*imperative*)

**stare** (sta-re), to be

**andare** (an-da-re), to go, walk

**vanno** (van-no), they go

**aprire** (ap-ri-re), to open

**apre** (ap-re), he, she, it opens

### Adverbs

Most Italian adverbs are formed by adding the ending **-mente** to the adjective. If the adjective ends in **-o** in the masculine, the adverb is formed by adding **-mente** to the feminine (**lento**, *slow*; **lentamente**, *slowly*). If the adjective ends in **-re** or **-le** the adverb is formed by adding the ending **-mente** to the adjective *without* the final e (**speciale**, *special*; **specialmente**, *especially*). Some adjectives are used as adverbs without any change being made to their form (**molto**, *much*).

| | |
|---|---|
| lentamente | slowly |
| solamente | only |
| veramente | really |
| rapidamente | quickly |
| attentamente | attentively |
| industriosamente | industriously |
| specialmente | especially |
| correttamente | correctly |

### Espressioni italiane

**con piacere** (pja-tʃe-re), with pleasure

**mi dispiace** (mi di-spja-tʃe), I am sorry

**di pomeriggio** (po-me-rid-dʒo), in the afternoon

**di sera** (se-ra), in the evening

**alle dodici e mezzo** (do-di-tʃi e mɛt-tso), at half past twelve (*lit.* at the 12 and half)
**Ancora un po'**, a little while longer
**Lei ha un raffreddore** (raf-fred-**do**-re). She has a cold.

**Quanti anni ha Lei?** How old are you? (*Lit.* How many years have you?)
**Ho venti anni.** I am twenty years old. (*Lit.* I have twenty years.)

Practise saying aloud:

— **Come sta, signor B.?**
— **Così, così. Ho un raffreddore.**
— **Mi dispiace. Come sta la Sua famiglia?**
— **Tutti stanno bene, grazie.**

— **Quanti anni ha Giorgio?**
**Ha undici (11) anni.**
**Quanti anni ha Elena?**
**Ha dodici (12) anni.**

### Grammar Notes and Practical Exercises

1 Present Tense of **avere** (a-**ve**-re) to have. It is irregular.

| io | ho (o) | I have |
|---|---|---|
| tu | hai (ai) | you have (*fam.*) |
| Lei | | you have (*pol.*) |
| lui | ha (a) | he has |
| lei | | she has |
| noi | abbiamo (ab-**bja**-mo) | we have |
| voi | avete (a-**ve**-te) | you have |
| Loro | | you have (*pol.*) |
| loro | hanno (**an**-no) | they (*m.*) have |
| | | they (*f.*) have |

**Esercizio No. 27** Complete in Italian with the correct forms of **avere**. Omit the subject pronouns unless they are given in the Italian.

**Esempio 1: Quanti bambini ha Lei? Ho quattro bambini.**

1 **Quanti bambini** (have) **Lei, signor Marti?**
(I have) **quattro bambini.**
2 **Quante sorelle** (has) **Elena?**
**Lei** (has) **tre sorelle.**
3 (Have you) **lo specchio, Luisa?**
**No, signora,** (I do not have) **lo specchio.**
4 **Gli studenti** (have) **i libri?**
(They do not have) **i libri.**
5 (Have) **le ragazze un buon maestro?**
**Sì, signora,** (they have) **un buon maestro.**

6 **Maria e Carlo,** (have) **voi i fiori d'Anita?**
**No, signora,** (we haven't) **i fiori d'Anita.**
7 (Have you) **molti amici a Roma, signori?**
**Sì,** (we have) **molti amici a Roma.**
8 (Has) **il signor Facci un ufficio a Londra?**
(He has not) **un ufficio in questa città.**
9 **Quanti anni** (have) **tu, Giovanni?**
(I have) **dieci anni.**
10 **Chi** (has) **un raffreddore?**
**Luisa e Lucia** (have) **un raffreddore.**

2 Present Tense of **essere** (ɛs-se-re) to be.

| | | |
|---|---|---|
| io | sono (so-no) | I am |
| tu | sei (sɛ-i) | you are (*fam.*) |
| Lei ⎫ | | ⎧ you are (*pol.*) |
| lui ⎬ | è (ɛ) | ⎨ he is |
| lei ⎭ | | ⎩ she is |
| noi | siamo (sja-mo) | we are |
| voi | siete (sjɛ-te) | you are |
| Loro ⎫ | | ⎧ you are (*pol.*) |
| loro ⎭ | sono (so-no) | ⎨ they (*m.*) are |
| | | ⎩ they (*f.*) are |

NOTE 1: The third person singular **è** is written with an accent to distinguish it from **e** meaning *and*.

**Esercizio No. 28** Complete in Italian with the correct forms of **essere**. Omit the subject pronouns unless they are given in the Italian.

1 (Are) **italiano, Lei, signore?**
  Sì, signore, (I am) **italiano.**
2 (Are) **italiani Loro, signori?**
  Noi (are not) **italiani.** (We are)
    **francesi.**
3 (Are) **seduti i signori?**
  No, (they are not) **seduti.**
4 **Di dove** (are) **Lei, signore?**
  (I am) **di Londra.**
5 (Is) **presente Isabella?**
  No, signorina, lei (is) **assente.**
6 (Are) **rappresentanti questi**
    **signori?**
  (They are not) **rappresentanti.**
    (They are) **maestri.**

7 **Dove** (are) **i ragazzi?**
  (They are) **nel parco.**
8 (Are) **tu diligente a scuola,**
    **Giorgio?**
  Sì, papà, (I am) **molto diligente.**
9 **Chi** (is) **italiano e chi** (is)
    **australiano?**
  Io (am) **australiano e lui** (is)
    **italiano.**
10 **Perchè** (are not) **i ragazzi a**
    **scuola?**
  (They are) **malati.**

## Esercizio No. 29 Translate

1 Mr. Facci rings the bell and
  Mrs. Smith opens the door.
2 I am waiting for Mr. Facci in
  the living-room.
3 Mr. Smith says: 'How are you,
  Mr. Facci?'
4 Very well, thank you.
5 But my (**mia**) daughter Lucy is
  ill.
6 I am sorry. What is the matter
  with her? (Translate: What has
  she?)
7 She has a cold and a temperature.

8 How many children have you?
9 I have four children.
10 How old is the youngest?
11 She is four years old.
12 How old are you, Mr. Smith?
13 I am thirty-seven (**trentasette**)
  years old.
14 They chat a little longer.
15 Mr. Smith invites Mr. Facci to
  visit his (**il suo**) office.
16 Mr. Facci says: 'I accept the
  invitation with pleasure'.

## Esercizio No. 30 Domande

1 Chi suona il campanello?
2 Chi apre la porta?
3 Che dice il signor Smith quando il maestro entra nel salotto?
4 Chi è malata?
5 Ha un raffreddore la bambina Lucia?
6 Quanti bambini ha il signor Smith?
7 Quante persone ci sono nella famiglia?
8 Come si chiamano i bambini?
9 Quanti anni ha Paolo?
10 Quale[1] bambino è il maggiore?
11 Quale bambino è il più giovane?
12 Vanno tutti i bambini a scuola?
13 Il commerciante, chi invita lui a visitare il suo ufficio lunedì prossimo?
14 Accetta il signor Facci l'invito?

NOTE: 1. **quale bambino,** which child; **quali bambini,** which children.

# CHAPTER 9

## NELL'UFFICIO DEL SIGNOR SMITH

1 L'ufficio del signor Smith è al terzo piano d'un edificio in Via Bamford.
2 Non è grande, e non è piccolo, ma è comodo.
3 Due grandi finestre danno sulla strada. Dalle finestre si può vedere la via. In Via Bamford ci sono altri grandi edifici.
4 Alle pareti grigie ci sono alcuni cartelli illustrati e una grande carta geografica d'Italia.
5 Sulla scrivania del signor Smith ci sono molte carte e alcune[1] lettere.
6 Fra le due finestre c'è una lunga tavola.
7 Sulla tavola ci sono dei[1] giornali, delle[1] riviste e un bel portacenere.
8 Il signor Smith è seduto alla sua scrivania quando arriva il signor Facci.
9 Lui va alla porta per salutare il signor Facci.
10 — Buon giorno, signor Facci. Sono molto contento di rivederla.[2]
11 — Buon giorno, signor Smith. Come sta?
12 — Molto bene, grazie.
13 — Il Suo ufficio è molto bello, signor Smith. Mi piace questa carta geografica d'Italia, e anche questi cartelli illustrati. Come sono belli i colori! A proposito, signor Smith, che cosa vede Lei su questo cartello?
14 — Vedo il cielo, il sole, e un castello bianco su una collina verde. Ha un tetto rosso e un gruppo di camini.
15 — Di che colore è il sole?
16 — È giallo e immenso.
17 — Di che colore sono il cielo e i camini?
18 — Il cielo è azzurro. I camini sono neri. Dio mio, signor Facci! È già l'una! Basta con i colori. Comincio ad aver fame. E Lei? Non ha fame?
19 — Sì, anch'io ho fame.
20 — Ebbene, non molto lontano da qui c'è un buon ristorante.
21 — Allora andiamoci.[3]


1 Mr. Smith's office is on the third floor of a building in Bamford Street.
2 It is not large and it is not small, but it is comfortable.
3 Two large windows look out on to (*lit.* give on) the street. From the windows one can see the street. In Bamford Street there are other large buildings.
4 On the grey walls there are some illustrated posters and a large map of Italy.
5 On Mr. Smith's desk there are many papers and some letters.
6 Between the two windows there is a long table.
7 On the table there are some[1] newspapers, some[1] magazines, and a pretty ash-tray.
8 Mr. Smith is sitting at his desk when Mr. Facci arrives.
9 He goes to the door to greet Mr. Facci.

10 Good morning, Mr. Facci. I am very glad to see you[3] again.
11 Good morning, Mr. Smith. How are you?
12 Very well, thank you.
13 Your office is very nice, Mr. Smith. I like this map of Italy and also these illustrated posters. How beautiful the colours are. By the way, Mr. Smith, what do you see on this poster?
14 I see the sky, the sun, and a white castle on a green hill. It has a red roof and a group of chimneys.
15 What colour is the sun?
16 It is yellow and huge.
17 What is the colour of the sky and the chimneys?
18 The sky is blue. The chimneys are black. Goodness, Mr. Facci. It is already one o'clock. Enough of colours. I am beginning to get hungry. And you? Aren't you hungry?
19 Yes, I am hungry too.
20 Well, not far from here there is a good restaurant.
21 Then let's go there.

NOTES: 1. **di** plus the definite article is often used to express *some*. This is called the partitive article. The construction is taken from the French. Strictly speaking, it is not an Italian construction, but you will often hear and see it used by Italians. Other ways of translating *some* are **alcuni, alcune** (which is used in the plural); **qualche** (which is only used in the singular though with a plural meaning **qualche cartello**—*some posters*), **un po'**, literally *a little* (**un po' di sole** = a little sunshine).

2. **la** here means *you*. It is the direct object pronoun and can also stand for *her* or *it*. Object pronouns usually come in front of the verb, but they follow the verb or are attached to it when the verb is in the infinitive.

3. The pronoun **ci** meaning *there* comes after and is attached to the imperative *let's go*.

### Building Vocabulary

il **camino** (ka-**mi**-no), chimney
il **castello** (ka-**stɛl**-lo), castle
il **cielo** (tʃɛ-lo), sky
il **colore** (ko-**lo**-re), colour
il **portacenere** (por-ta-tʃɛ-ne-re), ash-tray
il **ristorante** (ri-sto-**ran**-te), restaurant
il **sole** (sɔ-le), sun
il **tetto** (**tet**-to), roof
il **giornale** (dʒor-**na**-le), newspaper
il **cartello** (kar-**tɛl**-lo), poster
la **carta** (**kar**-ta), paper
la **collina** (kol-**li**-na), hill
la **lettera** (**lɛt**-te-ra), letter
la **rivista** (ri-**vi**-sta), magazine
**arrivare** (ar-ri-**va**-re), to arrive
**salutare** (sa-lu-**ta**-re), to greet
**bello** (**bɛl**-lo), beautiful

**azzurro** (at-**tʒur**-ro), (pale) blue
**bianco** (**bjan**-ko), white
**comodo** (**kɔ**-mo-do), comfortable
**contento** (kon-**tɛn**-to), glad
**giallo** (**dʒal**-lo), yellow
**geografica** (dʒe-o-**gra**-fi-ka), geographic
**grigio** (**gri**-dʒo), grey
**illustrato** (il-lu-**stra**-to), illustrated
**immenso** (im-**mɛn**-so), immense, huge
**lontano** (lon-**ta**-no), far, distant
**lungo** (**luŋ**-go), long
**nero** (**ne**-ro), black
**rosso** (**ros**-so), red
**verde** (**ver**-de), green
**qui** (kwi), here
**dio** (**di**-o), god

## Espressioni italiane

anch'io (aŋ-ki-o), I too

andiamoci (an-dja-mo-tʃi), let's go there

Ha fame Lei (a fa-me-lɛ-i)? Are you hungry?

Ho appetito (ap-pe-ti-to), I am hungry (have an appetite).

Ho fame (o fa-me). I am hungry.

a proposito (pro-pɔ-ʒi-to), by the way

Dio mio (di-o mi-o)! Goodness!

di che colore (di ke ko-lo-re)? what colour?

mi piace (mi pja-tʃe), I like (*lit.* it is pleasing to me)

questo edificio mi piace, I like this building

Practise aloud:

Chi ha appetito? Who is hungry?

Ha appetito Lei? Are you hungry?

Io ho appetito. I am hungry.

Non ho appetito. I am not hungry.

Ha appetito lei? Is she hungry?

Lei ha appetito. She is hungry.

Avete appetito voi? Are you hungry?

Non abbiamo appetito. We are not hungry.

## Grammar Notes and Practical Exercises

1 Present Tense of **vendere** (ven-de-re), to sell, Regular -ere Verb.

| io | vend-o (ven-do) | I sell |
|---|---|---|
| tu | vend-i (ven-di) | you sell (*fam.*) |
| Lei | | you sell (*pol.*) |
| lui | vend-e (ven-de) | he sells |
| lei | | she sells |
| noi | vend-iamo (ven-dja-mo) | we sell |
| voi | vend-ete (ven-de-te) | you sell |
| Loro | | you sell (*pol.*) |
| loro | vend-ono (ven-do-no) | they (*m.*) sell |
| | | they (*f.*) sell |

(a) Compare the endings of a regular -are verb with those of a regular -ere verb:

| -are Verb: | Singular | -o | -i | -a | Plural | -iamo | -ate | -ano |
|---|---|---|---|---|---|---|---|---|
| -ere Verb: | Singular | -o | -i | -e | Plural | -iamo | -ete | -ono |

(b) Some other verbs which are conjugated like **vendere** in the present tense are:

**rispondere**, to answer; **vedere**, to see; **leggere**, to read; **scrivere**, to write; **prendere**, to take.

**Esercizio No. 31** Read each verb form aloud at least three times. Be sure to stress the syllable in heavy type in the pronunciation key. Translate each verb form.

1 **prendere** (prɛn-de-re)
**prendiamo** (pren-dja-mo)
**prendete** (pren-de-te)

2 **scrivere** (skri-ve-re)
**scrivo** (skri-vo)
**Lei scrive** (skri-ve)

3 **leggere** (lɛd-dʒe-re)
  **loro leggono** (lɛg-go-no)
  **leggiamo** (led-**dʒja**-mo)
4 **vedere** (ve-de-re)
  **essi vedono** (vɛ-do-no)
  **egli vede** (vɛ-de)

5 **rispondere** (ri-**spon**-de-re)
  **rispondo** (ri-**spon**-do)
  **rispondi** (ri-**spon**-di)
6 **scrivono** (skri-vo-no)
  **leggono** (leg-go-no)
  **prendono** (prɛn-do-no)

**Esercizio No. 32 Brevi Dialoghi.** Read the short dialogues to yourself. Translate them. Practise reading them aloud.

1 — Che scrive Lei?
  — Scrivo una lettera.
  — A chi scrive Lei?
  — Scrivo al mio rappresentante.
2 — Che leggete, ragazzi?
  — Leggiamo un libro italiano.
  — È interessante il libro?
  — Sì, signora, è molto interessante.
3 — Chi risponde bene alle domande
    del maestro?
  — Riccardo risponde bene.
  — Chi risponde male?[1]
  — Enrico e Paolo rispondono
    male.

4 — Che vendono qui?[2]
  — Vendono oggetti d'arte italiani.
  — Sono a buon mercato?[3]
  — No, sono molto cari.[4]
5 — Che prende, signora?
  — Prendo un caffè.
  — Che prende Lei, signore?
  — Anch'io prendo un caffè.
6 — Che vedi su questa carta
    geografica, Carlo?
  — Vedo i fiumi[5] e le montagne[6]
    d'Italia.
  — Vedi le città d'Italia?
  — Non ci sono città su questa
    carta, signora.

NOTES: 1. **male**, badly. 2. **qui**, here. 3. **a buon mercato**, cheap. 4. **caro**, dear. 5. **il fiume**, river. 6. **la montagna**, mountain.

**Esercizio No. 33** Complete these verbs with the correct endings.

1 io ved. . .
2 lui legg. . .
3 noi prend. . .
4 lei scriv. . .

5 loro vend. . .
6 tu rispond. . .
7 Lei vend. . .
8 voi ved. . .

9 essi scriv. . .
10 loro vend. . .
11 tu legg. . .
12 noi non vend. . .

13 prend. . . Loro?
14 legg. . . voi?
15 scriv. . . loro?

2 Agreement of Adjectives.

Adjectives have masculine and feminine, singular and plural forms. They agree in number and gender with the nouns they modify. If one adjective modifies both a masculine and a feminine noun, then the adjective is in the masculine plural: **il ragazzo e le ragazze sono piccoli** (*the boys and girls are small*).

You have met adjectives ending in **-o** and adjectives ending in **-e**. Thus:

| | | | | |
|---|---|---|---|---|
| rosso | giallo | comodo | molto | piccolo |
| grande | verde | gentile | intelligente | quale |

Study the following expressions, noting how the endings of the adjectives vary:

| | | | |
|---|---|---|---|
| il libro rosso | i libri rossi | il ragazzo gentile | i ragazzi gentili |
| la penna rossa | le penne rosse | la ragazza gentile | le ragazze gentili |

|  | *Endings of Adjectives in -o* | | | *Endings of Adjectives in -e* | |
|---|---|---|---|---|---|
|  | Singular | Plural |  | Singular | Plural |
| Masculine | -o | -i | Masculine | -e | -i |
| Feminine | -a | -e | Feminine | -e | -i |

(a) Note that the four endings of adjectives in -o match exactly the singular and plural endings of nouns in -o and -a.

(b) The endings of adjectives in -e are the same for both masculine and feminine. Their plural ends in -i. These endings are the same as those on -e nouns: **il padre gentile; i padri gentili; la madre gentile; le madri gentili.**

## 3 Position of Adjectives.

Descriptive adjectives usually follow their nouns. However, here are some adjectives which usually precede their nouns.

| | | |
|---|---|---|
| **grande,** big | **bello,** beautiful | **buono,** good |
| **piccolo,** small | **brutto,** ugly | **cattivo,** bad |
| **giovane,** young | **nuovo,** new | **lungo,** long |
| **vecchio,** old | **vecchio,** old | **breve,** short |

**Nell'ufficio c'è una lunga tavola.**   In the office there is a long table.

Adjectives of quantity, demonstrative adjectives, and interrogative adjectives precede their nouns.

| | |
|---|---|
| **molto denaro,** a lot of money | **quale bambino,** which child |
| **molte cose,** many things | **quali colori,** which colours |
| **quanta carta,** how much paper | **quanti giorni,** how many days |

**Esercizio No. 34** Complete these sentences in Italian with the correct forms of the adjectives.

**Esempio: Abitano in una casa** (private). **Abitano in una casa privata.**

1 **L'ufficio è** (beautiful and comfortable).
2 **Le pareti dell'ufficio sono** (grey).
3 **Vedono Loro i cartelli** (illustrated)?
4 (All) **i colori sono** (beautiful).
5 **Ecco la** (large) **carta geografica.**
6 **Desidera Lei vedere i** (new) **oggetti d'arte?**
7 **Elena e Maria sono ragazze** (intelligent).
8 **Esse hanno un'automobile** (blue and grey).
9 **Mi piace il vaso** (yellow).
10 **Le** (small) **sedie sono per i bambini.**
11 **Ha Carlo una matita** (black)?
12 (How many) **studentesse sono** (present)?
13 (This) **salotto ha tre** (big) **finestre.**
14 **Scrivo una** (short) **lettera.**
15 (Which) **rivista leggono Loro?**
16 **Ci sono** (many) **lettere sulla scrivania.**
17 **Desideriamo vedere la** (new) **carta.**
18 **Rosa non è** (present) **perchè è** (ill).
19 (Which) **giornali legge Lei?**
20 **Non ho** (much) **denaro.**

## Esercizio No. 35—Domande

1 È grande l'ufficio del signor Smith?

2 Dove ci sono alcuni cartelli illustrati?

3 Dove ci sono molte carte?

4 Che cosa c'è fra le due finestre?

5 Che cosa c'è sulla lunga tavola?

6 Chi è seduto alla scrivania?

7 Che fa il signor Smith quando il signor Facci entra?

8 Che piace al signor Facci?

9 Di che colore è il castello sul cartello?

10 Di che colore è la collina?

11 È azzurro il cielo?

12 Sono rossi o neri i camini?

13 Chi comincia ad[1] aver fame?

14 Ha fame anche il signor Facci?

NOTE 1. a becomes ad when the next word begins with a vowel. aver = avere.

# CHAPTER 10

## IL SIGNOR SMITH SALUTA UN AMICO
## AL SUO UFFICIO

**1** Il signor Roberto Vico, un amico del signor Enrico Smith, abita a Londra.
Però lui parla bene l'italiano perchè i suoi genitori sono italiani.
È un uomo di trentacinque anni.
**2** Il signor Vico sa che il suo amico, il signor Smith, impara l'italiano.
Lui desidera vedere se il suo amico fa progressi nei suoi studi.
Perciò un giorno entra nell'ufficio del signor Smith e lo[1] saluta in italiano.
Ecco la loro conversazione:
**3** — Buon giorno, Enrico. Come va?
**4** — Così, così. Sono molto contento di vederti,[2] Roberto.
**5** — Vedo, amico mio, che tu[2] impari l'italiano.
**6** — Certamente. Io imparo a parlare, e a leggere e a scrivere l'italiano.
**7** — Trovi[2] l'italiano difficile a imparare?
**8** — No. L'italiano non è una lingua difficile a imparare, e io lo studio
industriosamente.
**9** — Chi è il tuo maestro d'italiano?
**10** — Il signor Riccardo Facci è il mio maestro. È un buon maestro e io
parlo, leggo e scrivo l'italiano sempre meglio ogni giorno.
Imparo le parole e l'espressioni della vita giornaliera.
Io capisco il signor Facci quando lui parla italiano, e lui mi capisce quando io
gli[3] parlo.
L'italiano mi piace molto.
**11** — Amico mio, tu parli italiano a meraviglia.
**12** — Grazie, tu sei molto gentile.
**13** — Niente affatto. È la verità. A proposito, i miei amici mi dicono che tu
conti di fare un viaggio in Italia quest'[4]estate. È vero?
**14** — Sì infatti. Spero partire il 31 (trentuno) maggio. Io viaggio sempre in
aereo. Desidero arrivare in Italia il più presto possibile.
**15** — Buon viaggio e buona fortuna? Arrivederci, amico mio.
**16** — Arrivederci, Roberto.

1 Mr. Robert Vico, a friend of Mr. Henry Smith, lives in London. But
he speaks Italian well because his parents are Italian.
He is a man of thirty-five.
2 Mr. Vico knows that his friend Mr. Smith is learning Italian.
He wants to see if his friend is progressing (making progress) in his studies.
Therefore, one day he comes into Mr. Smith's office and greets him[1] in
Italian.
Here is their conversation:
3 Good morning, Henry. How goes it?
4 So so. I am delighted to see you,[2] Robert.
5 I see, my friend, that you[2] are learning Italian.

6 Yes, indeed. I am learning to speak, read, and write Italian.

7 Do you find Italian difficult to learn?

8 No. Italian is not a difficult language to learn and I am studying it industriously.

9 Who is your Italian teacher?

10 Mr. Richard Facci is my teacher. He is a good teacher and every day I speak, read, and write Italian better and better (always better).

I learn the words and expressions of everyday life.

I understand Mr. Facci when he speaks Italian and he understands me when I speak to him.[3]

I like Italian very much.

11 My friend, you speak Italian wonderfully.

12 Thank you. You are very kind.

13 Not at all. It is the truth. By the way, my friends tell me that you are planning a trip to Italy this summer. Is that so?

14 Yes, indeed. I hope to leave on the 31st of May. I always travel by plane. I want to arrive in Italy as soon as possible.

15 Have a good journey and good luck. Good-bye, old chap.

16 Good-bye, Robert.

NOTES: 1. **lo**, *him* or *it*. Object pronoun. 2. Mr. Smith and Mr. Vico are old friends. Therefore, they use the familiar form **tu** (*you*) as subject and **ti** (*you*) as object. 3. **gli**, *to him*, indirect object pronoun. 4. **questo** and **questa** become **quest'** when the next word begins with a vowel.

## Building Vocabulary

il genitore[1] (dʒe-ni-to-re), parent

la conversazione (kon-ver-sa-tsjo-ne), conversation

la fortuna (for-tu-na), fortune

partire (par-ti-re), to leave

capire (ka-pi-re), to understand

capisco (ka-pi-sko), I understand

capisce (ka-piʃ-ʃe), he, she, it understands

la verità (ve-ri-ta), truth

la vita (vi-ta), life

l'estate (e-sta-te), summer (*f.*)

lo studio (stu-djo), study

trovare (tro-va-re), to find

sperare (spe-ra-re), to hope, expect

leggere (lɛd-dʒe-re), to read

scrivere (skri-ve-re), to write

dicono (di-ko-no), they tell, say

difficile (dif-fi-tʃi-le), difficult

giornaliero (dʒor-na-lje-ro), daily, everyday

ogni (o-ñi), each, every

certamente (tʃer-ta-mɛn-te), certainly

meglio (mɛ-ʎo), better (*adv.*)

però (pe-rɔ), but

presto (prɛ-sto), soon

NOTE 1. **Genitore** is Italian for *parent*—**parente** is a *relative*.

## Espressioni italiane

amico mio, my friend

Come va? How goes it?

così così, so so

a meraviglia (me-ra-vi-ʎa), wonderfully

al più presto (prɛ-sto), as soon as possible

niente affatto (ni-ɛn-te a f-fat-to), not at all

fare progressi (pro-grɛs-si), to progress

non è vero (ve-ro)? isn't that so?, isn't it?, etc.

Practise speaking aloud:

**Lei è inglese, non è vero?** You are
  English, aren't you?

**Importa oggetti d'arte, non è vero?**
  You import *objets d'art*, don't you?

**Ha un ufficio a Londra, non è vero?**
  You have an office in London,
  haven't you?

**I suoi genitori sono italiani, non è
  vero?** Your parents are Italian,
  aren't they?

**Mi piace parlare italiano.** I like
  speaking Italian.

**Mi piace leggere l'italiano.** I like
  reading Italian.

**Mi piace scrivere l'italiano.** I like
  writing Italian.

**In breve, mi piace l'italiano.** In short,
  I like Italian.

### Grammar Notes and Practical Exercises

1 Present Tense of **partire** and **capire**, Regular **-ire** Verbs.

| **partire** (par-**ti**-re), to leave | | **capire** (ka-**pi**-re), to understand | |
| I leave, you leave, etc. | | I understand, you understand, etc. | |
| io | **part-o** (**par**-to) | io | **cap-isc-o** (ka-**pi**-sko) |
| tu | **part-i** (**par**-ti) | tu | **cap-isc-i** (ka-**piʃ**-ʃi) |
| Lei⎤ | | Lei⎤ | |
| lui ⎬ | **part-e** (**par**-te) | lui ⎬ | **cap-isc-e** (ka-**piʃ**-ʃe) |
| lei ⎦ | | lei ⎦ | |
| noi | **part-iamo** (par-**tja**-mo) | noi | **cap-iamo** (ka-**pja**-mo) |
| voi | **part-ite** (par-**ti**-te) | voi | **cap-ite** (ka-**pi**-te) |
| Loro⎤ | | Loro⎤ | |
| loro ⎦ | **part-ono** (**par**-to-no) | loro ⎦ | **cap-isc-ono** (ka-**pi**-sko-no) |

The endings of **-ire** verbs are the same as those of **-ere** verbs except in the
**voi** form.

| Singular | -o | -i | -e | Plural | -iamo | -ite | -ono |

Some **-ire** verbs, like **capire**, in the present tense add **-isc** to the stem in all
persons except **noi** and **voi**.

Verbs which take **-isc** in the present tense will be indicated in the vocabulary by parentheses, i.e. **capire (isco)**.

Verbs which are conjugated like **partire** are: **aprire**, to open; **sentire**, to
hear. Verbs which are conjugated like **capire** are: **finire**, to finish; **preferire**,
to prefer.

**Esercizio No. 36 Brevi Dialoghi.** Read silently. Practise reading aloud.

1 — Capisce Lei quando il maestro
    parla italiano?
  — Capisco bene quando parla
    adagio.[1]
  — Che dice Lei quando non
    capisce?
  — Dico, 'Parli più adagio,[1] per
    favore.'

2 — Quando parte Lei per Roma?
  — Parto il 10 (dieci) giugno.
  — Parte solo[2] o con la Sua
    famiglia?
  — Parto solo.

3 — Elena trova difficile l'italiano?
— È vero.
— Non studia diligentemente?
— No, preferisce suonare il
   pianoforte.

4 — Senti suonare il campanello,
   Pietro?
— Sì, papà. Vado[3] ad aprire la
   porta.
— Chi è, Pietro?
— Sono le mie amiche,[4] Irene ed[5]
   Emilia.

NOTES: 1. **adagio** = **lentamente**. 2. **solo**, alone. 3. **vado**, I am going (from **andare**, to go). 4. **le amiche**, friends, *plural of* **l'amica**. The **h** is inserted to keep the **c** hard. 5. '**Ɛ**' becomes 'ed' when the next word begins with an 'e'.

**Esercizio No. 37** Read each verb form aloud at least three times. Translate each form.

1 **preferisco** (pre-fe-**ri**-sko)
  **preferite** (pre-fe-**ri**-te)
  **preferiscono** (pre-fe-**ri**-sko-no)
  **sentono** (sen-to-no)

2 **sentite** (sen-**ti**-te)
  **senti** (sen-ti)
  **finiscono** (fi-**ni**-sko-no)
  **finite** (fi-**ni**-te)

3 **finiamo** (fi-**nja**-mo)
  **aprono** (ap-ro-no)
  **aprite** (ap-**ri**-te)
  **apre** (ap-re)

**Esercizio No. 38** Complete these verbs forms by adding the correct endings.

1 cap. . . tu?
2 io non cap. . .
3 Carlo e Maria fin. . .
4 noi sent. . .
5 voi apr. . .
6 sent. . . Loro?
7 voi prefer. . .
8 noi fin. . .
9 egli fin. . .
10 chi part. . . ?
11 loro cap. . .
12 io prefer. . .
13 tu fin. . .
14 sent. . . tu?
15 io non sent. . .

2 The Possessive Adjectives.

Study the forms of the possessive adjectives in the following phrases.

*Masculine*

|  | Singular |  | Plural | Meaning |
|---|---|---|---|---|
| il *mio* | maestro | i *miei* | maestri | my |
| il *tuo* | maestro | i *tuoi* | maestri | your (*fam.*) |
| il *Suo* | maestro | i *Suoi* | maestri | your (*pol.*) |
| il *suo* | maestro | i *suoi* | maestri | his, her, its |
| il *nostro* | maestro | i *nostri* | maestri | our |
| il *vostro* | maestro | i *vostri* | maestri | your (*fam.*) |
| il *Loro* | maestro | i *Loro* | maestri | your (*pol.*) |
| il *loro* | maestro | i *loro* | maestri | their |

## Feminine

| Singular | | Plural | | Meaning |
|---|---|---|---|---|
| la *mia* | maestra | le *mie* | maestre | my |
| la *tua* | maestra | le *tue* | maestre | your (*fam.*) |
| la *Sua* | maestra | le *Sue* | maestre | your (*pol.*) |
| la *sua* | maestra | le *sue* | maestre | his, her, its |
| la *nostra* | maestra | le *nostre* | maestre | our |
| la *vostra* | maestra | le *vostre* | maestre | your (*fam.*) |
| la *Loro* | maestra | le *Loro* | maestre | your (*pol.*) |
| la *loro* | maestra | le *loro* | maestre | their |

The possessive adjective is usually preceded by the definite article. Both article and adjective agree in number and gender with the noun they modify.

The possessive adjectives (except **loro**) have the same endings as the other adjectives ending in -o: (*Singular* -o, -a *Plural* -i, -e). The form **loro** never changes.

Note that the forms **miei**, **tuoi**, and **suoi** add an extra letter before the regular adjective ending in the plural.

3 Use of **tuo, vostro, Suo, Loro**, meaning *your*.

| | |
|---|---|
| **Carlo, perchè non hai (tu) il *tuo* libro?** | Charles, why haven't you *your* book? |
| **Ragazzi, amate (voi) la *vostra* maestra?** | Children, do you love *your* teacher? |
| **Dov'è il *Suo* ufficio, signor Martinelli?** | Where is *your* office, Mr. Martinelli? |
| **Signori, hanno (Loro) i *Loro* biglietti?** | Gentlemen, have you *your* tickets? |

**tuo (tuoi, tua, tue)**, *your*, is used in speaking to a person with whom you would use the familiar **tu**, *you*.

**vostro (vostri, vostra, vostre)**, *your*, is used in speaking to more than one person for whom you would use the familiar **voi**, *you*. In addition, it is often used for the polite *your*.

**Suo (Suoi, Sua, Sue)**, *your*, is used in addressing a person for whom you would use the polite **Lei**, *you*.

**Loro**, *your*, is used in addressing more than one person for whom you would use the polite **Loro**, *you*.

**Suo** and **Loro** are usually written with a capital letter when they mean *your* to distinguish them from *his*, *their*, etc.

4 Use of **suo (suoi, sua, sue)** meaning *his, her, its*; and of **loro** meaning *their*.

| | |
|---|---|
| **Giorgio è seduto alla *sua* scrivania.** | George is seated at *his* desk. |
| **Evelina è seduta alla *sua* scrivania.** | Evelyn is seated at *her* desk. |
| **Ora il dottore visita i *suoi* pazienti.** | Now the doctor is visiting *his* patients. |
| **Gli studenti scrivono i *loro* esercizi.** | The students are doing *their* exercises. |

Unlike English, the possessive adjective agrees with the noun it modifies and not with the subject: **Lui vende la sua casa**—*he is selling his house* (**sua** agrees with the feminine noun **casa** and not with the subject *he*).

The polite forms for 'your' are distinguished in the written language from the forms for 'his', 'her', 'its', and 'their' by the use of a capital letter. 'His letter', **la sua lettera**, but 'your letter', **la Sua lettera**.

In the first sentence above, **sua** agrees with the feminine noun **scrivania** and not with the masculine subject **Giorgio**, and means *his* even though it has a feminine ending.

**Il suo**, etc., can be confusing as it can refer either to the subject of the sentence or to another person. **Giorgio è seduto alla sua scrivania** can mean either *George is sitting at his desk* or *at her desk*. To avoid confusion **di lui** (*of him*) and **di lei** (*of her*) can be used. **Giorgio è seduto alla scrivania di lei**— *George is sitting at her desk*.

**Esercizio No. 39** Read to yourself and translate the questions and answers below. Then practise reading them aloud.

1 Dove sono le mie lettere?
Le Sue lettere sono sulla scrivania.

2 È grande la camera di Luisa?
La sua camera è grande e comoda.

3 Dove sono i nostri posti?
Ecco i Loro posti, signori.

4 Fa Lei progressi nei Suoi studi?
Sì. Faccio progressi rapidi nei miei studi.

5 Che fanno[1] gli studenti?
Scrivono i loro esercizi.

6 Signor Rossi, come si chiama il Suo medico?
Il mio medico si chiama Luigi Covello.

7 Mamma, chi ha la mia bambola?
Anita ha la tua bambola, bambina mia.[2]

8 Quanti studenti ci sono nella vostra classe?
Nella nostra classe ci sono trenta studenti.

9 Giulia, hai tu il mio cestino?
No, signorina, non ho il Suo cestino.

10 Dov'è il tuo ufficio, papà?
Il mio ufficio è a Londra, bambino mio.

11 Suo[3] fratello è medico?
No, signore, mio fratello[3] è maestro.

12 Signori, hanno i Loro passaporti?
Ecco i nostri passaporti, signore.

13 Dove abitano i genitori del signor Facci?
I suoi genitori abitano a Roma.

14 Dov'è l'orologio del signor Vivaldi?
Il suo orologio è sulla tavola.

NOTES: 1. **fanno**, *are doing*. 2. The possessive adjective is used after the noun for emphasis. When this happens the definite article is omitted, i.e. **bambina mia** not **la mia**. 3. The article is omitted when any possessive (except **loro**) precedes the singular of **padre**, **madre**, **sorella**, **fratello**, **moglie**, **zio**, and **zia**. Thus: **mio padre**, **sua madre**, etc. However, when the word is modified by an adjective or suffix, the article is put in e.g. '**il mio fratellino**', '**la mia cara madre**'. **Babbo**, **mamma**, **nonno** and **nonna** are members of the family which do not drop the definite article.

**Esercizio No. 40** Insert the correct form of **mio, tuo, suo, nostro, vostro, loro**.
Esempio: Dove abita il (your) dottore? Dove abita il Suo dottore?

1 Essi finoscono le (their) lettere.     2 Mi piace molto la (my) maestra.

3 Le (my) **amiche studiano
l'italiano.**
4 **Ogni giorno studiamo le** (our)
**lezioni.**
5 **Sono francesi i** (your) **genitori,
signore?**
6 **Trovo la** (their) **conversazione
interessante.**
7 **I** (my) **amici imparano l'italiano.**

8 **I** (her) **genitori sono australiani.**
9 **Chi è il** (your) **professore,
signore?**
10 **Dov'è** (your) **madre, bambino
mio?**
11 **Signori, ecco la** (your) **automobile.**
12 (His) **moglie suona il pianoforte.**

## Esercizio No. 41—Domande

1 **Dove abita l'amico del signor
Smith?**
2 **Come parla l'amico l'italiano?**
3 **Sono italiani i suoi genitori?**
4 **Che cosa sa il signor Vico?**
5 **Dove entra un giorno l'amico?**
6 **Comincia a parlare inglese o
italiano?**
7 **Chi impara a parlare, a leggere
e a scrivere l'italiano?**
8 **Il signor Smith trova l'italiano
difficile?**

9 **Quali parole ed espressioni
impara lui?**
10 **Il signor Facci capisce il signor
Smith quando parla italiano?**
11 **Come parla italiano il
commerciante?**
12 **Quando conta di partire per
l'Italia?**
13 **Viaggia lui sempre in aereo o in
treno?**
14 **Che dice alla fine l'amico?**

# REVISION 2

## CHAPTERS 7–10

### Revisione di Parole

#### NOUNS

| | | |
|---|---|---|
| 1 l'aereo | 9 il genitore | 17 la primavera |
| 2 il cartello | 10 il giornale | 18 la rivista |
| 3 il caffè | 11 il mercato | 19 il ristorante |
| 4 la carta | 12 l'invito | 20 la scuola |
| 5 il cielo | 13 il paese | 21 il sole |
| 6 il colore | 14 il treno | 22 lo studio |
| 7 l'estate | 15 il pomeriggio | 23 la vita |
| 8 la frase | 16 il posto | 24 il volo |
| | | |
| 1 aeroplane | 9 parent | 17 spring |
| 2 poster | 10 newspaper | 18 magazine |
| 3 coffee | 11 market | 19 restaurant |
| 4 paper | 12 invitation | 20 school |
| 5 sky | 13 country, village | 21 sun |
| 6 colour | 14 train | 22 study |
| 7 summer | 15 afternoon | 23 life |
| 8 sentence | 16 place, seat | 24 flight |

#### VERBS

| | | |
|---|---|---|
| 1 accettare | 12 salutare | 23 scrivere |
| 2 arrivare | 13 suonare | 24 vedere |
| 3 ascoltare | 14 stare (bene) | 25 vendere |
| 4 aspettare | 15 studiare | 26 capire (isco) |
| 5 cominciare | 16 viaggiare | 27 finire (isco) |
| 6 contare (di) | 17 visitare | 28 aprire |
| 7 domandare | 18 avere | 29 partire |
| 8 entrare | 19 essere | 30 fare |
| 9 invitare | 20 leggere | 31 faccio |
| 10 passare | 21 prendere | 32 facciamo |
| 11 ritornare | 22 rispondere | 33 vanno |
| | | |
| 1 to accept | 12 to greet | 23 to write |
| 2 to arrive | 13 to play (*music*), to ring | 24 to see |
| 3 to listen | 14 to be (*well*) | 25 to sell |
| 4 to wait for | 15 to study | 26 to understand |
| 5 to begin | 16 to travel | 27 to finish |
| 6 to intend (to) | 17 to visit | 28 to open |
| 7 to ask, ask for | 18 to have | 29 to leave |
| 8 to enter | 19 to be | 30 to make, do |
| 9 to invite | 20 to read | 31 I make, do |
| 10 to pass | 21 to take | 32 we make, do |
| 11 to return | 22 to answer | 33 they go |

## ADJECTIVES

| | | |
|---|---|---|
| 1 azzurro | 9 gentile | 17 nero |
| 2 alcuni | 10 giallo | 18 ogni |
| 3 bello (bel)[1] | 11 grande | 19 piccolo |
| 4 bianco | 12 grigio | 20 prossimo |
| 5 breve | 13 giovane | 21 questo |
| 6 contento | 14 lontano | 22 vecchio |
| 7 difficile | 15 lungo | 23 rosso |
| 8 facile | 16 malato | 24 verde |

| | | |
|---|---|---|
| 1 blue | 9 kind | 17 black |
| 2 some | 10 yellow | 18 every |
| 3 beautiful | 11 big, large | 19 little |
| 4 white | 12 grey | 20 next |
| 5 short, brief | 13 young | 21 this |
| 6 glad, happy | 14 distant, far | 22 old |
| 7 difficult | 15 long | 23 red |
| 8 easy | 16 sick, ill | 24 green |

NOTE 1. bello becomes bel before a masculine noun beginning with a consonant: un bel posto.

## ADVERBS

| | | |
|---|---|---|
| 1 allora | 6 meglio | 11 qui |
| 2 attentamente | 7 un poco | 12 solamente |
| 3 certamente | 8 un po' più | 13 spesso |
| 4 già | 9 presto | 14 tanto |
| 5 lentamente | 10 là, lì | 15 troppo |

| | | |
|---|---|---|
| 1 then | 6 better | 11 here |
| 2 attentively | 7 a little | 12 only |
| 3 certainly | 8 a little more | 13 often |
| 4 already | 9 quickly, soon | 14 so much, so |
| 5 slowly | 10 there | 15 too, too much |

## PREPOSITIONS

| | | |
|---|---|---|
| 1 eccetto | 2 senza | 3 lontano da |
| 1 except | 2 without | 3 far from |

## CONJUNCTIONS

| | | | |
|---|---|---|---|
| 1 che | 2 quando | 3 se | 4 allora |
| 1 that | 2 when | 3 if | 4 then |

## ITALIAN EXPRESSIONS

| | | |
|---|---|---|
| 1 a proposito | 6 di pomeriggio | 11 niente affatto |
| 2 a meraviglia! | 7 in aereo | 12 non è vero? |
| 3 anch'io | 8 in treno | 13 si può |
| 4 Dio mio! | 9 con piacere | 14 come va? |
| 5 di sera | 10 al più presto | 15 così, così. |

| | | |
|---|---|---|
| 16 Ho appetito. | 19 Quanti anni ha Lei? | 22 mi dispiace |
| 17 Ho fame. | 20 Ho un raffreddore. | 23 fare domande |
| 18 Ho venti anni. | 21 mi piace | 24 chiedere delle informazioni |

| | | |
|---|---|---|
| 1 by the way | 9 with pleasure | 17 I am hungry. |
| 2 wonderfully! | 10 as soon as possible | 18 I am 20 years old. |
| 3 I too | 11 not at all | 19 How old are you? |
| 4 goodness! | 12 Isn't it so? | 20 I have a cold. |
| 5 in the evening | 13 one may | 21 I like |
| 6 in the afternoon | 14 How goes it? | 22 I'm sorry |
| 7 by plane | 15 So so. | 23 to ask questions |
| 8 by train | 16 I am hungry. | 24 to ask for information |

**Esercizio No. 42** Select the group of words in Column II which best completes each sentence begun in Column I.

Esempio: (1c) Sono un importatore d'oggetti d'arte italiani.

| I | II |
|---|---|
| 1 Sono un importatore d'oggetti | (a) dica: 'non so'. |
| 2 Non capisco bene quando | (b) non facciamo progressi rapidi. |
| 3 Se Lei non sa la risposta | (c) d'arte italiani. |
| 4 Il signor Smith dice: 'La mia bambina Lucia | (d) non troppo lontano da qui. |
| 5 Essi vanno in aereo perchè | (e) il maestro parla rapidamente. |
| 6 Se non studiamo diligentemente | (f) a tutte le domande. |
| 7 Quando ho fame | (g) ha un raffreddore e la febbre.' |
| 8 C'è un buon ristorante | (h) e dice: 'Come sta Lei?' |
| 9 Il suo amico saluta il signor Smith | (i) è il modo più rapido. |
| 10 Non so la risposta | (j) vado al ristorante. |

**Esercizio No. 43** Answer these questions in the negative. When the question is asked in the singular, give the answer in the first person singular; when the question is asked in the plural, give the answer in the first person plural.

Esempi: Ha fame Lei?     No, non ho fame.
Hanno fame Loro?     No, non abbiamo fame.

| | |
|---|---|
| 1 Ha un raffreddore Lei? | 6 Leggono Loro le riviste? |
| 2 Studia Lei la lezione? | 7 Capiscono Loro le domande? |
| 3 Aspetta Lei il maestro? | 8 Partono Loro per Roma? |
| 4 Impara Lei a scrivere l'italiano? | 9 Loro sono inglesi? |
| 5 Ascolta Lei la radio? | 10 Hanno Loro i giornali? |

**Esercizio No. 44** Answer these questions in Italian, using the correct form of the given adjectives.

Esempio: Le matite sono rosse.

| | |
|---|---|
| 1 Di che colore sono le matite? (rosso) | 3 Di che colore sono gli specchi? (nero) |
| 2 Di che colore è la parete? (verde) | 4 Di che colore sono i fiori? (bianco)[1] |

5 **Di che colore è il cielo?**
  **(azzurro)**
6 **Di che colore è la casa? (bianco[1]**
  **e azzurro)**
7 **Di che colore è il libro? (grigio)**
8 **Di che colore sono le carte?**
  **(bianco)[1]**

9 **Di che colore sono i cartelli?**
  **(giallo)**
10 **Di che colore è la penna?**
   **(bianco)[1]**

NOTE 1. *sing.* **bianco bianca**; *pl.* **bianchi bianche.** The h is inserted to keep the c hard.

**Esercizio No. 45** Complete these sentences in Italian. Use the polite or familiar forms of the verb depending on the person addressed. For the first five sentences the person of the verb has been given. Try to complete the last five on your own.

**Esempio:** (Are you studying) **le vostre lezioni, ragazzi? Studiate le vostre lezioni, ragazzi?**

1 **Che lingua** (are you studying), **Giorgio? (voi)**
2 **Che cosa** (are you writing), **Anita? (tu)**
3 (You are) **molto gentile, signor Facci. (Lei)**
4 (You are) **inglese, non è vero, signora? (Lei)**
5 (Are you learning) **l'italiano, signorina? (Lei)**

6 (You are) **molto attenti, ragazzi.**
7 (Are you) **italiani, signori?**
8 (Are you listening to) **la radio, bambini?**
9 (You are not) **contenti, amici miei.**
10 **Dove** (do you live), **signorine?**

**Esercizio No. 46** Complete these sentences in Italian.

1 (We are selling) **la nostra casa.**
2 (They are learning) **a parlare italiano.**
3 (I understand) **il professore.**
4 (He reads) **i giornali italiani.**
5 (Are you **Lei**) writing) **gli esercizi?**
6 (I take) **il treno in città.**
7 **Perchè** (do you (**tu**) not answer) **alle domande?**
8 **Chi** (has) **la rivista italiana?**
9 (They are not) **australiani.**
10 **Ella** (is making) **un viaggio in Sicilia.**

11 **Chi** (are they waiting for)?
12 **Che cosa** (are you (**voi**) reading)?
13 (Are you (**Loro**) visiting) **posti interessanti?**
14 **Quanti anni** (have you), **Paolo?**
15 (I have) **dieci anni.**
16 **Dove** (are) **gli oggetti d'arte?**
17 (I am finishing) **la mia lezione.**
18 (They are not opening) **le porte.**
19 (We are not travelling) **in treno.**
20 **I signori** (are entering) **in salotto.**

**Esercizio No. 47** Complete these sentences in Italian.

**Esempio: Dove sono** (your) **amici, Carlo? Dove sono i tuoi amici, Carlo?**

1 **Dove sono** (your) **amici, signore?**
2 (My) **amici abitano a Roma.**
3 (Our) **conversazioni** (*f.*) **sono molto interessanti.**

4 (His) **maestro è il signor Facci.**
5 (Their) **bambini vanno a scuola.**
6 **Siamo sei persone nella** (our) **famiglia.**

7 **Bambini, dove è** (your) **madre?**

8 (His) **moglie suona il pianoforte.**

9 (Your) **sorella è maestra, signorina?**

10 **Accettiamo** (their) **invito con piacere.**

11 **Quando parte** (your) **treno, signorina?**

12 (My) **treno parte alle sei e mezzo.**

## Dialogo 1
### Quale autobus si deve prendere?

1 — Scusi, signore, che autobus si deve prendere per il Colosseo? (per la Piazza del Popolo?) (per Villa Borghese?) ecc.

2 — Prenda l'autobus ED, ecc. Si ferma qui all'angolo.

3 — Grazie tante, signore.

4 — Di nulla, signore.

1 Excuse me, which bus must one take for the Colosseum? (for the Piazza del Popolo?) (for Villa Borghese?) etc.

2 Take the ED bus, etc. It stops right here at the corner.

3 Thank you very much.

4 Not at all.

## Dialogo 2
### Quale Autobus Va . . . ?

1 — Scusi, signore, può Lei dirmi quale autobus va all'Opera? (al Foro Romano?) (alle Catacombe?) ecc.

2 — Mi dispiace, signore. Non sono di qui.[1] Non lo so. Ma quella guardia all'angolo lo saprà certamente.

3 — Grazie infinite, signore.

1 Excuse me, can you tell me which bus goes to the Opera House? (to the Roman Forum?) (to the Catacombs?) etc.

2 I'm sorry. I'm a stranger here. I don't know. But that policeman at the corner will certainly know.

3 Thank you very much.

NOTE 1. *Lit.* I am not from here.

## Esercizio No. 48—Lettura 1
### Due amici del signor Smith

Il signor Smith sa già i nomi di tutti gli oggetti nella sua casa. Adesso lui comincia a studiare i verbi perchè desidera leggere, parlare e scrivere l'italiano. Desidera anche imparare i numeri in italiano.

Siccome[1] lui desidera fare una visita al suo rappresentante in Italia, che non parla inglese, egli impara a parlare italiano al più presto possibile.

Perciò ha bisogno di fare molta pratica con le persone che parlano bene l'italiano. Fortunatamente lui ha due amici italiani che sono negli affari[2] vicino al suo ufficio in via Bamford.

Un giorno il signor Smith fa una visita a questi signori italiani. I due signori ascoltano con attenzione mentre[3] il signor Smith parla italiano con loro. Dopo dieci minuti di conversazione i due signori fanno molte domande al loro amico e loro sono molto contenti dei suoi progressi.

NOTES: 1. since. 2. **negli affari,** in business. 3. while.

## Esercizio No. 49—Lettura 2

### Il signor Smith è malato

Giovedì, il 22 aprile alle nove di sera il signor Facci arriva alla casa del suo studente, signor Smith. Il figlio maggiore,[1] un ragazzo di dieci anni, apre la porta e saluta il maestro educatamente.[2]

Entrano nel salotto dove d'abitudine il signor Smith aspetta il suo maestro. Ma quella sera non c'è. Anche la signora Smith non c'è.

Il signor Facci è molto sorpreso e domanda al ragazzo — Dov'è tuo padre? Il figlio risponde tristemente[3] — Papa è malato. È a letto[4] perchè ha un raffreddore e la febbre.

Il maestro diviene[5] triste e dice — Peccato! Mi dispiace molto. Ebbene la settimana prossima noi dobbiamo[6] studiare due ore. Arrivederci a martedì prossimo, bambino mio.

Il ragazzo risponde — Arrivederla, signor Facci. Arrivederla a martedì.

NOTES: 1. elder. 2. politely. 3. sadly. 4. **a letto**, in bed. 5. becomes. 6. we must.

# CHAPTER 11

## NELLA SALA DA PRANZO

1 Il signor Smith e il signor Facci sono seduti nella sala da pranzo.

Sulla tavola ci sono due tazze con i piattini, quattro cucchiaini, due forchette, due coltelli, una lattiera, una zuccheriera, e una torta di frutta in un piatto.

I due signori prendono il caffè con torta.

2 Il signor Smith dice — Le piacciono[1] queste tazze e questi piattini?

3 — Sì, mi piacciono[2] molto, risponde il signor Facci. Questa tazza bianca ornata di fiori azzurri è della ditta Doccia, non è vero?

4 — Sì, proprio. La bella porcellana della ditta Doccia presso Firenze è celebre.

5 — E quella attraente lattiera dai disegni verdi, da dove viene?

6 — Quella lattiera viene da Faenza. È una cittadina celebre per la sua ceramica.

7 — Ci sono altre regioni in Italia conosciute per i loro prodotti ceramici, non è vero?

8 — Certamente. Soprattutto la regione dell'Umbria. E ciascuna regione ha il suo proprio stile.

La maiolica di Perugia è molto carina. La ceramica della Toscana è anche molto carina.

9 — Vedo che Lei conosce molto bene il Suo mestiere, signor Smith.

10 — Sì, certo, è necessario, signor Facci.

Ho anche qui alcuni campioni di ceramica ordinaria per la cucina. Questa ceramica è generalmente molto semplice come quei piatti là sulla credenza.

11 — Sono piatti semplici ma belli, dice il signor Facci.

12 — Vuole ancora una tazza di caffè? E un po' di questa torta di frutta?

13 — Grazie tante. Tutto è delizioso.

14 — I due signori parlano ancora un po' e allora il signor Facci parte.

1 Mr. Smith and Mr. Facci are sitting in the dining-room.

On the table there are two cups with saucers, four small spoons (teaspoons), two forks, two knives, a milk jug, a sugar bowl, and a fruit cake on a plate.

The two men are having coffee and cake.

2 Mr. Smith says, 'Do you like these cups and saucers?'

3 'Yes, I like them very much,' answers Mr. Facci. This white cup decorated with blue flowers is from the firm of Doccia, isn't it?

4 Yes, indeed. The beautiful china of the firm of Doccia near Florence is famous.

5 And that attractive milk jug with green designs, where does it come from?

6 That milk jug comes from Faenza. It is a small town famous for its pottery.

7 There are other districts in Italy well known for their ceramic ware, aren't there?

8 Yes, indeed. Above all the district of Umbria. And each region has its own style.

The majolica of Perugia is very pretty. The pottery of Tuscany is also very pretty.

9 I see that you know your job very well, Mr. Smith.

10 Yes, of course, it is necessary, Mr. Facci.

I also have here some samples of ordinary pottery for the kitchen. This pottery is generally very simple, like those plates over there on the sideboard.

11 'They are simple but nice plates,' says Mr. Facci.

12 Would you like another cup of coffee, Mr. Facci? And a little of this fruit cake?

13 Many thanks. Everything is delicious.

14 The two men talk for a little longer and then Mr. Facci leaves.

NOTES: 1. *Lit.* To you are pleasing these saucers? 2. *Lit.* To me they are very pleasing.

## Building Vocabulary

il **caffè** (kaf-**fɛ**), coffee
il **campione** (kam-**pjo**-ne), sample
il **coltello** (kol-**tɛl**-lo), knife
il **cucchiaino**[1] (kuk-kja-**i**-no), (small) spoon, i.e. teaspoon
il **disegno** (di-**ʒe**-ño), design
il **mestiere** (me-**stjɛ**-re), trade, profession, job
il **piatto** (**pjat**-to), plate
il **piattino**[1] (pjat-**ti**-no), saucer
il **prodotto** (pro-**dot**-to), product
lo **stile** (**sti**-le), style
la **ceramica** (tʃe-**ra**-mi-ka), pottery
la **cittadina**[1] (tʃit-ta-**di**-na), small town
la **ditta** (**dit**-ta), firm
la **frutta** (**frut**-ta), fruit
la **forchetta** (for-**ket**-ta), fork
la **lattiera** (lat-**tjɛ**-ra), milk jug
la **maiolica** (ma-**jɔ**-li-ka), majolica
la **porcellana** (por-tʃel-**la**-na), porcelain, china
la **regione** (re-**dʒo**-ne), region
la **tazza** (**tat**-tsa), cup
la **torta** (**tɔr**-ta), cake

la **zuccheriera** (tsuk-ke-**rjɛ**-ra), sugar bowl
l'**industria** (in-**du**-strja), industry
**trovare** (tro-**va**-re), to find
**prendere** (**prɛn**-de-re), to take
**conoscere** (ko-**noʃ**-ʃe-re), to know
**viene** (**vjɛ**-ne), he, she, it comes
**attraente** (at-tra-**ɛn**-te), attractive
**carino** (ka-**ri**-no), pretty
**celebre** (**tʃɛ**-le-bre), famous
**certo** (**tʃɛr**-to), certain
**ciascuno** (tʃa-**sku**-no), each one
**conosciuto** (ko-noʃ-**ʃu**-to), known
**delizioso** (de-li-**tsjo**-so), delicious
**individuale** (in-di-vi-**dwa**-le), individual
**ordinario** (or-di-**na**-rjo), common
**ornato** (or-**na**-to), adorned, decorated
**necessario** (ne-tʃes-**sa**-rjo), necessary
**semplice** (sem-**pli**-tʃe), simple
**presso** (**prɛs**-so), near
**soprattutto** (so-prat-**tut**-to), especially
**quello** (**kwel**-lo), that

NOTE 1. The ending -ino (-ina) is a diminutive which indicates the idea of smallness. Thus: **cucchiaio**, *spoon*; **cucchiaino**, *teaspoon* (*little spoon*).

## Espressioni italiane

Grazie tante (gra-tsje tan-te), many thanks

sì, proprio (si prɔ-prjo), yes, indeed

in tutti i casi (in tut-ti i ka-ʒi), in any case

Le piacciono i piattini (lɛ pjat-tʃo-no i pjat-ti-ni)? Do you like the saucers? (To you are pleasing the saucers?)

I piattini mi piacciono. I like the saucers. (The saucers are pleasing to me.)

Practise aloud:

| | |
|---|---|
| **Le piacciono questi disegni?** | Do you like these designs? |
| **Sì proprio, mi piacciono molto.** | Yes indeed, I like them very much. |
| **Le piacciono queste tazze?** | Do you like these cups? |
| **Niente affatto! Non mi piacciono.** | Not at all! I don't like them. |

## Grammar Notes and Practical Exercises

1 Present Tense of **volere** (vo-le-re), to want, to wish.

| | | | | | |
|---|---|---|---|---|---|
| **voglio** (vɔ-ʎo) | I want | | **vogliamo** (vo-ʎja-mo) | we want | |
| **vuoi** (vwɔ-i) | you want (*fam.*) | | **volete** (vo-le-te) | you want | |
| **vuole** (vwɔ-le) | {you want (*pol.*) <br> {he, she, it wants | | **vogliono** (vɔ-ʎo-no) | {you want <br>     (*pol.*) <br> {they want | |

**Esercizio No. 50** Complete these sentences using the correct form of **volere**.

1 (I do not want) **viaggiare in aereo.**
2 (Do you want) **finire quella lezione, signorina?**
3 Lei (wants) **imparare l'italiano.**
4 (Do you not want) **quell'orologio, signore?**
5 (We want) **viaggiare in treno.**
6 (They do not want) **vendere la loro casa.**
7 (Do you want) **ancora una torta, Carlo?**
8 (Do you want) **visitare la scuola, signori?**
9 Chi (wants) **leggere questi libri?**
10 (Do you want) **partire oggi, ragazzi?**

**Vuole** is often used in the sense of *will you*. Thus:

| | |
|---|---|
| **Vuole cominciare, per favore?** | Will you please begin. |
| **Vuole passare lo zucchero?** | Will you please pass the sugar? |

2 The Demonstrative Adjectives **questo**, *this*, **quello**, *that*.

(*a*) **questo**, this.

You have already learned that **questo** has four forms like other adjectives ending in -o.

Note that **questo** and **questa** become **quest'** before words beginning with a vowel.

| | |
|---|---|
| *Questo* disegno è molto semplice. | *This* design is very simple. |
| *Questi* disegni sono molto semplici. | *These* designs are very simple. |
| *Questa* tazza è bellissima. | *This* cup is very beautiful. |
| *Queste* tazze sono bellissime. | *These* cups are very beautiful. |
| *Quest'*orologio è mio. | *This* watch is mine. |
| *Quest'*arancia non è dolce. | *This* orange is not sweet. |

(*b*) **quello,** that.

Observe the close similarity between the definite article and the corresponding forms of **quello**. The forms of **quello** are used according to the rules given for the use of the definite article.

| DEFINITE ARTICLE | | DEMONSTRATIVE ADJECTIVE **quello** | |
|---|---|---|---|
| *il* piattino | the saucer | *quel* piattino | that saucer |
| *la* forchetta | the fork | *quella* forchetta | that fork |
| *l'*articolo | the article | *quell'*articolo | that article |
| *lo* specchio | the mirror | *quello* specchio | that mirror |
| *i* piattini | the saucers | *quei* piattini | those saucers |
| *le* forchette | the forks | *quelle* forchette | those forks |
| *gli* articoli | the articles | *quegli* articoli | those articles |
| *gli* specchi | the mirrors | *quegli* specchi | those mirrors |

**Esercizio No. 51** Substitute the correct form of **quello** for each definite article.

Esempio 1: *l'*ufficio    *the* office      *quell'*ufficio    *that* office
          *gli* uffici    *the* offices      *quegli* uffici    *those* offices

| | | | | | | | | | |
|---|---|---|---|---|---|---|---|---|---|
| 1 l'ufficio | 5 lo studio | 9 la tazza | 13 la moglie | 17 l'Italiana |
| 2 gli uffici | 6 gli studi | 10 le tazze | 14 le mogli | 18 le Italiane |
| 3 l'oggetto | 7 il coltello | 11 il paese | 15 l'Australiano | 19 il posto |
| 4 gli oggetti | 8 i coltelli | 12 i paesi | 16 gli Australiani | 20 i posti |

**Esercizio No. 52** Complete in Italian with the correct forms of **questo** or **quello** as required.

1 (These) **signori prendono caffè.**
2 (This) **tazza è della ditta Doccia.**
3 (Those) **riviste sono bellissime.**
4 (Those) **disegni sono molto semplici.**
5 (That) **casa è molto vecchia.**
6 (That) **ritratto è di mia moglie.**
7 (That) **ufficio è al terzo piano.**
8 (This) **lettera è di mio padre.**
9 (This) **orologio è di mia madre.**
10 (This) **Italiano è molto gentile.**
11 **Mi piacciono** (these) **piattini.**

12 **Mi piacciono** (those) **nuove sedie.**
13 **Non mi piacciono** (these) **ritratti.**
14 **Non mi piace** (that) **cartello.**
15 **Vuole Lei un po'** di (this) **torta?**
16 **Vogliamo** (those) **oggetti d'arte.**
17 **Vuole leggere** (this) **lettera?**
18 **Non voglio parlare a** (that) **uomo.**
19 **Lei trova interessanti** (those) **studi?**
20 **Dov'è** (that)[1] **nuovo specchio?**

NOTE 1. The adjective will take the form **quel** and not **quello** here because it does not come immediately before an 'impure' s.

### Esercizio No. 53—Domande

1 Dove sono seduti i signori?
2 Che prendono?
3 Che dice il signor Smith?
4 Di dove è la tazza bianca?
5 Quale porcellana è celebre?
6 Da dove viene la lattiera carina?
7 Di che colore sono i disegni sulla lattiera?
8 Perchè è celebre la cittadina di Faenza?
9 È molto carina la maiolica di Perugia?
10 Chi conosce bene il suo mestiere?
11 Che cosa ha il signor Smith per la cucina?
12 Com'è[1] quella ceramica, semplice od[2] ornata?
13 Com'è tutto?

NOTES: 1. **Com'è** = **Come è**, just as **dov'è** = **dove è**. 2. **o** often becomes **od** if the next word begins with an **o**.

# CHAPTER 12

## I NUMERI, SEMPRE I NUMERI

1 — Signor Smith, Lei sa già che i nomi delle cose sono importanti.
Lei sa già che non è possibile fare una frase senza verbi.

2 — È vero, signor Facci.

3 — Ebbene, signor Smith, c'è una categoria di parole che è così importante come i nomi e i verbi.
Infatti è difficile immaginare la nostra civiltà moderna senza queste parole.
Può Lei indovinare a che cosa penso?

4 — Credo di sì. Lei vuole dire i numeri.

5 — Ha ragione. Può Lei spiegare in quali occasioni i numeri sono indispensabili nella vita moderna?

6 — Certo. Niente di più facile. Noi abbiamo bisogno di numeri per gli affari.

7 — Ah! Ah! Il commerciante pensa subito agli affari. Però senza il denaro i numeri non valgono molto, non è vero?

8 — Ebbene, noi abbiamo bisogno di numeri per cambiare denaro, per indicare le date, l'ora del giorno, la temperatura; per esprimere quantità, per telefonare, per la radio, per tutte le scienze e per mille altre cose.

9 — Numeri, sempre numeri. Sì, signor Smith, i numeri sono essenziali.
Però è necessario non solo conoscere i numeri ma anche saperli[1] usare rapidamente e correttamente nella vita quotidiana.

10 — Lei ha ragione. Io voglio fare tutto il possibile per capirli e usarli correttamente.

11 — Nel frattempo voglio dirle[2] che Lei fa progressi rapidi nei Suoi studi.

12 — Lei è troppo gentile, signor Facci.

13 — No davvero. È la verità. Ebbene, basta per oggi.

14 — Arrivederci, signor Smith.

15 — A giovedì prossimo, signor Facci.

1 Mr. Smith, you already know that the names of things are important.
You already know that it is not possible to make a sentence without verbs.

2 That's true, Mr. Facci.

3 Well, Mr. Smith, there is a class of words which is just as important as nouns and verbs.
In fact, it is difficult to imagine our modern civilization without these words.
Can you guess what I am thinking of?

4 I think so. You mean numbers.

5 You are right. Can you explain on what occasions numbers are indispensable in modern life?

6 Certainly. Nothing easier. We need numbers for business.

7 Ha! Ha! The businessman thinks immediately of business. However, without money, numbers are not worth much, are they?

8 Well then, we need numbers to change money, to show dates, the time of day, the temperature; to express quantities, to telephone, for the radio, for all the sciences, and for a thousand other things.

9 Numbers, always numbers. Yes, Mr. Smith, numbers are essential.

But it is necessary not only to know numbers but also how to use them[1] quickly and correctly in everyday life.

10 You are right. I want to do everything possible to understand them and to use them correctly.

11 In the meantime, I want to tell you[2] that you are making rapid progress in your studies.

12 You are too kind, Mr. Facci.

13 Indeed not. It is the truth. Well then, enough for today.

14 Good-bye, Mr. Smith.

15 Until next Thursday, Mr. Facci.

NOTES: 1. **li**, *them* (*m.*), is an object pronoun. Object pronouns usually precede the verb. Exception: they follow an infinitive as here (**saperli**). 2. **le**, (*to*) *you*, is an indirect object pronoun. As such it comes before the verb. So far you have learnt two exceptions to this rule: pronouns come after the verb when the verb is in the infinitive or in the positive imperative.

## Building Vocabulary

**il denaro** (de-**na**-ro) *or* **danaro**, money
**il numero** (**nu**-me-ro), number
**la categoria** (ka-te-go-**ri**-a), class, kind
**la civiltà** (tʃi-vil-**ta**), civilization
**la data** (**da**-ta), date
**la quantità** (kwan-ti-**ta**), quantity
**conoscere** (ko-**noʃ**-ʃe-re), to know, to be acquainted with
**esprimere** (e-**spri**-me-re), to express
**sapere** (sa-**pe**-re), to know, to know how
**valgono** (**val**-go-no), are worth
**certo** (**tʃɛr**-to), certain, certainly
**la radio**[1] (**ra**-djo), radio
**la temperatura** (tem-pe-ra-**tu**-ra), temperature
**la scienza** (**ʃʃɛn**-tsa), science
**gli affari** (af-**fa**-ri), business
**l'occasione** (ok-ka-**ʒjo**-ne), occasion
**l'ora** (**o**-ra), hour, time
**indicare** (in-di-**ka**-re), to indicate

**immaginare** (im-ma-dʒi-**na**-re), to imagine
**indovinare** (in-do-vi-**na**-re), to guess
**pensare (a)** (pen-**sa**-re), to think (of)
**spiegare** (spje-**ga**-re), explain
**telefonare** (te-le-fo-**na**-re), to telephone
**usare** (u-**ʒa**-re), to use
**essenziale** (es-sen-**tsja**-le), essential
**facile** (**fa**-tʃi-le), easy
**moderno** (mo-**dɛr**-no), modern
**indispensabile** (in-di-spen-**sa**-bi-le), indispensable
**quotidiano** (kwo-ti-**dja**-no), daily, everyday
**correttamente** (kor-ret-ta-**mɛn**-te), correctly
**subito** (**su**-bi-to), at once
**davvero** (dav-**ve**-ro), indeed
**infatti** (in-**fat**-ti), in fact
**niente** (**njɛn**-te), nothing
**così . . . come**, as . . . as
**non solo . . . ma anche** (aŋ-ke), not only . . . but also

NOTE 1. Two exceptions to the rule that nouns ending in **-o** are masculine are: **la radio**, *radio*, and **la mano**, *hand*.

## Espressioni italiane

aver bisogno di (bi-ʒo-ño), to need
(to have need of)

credo di sì (kre-do di si), I think so

fare tutto il possibile, to do everything possible

fare progressi rapidi (pro-grɛs-si), to
make rapid progress

nel frattempo (frat-tɛm-po), in the
meantime

vuole dire (vwɔ-le di-re), it means
(wishes to say)

aver ragione (ra-dʒo-ne), to be right

aver torto (tɔr-to), to be wrong

niente di più facile (fa-tʃi-le), nothing
easier

Practise reading aloud:

1 — Che vuole dire in inglese la
parola 'niente'?
— In inglese 'niente' vuole dire
'nothing'.
— Lei ha ragione. Vedo che fa
progressi rapidi in italiano.
— Grazie. Lei è molto gentile.
Faccio tutto il possibile per
imparare la lingua.

2 — Fa progressi rapidi il suo amico
Giovanni?
— Credo di sì. Però egli ha
bisogno di una buona grammatica italiana.

3 — Aspetto il mio professore di
musica.
— Che fa Lei nel frattempo?
— Ascolto la radio perchè non
c'è niente di più facile.

## Grammar Notes and Practical Exercises

1 Present Tense of **potere** (po-te-re), *can, to be able, may.*

| | | |
|---|---|---|
| posso | (pɔs-so) | I can, am able |
| puoi | (pwɔ-i) | you can, are able (*fam.*) |
| può | (pwɔ) | {you can, are able (*pol.*) / he, she, it can, is able |
| possiamo | (pos-sja-mo) | we can, are able |
| potete | (po-te-te) | you can, are able |
| possono | (pɔs-so-no) | {you can, are able (*pol.*) / they can, are able |

**Esercizio No. 54** Substitute the correct form of **volere** or **potere** as required.
Then translate the completed sentences.

Esempio 1: **Io non posso fare quest'esercizio.** I cannot do this exercise.

1 Io non (potere) fare quest'
esercizio.
2 Che (volere) dire questa parola?
3 Io (volere) fare un viaggio in
Italia.
4 (Potere) Lei indovinare la
risposta?
5 (Potere) Loro fare progressi
rapidi?

6 Noi non (potere) fare frasi senza
verbi.
7 Noi (volere) usare queste parole
correttamente.
8 (Volere) ancora una torta,
Pietro?
9 (Potere) vedere la lavagna,[1]
ragazzi?

10 Ora noi (potere) chiamare un tassì.[2]

11 Quali posti (volere) visitare, signori?

12 Essi (volere) ascoltare la radio.

13 Ognuno[3] (volere) guardare[4]la televisione.

14 Nessuno[5] (potere) rispondere a questa domanda.

NOTES: 1. blackboard. 2. taxi. 3. **ognuno** (o-ñu-no), everyone. 4. to watch. 5. nessuno, no one.

When the negative form comes before the verb the **non** is omitted: **nessuno può rispondere**, but **non può rispondere nessuno.**

2 **Numeri da 1 fino a 100.**

| | | | |
|---|---|---|---|
| 1 | uno (u-no) | 26 | ventisei |
| 2 | due (du-e) | 27 | ventisette |
| 3 | tre (trɛ) | 28 | ventotto |
| 4 | quattro (kwat-tro) | 29 | ventinove |
| 5 | cinque (tʃin-kwe) | 30 | trenta (trɛn-ta) |
| 6 | sei (sɛ-i) | 31 | trentuno |
| 7 | sette (sɛt-te) | 32 | trentadue |
| 8 | otto (ɔt-to) | 38 | trentotto |
| 9 | nove (nɔ-ve) | 40 | quaranta (kwa-**ran**-ta) |
| 10 | dieci (djɛ-tʃi) | 41 | quarantuno |
| 11 | undici (un-di-tʃi) | 43 | quarantatrè |
| 12 | dodici (do-di-tʃi) | 48 | quarantotto |
| 13 | tredici (trɛ-di-tʃi) | 50 | cinquanta (tʃin-kwan-ta) |
| 14 | quattordici (kwat-tɔr-di-tʃi) | 51 | cinquantuno |
| 15 | quindici (kwin-di-tʃi) | 54 | cinquantaquattro |
| 16 | sedici (se-di-tʃi) | 58 | cinquantotto |
| 17 | diciassette (di-tʃas-sɛt-te) | 60 | sessanta (ses-san-ta) |
| 18 | diciotto di-tʃɔt-to) | 61 | sessantuno |
| 19 | diciannove (di-tʃan-nɔ-ve) | 65 | sessantacinque |
| 20 | venti (ven-ti) | 70 | settanta (set-tan-ta) |
| 21 | ventuno | 71 | settantuno |
| 22 | ventidue | 80 | ottanta (ot-tan-ta) |
| 23 | ventitrè | 81 | ottantuno |
| 24 | ventiquattro | 90 | novanta (no-van-ta) |
| 25 | venticinque | 100 | cento (tʃɛn-to) |

Observe that **venti, trenta, quaranta, cinquanta,** etc., drop the final vowel when they combine with **uno** or **otto.**

**uno,** meaning 'one', when used with a noun takes the forms of the indefinite article:

**un giorno**          **una strada**          **un'amica**          **uno studente**

**uno** is omitted before **cento** (one hundred) and **mille** (one thousand). Cento never changes its ending e.g. trecento (three hundred).

Cardinal numbers (i.e. *one, two*; **uno, due**) are used in dates in Italian. Whereas in English it is 'the third of January', in Italian it is **il tre gennaio.**

The only exception to this is the first day of the month: 'the first of May', **il primo maggio**. Notice, too, that neither the name of the month nor that of the day of the week is written with a capital letter in Italian: **il sabato,** *on Saturdays*; **il 3 marzo,** 3 March.

**Esercizio No. 55** Write out the numbers in Italian. Then read each phrase aloud.

| | |
|---|---|
| 1  30 torte dolci | 9  18 campioni semplici |
| 2  10 lezioni facili | 10  13 uffici comodi |
| 3  50 studenti australiani | 11  70 buoni bambini |
| 4  49 cartelli inglesi | 12  95 oggetti d'arte |
| 5  12 piatti bianchi | 13  88 nomi italiani |
| 6  14 grandi città[1] | 14  11 tavole lunghe[2] |
| 7  25 belle ragazze | 15  17 stanze comode |
| 8  68 carte verdi | |

NOTES: 1. When a noun ends in an accented vowel it never changes in the plural: **la città, le città.** 2. Notice the **h** inserted in **lunghe** to keep the **g** hard.

**Esercizio No. 56** Read each arithmetical expression aloud in Italian.

NOTE: *plus* $(+) = $ **più**; *minus* $(-) = $ **meno**; *times* $(\times) = $ **per**; *divided by* $(\div) = $ **diviso per**.

**Esempio:** $4 + 6 = 10$; **quattro più sei fanno** (makes) **dieci.**

| | | | |
|---|---|---|---|
| (a) $4 + 9 = 13$ | (d) $10 - 2 = 8$ | (g) $69 \div 3 = 23$ | (j) $9 \times 9 = 81$ |
| (b) $8 + 7 = 15$ | (e) $7 \times 8 = 56$ | (h) $55 \div 11 = 5$ | |
| (c) $12 - 3 = 9$ | (f) $9 \times 10 = 90$ | (i) $7 \times 7 = 49$ | |

**Esercizio No. 57** Read each sentence aloud. Answer each one using a complete Italian sentence, saying the numbers in Italian.

**Esempio 1: In un giorno ci sono ventiquattro ore.**

1 Quante ore ci sono in un giorno?
2 Quanti mesi[1] ci sono in un anno?
3 Quanti giorni ci sono in una settimana?[2]
4 Quanti minuti[3] ci sono in un'ora?
5 Quanti secondi[4] ci sono in un minuto?
6 Quanti giorni ci sono nel mese di settembre?
7 Quanti anni ha Lei? (19)
8 Quanti anni ha Luigi? (16)
9 Quante automobili ci sono nel garage? (15)
10 Quanti libri ci sono sullo scaffale? (100)
11 Dove abita Lei? (in Via Marsala 89)
12 Quanti stati ci sono negli Stati Uniti? (50)

NOTES: 1. **il mese**, month. 2. **la settimana**, week. 3. **il minuto**, minute. 4. **il secondo**, second.

### Esercizio No. 58—Domande

1 Che sa già il signor Smith?
2 Quale categoria di parole è così importante come i nomi e i verbi?
3 A che cosa pensa il maestro?
4 Di che cosa abbiamo bisogno per gli affari?
5 A che cosa pensa subito il commerciante?
6 I numeri valgono molto senza il denaro?
7 Che cosa possiamo indicare per mezzo di[1] numeri?
8 Chi vuole capire e usare i numeri correttamente?
9 Fa progressi rapidi o lenti[2] il signor Smith?
10 Dica ad alta[3] voce i numeri 10, 20, 30, 40, 50, 60, 70, 80, 90, 100.

NOTES: 1. **per mezzo di,** by means of. 2. **lento,** slow. 3. **ad alta voce,** aloud.

# CHAPTER 13

## IL SISTEMA MONETARIO D'ITALIA

1 — Nella nostra ultima conversazione abbiamo detto che è difficile immaginare la nostra civiltà moderna senza i numeri, cioè, senza la matematica.

È ugualmente difficile immaginare un viaggio senza la matematica. Sa Lei quante volte si fa uso della matematica in un viaggio?

2 — Credo di sì. Si fa uso della matematica per cambiare il denaro, per comprare i biglietti, per pagare i pasti e il conto dell'albergo, per pesare i bagagli, per calcolare le distanze, per fare le spese nei grandi negozi, nelle botteghe e al mercato.

3 — Conosce Lei il sistema monetario d'Italia?

4 — Che idea! Lo[1] conosco perfettamente. Sono un importatore d'articoli italiani, non è vero?

La lira è l'unità monetaria d'Italia.

La sterlina inglese vale circa 1500 (mille cinquecento) lire.[4]

5 — Se Lei cambia 10 (dieci) sterline in lire quante lire riceve Lei?

6 — Io ricevo circa 15,000 (quindici mila) lire.

7 — Se Lei cambia 100 (cento) sterline in lire, quante lire riceve?

8 — Ricevo circa 150,000 (cento cinquanta mila) lire.

9 — Giusto. Ed[2] ecco ancora: Lei va alla stazione ferroviaria. Lei vuole comprare due biglietti.

Ogni biglietto costa 975 (novecento settantacinque) lire e Lei dà 2000 (due mila) lire all'impiegato allo sportello dei biglietti.

Quante lire Le[3] dà di resto?

10 — Due per 975 (novecento settantacinque) fanno 1950 (mille novecento cinquanta). 2000 (duemila) meno 1950 (mille novecento cinquanta) fanno 50 (cinquanta).

Lui mi dà cinquanta lire di resto.

11 — Benissimo. Nella prossima conversazione parliamo ancora su questo soggetto così importante.

La pratica è la migliore maestra.

1 In our last conversation we said that it is difficult to imagine our modern civilization without numbers, that is to say, without mathematics.

It is equally difficult to imagine a trip without mathematics. Do you know how many times one uses mathematics on a trip?

2 I think so. One uses mathematics in order to change money, to buy tickets, to pay for meals and hotel bills, to weigh luggage, to reckon distances, to go shopping in the large stores, in shops, and in the market.

3 Are you familiar with the monetary system of Italy?

4 The very idea! I know it thoroughly. I am an importer of Italian goods, am I not?

The lira is the monetary unit of Italy.

The English pound is worth about 1,500 lire.

5 If you change £10 into lire, how many lire do you receive?

6 I receive about 15,000 lire.

7 If you change £100 into lire, how many lire do you receive?

8 I receive about 150,000 lire.

9 That's right. And now one more thing: you go to the railway station. You want to buy two tickets.

Each ticket costs 975 lire and you give 2,000 to the clerk at the ticket window.

How many lire does he give you back in change?

10 Twice 975 makes 1,950. 2,000 less 1,950 leaves 50.

He gives me back 50 lire in change.

11 Well done. In our next conversation let's speak further about this important subject.

Practice makes perfect.

NOTES: 1. Lo, *him* or *it* (*m.*), direct object pronoun. 2. E becomes **ed** when the next word begins with an e. 3. **le**, (*to*) *you* or (*to*) *her*, is an indirect object pronoun. 4. The rates of exchange mentioned in this section (approximately correct on going to press) are quoted by way of illustration only. This rate is, of course, subject to constant variation. All prices quoted are imaginary and used for the purpose of example only.

## Building Vocabulary

il **biglietto** (bi-ʎet-to), ticket, note (money)

il **conto** (kon-to), bill, account

il **mercato** (mer-ka-to), market

il **negozio**[1] (ne-gɔ-tsjo), shop, store

il **pasto** (pa-sto), meal

il **sistema** (sis-tɛ-ma), system

il **soggetto** (sod-dʒɛt-to), subject

la **bottega**[2] (bot-te-ga), shop[2]

la **distanza** (di-stan-tsa), distance

la **lira** (li-ra), lira

la **matematica** (ma-te-ma-ti-ka), mathematics

la **stazione ferroviaria** (sta-tsjo-ne fer-ro-vja-rja), railway station

l'**albergo** (al-bɛr-go), hotel

i **bagagli** (ba-ga-ʎi), luggage

l'**impiegato** (im-pje-ga-to), clerk, employee

l'**unità** (u-ni-ta), unit

lo **sportello dei biglietti** (spor-tɛl-lo), ticket window

**calcolare** (kal-ko-la-re), to calculate

**cambiare** (kam-bja-re), to change

**comprare** (kom-pra-re), to buy

**continuare** (kon-ti-nwa-re), to continue

**dare** (da-re), to give

**dà** (da), he, she, it gives

**pagare** (pa-ga-re), to pay

**pesare** (pe-ʒa-re), to weigh

**ricevere** (ri-tʃe-ve-re), to receive

**conosce Lei** (ko-noʃ-ʃe)? do you know?

lo **conosco** (ko-no-sko), I know it

**dire** (di-re), to say

**ho detto** (det-to), I have said

**vale** (va-le), it is worth

**monetario** (mo-ne-ta-rjo), monetary

**ugualmente** (u-gwal-mɛn-te), equally

**perfettamente** (per-fet-ta-mɛn-te), perfectly

**circa** (tʃir-ka), about

NOTES: 1. **negozio** is a store whereas **bottega** is a small shop, a boutique. 2. Nouns and adjectives ending in **ga** or **ca** form the plural by adding **h** before the ending **e**. Thus: **la bottega, le botteghe; l'amica, le amiche**. This is done to keep the **c** and the **g** hard.

## Espressioni italiane

**Che idea** (ke i-dɛ-a)! The very idea!
**giusto** (dʒu-sto), right
**Va bene** (bɛ-ne)! Good!
**Va benissimo** (be-nis-si-mo).
Excellent.
**Ed ecco ancora** (ed ɛk-ko aŋ-ko-ra).
Now one more.
**una volta** (vɔl-ta), one time
**quante volte?** how many times?
**di resto** (di rɛ-sto), in change

**si¹ fa uso di** (u-ʒo), one makes use
of
**per così dire,** that is to say
**fare le spese** (fa-re le spe-ʒe), to do
the shopping
**La pratica è la migliore maestra**
(la pra-ti-ka ɛ la mi-ʎo-re ma-ɛ-
stra). Practice is the best teacher.
(Practice makes perfect.)

NOTE 1. Notice the impersonal construction with **si**. It is very common in Italian.

Practise saying aloud:

**Si fa uso dei numeri per cambiare il denaro.**
One makes use of numbers to change money.

**Si possono comprare biglietti a quello sportello.**
One can buy tickets at that ticket window.

## Grammar Notes and Practical Exercises

1 Present Tense of **sapere**, to know; **conoscere**, to know (to be acquainted with).

| sapere (sa-pe-re) | | |
|---|---|---|
| **so** | (sɔ) | I know |
| **sai** | (sa-i) | you know (*fam.*) |
| **sa** | (sa) | {you know (*pol.*) <br> {he, she, it knows |
| **sappiamo** | (sap-**pja**-mo) | we know |
| **sapete** | (sa-**pe**-te) | you know (*fam.*) |
| **sanno** | (**san**-no) | {you know (*pol.*) <br> {they know |
| **conoscere** | (ko-**noʃ**-ʃe-re) | |
| **conosco** | (ko-**no**-sko) | I know |
| **conosci** | (ko-**noʃ**-ʃi) | you know (*fam.*) |
| **conosce** | (ko-**noʃ**-ʃe) | {you know (*pol.*) <br> {he, she, it knows |
| **conosciamo** | (ko-**noʃ**-ʃja-mo) | we know |
| **conoscete** | (ko-**noʃ**-ʃe-te) | you know (*fam.*) |
| **conoscono** | (ko-**no**-sko-no) | {you know (*pol.*) <br> {they know |

Read aloud:

(*a*) **Lei sa tutte le risposte?**
(*b*) **So che il medico è qui.**
(*c*) **Non sappiamo leggere l'inglese.**

(*d*) **Non conosco quell'uomo.**
(*e*) **Conoscete quella strada?**
(*f*) **Conosciamo questo sistema monetario.**

Do you know all the answers?
I know that the doctor is here.
We do not know how to read English.
I do not know that man.
Do you know that street?
We know this monetary system.

**sapere** means *to know* a thing or a fact (sentences (*a*), (*b*)). It also means *to know how* (*c*).

**conoscere** means *to know*, in the sense of *to be acquainted with* a person or thing (*d*), (*e*).

**conoscere** also means to know a body of knowledge, such as history, geography, a system, etc. (*f*).

**Esercizio No. 59** Complete these sentences with the correct forms of either **sapere** or **conoscere**.

1 (Do you know) **i nomi di queste cose?**
2 (We know) **quel medico inglese.**
3 (We do not know) **dove abita.**
4 (I know) **che lui ha bisogno di denaro.**
5 (He knows how) **scrivere il francese.**
6 (They do not know) **quella regione di Spagna.**

7 (Do you know how) **cambiare sterline in lire?**
8 (I know) **i bambini del signor Marconi.**
9 (We know) **molti buoni ristoranti.**
10 Lei (knows) **bene la geografia d'Europa.**

**2 I Numeri da 100 (cento) a 1,000,000 (un milione).**

| | | | |
|---|---|---|---|
| 100 | cento | 900 | novecento |
| 101 | centuno | 1,000 | mille (mil-e) |
| 102 | centodue, etc. | 1,100 | mille cento |
| 190 | cento novanta | 1,200 | mille duecento |
| 200 | duecento | 1,800 | mille ottocento |
| 300 | trecento | 1,900 | mille novecento |
| 400 | quattrocento | 2,000 | due mila |
| 500 | cinquecento | 10,000 | dieci mila |
| 600 | seicento | 100,000 | cento mila |
| 700 | settecento | 1,000,000 | un milione (mi-ʎo-ne) |
| 800 | ottocento | | |

1,260,425 **un milione, duecento sessanta mila, quattrocento venticinque**

In Italian the word '*and*' is omitted in compound numbers: four hundred and sixty, **quattrocentosessanta.**

**Cento** has no plural. The plural of **mille** is **mila**, and of **milione** is **milioni.** As the word **milione** is a noun, it must be separated from the noun it modifies by the preposition **di: cinque milioni di abitanti,** 5,000,000 inhabitants.

**Esercizio No. 60** Write out the following numbers in Italian:

**Esempio: 16,692 = sedici mila, seicento novantadue.**

| | | | | |
|---|---|---|---|---|
| (*a*) 300 | (*d*) 247 | (*g*) 1,870 | (*j*) 10,880 | (*m*) 30,000 |
| (*b*) 400 | (*e*) 650 | (*h*) 2,025 | (*k*) 15,620 | (*n*) 50,000 |
| (*c*) 530 | (*f*) 760 | (*i*) 6,750 | (*l*) 25,440 | |

**Esercizio No. 61** Practise the following table aloud:

| | | | |
|---|---|---|---|
| **cinquanta penni valgono** | 750 lire | **quattro sterline valgono** | 6,000 lire |
| **una sterlina vale** | 1,500 lire | **cinque sterline valgono** | 7,500 lire |
| **due sterline valgono** | 3,000 lire | **dieci sterline valgono** | 15,000 lire |

### Esercizio No. 62—Domande

1 Se una cosa costa seicento lire e se Lei dà un biglietto di mille lire, quanto denaro riceve di resto?

2 Se un biglietto costa ottocento cinquanta lire, quanto costano due biglietti?

3 Se una rivista costa duecento cinquanta lire, quanto costano quattro riviste?

4 Se un giornale costa trenta lire e Lei dà al giornalaio[1] una moneta[2] di cento lire, quanto riceve di resto?

5 Se Lei ha una moneta di cinquanta lire, due monete di cento lire, tre biglietti di mille lire, quanto denaro ha Lei in tasca?[3]

6 Che cosa ha più valore, un biglietto di cinque mila lire o un biglietto di dieci sterline?

7 Se un uomo ha un milione di sterline è lui milionario?

NOTES: 1. **giornalaio,** newsagent. 2. **moneta,** coin and, hence, small change. **Biglietto,** note. Notes are of 500 lire and above. 3. **la tasca,** pocket; **in tasca,** in your pocket.

# CHAPTER 14

## I PROBLEMI D'ARITMETICA AL RISTORANTE, ALLA STAZIONE, IN UN NEGOZIO

1 — Parliamo ancora un po' dell'uso della matematica in viaggio.

2 — Noi pranziamo al ristorante. Noi siamo in quattro.

I pranzi costano: 850 (ottocento cinquanta) lire, 975 (novecento settanta-cinque) lire; 1050 (mille cinquanta) lire; e 825 (ottocento venticinque) lire. Noi lasciamo il 15% (quindici percento) di mancia.

Qual'è [1] il totale del conto per tutti e quattro. Quanto è la mancia?

3 La somma totale per tutti è di 3700 (tre mila settecento) lire. La mancia è 555 (cinquecento cinquantacinque) lire.

4 Benissimo. Ora io sono alla stazione e porto una valigia molto pesante. La [2] faccio pesare. Essa pesa 30 (trenta) chili.

Come posso calcolare il peso della valigia in libbre?

5 Non è difficile. Un chilo è uguale a circa 2,2 [3] (due, virgola [3] due) libbre. Si moltiplica 30 (trenta) per 2,2. La valigia pesa 66 (sessantasei) libbre.

6 Corretto. In Italia e negli altri paesi dell'Europa non si contano le distanze in miglia ma in chilometri.

Sa Lei cambiare i chilometri in miglia?

7 Credo di sì. Divido per otto e poi moltiplico per cinque. Così 80 (ottanta) chilometri equivalgono a 50 (cinquanta) miglia.

È facile, non è vero?

8 Lei calcola presto e bene. Ancora un altro problema, l'ultimo.

Lei va in un negozio. Compra un paio di guanti per sè stesso a 2500 (due mila cinquecento) lire; due paia di guanti per Sua moglie a 2400 (duemila quattro-cento) lire al paio; e una cintura di pelle per ognuno dei Suoi quattro figli a 950 (novecento cinquanta) lire l'una.

Qual'è il totale di tutte le Sue spese?

9 11,100 (undici mila cento) lire. Se io do alla commessa dodici biglietti da 1000 (mille) lire, ricevo 900 (novecento) lire di resto.

10 Perfettamente. Per oggi basta con la matematica. Giovedì dobbiamo parlare circa l'ora del giorno. È un soggetto molto importante.

11 Bene. Conto su una conversazione interessante.

12 A proposito, signor Smith, giovedì prossimo non posso arrivare prima delle 8.30 (otto e trenta).

13 Va bene lo stesso. Meglio tardi che mai.

14 Ben detto. Arrivederci, signor Smith.

15 Arrivederci a giovedì, signor Facci.

1 Let us talk a little more about the use of mathematics on a trip.

2 We are dining in a restaurant. There are four of us.

The meals cost: 850 lire; 975 lire; 1,050 lire; and 825 lire. We leave 15% as a tip.

What is the total bill for all four? How much is the tip?

3 The sum total for all is 3,700 lire. The tip is 555 lire.

4 Very good. Now I am at the railway station and I am carrying a very heavy suitcase.

I have it weighed. It weighs 30 kilos.

How can I calculate the weight of the suitcase in pounds?

5 It is not difficult. A kilo is equal to about 2·2 (two point two) pounds. One multiplies 30 by 2·2. The suitcase weighs 66 pounds.

6 Correct. In Italy and in the other countries of Europe, one does not reckon distances in miles but in kilometres.

Do you know how to change kilometres into miles?

7 I think so. I divide by eight and then multiply by five. Thus 80 kilometres are equal to 50 miles.

It is simple, isn't it?

8 You can calculate fast and well. Now another problem, the last one.

You go into a store. You buy a pair of gloves for yourself at 2,500 lire; two pairs of gloves for your wife at 2,400 lire a pair; and a leather belt for each of your four children at 950 lire each.

What is the total of all your purchases?

9 11,100 lire. If I give the shop assistant 12 notes of 1,000 lire, I receive 900 lire back in change.

10 Perfect. Enough mathematics for today. On Thursday we must talk about the time of day. It is a very important subject.

11 Good. I'm expecting an interesting conversation.

12 By the way, Mr. Smith, next Thursday I cannot come before 8.30.

13 That's all right. Better late than never.

14 Well said. Good-bye, Mr. Smith.

15 Good-bye until Thursday, Mr. Facci.

NOTES: 1. **Qual'è = quale è** just as **dov'è = dove è** and **com'è = come è**. 2. **La** = *her* or *it* (*f.*), direct object pronoun. 3. Note the use in Italian of a comma instead of a decimal point.

### Building Vocabulary

il chilo (**ki**-lo), kilo
il chilometro (ki-**lo**-me-tro), kilometre
il guanto (gwan-to), glove
il paio di guanti (**pa**-jo di gwan-ti), pair of gloves; le paia (**pa**-ja), pairs (*irreg. plural*)
il miglio (**mi**-ʎo), mile
le miglia (**mi**-ʎa), miles (*irreg. plural*)
il peso (pe-ʒo), weight
il pranzo (**pran**-tso), dinner
il problema[1] (pro-**blɛ**-ma), problem
il totale (to-**ta**-le), total
la mancia (man-tʃa), tip, gratuity
la spesa (spe-ʒa), purchase
la commessa (kom-mes-sa), shop assistant

la cintura (tʃin-**tu**-ra), belt
la libbra (**lib**-bra), pound
la pelle (**pɛl**-le), skin, leather
la somma (som-ma), sum
la valigia (va-**li**-dʒa), suitcase
l'aritmetica (a-rit-**mɛ**-ti-ka), arithmetic
dividere (di-**vi**-de-re), to divide
lasciare (laʃ-ʃa-re), to leave
moltiplicare (mol-ti-pli-**ka**-re), to multiply
pranzare (pran-**tsa**-re), to dine
equivalgono (e-kwi-**val**-go-no), they equal
dovere (do-**ve**-re), to have to
dobbiamo (dob-**bja**-mo), we must
corretto (kor-**rɛt**-to), correct

pesante (pe-ʒan-te), heavy
totale (to-ta-le), total
uguale a (u-gwa-le a), equal to
ultimo (ul-ti-mo), last
stesso (stes-so), same
prima di (pri-ma di), before

mai (maj), never, ever
presto (prɛ-sto), quickly, soon
tardi (tar-di), late
poi (pɔj), then
ognuno (o-ñu-no), each one

NOTE 1. There are a considerable number of nouns ending in -a which are by exception masculine. Among them are: il problema, il poema, il poeta, l'artista, il dentista, l'autista (chauffeur), il cinema, il dramma, il programma, il sistema, il turista. As they are masculine, the plural ends in -i not in -e: i problemi, i poemi, etc.

## Espressioni italiane

ben detto (ben det-to), well said
Faccio pesare la valigia. I have the suitcase weighed.
Va bene lo stesso. That's all right.
Meglio tardi che mai. Better late than never.

Si fa uso della matematica. One makes use of mathematics.
Si pagano i conti in lire. One pays bills in lire.
Si contano le distanze in miglia. One reckons distances in miles.

## Weights and Measures

In Italy the metric system of weights and measures is used. Thus, instead of yards, feet, and inches, the linear measure is the metre. Instead of pounds, the measure of weight is the *kilo*.

NOTE: libbra = pound; metro = metre (39·4 inches); chilometro = kilometre (1,000 metres, about ⅝ of a mile); chilo (shortened form of chilogramma) = kilogram (1,000 grams or 2·2 lbs.).

## Grammar Notes and Practical Exercises

1 Present Tense of fare (fa-re), to do, to make.

| | | |
|---|---|---|
| faccio | (fat-tʃo) | I do |
| fai | (fai) | you do (*fam.*) |
| fa | (fa) | you do (*pol.*)<br>he, she, it does |
| facciamo | (fat-tʃa-mo) | we do |
| fate | (fa-te) | you do |
| fanno | (fan-no) | you do (*pol.*)<br>they do |

The verb fare is used in many Italian expressions. You have met the following:

fare domande, to ask questions
fare le spese, to go shopping
fare un viaggio, to make a trip

fare progressi, to progress
fare pesare i bagagli, to have the baggage weighed

**Esercizio No. 63** Translate:

1 He is asking some questions.
2 The students are doing some (**alcuni**) exercises.
3 Mr. Smith intends to (**conta di**) make a trip.
4 Mrs. Smith goes shopping every (**ogni**) day.
5 What are the children doing?
6 They are doing their (**le loro**) lessons.

7 I am having the baggage weighed.
8 Every year we make a trip to (**in**) Italy.
9 Five times (**per**) twenty makes a hundred.
10 You are making rapid progress in your (**nei Suoi**) studies.
11 What are you doing, children?
12 We are doing a difficult problem.

2 Ordinal Numbers.

| | |
|---|---|
| 1st | **primo (pri-mo)** |
| 2nd | **secondo (se-kon-do)** |
| 3rd | **terzo (tɛr-tso)** |
| 4th | **quarto (kwar-to)** |
| 5th | **quinto (kwin-to)** |
| 6th | **sesto (sɛ-sto)** |
| 7th | **settimo (sɛt-ti-mo)** |
| 8th | **ottavo (ot-ta-vo)** |
| 9th | **nono (nɔ-no)** |
| 10th | **decimo (dɛ-tʃi-mo)** |
| 11th | **undicesimo (un-di-tʃɛ-ʒi-mo)** |
| 12th | **dodicesimo (do-di-tʃɛ-ʒi-mo)** |

| | |
|---|---|
| 13th | **tredicesimo (tre-di-tʃɛ-ʒi-mo)** |
| 17th | **diciassettesimo (di-tʃas-set-tɛ-si-mo)** |
| 20th | **ventesimo (ven-tɛ-ʒi-mo)** |
| 21st | **ventunesimo (ven-tun-ɛs-ʒi-mo)** |
| 23rd | **ventitreesimo (ven-ti-tre-ɛ-ʒi-mo)** |
| 30th | **trentesimo (tren-tɛ-ʒi-mo)** |
| 40th | **quarantesimo (kwa-ran-tɛ-ʒi-mo)** |
| 100th | **centesimo ((tʃen-tɛ-ʒi-mo)** |
| 1,000th | **millesimo (mil-lɛ-ʒi-mo)** |

After the *10th*, the ordinals are formed by dropping the final vowel from the corresponding cardinal number and then adding **-esimo**. Note that in the ordinals *23rd*, **ventitreesimo**, *33rd*, **trentatreesimo**, *43rd*, **quarantatreesimo**, etc., the last vowel of the cardinal number is kept. An alternative form for ordinal numbers from the *10th* upwards also exists: **undicesimo** or **decimo primo**; **ventiduesimo** or **ventesimo secondo**.

**il primo anno,** the first year
**i primi anni,** the first years

**il quinto posto,** the fifth seat
**la decima fila,** the tenth row

Ordinal numbers are adjectives and agree with the nouns they modify in number and gender.

Remember that with the exception of the first of the month (**il primo maggio**) cardinal numbers are used for dates (**il due maggio**). Ordinal numbers are used:

1 After the proper names of kings, Popes, etc.—**Carlo secondo,** *Charles II.*

2 After chapters, volumes, verses in books—**capitolo quinto,** *Chapter five.*

**Esercizio No. 64** Complete the following phrases.

1 la (first) **lezione**
2 la (fourth) **fila**
3 il (sixth) **capitolo**
4 il (ninth) **posto**
5 la (tenth) **pagina**
6 il (second) **nome**
7 l' (eleventh) **ragazzo**
8 la (third) **ragazza**

9 il (twelfth) **mese**
10 la (fifth) **settimana**
11 il (seventh) **giorno**
12 l' (eighth) **anno**
13 le (first) **lezioni**
14 il (first) **esempio**
15 la (thirteenth) **casa**

**Esercizio No. 65** In Italian, write out the numbers in these tables. Then read the tables aloud.

**Esempi: Dieci chili equivalgono a ventidue libbre.**
**Otto chilometri equivalgono a cinque miglia.**

(a) 10 chili = 22 libbre
    20 chili = 44 libbre
    30 chili = 66 libbre
    40 chili = 88 libbre
    50 chili = 110 libbre

    60 chili = 132 libbre
    70 chili = 154 libbre
    80 chili = 176 libbre
    90 chili = 198 libbre
100 chili = 220 libbre

(b)  8 chilometri = 5 miglia
   16 chilometri = 10 miglia
   32 chilometri = 20 miglia

   48 chilometri = 30 miglia
   64 chilometri = 40 miglia
   80 chilometri = 50 miglia

## Esercizio No. 66—Domande

1 Dove pranzano Lei e la Sua famiglia?
2 Quanto è il conto per tutti e quattro?
3 Quanto lascia di mancia?
4 Dove porta Lei una valigia pesante?
5 Quanti chili pesa? E quante libbre?

6 Come si contano le distanze in Italia, in miglia, o in chilometri?
7 Chi sa cambiare i chilometri in miglia?
8 Quante paia di guanti compra nel negozio il signor Smith?
9 Qual'è il soggetto della prossima conversazione?
10 Quale proverbio usa il signor Smith?

# CHAPTER 15

## CHE ORA È?

1 — L'ora! Tutti vogliono sapere: Che ora è?
A che ora arriva l'aeroplano?
A che ora parte il treno?
A che ora comincia l'esame?
A che ora comincia lo spettacolo; ecc. (eccetera).

2 — Signor Smith, ora io faccio, per pratica, la parte dell'impiegato allo sportello dei biglietti alla stazione di Roma.
Lei fa la parte del viaggiatore che desidera comprare un biglietto e che chiede informazioni. Vuole cominciare per favore?

3 — Buon giorno, signore. Un biglietto per Milano, per piacere.

4 — Prima classe o seconda classe?

5 — Prima classe, prego. Quanto costa il biglietto?

6 — 9050 (nove mila cinquanta) lire per il solo viaggio di andata.

7 — Per favore mi dia un biglietto di andata e ritorno. Desidero partire lunedì mattina.

8 — Ecco il biglietto. Costa 18,000 (diciotto mila) lire.

9 — Grazie. A che ora parte il treno da Roma e a che ora arriva a Milano?

10 — Ci sono diversi treni al giorno per Milano. C'è un buon treno alle 13.00 che arriva a Milano alle 20.10.

11 — Grazie tante.

12 — A Suo servizio, signore.

13 — Stupendo, signor Smith. Lei fa la sua parte a meraviglia.

1 The time! Everyone wants to know: What time is it?
At what time does the plane arrive?
At what time does the train leave?
At what time does the examination begin?
At what time does the performance begin, etc.?

2 Mr. Smith, now I, for practice, play the part of the clerk at the ticket office at Rome railway station.
You play the role of the traveller who wants to buy a ticket and who is asking for information. Will you please begin?

3 Good morning. A ticket for Milan, please.

4 First or second class?

5 First class, please. How much does the ticket cost?

6 9,050 lire for a single (ticket).

7 Please give me a return ticket. I want to leave on Monday morning.

8 Here is the ticket. It costs 18,000 lire.

9 Thank you. When does the train leave Rome and when does it arrive in Milan?

10 There are several trains a day for Milan. There is a good train at 1 p.m. which arrives in Milan at 8.10 p.m.

11 Thank you, very much.

12 At your service, sir.

13 Excellent, Mr. Smith  You play your part wonderfully.

**1 — Ora io faccio la parte dell'impiegato al cinema.
Lei chiede informazioni circa lo spettacolo. Vuole cominciare per favore?**

**2 — Prego mi dica a che ora comincia lo spettacolo.**

**3 — Ci sono tre spettacoli. Il primo comincia alle 4.20 (quattro e venti) nel pomeriggio; il secondo alle 6.50 (sei e cinquanta); il terzo alle 9.10 (nove e dieci) di sera.**

**4 — C'è anche il giornale 'Luce' con le notizie attuali?**

**5 — Sì, certo. Venti minuti prima del film.[1]**

**6 — Qual'è il prezzo dei biglietti?**

**7 — I biglietti costono 400 (quattrocento) lire.**

**8 — Per favore mi dia due biglietti per il terzo spettacolo.**

**9 — Eccoli. Grazie.**

**10 — Stupendo! Ripeto, Lei fa la sua parte a meraviglia.**

1 Now I am playing the part of the employee at the cinema.
You ask for information about the performance. Will you start, please?

2 Please tell me at what time the programme begins.

3 There are three programmes. The first begins at 4.20 in the afternoon, the second at 6.50, and the third at 9.10 in the evening.

4 Is there also a newsreel (*lit.* the newspaper 'Light') with the news?

5 Of course. Twenty minutes before the film.

6 What is the cost of the tickets?

7 The tickets cost 400 lire.

8 Please give me two tickets for the third performance.

9 Here they are. Thank you.

10 Excellent! Let me say again, you play your part wonderfully.

### Building Vocabulary

il **cinema** (tʃi-ne-ma), cinema
il **giornale** (dʒor-na-le), newspaper
il **prezzo** (prɛt-tso), price
il **viaggiatore** (viad-dʒa-to-re), traveller, passenger
la **classe** (kłas-se), class
la **mattina** (mat-ti-na), morning
la **parte** (par-te), part
la **pellicola**[1] (pel-li-ko-la), film
l'**esame** (e-ʒa-me), examination
l'**ora** (o-ra), hour, time, o'clock

lo **spettacolo** (spet-ta-ko-lo), performance
mi **dia** (mi di-a), give me
mi **dica** (mi di-ka), tell me
**venire** (ve-ni-re), to come
**viene** (vjɛ-ne), he comes
**ammirabile** (am-mi-ra-bi-le), admirable
**diverso** (di-vɛr-so), various, different
**solo** (so-lo), alone, only
**invece** (in-ve-tʃe), instead
**ora** (o-ra), now

NOTE 1. **Pellicola** is a *roll of film*. Italians normally use the word **il film** for a film at the cinema.

## Espressioni italiane

**eccoli** (εk-ko-li), here they are
**fare la parte,** to play the part
**grazie infinite** (in-fi-ni-te), many
  thanks
**prego** (prε-go), please (*lit.* I beg)
**le notizie attuali** (no-ti-tsje at-twa-li),
  current news

**Stupendo** (stu-pεn-do)**!** Excellent!
**a Suo servizio** (a su-o ser-vi-tsjo), at
  your service
**non c'è di che** (non tʃε di ke). Don't
  mention it. You're welcome.
**prego** also equals **non c'è di che**

**per favore = per piacere = prego** = please

Expressions Dealing with Railway Travel. Practise reading aloud.

1 **Desidero un biglietto per Roma.**
  I want a ticket for Rome.

2 **Un biglietto di andata e ritorno.**
  A return ticket.

3 **Un biglietto di solo andata** (*or*
  **biglietto semplice**).
  A single ticket.

4 **Un biglietto di prima (seconda)**
  **classe.**
  A first (second) class ticket.

5 **Quanto costa il biglietto?**
  How much is the fare?

6 **Quando parte il treno per Napoli?**
  When does the train leave for
  Naples?

7 **Quando arriva il treno da Firenze?**
  When does the train arrive from
  Florence?

8 **Il treno parte (arriva) alle 15.00.**
  The train leaves (arrives) at
  15.00 hours.

9 **È in ritardo il treno? Viaggia con**
  **dieci minuti di ritardo.**
  Is the train late? It is 10 minutes
  late.

10 **È vuoto questo posto? È**
   **occupato?**
   Is this seat vacant? Is it taken?

11 **Facchino! Dov'è la nostra vettura?**
   Porter! Where is our coach?

12 **Dov'è la sala d'aspetto?**
   Where is the waiting-room?

## Grammar Notes and Practical Exercises

1 Present Tense of **andare** (an-da-re) to go.

| | | |
|---|---|---|
| **vado** | (va-do) | I go |
| **vai** | (va-i) | you go (*fam.*) |
| **va** | (va) | { you go (*pol.*) <br> { he, she, it goes |
| **andiamo** | (an-dja-mo) | we go |
| **andate** | (an-da-te) | you go |
| **vanno** | (van-no) | { you go (*pol.*) <br> { they go |

**Esercizio No. 67** Translate.

1 Where are you (**Lei**) going?
2 I am going to the station.
3 Where is Louis going?
4 He is going to work (**al lavoro**).
5 Where are you (**voi**) going?
6 We are going to the library (**in
  biblioteca**).

7 Are they going on foot (**a piedi**)?
8 No. They are going by bus (**in
  autobus**).
9 Where are you going, Helen?
10 I am going to school.
11 My watch is slow (**va indietro**).
12 His watch is fast (**va avanti**).

## 2 Time of Day.

**Che ora è?** *or* What time is it?
**Che ore sono?** What time is it?
**È l'una.** It's one o'clock.
**Sono le due.** It's two o'clock.
**Sono le tre.** It's three o'clock.
**Sono le quattro.** It's four o'clock.
**Sono le cinque.** It's five o'clock.
**Sono le sei e mezzo.** It's half past six.
**Sono le sette e un quarto.** It's a quarter past seven.

**A che ora? All'una. Alle due.** At what time? At one o'clock. At two.

**Alle otto di mattina.** At eight o'clock in the morning (a.m.)

**Alle cinque del pomeriggio.** At five o'clock in the afternoon (p.m.)

**Alle sette e un quarto di sera.** At a quarter past seven in the evening (p.m.).

**Sono le otto e dieci.** It's ten past eight.
**Sono le nove meno un quarto.** It's a quarter to nine.
**Sono le dieci meno venti.** It's twenty to ten.
**È mezzogiorno** (mɛt-tso dʒor-no). It's noon (midday).
**È mezzanotte** (mɛt-tsa nɔt-te). It's midnight.

In time-of-day expressions, **ora**, *hour*, and **ore**, *hours*, are understood. Thus:

**È l'una** = It is the one hour. **Sono le due, ecc.** = they are the two hours, etc.

It is also possible to use the feminine of **mezzo**, but the masculine form is most common.

**e**, *and*, is used for time past the hour. **meno**, *minus, less*, is used for time before the hour.

Thus: **sono le otto e dieci,** it is ten past eight, **sono le otto meno dieci,** it is ten to eight.

**Esercizio No. 68** Write down and then read aloud the following expressions.
**Esempio: È l'una.**

| | | |
|---|---|---|
| 1 È l'(1.00). | 6 Sono le (7.30). | 11 Alle (3.50). |
| 2 È l'(1.15). | 7 Sono le (2.20). | 12 Alle (10.30). |
| 3 È l'(1.20). | 8 Sono le (1.40).[1] | 13 Alle (9.45). |
| 4 Sono le (11.00). | 9 Sono le (2.45). | 14 È (midday). |
| 5 Sono le (9.00). | 10 All'(1.10). | 15 A (midnight). |

NOTE 1. Time expressions after the half-hour are based on the next hour. Thus: **1.40** = twenty minutes to two, **2.45** = a quarter to three, etc. Of course we may say, as in English **l'una e quaranta** (1.40), **le due e quarantacinque** (2.45), etc.

## 3 Time of Day (Twenty-four Hour Clock Time).

In Italian timetables, time is indicated by twenty-four hours, beginning directly after midnight. Thus:

**24.00** (*midnight*), **1.00, 2.00,** etc., up to **12.00** (*noon*) are the a.m. hours.
**12.00** (*noon*), **13.00, 14.00,** etc., up to **24.00** (*midnight*) are the p.m. hours.

**14.20** (le quattordici e venti) = 2.20 p.m. = le due e venti del pomeriggio.
**6.30** (le sei e trenta) = 6.30 a.m. = le sei e mezzo di mattina.
**18.30** (le diciotto e trenta) = 6.30 p.m. = le sei e mezzo di sera.

**Esercizio No. 69** Write down the time expressions in Italian in two ways (twelve-hour and twenty-four-hour clock time).

**Esempio 1:** L'esame comincia alle dieci, cioè alle dieci di mattina. cioè (tʃo-ɛ) = that is.

1 L'esame comincia (alle 10.00), cioè (alle 10.00) di mattina.

2 L'esame termina[1] (alle 13.00), cioè (all'1.00) del pomeriggio.

3 Un buon treno per Roma parte (alle 15.45), cioè (alle 3.45) del pomeriggio.

4 Questo treno arriva a Firenze (alle 19.30), cioè (alle 7.30) di sera.

5 L'aereo parte da Nuova York (alle 14.50), cioè (alle 2.50) del pomeriggio.

6 Arriva a Roma il giorno seguente[2] (alle 20.30), cioè (alle 8.30) di sera.

7 Il primo spettacolo comincia (alle 15.15), cioè (alle 3.15) del pomeriggio.

8 Il secondo comincia (alle 18.10), cioè (alle 6.10) di sera.

9 Il terzo comincia (alle 21.05), cioè (alle 9.05) di sera.

10 Voglio prendere il treno che parte (alle 7.00), cioè (alle 7.00) di mattina.

NOTES: 1. **terminare**, to end. 2. **il giorno seguente** (se-gwɛn-te), the following day.

## Esercizio No. 70—Domande

1 Che cosa vogliono sapere tutti?

2 Chi fa la parte del viaggiatore?

3 Chi fa la parte dell'impiegato allo sportello dei biglietti?

4 Desidera il signor Smith un biglietto di prima o di seconda classe?

5 Quanto costa un biglietto di andata e ritorno?

6 Chi fa la parte dell'impiegato al cinema?

7 Chi chiede delle informazioni?

8 Quanti spettacoli ci sono a questo cinema?

9 Per quale spettacolo il signor Smith compra i biglietti?

10 Quanto paga per questi biglietti?

# REVISION 3

## CHAPTERS 11–15

### Revisione di Parole

#### NOUNS

| | | |
|---|---|---|
| 1 l'affare | 11 la forchetta | 21 il piattino |
| 2 l'albergo | 12 la giornata¹ | 22 il paio |
| 3 il biglietto | 13 il guanto | 23 le paia |
| 4 il cinema | 14 l'impiegato | 24 il pranzo |
| 5 il conto | 15 l'ora | 25 il prezzo |
| 6 il coltello | 16 la mancia | 26 la radio |
| 7 il cucchiaio | 17 la mattina | 27 lo sportello |
| 8 il cucchiaino | 18 la notizia | 28 lo spettacolo |
| 9 il denaro | 19 la cintura | 29 la tazza |
| 10 l'esame (*m.*) | 20 il piatto | 30 il viaggiatore |

| | | |
|---|---|---|
| 1 business | 11 fork | 21 saucer |
| 2 hotel | 12 day | 22 pair |
| 3 ticket, note | 13 glove | 23 pairs |
| 4 cinema | 14 clerk, employee | 24 dinner |
| 5 bill (account) | 15 hour, time | 25 price |
| 6 knife | 16 tip | 26 radio |
| 7 spoon | 17 morning | 27 window (booth) |
| 8 teaspoon | 18 news | 28 performance |
| 9 money | 19 belt | 29 cup |
| 10 examination | 20 plate | 30 traveller |

NOTE 1. **giornata** = day, in the sense of, in the course of the day, i.e., the day at the office.

#### VERBS

| | | |
|---|---|---|
| 1 andare | 12 lasciare | 23 ricevere |
| 2 calcolare | 13 pagare | 24 sapere² |
| 3 cambiare | 14 pensare (a) | 25 valere |
| 4 comprare | 15 pesare | 26 volere |
| 5 contare | 16 pranzare | 27 dire |
| 6 continuare | 17 spiegare | 28 conosco |
| 7 dare | 18 telefonare | 29 posso |
| 8 guardare | 19 terminare | 30 so |
| 9 immaginare | 20 conoscere¹ | 31 voglio |
| 10 indicare | 21 dividere | 32 dice |
| 11 indovinare | 22 esprimere | 33 dicono |

| | | |
|---|---|---|
| 1 to go | 6 to continue | 11 to guess |
| 2 to calculate | 7 to give | 12 to let |
| 3 to change | 8 to watch | 13 to pay |
| 4 to buy | 9 to imagine | 14 to think (of) |
| 5 to count | 10 to point to | 15 to weigh |

95

| | | |
|---|---|---|
| 16 to dine | 22 to express | 28 I know |
| 17 to explain | 23 to receive | 29 I am able |
| 18 to telephone | 24 to know[2] | 30 I know |
| 19 to finish | 25 to be worth | 31 I want, wish |
| 20 to know[1] | 26 to want, wish | 32 he says |
| 21 to divide | 27 to say | 33 they say |

NOTES: 1. to know (to be acquainted with). 2. to know (facts), to know how.

## ADJECTIVES

| | | |
|---|---|---|
| 1 ammirabile | 8 delizioso | 15 semplice |
| 2 attuale | 9 diverso | 16 solo |
| 3 carino | 10 essenziale | 17 stesso |
| 4 cattivo | 11 necessario | 18 tanto |
| 5 ciascuno | 12 nuovo | 19 tutto |
| 6 corretto | 13 pesante | 20 uguale |
| 7 conosciuto | 14 quotidiano | 21 vecchio |

| | | |
|---|---|---|
| 1 admirable | 8 delicious | 15 simple |
| 2 current[1] | 9 different | 16 alone |
| 3 pretty, nice | 10 essential | 17 same |
| 4 bad | 11 necessary | 18 so much |
| 5 each | 12 new | 19 all, whole |
| 6 correct | 13 heavy | 20 equal |
| 7 known | 14 daily | 21 old |

NOTE 1. **le attualità** are current affairs, news (in a paper) etc.

## ADVERBS

| | | |
|---|---|---|
| 1 circa | 5 poi | 9 soprattutto |
| 2 meglio | 6 più | 10 correttamente |
| 3 meno | 7 subito | 11 perfettamente |
| 4 ora | 8 tardi | 12 ugualmente |

| | | |
|---|---|---|
| 1 about | 5 then | 9 especially, above all |
| 2 better | 6 more | 10 correctly |
| 3 less | 7 at once | 11 perfectly |
| 4 now | 8 late | 12 equally |

## PREPOSITIONS

| | | |
|---|---|---|
| 1 presso | 3 fino a | 5 per mezzo di |
| 2 senza | 4 eccetto | 6 prima di |

| | | |
|---|---|---|
| 1 near | 3 until | 5 by means of |
| 2 without | 4 except | 6 before |

## CONJUNCTIONS

| | | | |
|---|---|---|---|
| 1 così (alto) come | 2 tanto (lungo) quanto | 3 non solo | 4 ma anche |

| | | | |
|---|---|---|---|
| 1 as (tall) as | 2 as (long) as | 3 not only | 4 but also |

## ITALIAN EXPRESSIONS

| | | |
|---|---|---|
| 1 ancora un | 10 nel frattempo | 19 Quante volte? |
| 2 Che idea! | 11 Che vuole dire . . . ? | 20 aver bisogno di |
| 3 cento lire di mancia | 12 Vuole dire . . . | 21 aver ragione |
| 4 Eccoli! | 13 credo di sì | 22 aver torto |
| 5 grazie infinite | 14 credo di no | 23 fare la parte |
| 6 ⎰Prego | 15 Va bene! | 24 fare pesare |
| 7 ⎱Non c'è di che | 16 Va bene lo stesso. | 25 fare progressi rapidi |
| 8 per così dire | 17 niente di più facile | 26 fare le spese |
| 9 a Suo servizio | 18 una volta | 27 cioè |

| | | |
|---|---|---|
| 1 one more | 10 in the meantime | 19 How many times? |
| 2 The very idea! | 11 What is the meaning | 20 to need |
| 3 100 lire as a tip | of . . . ? | 21 to be right |
| 4 Here they are! | 12 It means . . . | 22 to be wrong |
| 5 many thanks | 13 I think so | 23 to play the part |
| 6 ⎰Don't mention it. | 14 I think not | 24 to have weighed |
| 7 ⎱You're welcome. | 15 All right | 25 to make rapid |
| 8 that is to say | 16 That's all right. | progress |
| 9 at your service | 17 nothing easier | 26 to go shopping |
| | 18 one time | 27 that is |

**Esercizio No. 71** Select the group of words in Column II which best completes each sentence begun in Column I.

**Esempio (1f): Questa regione d'Italia è conosciuta per le sue ceramiche.**

| I | II |
|---|---|
| 1 Questa regione d'Italia è conosciuta | (a) subito agli affari. |
| 2 Di quale regione sono | (b) che mai. |
| 3 Il commerciante pensa | (c) nei grandi magazzini. |
| 4 Il signor Smith chiede delle informazioni | (d) il sistema monetario d'Italia. |
| 5 Meglio tardi | (e) di andata e ritorno. |
| 6 Il viaggiatore ha bisogno di denaro | (f) per le sue ceramiche. |
| 7 Noi facciamo le spese | (g) alle quattro del pomeriggio. |
| 8 Essi non conoscono | (h) queste tazze e questi piattini. |
| 9 Mi dia un biglietto | (i) per comprare i biglietti. |
| 10 Il primo spettacolo comincia | (j) circa lo spettacolo. |

**Esercizio No. 72** Complete these sentences in Italian by choosing the correct expression from those listed underneath. Be careful to use the correct person of the verbs.

**Esempio 1: Ho bisogno di un nuovo paio di guanti.**

1 (I need) **un nuovo paio di guanti.**

2 **Lasciamo 1000 lire** (as a tip).

3 (What is the meaning of) **questa frase?**

4 (Who is playing the part) **dell'impiegato?**

5 **Tutti gli studenti** (are progressing fast).

6 **Io** (am right). **Lei** (are wrong).

7 (In the meantime) **possiamo ascoltare la radio.**
8 **Pranziamo quando** (we are hungry).
9 **Dove sono i bambini?** (Here they are )
10 **Il maestro** (asks many questions).
11 **Essa vuole** (to go shopping) **oggi.**
12 (We need) **delle tazze e dei piattini.**
13 (Many thanks!) (Don't mention it.)
14 **I turisti** (ask for information).

| | |
|---|---|
| fare progressi rapidi | volere dire |
| fare le spese | di mancia |
| fare domande | nel frattempo |
| fare la parte | prego |
| chiedere delle informazioni | eccoli |
| aver torto | aver ragione |
| aver fame (appetito) | grazie infinite |
| aver bisogno di | |

**Esercizio No. 73** From Group II select the opposite (antonym) of each word in Group I.

|   | **I** |   |   | **II** |   |   |
|---|---|---|---|---|---|---|
| 1 | arrivare | 9 cattivo | (a) vicino a | (i) buono |
| 2 | nuovo | 10 meno | (b) ricevere | (j) senza |
| 3 | dare | 11 con | (c) difficile | (k) comprare |
| 4 | facile | 12 vendere | (d) parlare | (l) bianco |
| 5 | lontano da | 13 venditore | (e) vecchio | (m) aver ragione |
| 6 | nero | 14 domandare | (f) terminare | (o) compratore |
| 7 | cominciare | 15 aver torto | (g) partire | (p) rispondere |
| 8 | ascoltare | | (h) più | |

**Esercizio No. 74** Complete these sentences in Italian.

1 **Essi** (want) **guardare la televisione.**
2 **Noi** (want) **ascoltare la radio.**
3 (Do you want) **farmi un favore?**
4 **Ma certo. Che cosa** (can I) **fare per Lei?**
5 **Dove** (can we) **comprare i biglietti?**
6 (You can) **comprarli in quello sportello là.**
7 (Can you) **spiegare quest'affare?**
8 **Mi dispiace, ma** (I cannot).
9 (Do you know) **il nostro sistema monetario?**
10 **Sì, e** (I know how) **calcolare in italiano.**
11 (Do you want) **fare la parte dell'impiegato?**
12 (I want) **fare la parte del viaggiatore.**
13 (Can you) **indovinare a che pensano?**
14 **Questi studenti** (do not know how) **studiare.**
15 (I do not know) **questi signori.**
16 (You may) **lasciare duecento lire di mancia.**
17 **Che cosa** (do you want), **ragazzi?**
18 (Do you (voi) want) **viaggiare in aereo?**
19 (I do not know) **dove abita il signor Rossi.**
20 (We want to go) **ma** (we cannot).

**Esercizio No. 75** Translate these sentences.

**A. volere**, to want, to wish

1 I want to change the money.
2 He wants to listen to the radio.
3 We want to dine at 7 o'clock.
4 Do you (Lei) want to pay the bill?
5 They want to telephone the doctor.
6 Do you (Loro) want to go shopping?

**B. potere**, to be able, can, may

1 I can guess the answer.
2 You (Lei) can finish the work.
3 She can explain the matter.
4 We can play the part.
5 You (Voi) may leave the room.
6 They may be right.

**C. sapere**, to know, to know how

1 I know where he lives.
2 Do you (tu) know what time it is?

3 You (Lei) know what they want.
4 We know how to speak Italian.
5 She knows how to read French.

6 They know how to play the piano.

**D. conoscere**, to know, to be acquainted with

1 I do not know that man.
2 Do you (Lei) know these students?
3 Do you (voi) know this town?
4 We know the film stars.
5 They do not know our monetary system.
6 He knows all my friends.

**Esercizio No. 76** Translate.

1 Please tell me: Where is the ticket window?
2 Here is the ticket window.
3 I say to the clerk: 'I want a single ticket for Siena.'
4 How much does it cost?
5 When does the train leave for Siena?
6 When does it arrive in Siena?
7 Where can I find a porter?
8 Porter, can you carry my luggage to the train?
9 Is the train late?
10 No, it is on time.
11 Is this seat occupied?
12 No, it is free.

## Dialogo

**Un turista vuole sapere dove si può trovare della bella porcellana**

1 Signore, per favore, mi dica in quale regione d'Italia si può trovare la bella porcellana? Desidero comprare un servizio da tè: tazze con piattini, e piatti.

2 Ebbene, ogni regione ha il suo stile individuale. L'Umbria, la Toscana, e la provincia di Vicenza sono conosciute per i loro prodotti di porcellana.

3 È necessario andare in queste regioni per trovare tutti questi tipi di porcellana?

4 No davvero. Lei può comprare la porcellana di queste regioni qui a Roma.

5 È più cara qui a Roma?

6 Naturalmente costa di più. Ma Lei può avere un assortimento variato e completo.

7 Può dirmi dove posso trovare la bella porcellana a Roma?

8 Lei troverà i migliori assortimenti in tutti i grandi negozi, e anche in piccole botteghe in Via Condotti o in Piazza di Spagna.

9 Grazie infinite, signore.
10 Di niente, signorina.

1 Please could you tell me in what region of Italy one can find good china?
I wish to buy a tea service: cups with saucers, and plates.

2 Well, each region has its individual style. Umbria, Tuscany, and the province of Vicenza are known for their porcelain ware.

3 Is it necessary to go to these regions to find all these types of porcelain?

4 Indeed not. You can buy china from these regions here in Rome.

5 Is it more expensive here in Rome?

6 Naturally it costs more. But you can get a varied and complete selection.

7 Can you tell me where I can find some good china in Rome?

8 You will find the best selections in all the big stores, and also in small shops in Condotti Street or in Piazza di Spagna.

9 Many thanks.

10 You are welcome.

### Esercizio No. 77—Lettura 1

#### La famiglia del signor Smith fa una visita al papà

È la prima volta che la famiglia del signor Smith viene a vedere il papà al suo ufficio. La signora Smith e i suoi quattro figli entrano in un grand'edificio. Loro salgono al terzo piano con l'ascensore.

Lucia, che è la più piccola, ha solo quattro anni ed è molto curiosa. Lei fa tante domande alla mamma circa l'ufficio del papà.

Quando arrivano all'ufficio il padre s'alza[1] e dice 'Che bella sorpresa!' Come sono contento di vedervi.[2]

I ragazzi ammirano tutte le cose che vedono nell'ufficio: la macchina da scrivere, tanti oggetti italiani e i campioni di ceramica, le riviste italiane e soprattutto i cartelli illustrati alle pareti. Tutti sono contenti.

Paolo, il maggiore, guarda dalla finestra e vede il cielo azzurro e il sole che brilla. Egli vede le automobili che passano per la strada.

Quando la visita è terminata, tutta la famiglia va a un ristorante non lontano dall'ufficio. Mangiano tutti con buon appetito, soprattutto i ragazzi, perchè hanno fame.

NOTES: 1. s'alza, gets up. 2. to see you.

### Esercizio No. 78—Lettura 2

#### L'Asino[1] e la Macchina—Una favola moderna

Lucia, la più piccola dei bambini del signor Smith ama[2] molto le vecchie favole d'Esopo. Ella ama molto anche questa favola moderna che il signor Facci ha scritto[3] per lei. Ecco la favola: L'Asino e la Macchina.

Una macchina passa per la strada e vede un asino. Quest'asino sembra molto stanco.[4] Porta un carico[5] pesante.

La macchina si ferma[6] e dice all'asino — Buon giorno. Perchè cammini[7] così lentamente? Non desideri andare più rapidamente, come me?

— O, sì signora! Ma mi dica come ciò è possibile?

— Non è difficile, dice la macchina. La mia riserva di benzina[8] è piena. Bevi[10] un po' della benzina e potrai[11] camminare molto rapidamente.

Allora l'asino beve un po' di benzina. Ora non va lentamente. Non va presto. Infatti non cammina più.[12] Ha mal di stomaco.[13]

Povero asino! Non è molto intelligente, non è vero? Non sa che la benzina è buona per le macchine, ma non vale niente[14] per gli asini.

NOTES: 1. donkey. 2. **amare,** to love. 3. written. 4. tired. 5. load. 6. **si ferma,** stops. 7. **camminare,** to walk. 8. petrol tank. 9. full. 10. drink. 11. you will be able. 12. anymore. 13. stomach-ache. 14. **non vale niente,** is of no value.

# CHAPTER 16

## IL CINEMA

1 — Signor Smith, Lei sa già come chiedere informazioni circa gli spettacoli del cinema.

Mi dica: Le piace il cinema?

2 — Qualche volta mi piace vedere una buona pellicola, ma generalmente le pellicole non mi interessano. Non sono di mio gusto.

3 — Allora Lei preferisce il teatro?

4 — Senza dubbio. Mia moglie e io lo preferiamo. Ci andiamo di tempo in tempo per vedere una buona commedia, un dramma, o un'operetta.

5 — E i Suoi figli. Preferiscono pure il teatro?

6 — No, davvero! Non lo preferiscono. Loro amano i drammi e le pellicole musicali in colore, che ci annoiano molto.

7 — Loro conoscono tutte le stelle del cinema, non è vero?

8 — Naturalmente. Loro le conoscono bene. Conoscono anche le stelle della televisione e della radio.

9 — Lei abita in una cittadina non lontana da Londra. C'è un cinema vicino alla Sua casa?

10 — Sì. C'è un cinema abbastanza vicino alla nostra casa. Possiamo andarci a piedi in circa quindici minuti.

11 — Quali posti preferisce, i posti in prima fila o i posti in fondo?

12 — Preferiamo i posti alla quattordicesima o quindicesima fila.

Da lì si può vedere e udire molto bene.

Da lì la luce ed i movimenti sullo schermo non fanno male agli occhi.

13 — E che cosa fa se la maggior parte dei posti sono occupati?

14 — Allora dobbiamo prendere qualsiasi posto vuoto, in prima fila, in fondo o ai lati.

Ma questi posti non ci piacciono.

Non ci piace neanche stare in piedi al cinema.

Perciò noi arriviamo sempre presto.

15 — Meraviglioso, signor Smith. Lei fa progressi assai rapidi.

16 — Grazie a Lei, signor Facci.

1 Mr. Smith, you already know how to ask for information about the programme at the cinema.

Tell me: do you like the cinema?

2 From time to time I like to see a good film, but generally films don't interest me. They are not to my taste.

3 Then you prefer the theatre?

4 Without a doubt. My wife and I prefer it. We go (there) from time to time to see a good play, a drama, or a musical comedy.

5 And your children. Do they prefer the theatre too?

6 Indeed not! They do not prefer it. They love epics and musical films in colour, which we find very boring.

7 They know all the film stars, don't they?

8 Of course. They know them well. They also know the stars of television and of the radio.

9 You live in a small town not far from London. Is there a cinema near your house?

10 Yes. There is a cinema quite near our house. We can walk there in about fifteen minutes.

11 Which seats do you prefer, the seats in the front rows or the seats at the back?

12 We prefer seats in the fourteenth or fifteenth row.

From there we can see and hear very well.

From there the light and the movements on the screen do not hurt the eyes.

13 And what do you do if most of the seats are occupied?

14 Then we have to take any vacant seat whatsoever, at the front, at the back, or at the side.

But we do not like these seats.

Nor do we like standing at the cinema.

Therefore we always arrive early.

15 Splendid, Mr. Smith. You are making quite rapid progress.

16 Thanks to you, Mr. Facci.

## Building Vocabulary

il **dramma** (**dram**-ma), drama
il **lato** (**la**-to), side
il **male** (**ma**-le), pain, evil
il **movimento** (mo-vi-**men**-to), movement
il **posto** (**po**-sto), place, seat
la **commedia**[1] (kom-**mε**-dja), play, comedy
la **fila** (**fi**-la), row
la **luce** (**lu**-tʃe), light
la **parte** (**par**-te), part
la **scena** (**ʃʃε**-na), scene
la **stella** (**stel**-la), star
la **televisione** (te-le-vi-**ʒjo**-ne), television
l'**occhio** (**ɔk**-kjo), eye
l'**operetta** (o-pe-**ret**-ta), musical comedy
**aiutare** (a-ju-**ta**-re), to aid
**amare** (a-**ma**-re), to love

**annoiare** (an-no-**ja**-re), to bore
**interessare** (in-te-res-**sa**-re), to interest
**stare** (**sta**-re), to be
**preferire** (pre-fe-**ri**-re), to prefer
**maggiore** (mad-**dʒo**-re), major, greater, older
**musicale** (mu-si-**ka**-le), musical
**occupato** (ok-ku-**pa**-to), occupied
**qualche** (**kwal**-ke), some
**qualsiasi** (kwal-**si**-a-si), any whatsoever
**vuoto** (**vwɔ**-to), empty, vacant
**abbastanza** (ab-ba-**stan**-tsa), enough
**assai** (as-**sa**-i), quite, very
**pure** (**pu**-re), also = **anche**
**spesso** (**spes**-so), often
**ma** (ma), but = **però** (pe-**rɔ**), but
**neanche** (ne-**aŋ**-ke), not . . . either, not . . . even

## Espressioni italiane

**ai lati,** at the sides
**di mio gusto,** to my taste
**in fondo,** at the back
**senza dubbio,** without a doubt
**no davvero,** indeed not
**qualche**[1] **volta,** sometimes

**andare a piedi** (**pjε**-di), to go on foot, walk
**stare in piedi,** to stand
**si può** (**pwɔ**), one can, may
**fare male a,** to hurt, do harm to

NOTE 1. **qualche,** *some,* is an invariable adjective. The noun which it modifies is always singular in form although the meaning may be plural. Thus: **qualche volta,** *sometimes*; **qualche giorno,** *some days.*

Practise speaking aloud:

| | |
|---|---|
| **Qualche volta andiamo al cinema.** | Occasionally we go to the cinema. |
| **Sempre arriviamo di buon' ora perchè** **non ci piacciono i primi posti.** | We always arrive early because we do not like the seats in front. |
| *Non* **ci piace** *neanche* **stare in piedi.** | We don't like standing either. |
| **Spesso** *non* **possiamo trovare** *neanche* **un posto vuoto.** | Often we cannot find even one vacant seat. |

## Grammar Notes and Practical Exercises

1 Present Tense of **stare**, to be (*in expressions of health*), to stand, to stay. Note that the endings of **stare** are, with one exception, like those of **avere**.

**stare**

| | | | |
|---|---|---|---|
| sto | I am | stiamo | we are |
| stai | you are (*fam.*) | state | you are |
| sta | {you are (*pol.*) he, she, it is | stanno | {you are (*pol.*) they are |

**avere**

| | |
|---|---|
| ho | abbiamo |
| hai | avete |
| ha | hanno |

**Esercizio No. 79** Translate, then practise reading aloud.

1 **Come sta?**
  **Molto bene, grazie, e Lei?**
  **Non sto troppo[1] bene.**
2 **Come stanno i ragazzi?**
  **Tutti stanno bene eccetto Maria.**
  **Lei ha un raffreddore.**
3 **Vanno a teatro stasera[2]?**
  **No. Stiamo a casa con la famiglia.**

4 **Non mi piace stare in piedi al cinema.**
5 **Tutti gli studenti stanno in piedi.**
6 **Essi stanno a casa. Noi andiamo a scuola.**
7 **Come stanno le cose?**

NOTES: 1. **troppo**, too, too much. 2. **stasera = questa sera**, this evening.

2 Direct Object Pronouns.

You have met examples of direct object pronouns in previous lessons. They are words which stand for the object of a sentence: I see *the man*, I see *him*.

### Direct Object Pronouns

| | Singular | | Plural |
|---|---|---|---|
| mi | me | ci | us |
| ti | you (*fam.*) | vi | you (*fam.*) |
| lo | him *or* it (*masc.*) | li | them (*masc.*) |
| la | her *or* it (*fem.*) | le | them (*fem.*) |
| La | you (*polite m. or f.*) | {Li | you (*polite masc.*) |
| | | {Le | you (*polite fem.*) |

Study these sentences. Note the direct object pronouns and their position in the sentence.

| | |
|---|---|
| (*a*) Questo film *mi* annoia. | This film bores *me*. |
| (*b*) Questo film *ci* annoia. | This film bores *us*. |
| (*c*) Tua madre *ti* chiama, Rosa. | Your mother is calling *you*, Rosa. |
| (*d*) Vostra madre *vi* chiama, ragazzi. | Your mother is calling *you*, children. |
| (*e*) Vede Lei il maestro? *Lo* vedo. | Do you see the teacher? I see *him*. |
| (*f*) Compra Lei l'orologio? *Lo* compro. | Are you buying the watch? I am buying *it* (*m.*) |
| (*g*) Vede Lei la maestra? *La* vedo. | Do you see the teacher (*f.*)? I see *her*. |
| (*h*) Compra Lei la penna? *La* compro. | Are you buying the pen? I am buying *it*. |
| (*i*) Vede Lei i maestri? *Li* vedo. | Do you see the teachers (*m.*)? I see them (*m.*). |
| (*j*) Compra Lei le penne? *Le* compro. | Are you buying the pens? I am buying them (*f.*). |

The direct object pronouns usually precede the verb. However, if the pronoun is the object of an infinitive, it follows the infinitive and is attached to it. The infinitive in this case drops its final -e. Thus:

| | |
|---|---|
| **Sono molto contento di *vederla*, signore.** | I am very glad to see *you*, sir. |
| **Sono molto contento di *vederla*, signora.** | I am very glad to see *you*, madam. |
| **Sono molto contento di *vederli*, signori.** | I am very glad to see *you*, gentlemen. |
| **Sono molto contento di *vederle*, signore.** | I am very glad to see *you*, ladies. |

Observe carefully that the singular polite object pronoun *you* is **La** in both the masculine and feminine singular. The plural forms of the polite object pronoun *you* are **Li** and **Le**, like the forms for *them* (**li** *m.*, **le** *f.*). Capitalization of polite forms is optional, but will be used in this book, except when they are joined to the infinitive as above.

3 Elision in Object Pronouns.

| | |
|---|---|
| **Il signor Smith *l*'aspetta nell'ufficio.** | Mr. Smith is waiting for *him* in the office. |
| **Dov'è Pietro? Non *l*'ho visto.** | Where is Peter? I have not seen *him*. |
| **Queste pellicole non *m*'interessano.** | These films don't interest *me*. |

Before a verb beginning with a vowel or **h**, the object pronouns **lo** and **la** nearly always become **l'**. Mi, ti, and vi sometimes become **m'**, **t'**, and **v'**. Ci becomes **c'** only before a verb beginning with **e** or **i**.

**Esercizio No. 80** Read each question. Then read the answer, and insert the correct direct object.

Esempio: Compra Lei i biglietti? Sì, li compro.

| | |
|---|---|
| 1 Comincia Lei l'esercizio? | Sì, . . . comincio. |
| 2 Chi ascolta la radio? | I ragazzi . . . ascoltano. |
| 3 Chi guarda la televisione? | Giorgio ed Edoardo . . . guardano. |
| 4 Aspetta Giovanni la sua amica? | Sì, . . . aspetta nel salotto. |
| 5 Preferiscono Loro i posti in prima fila? | No, signore, non . . . preferiamo. |
| 6 Conoscono i suoi figli le stelle del cinema? | Essi . . . conoscono bene. |
| 7 Conosce Lei quei signori? | Sì, . . . conosco bene. |
| 8 M'aspetta il professore? | Sì, signorina, egli . . . aspetta nel salotto. |
| 9 Mi chiama la mia mamma? | Sì, Carlotta, la tua mamma . . . chiama. |
| 10 Può scrivere oggi la lettera? | Non posso scriver. . . . Non sto bene. |
| 11 Ci aspetta Lei? | No, non (you *pol.*) aspetto. |
| 12 Hai visto il mio nuovo cappello, Enrico? | No, non . . . ho visto. |

**Esercizio No. 81** Read each Italian sentence. Write each sentence, substituting pronoun objects for the noun objects in parentheses. Watch your word order!

Esempio: La domestica porta (i piatti). La domestica *li* porta.

1 Adesso i bambini non vogliono (la torta).
2 Conosco bene (le stelle del cinema).
3 Qualche volta vedo (il signor Amato).
4 Non vogliamo prendere (questi posti).
5 Non posso spiegare (queste cose).
6 Gli studenti salutano (i loro professori).
7 Voglio cambiare (le mie sterline) in lire.
8 Conosce Lei (quest'uomo)?
9 Sappiamo usare (i numeri) correttamente.
10 Mia moglie e io preferiamo (il teatro).

**Esercizio No. 82—Domande**

1 Chi sa chiedere informazioni?
2 Il signore e la signora Smith che cosa preferiscono, il teatro o il cinema?
3 I ragazzi che cosa preferiscono?
4 I ragazzi conoscono i nomi delle stelle del cinema?
5 Dove abita la famiglia del signor Smith?
6 Il cinema è lontano dalla casa del signor Smith?
7 Quali posti preferiscono i signori Smith al cinema?
8 Perchè preferiscono questi posti?
9 I signori Smith arrivano di buon'ora o tardi?
10 Il signor Smith fa progressi rapidi o lenti?

# CHAPTER 17

## ALCUNE DATE IMPORTANTI DELLA STORIA D'ITALIA

1 — Signor Smith, Lei conosce i numeri bene. Vedo che Lei sa usarli correttamente.
Vediamo se Lei conosce i numeri sotto forma di date.

2 — Con piacere, signor Facci. Mi piacciono le domande in italiano.

3 — Ecco perchè Lei impara presto. Ora ecco qualche data importante della storia italiana.
Lei deve indicare un evento importante per ciascuna data.

4 — Bene. Cominciamo. Sono pronto.

5 — 753 avanti Cristo (settecentocinquantatrè)?

6 — Questa è storia antica. Una bella leggenda dà 753 a. C. come data della fondazione di Roma.

7 — Va bene. E ora ecco alcune date moderne: il 20 settembre 1870 (milleottocentosettanta)?

8 — Com'è gentile Lei! Queste sono cose facili.
È la data dell'unificazione d'Italia. È una gloriosa data italiana. Il periodo prima dell'unificazione è chiamato il Risorgimento.

9 — Corretto. Sa Lei il nome del gran[1] comandante militare italiano?

10 — Giuseppe Garibaldi, il comandante delle famose 'Camicie Rosse'.

11 — Benissimo. L'11 (undici) novembre 1918 (millenovecentodiciotto)?

12 — La vittoria degli alleati, inclusa l'Italia, nella prima guerra mondiale.

13 — Giusto. Il 28 ottobre 1922 (millenovecentoventidue)?

14 — Questa è una data triste per l'Italia. Segna il principio della dittatura di Mussolini e delle sue 'Camicie Nere'.

15 — Corretto. Adesso finiamo le domande. Ancora una data. Il 28 aprile 1945 (millenovecentoquarantacinque)?

16 — Segna la morte di Mussolini.

17 — Benissimo! Vedo che Lei conosce la storia d'Italia così bene come il sistema monetario.

18 — Grazie tante. Non ho dimenticato tutto ciò che ho studiato a scuola. Inoltre ho un buon[2] maestro che m'insegna ad amare l'Italia.

19 — Adesso è Lei che mi fa dei complimenti.

20 — No davvero. È la verità.

1 Mr. Smith, you know numbers well. I see that you know how to use them correctly.
Let us see whether you know numbers in the form of dates.

2 With pleasure, Mr. Facci. I like questions in Italian.

3 That's why you learn quickly. Now here are some important dates in Italian history.
You must name an important event for each date.

4 Good. Let's begin. I am ready.

5 753 B.C.?

6 This is ancient history. An attractive legend gives 753 B.C. as the date of the foundation of Rome.

7 Good. And now here are some modern dates: the 20th of September 1870?

8 How kind you are! That's easy.

It is the date of the unification of Italy. It is a glorious Italian date. The period before the unification is called the Rebirth.

9 Correct. Do you know the name of the great Italian military leader?

10 Giuseppe Garibaldi, leader of the famous 'Red Shirts'.

11 Very good. The 11th of November 1918?

12 The victory of the Allies, including Italy, in the First World War.

13 Right. The 28th October 1922?

14 This is a sad date for Italy. It marks the beginning of the dictatorship of Mussolini and his 'Black Shirts'.

15 Correct. Now let us finish the questions. One more date. The 28th of April 1945?

16 It marks the death of Mussolini.

17 Very good! I see that you know the history of Italy as well as you do the monetary system.

18 Many thanks. I have not forgotten everything that I studied at school. Besides, I have a good teacher who teaches me to love Italy.

19 Now it is you who flatter me.

20 Indeed not. It is the truth.

NOTES: 1. **grande** becomes **gran** before singular nouns beginning with a consonant (except **z** or **s**-impure). 2. **buono** becomes **buon** before masculine singular nouns beginning with a consonant (except **z** or **s**-impure).

## Building Vocabulary

il **comandante** (ko-man-**dan**-te), commander, leader

il **periodo** (pe-**ri**-o-do), period

il **principio** (prin-**tfi**-pjo), beginning

il **Risorgimento** (ri-sor-dʒi-**men**-to), Rebirth

gli **alleati** (al-le-**a**-ti), Allies

la **caduta** (ka-**du**-ta), fall

la **camicia** (ka-**mi**-tʃa), shirt

la **dittatura** (dit-ta-**tu**-ra), dictatorship

la **forma** (**for**-ma), form

la **fondazione** (fon-da-**tsjo**-ne), founding

la **guerra** (**gwɛr**-ra), war

la **morte** (**mor**-te), death

la **storia** (**stɔ**-rja), history, story

la **vittoria** (vit-**tɔ**-rja), victory

l'**evento** (e-**vɛn**-to), event

**dimenticare** (di-men-ti-ka-**re**), to forget

**insegnare** (in-se-**ña**-re), to teach

**segnare** (se-**ña**-re), to mark

**antico** (an-**ti**-ko), ancient, old

**corretto** (kor-**rɛt**-to), correct

**famoso** (fa-**mo**-so), famous

**felice** (fe-**li**-tʃe), happy

**giusto** (**dʒu**-sto), right, correct

**glorioso** (glo-ri-**o**-so), glorious

**moderno** (mo-**dɛr**-no), modern

**mondiale** (mon-**dja**-le), world (adj.)

**triste** (**tri**-ste), sad

**chiamato**[1] (kja-**ma**-to), called

**dimenticato**[1] (di-men-ti-**ka**-to), forgotten

**studiato**[1] (stu-**dja**-to), studied

**adesso** (a-**dɛs**-so), now

**pronto** (**pron**-to), quickly, ready

**dopo** (**do**-po), after

**inoltre** (in-**ol**-tre), besides

**ciascuno** (tʃa-**sku**-no), each one

**ciò che** (tʃɔ-ke), what = that which

**tutto ciò che**, all that, everything that

**che**, who, whom (*relative pron.*)

NOTE 1. **chiamato, dimenticato,** and **studiato** are the past participles of **chiamare, dimenticare,** and **studiare.** With the help of the auxiliary **avere,** they form the present perfect tense. Thus: **ho chiamato,** *I have called*; **ho dimenticato,** *I have forgotten*; etc. You will learn more about the present perfect tense later.

## Espressioni italiane

**Com'è gentile Lei!** How kind you are!
**Ecco perchè.** That is why.
**avanti Cristo,** B.C.

**dopo Cristo,** A.D.
**Queste sono cose facili.** That's easy.
 (*Lit.* These are easy things.)

Practise speaking aloud:

| | |
|---|---|
| **Il signor Facci insegna l'italiano.** | Mr. Facci teaches Italian. |
| **Insegna l'italiano al signor Smith.** | He is teaching (to) Mr. Smith Italian. |
| **Gli[1] insegna l'italiano.** | He is teaching (to) him Italian. |
| **Il signor Smith impara presto.** | Mr. Smith learns quickly. |
| **Non dimentica ciò che ha imparato.** | He does not forget what he has learned. |
| **Il signor Facci è molto contento di lui.** | Mr. Facci is very satisfied with him. |

NOTE: 1. **gli** = (*to*) *him* is an indirect object pronoun.

## Grammar Notes and Practical Exercises

1 Dates

| | |
|---|---|
| **Che giorno è?—lunedì, martedì, ecc.** | What is today?—Monday, Tuesday, etc. |
| **Quanti ne abbiamo?** | What is the date? (*Lit.* How many of them (i.e. days) have we?) |
| **È il 1° (primo) gennaio.** | It is the 1st of January (*lit.* the first January). |
| **È il 2 (due) febbraio.** | It is the 2nd of February (*lit.* the two February). |
| **È il 20 (venti) settembre 1870 (mille-ottocentosettanta).** | It is the 20th of September 1870 (*lit.* the twenty September). |

**Primo** is used for the *first* day of the month. For the other days the cardinal numbers **due, tre, quattro,** etc., are used. The article **il** always precedes the number, except in dates used at the beginning of letters: **Londra, 2 gennaio.** 1° is the abbreviation for **primo.**

The order of the date is: **il,** *number, month, year.*

The name of the month is not written with a capital letter in Italian.

NOTE: Years in Italian are written as one word, e.g. 1870 (**milleottocento-settanta**).

**Esercizio No. 83** Write out the following dates in Italian. Then read each date aloud.

**Esempio:** 5th May 1956. **il 5 maggio 1956 (il cinque maggio millenovecento-cinquantasei).**

| | | |
|---|---|---|
| 1 12th October 1492 | 4 11th November 1918 | 7 20th September 1870 |
| 2 18th April 1775 | 5 21st March 1959 | 8 25th December 1958 |
| 3 12th February 1809 | 6 4th July 1776 | |

NOTE: Italians count years in thousands, whereas the English tend to use hundreds.

The preposition 'on' is not used: on the 1st of January, **il primo gennaio.**

**Esercizio No. 84** Read to yourself and then practise reading aloud.

1 — Quando va il signor Smith in
　　　Italia?
　— Il 31 (trentuno) maggio.
　— Quando ritorna?
　— Nel mese di settembre.
2 — Quali sono le quattro stagioni?[1]
　— Sono la primavera, l'estate,
　　　l'autunno e l'inverno.[2]
　— Quando comincia la primavera?
　— Il 21 (ventuno) marzo.

3 — Quando cominciano le vacanze[3]
　　　estive?
　— Nel mese di giugno.
　— Quando terminano?
　— Nel mese di settembre.
4 — Quanto tempo dura l'anno
　　　scolastico?[4]
　— Dura[5] dal mese di settembre
　　　fino al mese di luglio.
　— Quanto tempo durano le
　　　vacanze di Natale?[6]
　— Durano tre settimane.

NOTES: 1. la stagione (sta-dʒo-ne), season. 2. l'estate (e-sta-te), summer, l'autunno (a-u-tun-no), autumn, l'inverno (in-vɛr-no), winter. 3. le vacanze estive (va-kan-tse es-ti-ve), summer holidays. 4. l'anno scolastico (sko-la-sti-ko), school year. 5. durare, to last. 6. Natale (na-ta-le), Christmas.

**2 The Use of ci (here, there) and vi (here, there).**

| | |
|---|---|
| A che ora vanno Loro al cinema? | At what time are you going to the cinema? |
| Ci (or vi) andiamo alle sette e mezzo. | We are going *there* at half past seven. |
| Viene Carlo qui tutti i giorni? | Does Charles come here every day? |
| No. Ci (or vi) viene di tanto in tanto. | No. He comes *here* from time to time. |

When *here* or *there* refers to a place already mentioned, without special emphasis, they are expressed by either ci or vi. The rules for the position of object pronouns apply also to ci and vi.

**Esercizio No. 85** Read to yourself and then translate each answer. Practise reading aloud.

1 — Vai al cinema, Peppino?
　— Sì, ci vado.
2 — Abitano i suoi amici in quella
　　　casa?
　— No. Non ci abitano.
3 — È lontano da qui il cinema?
　— No. Possiamo andarvi a piedi.
4 — Quando va il signor Smith in
　　　Italia?
　— Lui ci va in primavera.
5 — Come vai a scuola, a piedi o
　　　in autobus?
　— Ci vado a piedi.
6 — Contano Loro di viaggiare in
　　　Francia?
　— Sì, contiamo di viaggiarci in
　　　estate.

7 — Entrano i due signori in
　　　salotto?
　— Sì, c'entrano in questo
　　　momento.
8 — Studiano gli studenti nel
　　　salotto?
　— Sì, ci studiano.
9 — A che ora ritorna Elena a casa
　　　sua?
　— Ci ritorna alle nove.
10 — Viene il professore a casa
　　　vostra?
　— Sì, viene oggi.

### Esercizio No. 86—Domande

1 Chi dà alcune date importanti
della storia italiana?

2 Che cosa deve indicare il signor
Smith?

3 Quale avvenimento il signor
Smith nomina per 753 a. C.?

4 Qual'è la data dell'unificazione
d'Italia?

5 Come si chiama il periodo prima
dell'unificazione?

6 Come si chiama il gran comandante militare del Risorgimento?

7 Quale anno segna la vittoria
degli alleati nella prima guerra
mondiale?

8 Il 1922 è una data gloriosa o una
data triste per l'Italia? Perchè?

9 Quale storia conosce bene il
signor Smith?

# CHAPTER 18

## ALCUNE DOMANDE SULLA GEOGRAFIA D'ITALIA

1 — Signor Smith, vediamo se Lei conosce la geografia d'Italia così bene come la sua storia.

Mi permetta di farle qualche domanda.

2 — Certamente. Mi dica, ricevo un premio se le mie risposte sono giuste?

3 — No, mi dispiace. Prima di tutto cominciamo con una domanda facile.

Su quale fiume è situata la città di Roma?

4 — Questo è veramente troppo facile. Sul Tevere.

5 — Quali sono i fiumi più grandi e più lunghi d'Italia?

6 — Il Po e l'Adige sono i fiumi più grandi e più lunghi.

7 — Qual'è più lungo, il Po o l'Adige?

8 — Il Po è più lungo dell'Adige, non è vero?

9 — Corretto. Il Po è il fiume più lungo e più largo d'Italia. Ed ora parliamo delle montagne.

Quali montagne si trovano al nord?

10 — Al nord si trovano[1] le Alpi.

11 — Quali sono le più alte cime delle Alpi italiane?

12 — Il Monte Bianco e il Monte Rosa che superano 15,000 (quindici mila) piedi di altezza.

13 — Giusto. Qual'è il porto più importante del Mediterraneo?

14 — Il porto di Genova è il più importante. Io importo molte merci da Genova.

15 — Qual'è la più bella città d'Italia?

16 — Chi lo sa? Gl'Italiani stessi non sono d'accordo su questo.

I Romani dicono che senza dubbio Roma è la più bella città d'Italia.

I Fiorentini dicono che Roma è meno bella di Firenze.

I Veneziani dicono che Venezia è la più incantevole e affascinante città di tutte.

17 — Ha proprio ragione. Gli abitanti di ogni città dicono che la loro[2] è la più bella.

18 — Ebbene, signor Smith, l'esame è finito. Mi congratulo con Lei.

19 — Grazie infinite, aspetto il mio diploma la settimana prossima!

20 — Oh no, signore! Non ancora. Ma ora noi possiamo cominciare la seconda parte del corso.

1 Mr. Smith, let us see if you know the geography of Italy as well as its history.

May I ask you some questions.

2 Certainly. Tell me, do I receive a prize if my answers are correct?

3 No, I'm afraid not. First of all let's begin with an easy question.

On what river is Rome situated?

4 That is really too easy. On the Tiber.

5 Which are the largest and longest rivers in Italy?

6 The Po and the Adige are the largest and longest rivers.

7 Which is the longer, the Po or the Adige?

8 The Po is longer than the Adige, isn't it?

9 Correct. The Po is the longest and widest river in Italy. And now let us speak of the mountains.

What mountains are found to the north?

10 To the north are found[1] the Alps.

11 What are the highest summits of the Italian Alps?

12 Mont Blanc and Monte Rosa which exceed 15,000 feet in height.

13 Right. Which is the most important Mediterranean port?

14 The port of Genoa is the most important. I import a great deal of merchandise from Genoa.

15 Which is the most beautiful town in Italy?

16 Who knows (it)? The Italians themselves are not in agreement on this question.

The Romans say that without a doubt Rome is the most beautiful city in Italy.

The Florentines say that Rome is less beautiful than Florence.

The Venetians say that Venice is the most enchanting and fascinating city of all.

17 You are right. The inhabitants of each town say that theirs is the most beautiful.

18 Well, Mr. Smith, the examination is finished. I congratulate you.

19 Many thanks. I expect my diploma next week!

20 Oh no! Not yet. But now we can begin the second part of the course.

NOTES: 1. *Lit.* The Alps find themselves. 2. Possessive pronouns have the same forms as the possessive adjectives. Thus: **la loro città**, their city; **la loro**, theirs (= their city).

## Building Vocabulary

**il corso** (kor-so), course
**il fiume** (fju-me), river
**il nord** (nɔrd), north
**il porto** (pɔr-to), port
**il premio** (prɛ-mjo), prize
**la cima** (tʃi-ma), top, summit
**la geografia** (dʒe-o-gra-fi-a), geography
**la merce** (mɛr-tʃe), merchandise
**la montagna** (mon-ta-ña), mountain
**l'abitante** (a-bi-tan-te), inhabitant
**l'altezza** (al-tet-tsa), height
**l'esame** (e-ʒa-me), examination
**superare** (su-pe-ra-re), to exceed

**trovare** (tro-va-re), to find
**alto** (al-to), high
**affascinante** (af-faʃ-ʃi-nan-te), fascinating
**finito** (fi-ni-to), finished
**incantevole** (iŋ-kan-te-vole), enchanting
**largo** (lar-go), wide; *pl.* **larghi**[1]
**proprio** (prɔ-prjo), own, exactly, just
**situato** (si-twa-to), situated
**stesso** (stes-so), self, same
**stessi** (stes-si), themselves

NOTE 1. Nouns and adjectives ending in -go usually form their plural in -ghi. The silent h is added to keep the hard sound of the g. Thus: **lungo lunghi; largo larghi; luogo luoghi.**

## Espressioni italiane

aver ragione (ra-dʒo-ne), to be right
aver torto (tɔr-to), to be wrong
ho ragione, I am right
Lei ha torto, you are wrong

Lei ha proprio ragione. You are quite right.
prima di tutto, first of all
Mi congratulo con Lei (kon-gra-tu-lo). I congratulate you.

Practise speaking aloud:

1 Chi ha ragione?
2 So che io ho ragione.
3 Dico che noi abbiamo ragione.
4 Ha ragione il signor Morati?
5 No. Lui ha torto.
6 Io sono sicuro che Lei ha ragione.

7 Noi stessi abbiamo proprio ragione.
8 Loro stessi hanno proprio torto.
9 Gl'Italiani stessi hanno ragione.
10 Il loro paese è bellissimo.

## Grammar Notes and Practical Exercises

1 Present Tense of **dire** (**di**-re), to say, to tell.

| | | | | | |
|---|---|---|---|---|---|
| dico | (**di**-ko) | I say | diciamo | (di-**tʃa**-mo) | we say |
| dici | (**di**-tʃi) | you say (*fam.*) | dite | (**di**-te) | you say (*fam.*) |
| dice | (**di**-tʃe) | you say (*pol.*) / he, she, it says | dicono | (**di**-ko-no) | you say (*pol.*) / they say |

2 Comparison of Adjectives.

Study these sentences, observing carefully the comparative and superlative forms of the adjectives **alto** and **attento**.

(*a*) Il Monte Rosa è *alto*. — Mt. Rosa is *high*.
(*b*) Il Monte Everest è *più alto*. — Mt. Everest is *higher*.
(*c*) Qual' è *il più alto* monte del mondo? — Which is *the highest mountain* in the world?
(*d*) Enrico è molto *attento*. — Henry is very *attentive*.
(*e*) Giovanni è *meno attento*. — John is *less attentive*.
(*f*) Elena è *la meno attenta* della classe. — Helen is *the least attentive* in the class.
(*g*) Genova è *il porto più importante* d'Italia. — Genoa is *the most important port* in Italy.

| Positive | Comparative | Superlative |
|---|---|---|
| **alto**, high | **più alto**, higher | **il più alto**, the highest |
| **attento**, attentive | **meno attento**, less attentive | **il meno attento**, the least attentive |

The comparative of an adjective is formed by placing **più**, *more*, or **meno**, *less*, before the positive (sentences (*b*), (*e*)).

The superlative is formed by placing the definite article before the comparative (sentences (*c*), (*f*)). If a definite article precedes the noun, no other article is necessary before the adjective (sentence (*g*)).

After a superlative, **di** (or **di** contracted with an article) is used to translate the English word *in* (sentences (*c*), (*f*)) when it comes in front of numerals, nouns, or pronouns.

3 Comparison of Equals (the English *as . . . as*).

| | |
|---|---|
| **Enrico è** (*tanto*) **alto** *quanto* **Riccardo.** | Henry is *as* tall *as* Richard. |
| **Il signor Smith conosce la storia d'Italia** (*così*) **bene** *come* **la geografia.** | Mr. Smith knows the history of Italy *as* well *as* its geography. |

**Tanto . . . quanto** and **così . . . come** translate the English *as . . . as*. **Tanto** and **così** may be omitted.

4 Comparison of Unequals (English *than*).

| | |
|---|---|
| (*a*) **Il Monte Bianco è più alto** *del* **Monte Cook.** | Mount Blanc is higher *than* Cook Mountain. |
| (*b*) **Pietro è più alto** *di* **Lei.** | Peter is taller *than* you. |
| (*c*) **Quell'uomo ha più** *d'un* **milione di lire.** | That man has more *than* a million lire. |

**Di** (or **di** cóntracted with an article) is used to translate the English *than* when it is immediately followed by a noun, a pronoun, or a number. When *than* is followed by adjectives, participles, infinitives, prepositions, and adverbs, it is translated by **che**, e.g. **Preferisco giocare che studiare.**

**Esercizio No. 87** Complete the Italian sentences so that they correspond to the English sentences.

| | |
|---|---|
| 1 **Questa città ha gli edifizi . . . .** | This town has the most modern buildings. |
| 2 **Irene è. . . . Anita è . . . alta d'Irene.** | Irene is tall. Anita is taller than Irene. |
| 3 **Bianca è la . . . della classe.** | Blanche is the tallest in the class. |
| 4 **Ho comprato le . . . belle tazze.** | I have bought the finest cups. |
| 5 **Essi non sono . . . contenti . . . noi.** | They are not as happy as we are. |
| 6 **Trovo l'italiano . . . del francese.** | I find Italian less difficult than French. |
| 7 **Quell'orologio costa più . . . 3,000 lire.** | That watch costs more than 3,000 lire. |
| 8 **Firenze è . . . bella . . . Roma?** | Is Florence more beautiful than Rome? |
| 9 **Oggi egli è . . . contento . . . suo amico.** | Today he is happier than his friend. |
| 10 **Hanno . . . duecento dischi.** | They have more than 200 records. |
| 11 **Abbiamo . . . cinque sterline.** | We have less than £5. |

5 Irregular Comparison of Adjectives.

| | | |
|---|---|---|
| **buono,** good | **migliore** (*or* **più buono**), better | **il migliore** (*or* **il più buono**), the best |
| **cattivo,** bad | **peggiore** (*or* **più cattivo**), worse | **il peggiore** (*or* **il più cattivo**), the worst |

| grande, large | maggiore[1] (*or* più grande), larger | il maggiore (*or* il più grande), the largest |
|---|---|---|
| piccolo, small | minore (*or* più piccolo), smaller | il minore[1] (*or* il più piccolo), the smallest |

NOTE 1. **maggiore** and **minore** very often mean *older* and *younger*.

Do not confuse the adjectives **buono** and **cattivo** with the adverbs **bene** and **male**:

| bene, well | meglio, better | (il) meglio, the best |
|---|---|---|
| male, badly | peggio, worse | (il) peggio, the worst |

**Esercizio No. 88** Translate the following sentences. Read them aloud three times.

1 Sono le pellicole italiane migliori delle pellicole inglese?
2 Alcune sono migliori, altre sono peggiori.
3 In Italia e in Inghilterra si trovano le migliori e anche le peggiori pellicole. Generalmente, io preferisco le pellicole italiane.
4 Giorgio canta male. Enrico canta peggio di Giorgio. Ma Giovanni canta peggio di tutti.
5 Filippo scrive bene, ma Lei scrive meglio di lui. Emilia scrive meglio di tutti.
6 Dove si fa la migliore porcellana? Si fa la migliore porcellana a Faenza.
7 Meglio tardi che mai.
8 La pratica è la migliore maestra.
9 Enrico è mio fratello maggiore.
10 Silvia è mia sorella minore.

**6 The Absolute Superlative.**

The ending **-issimo** indicates *very, a high degree of.* To form the absolute superlative, drop the last vowel of the adjective and add the ending **-issimo.** Thus:

| | |
|---|---|
| **gentile,** kind | **ricco,** rich |
| **gentilissimo,** very kind | **ricchissimo,** very rich |
| **povero,** poor | **vecchio,** old |
| **poverissimo,** very poor | **vecchissimo,** very old |
| **breve,** short | **felice,** happy |
| **brevissimo,** very short | **felicissimo,** very happy |
| **bello,** beautiful | **lungo,** long |
| **bellissimo,** very beautiful | **lunghissimo,** very long |

The Irregular Absolute Superlatives of **buono, cattivo, grande,** and **piccolo** are **ottimo, pessimo, massimo,** and **minimo.**

**Esercizio No. 89—Domande**

A. 1 Con quale domanda facile comincia il maestro?
2 Da quale porto importa molte merci il signor Smith?
3 Che dicono gli abitanti di ogni città?
4 Alla fine dell'esame che dice il maestro al suo studente?
5 Che aspetta il signor Smith?
6 Che cosa possono cominciare ora?

B. Il signor Bianchi è un uomo di
quarantacinque anni.
Lui ha cinque mila sterline.
Il signor Ricci è un uomo di
cinquant'anni.
Lui ha tre mila sterline.
Il signor Marino è un uomo di
sessanta anni.
Lui ha due mila ottocento sterline.

1 Qual'è il più giovane dei tre?
2 È il signor Ricci più vecchio
del signor Bianchi?
3 Qual'è il più vecchio dei tre?
4 Qual'è il più ricco?
5 Qual'è il meno ricco?
6 È il signor Ricci tanto ricco
quanto il signor Bianchi?

# CHAPTER 19

## LA GIORNATA DEL SIGNOR SMITH

1 — Signor Smith, mi permette di domandarle come passa la sua giornata?
2 — Certamente. Quando vado al mio ufficio mi alzo alle sei e mezzo.
Mi lavo e mi vesto in circa mezz'ora.
Verso le sette mi siedo a tavola nella sala da pranzo per la prima colazione.
3 — E Sua moglie s'alza di buon'ora anche lei?
4 — Sì. Mia moglie s'alza presto e così noi facciamo colazione insieme.
Naturalmente questo mi piace molto. Noi abbiamo una buona occasione di parlare a proposito dei bambini e di altre cose che c'interessano.
5 — Che cosa mangia per la prima colazione?
6 — D'abitudine prendo sugo di arancia, caffè, panini e uova. Qualche volta mangio un cereale invece di sugo di frutta.
7 — Vedo che Le piace mangiare una buona e abbondante colazione. E poi?
8 — Alle sette a mezzo sono pronto per andare alla stazione dove prendo il treno.
Qualche volta i bambini s'alzano presto per salutarmi.
9 — A che ora arriva al Suo ufficio?
10 — Arrivo alle nove circa. All'ufficio prima leggo la corrispondenza, poi detto le lettere alla stenografa e parlo al telefono ai clienti.
In generale faccio tutto ciò che un uomo d'affari deve fare.
11 — E a che ora fa colazione?
12 — Quasi sempre all'una. Ho bisogno solo di venti minuti per mangiare.
13 — È troppo poco! In Italia le abitudini del mangiare sono differenti. Gl'Italiani[1] usano molto tempo per i loro pasti.
Ma parliamo di questo un'altra volta. Che cosa fa Lei dopo colazione?
14 — Spesso i clienti vengono a farmi una visita.
Di tanto in tanto esco per vedere i clienti.
15 — A che ora finisce Lei la Sua giornata di lavoro?
16 — Alle cinque precise lascio il mio ufficio. Arrrivo a casa alle sei e mezzo.
Gioco un po' coi[2] bambini e poi ci sediamo a tavola per il pranzo.
17 — Lei deve essere stanco dopo una tale giornata.
18 — Sì, infatti, signor Facci.


1 Mr. Smith allow me to ask you how you spend your day?
2 Please do. When I go to my office I get up at half past six.
I wash (myself) and dress (myself) in about half an hour.
Towards seven I sit down at the table in the dining-room for breakfast.
3 And does your wife get up early too?
4 Yes. My wife is an early riser and so we have breakfast together.
Of course I like this very much. We have a good opportunity of talking about the children and other things which interest us.
5 What do you eat for breakfast?

118

6 Usually I have orange juice, coffee, rolls, and eggs. Sometimes I eat a cereal instead of fruit juice.

7 I see that you like to eat a substantial breakfast. And then?

8 At seven-thirty I am ready to go to the station where I take the train. Sometimes the children get up early to see me off.

9 When do you arrive at your office?

10 I arrive about nine. At the office I first read the post, then dictate some letters to the shorthand-typist, and speak on the telephone to the clients.

In general I do all the things that a businessman has to do.

11 At what time do you have lunch?

12 Almost always at one o'clock. I need only about twenty minutes to eat.

13 That's too little! In Italy eating habits are different. The Italians spend a lot of time at their meals.

But let us speak about this some other time. What do you do after lunch?

14 Some customers often come to visit me.

From time to time I go out to see some customers.

15 At what time do you finish your day's work?

16 At exactly five o'clock I leave my office. I arrive home at six-thirty.

I play a little with the children and then we sit down at table for dinner.

17 You must be tired after such a day.

18 Yes, indeed, Mr. Facci.

NOTES: 1. Remember that the definite article **gli** becomes **gl'** only if the next word begins with an **i**. Thus: **gl'Italiani** *but* **gli Australiani.** 2. **Coi** = **con + i.**

## Building Vocabulary

il **cereale** (tʃe-re-a-le), cereal
il **cliente** (kli-ɛn-te), customer, client
il **lavoro** (la-vo-ro), work
il **panino** (pa-**ni**-no), roll
il **sugo** (**su**-go), juice
il **telefono** (te-**le**-fo-no), telephone
la **corrispondenza** (kor-ri-spon-**dɛn**-tsa), correspondence
la **giornata** (dʒor-**na**-ta), day (of work)
la **partenza** (par-**tɛn**-tsa), departure
la **stenografa** (ste-**nɔ**-gra-fa), shorthand-typist
l'**arancia** (a-**ran**-tʃa), orange
l'**uovo** (**wɔ**-vo), egg; le **uova**, eggs (*irreg. plu.*)
**alzarsi** (al-**tsar**-si), to get up
**dettare** (det-**ta**-re), to dictate
**giocare** (dʒo-**ka**-re), to play
**lavarsi** (la-**var**-si), to wash oneself
**mangiare** (man-**dʒa**-re), to eat

**mettere** (**met**-te-re), to put
**permettere** (per-**met**-te-re), to permit
**sedersi** (se-**der**-si), to sit down
**uscire** (uʃ-**ʃi**-re), to go out
**esco** (**ɛ**-sko), I go out
**vestirsi** (ves-**tir**-si), to dress oneself
**deve** (**dɛ**-ve), he, she, it must
**vengono** (**vɛŋ**-go-no), they come (*from* **venire**)
**abbondante** (ab-bon-**dan**-te), abundant
**differente** (dif-fe-**rɛn**-te), different
**preciso** (pre-**tʃi**-so), precise
**stanco** (**staŋ**-ko), tired
**tale** (**ta**-le), such
**insieme** (in-**sje**-me), together
**troppo** (**trɔp**-po), too much, too many
**invece di** (in-**ve**-tʃe), instead of
**verso** (**vɛr**-so), towards

## Espressioni italiane

d'abitudine (da-bi-tu-di-ne), usually
Arrivo a casa. I arrive home.
in generale (dʒe-ne-ra-le), in general
di tanto in tanto, from time to time

un'altra volta, another time
fare una visita a (vi-zi-ta), to pay a
  visit to

## I pasti (pa-sti) (meals)

la prima colazione (ko-la-tsjo-ne),
  breakfast
la colazione, breakfast or lunch
far colazione, to have breakfast or
  lunch
Faccio la prima colazione alle sette.
  I have breakfast at seven.

Faccio colazione all'una. I have
  lunch at one.
il pranzo (pran-tso), dinner
pranzare (pran-tsa-re), to dine
la cena, supper
cenare, to eat supper
Pranzo alle sette di sera. I dine at
  7 p.m.

## Grammar Notes and Practical Exercises

1 Present Tense of the Reflexive Verb **lavarsi**, to wash oneself.

| (io) | mi lavo | I wash myself |
|------|---------|---------------|
| (tu) | ti lavi | you wash yourself (*fam.*) |
| (Lei) | si lava | you wash yourself (*pol.*) |
| (lui) | si lava | he washes himself |
| (lei) | si lava | she washes herself |
| (noi) | ci laviamo | we wash ourselves |
| (voi) | vi lavate | you wash yourselves |
| (Loro) | si lavano | you wash yourselves (*pol.*) |
| (loro) | si lavano | they wash themselves (*m.*) |
|  | si lavano | they wash themselves (*f.*) |

Imperative: **si lavi,** wash yourself (*pol.*); **si lavino,** wash yourselves (*pol.*).

The reflexive pronouns are:

Singular: **mi,** myself; **ti,** yourself (*fam.*); **si,** oneself, yourself (*pol.*),
  himself, herself, itself.
Plural: **ci,** ourselves; **vi,** yourselves (*fam.*); **si,** yourselves (*pol.*), themselves.

2 Position of the Reflexive Pronoun.

(*a*) **Quasi sempre mi alzo** (*or* **m'alzo**)
  **alle sette.**
(*b*) **Non ci alziamo di buon'ora.**
(*c*) **I bambini non vogliono alzarsi.**

Almost always I get up at seven.

We do not get up early.
The children don't want to get up.

Reflexive pronouns are object pronouns and have the same rules for
position as other object pronouns; i.e. they usually precede the verb (sentences (*a*) and (*b*)), but follow and are attached to the infinitive, which then
drops the final **-e** (sentence (*c*)).

3 Some Common Reflexive Verbs.

Note that the Italian reflexive verb is not always translated as a reflexive verb in English.

| | | | |
|---|---|---|---|
| 1 **alzarsi** | to get up (to raise oneself) | 6 **sentirsi** | to feel (well, sick) |
| 2 **chiamarsi** | to be named (to call oneself) | 7 **sedersi** | to sit down (to seat oneself) |
| 3 **coricarsi** | to go to bed (to lay oneself down) | 8 **trovarsi** | to be (somewhere) (to find oneself) |
| 4 **divertirsi** | to enjoy oneself, have a good time | 9 **vestirsi** | to dress, to dress oneself |
| 5 **accomodarsi** | to sit down, make oneself comfortable | 10 **lavarsi** | to wash oneself, to wash |
| | | 11 **fermarsi** | to stop |
| | | 12 **riposarsi** | to rest (oneself) |

**Esercizio No. 90 Brevi Dialoghi.** Read to yourself and then translate. Practise reading aloud.

1 — Come ti chiami, bambino mio?
— Mi chiamo Giovanni, signorina.
— E come si chiama tuo fratello?
— Mio fratello si chiama Giuseppe.

2 — Come sta?
— Non mi sento tanto bene. Ho mal di testa.[1]
— Mi dispiace molto. Perchè Lei non prende un'aspirina?

3 — Che fanno i ragazzi?
— Si divertono a guardare la televisione.
— Non è tempo di andare a letto?
— Credo di sì. Domani devono alzarsi di buon'ora.

4 — A che ora si corica Lei?
— Mi corico alle undici.
— S'alza di buon'ora?
— Di solito[2] m'alzo alle sei e mezzo.

NOTES: 1. I have a headache. 2. **Di solito = d'abitudine =** usually.

**Esercizio No. 91** Make each Italian sentence into a translation of the corresponding English sentence by inserting the relevant reflexive pronouns.
**Esempio 1: Come si chiama? Mi chiamo Pietro Rossi.**

1 Come . . . chiama? . . . chiamo Pietro Rossi.
2 . . . alziamo alle sei circa.
3 Essa non . . . sente bene.
4 Io . . . diverto ad ascoltare la radio.
5 Domani dovete alzar . . . di buon'ora, bambini.
6 Egli . . . alza e va a salutarla.
7 Essi . . . siedono sul divano.
8 Non . . . senti bene, Anita?
9 Perchè non . . . alzano di buon'ora Loro?
10 Devono vestir . . . e lavar . . . subito.

1 What is your name? My name is Peter Rossi.
2 We get up at about six o'clock.
3 She does not feel well.
4 I amuse myself listening to the radio.
5 Tomorrow you must get up early, children.
6 He gets up and goes to greet her.
7 They sit down on the settee.
8 Don't you feel well, Anita?
9 Why don't you get up early?
10 They must dress and wash at once.

| | |
|---|---|
| 11 Dove . . . trovano gli studenti? | 11 Where are the students? |
| 12 Alle sette . . . sediamo a tavola. | 12 At seven we sit down at table. |
| 13 Dobbiamo vestir . . . subito. | 13 We must dress (ourselves) at once. |
| 14 I bambini . . . chiamano Carlo e Paolo. | 14 The children are called Charles and Paul. |
| 15 Ognuno . . . alza presto. | 15 Everyone gets up early. |
| 16 . . . accomodi, signore! | 16 Do sit down! |
| 17 A che ora . . . coricano essi? | 17 At what time do they go to bed? |
| 18 Dove . . . ferma l'autobus? | 18 Where does the bus stop? |
| 19 . . . divertiamo ad ascoltare la radio. | 19 We amuse ourselves listening to the radio. |
| 20 . . . riposate, ragazzi? | 20 Are you lying down, children? |

## Esercizio No. 92—Domande

1 A che ora si alza il signor Smith?
2 Poi che cosa fa?
3 In quanto tempo si lava e si veste?
4 Che cosa fa verso le sette?
5 Sua moglie si alza di buon'ora?
6 Fanno la prima colazione insieme?
7 Che cosa mangia il signor Smith per la prima colazione?
8 A che ora è pronto per andare alla stazione?
9 A che ora arriva al suo ufficio?
10 A che ora fa colazione in città?
11 Chi viene a vederlo nel pomeriggio?
12 A che ora finisce la sua giornata?

# REVISION 4

## CHAPTERS 16–19

### REVISIONE DI PAROLE

#### NOUNS

| | | |
|---|---|---|
| 1 l'abitante | 11 il panino | 21 il premio |
| 2 la camicia | 12 il male | 22 il principio |
| 3 la colazione | 13 la montagna | 23 la settimana |
| 4 la data | 14 il nord | 24 la storia |
| 5 il fiume | 15 l'occhio | 25 la stenografa |
| 6 l'inchiostro | 16 la parte | 26 il telefono |
| 7 il lavoro | 17 la partenza | 27 la televisione |
| 8 la lettera | 18 la cima | 28 il tempo |
| 9 la luce | 19 il piede | 29 l'uovo |
| 10 il pane | 20 il pranzo | 30 le uova |

| | | |
|---|---|---|
| 1 inhabitant | 11 roll | 21 prize |
| 2 shirt | 12 hurt, harm | 22 beginning |
| 3 lunch | 13 mountain | 23 week |
| 4 date | 14 north | 24 story, history |
| 5 river | 15 eye | 25 shorthand-typist |
| 6 ink | 16 part | 26 telephone |
| 7 work | 17 departure | 27 television |
| 8 letter | 18 summit, top | 28 time, weather |
| 9 light | 19 foot | 29 egg |
| 10 bread | 20 dinner | 30 eggs |

#### VERBS

| | | |
|---|---|---|
| 1 accompagnare | 12 lasciare | 23 rimanere |
| 2 aiutare | 13 lavarsi | 24 sedersi[3] |
| 3 alzarsi | 14 mangiare | 25 capire |
| 4 amare | 15 ritornare | 26 preferire |
| 5 annoiare | 16 segnare | 27 sentire |
| 6 baciare | 17 stare | 28 uscire |
| 7 contare | 18 trovare | 29 esco |
| 8 dettare | 19 discutere | 30 vestirsi |
| 9 dimenticare | 20 potere | 31 venire |
| 10 insegnare | 21 permettere | 32 mi piace[2] |
| 11 giocare[1] | 22 ricevere | 33 mi piacciono[2] |

| | | |
|---|---|---|
| 1 to accompany | 7 to count | 13 to wash oneself |
| 2 to help | 8 to dictate | 14 to eat |
| 3 to get up | 9 to forget | 15 to return |
| 4 to love | 10 to teach | 16 to mark |
| 5 to bore | 11 to play (games) | 17 to be, stay |
| 6 to kiss | 12 to leave | 18 to find |

19 to discuss
20 to be able
21 to allow
22 to receive
23 to remain

24 to sit down
25 to understand
26 to prefer
27 to feel
28 to go out

29 I go out
30 to get dressed
31 to come
32 I like
33 I like

NOTES: 1. **Suonare,** to play (instruments). 2. **Mi piace il libro. Mi piacciono i libri.**
3. Present tense: **mi siedo; ti siedi; si siede; ci sediamo; vi sedete; si siedono.**

## ADJECTIVES

**1 alto**
**2 caro**
**3 cattivo**
**4 curioso**
**5 felice**
**6 giovane**

**7 giusto**
**8 largo**
**9 lungo**
**10 migliore**
**11 peggiore**
**12 povero**

**13 qualche**
**14 quale**
**15 ricco**
**16 stanco**
**17 triste**
**18 tale**

1 high, tall
2 dear
3 bad
4 curious
5 happy
6 young

7 right, just
8 wide
9 long
10 better
11 worse
12 poor

13 some
14 which
15 rich
16 tired
17 sad
18 such

## ADVERBS

**1 abbastanza**
**2 adesso**

**3 davvero**
**4 pronto**

**5 pure**
**6 piuttosto**

1 enough
2 now

3 indeed
4 quickly, ready

5 also
6 rather

## PREPOSITIONS

**1 invece di**

**2 a proposito di**

**3 dopo**

1 instead of

2 concerning

3 after

## CONJUNCTIONS

**1 ebbene**

**2 inoltre**

**3 poi**

1 well then

2 besides

3 then

## ITALIAN EXPRESSIONS

**1 d'abitudine**
**2 di solito**
**3 di mio gusto**
**4 a piedi**
**5 di tempo in tempo**
**6 di tanto in tanto**

**7 qualche volta**
**8 Com'è gentile Lei!**
**9 Ha proprio ragione.**
**10 Mi congratulo con Lei.**

**11 fare colazione**
**12 fare una visita a**
**13 stare in piedi**
**14 senza dubbio**

1 usually
2 usually
3 to my taste
4 on foot
5 from time to time

6 from time to time
7 sometimes
8 How kind you are!
9 You are quite right.
10 I congratulate you.

11 to have lunch
12 to pay a visit to
13 to stand
14 undoubtedly

**Esercizio No. 93** Select the group of words in Column II which best completes each sentence begun in Column I.

| I | II |
|---|---|
| 1 I ragazzi del signor Smith conoscono | (a) merci da Genova. |
| 2 Dalla quattordicesima fila | (b) con un bicchiere di sugo di arancia. |
| 3 Settembre 1870 è la data | (c) alle sette di sera. |
| 4 Il signor Smith conosce la storia d'Italia | (d) e io facciamo colazione insieme. |
| 5 Il Po è il fiume | (e) si può vedere e capire bene. |
| 6 Il signor Smith importa | (f) dell'unificazione d'Italia. |
| 7 Tutta la famiglia si mette a tavola | (g) più lungo d'Italia. |
| 8 Per arrivare al suo ufficio il | (h) così bene come il sistema monetario. |
| 9 Egli comincia la prima colazione | (i) tutte le stelle del cinema. |
| 10 Mi piace molto che mia moglie | (j) signor Smith viaggia in treno. |

**Esercizio No. 94** From Group II choose the synonyms (words of like meaning) for words in Group I.

| I | | II | |
|---|---|---|---|
| 1 prego | 7 spesso | (a) pure | (g) di tempo in tempo |
| 2 anche | 8 desiderare | (b) vicino a | |
| 3 presso | 9 di solito | (c) ora | (h) di buon'ora |
| 4 coricarsi | 10 di tanto in tanto | (d) molte volte | (i) volere |
| 5 adesso | | (e) non c'è di che | (j) d'abitudine |
| 6 presto | 11 terminare | (f) andare a letto | (k) immediatamente |
| | 12 subito | | (l) finire |

**Esercizio No. 95** Read each Italian question. Then translate into Italian the English answer that follows each question.

Esempio 1: Sì, li invito a pranzare a casa mia.

| | |
|---|---|
| 1 Invita Lei i Suoi amici a pranzare a casa Sua? | 1 Yes, I am inviting them to dine at my house. |
| 2 Preferisce Lei il cinema? | 2 No, I do not prefer it. |
| 3 I ragazzi conoscono le stelle del cinema? | 3 Yes, they know them very well. |
| 4 Ci aspettano Loro? | 4 Yes, we are waiting for you. You are late. |
| 5 A che ora finiscono i loro esami? | 5 They finish them at three o'clock. |
| 6 A che ora finisce Lei il Suo lavoro? | 6 I finish it at half past five. |
| 7 Si vestono subito i ragazzi di mattina? | 7 Yes, they get dressed at once. |
| 8 Come si chiama, signore? | 8 My name is Riccardo Gronchi. |
| 9 A che ora si alza di mattina? | 9 I get up early, at six o'clock. |
| 10 A che ora si corica? | 10 I go to bed at eleven o'clock. |

| | |
|---|---|
| 11 Come si diverte Lei di sera? | 11 I enjoy myself listening to (**ad ascoltare**) the radio. |
| 12 A che ora si siedono a tavola? | 12 Usually, they sit down at seven. |
| 13 Vanno spesso al cinema? | 13 They go there from time to time. |
| 14 Quando ritornano in città? | 14 They return here on the 5th of May. |

**Esercizio No. 96** Complete these sentences in Italian.

1 **Roma è** (bigger than) **Firenze.**

2 **Il Po è** (the longest river) **d'Italia.**

3 **Mio padre è** (older than) **mia madre.**

4 **Maria è** (younger than) **Gianna.**

5 **Io sono** (as tall as) **mio fratello.**

6 **Anita è** (the youngest) **della famiglia.**

7 **Il monte Everest è** (the highest peak) **del mondo.**

8 **La domenica è** (the first day) **della settimana.**

9 **Essi hanno** (more money than) **noi.**

10 **Giorgio è** (my best friend).

11 **La mia penna è** (bad) **ma la sua è** (worse).

12 **Essa ha** (the worst) **penna di tutti.**

**Esercizio No. 97** Complete these sentences in Italian.

1 **Non mi piace** (to stand) **al cinema.**

2 **Li vediamo** (from time to time).

3 (They have lunch) **all'una e mezzo.**

4 **Vado** (on foot) **a scuola.**

5 **Oggi** (we are paying a visit) **al signor Martelli.**

6 (You are quite right.) **Preferiamo un buon dramma.**

7 **I drammi non sono** (to our taste).

8 **Sono** (tired) **dopo una** (such) **giornata.**

9 (Sometimes) **andiamo a teatro.**

10 **I ragazzi** (are having a good time) **a guardare la televisione.**

## Dialogo

### Al Campo dei Fiori di Porta Portese

A Roma vicino al Palazzo Farnese e l'Ambasciata francese c'è il famoso mercato (Campo dei Fiori) dove si vende un po' di tutto, anche cose antiche.

Siamo vicini ad una mostra di coperte.

Il Cliente: Quanto costa questa coperta bianca ricamata in blu?

Il Venditore: Costa sette mila lire.

Il Cliente: È troppo. Le darò cinque mila lire.

Il Venditore: Ma, signore, Lei scherza! Guardi il lavoro fine, guardi la qualità della stoffa . . . Ebbene, siccome è una giornata morta per gli affari,[1] gliela darò—sei mila cinquecento lire.

Il Cliente: È ancora troppo cara. Le darò cinque mila cinquecento lire.

Il Venditore: Ma guardi, signore, com'è grande. È abbastanza grande per un letto matrimoniale . . . Mi dia seimila lire.

Il Cliente: Dormo in un letto piccolo. Sono celibe e non ho intenzione di sposarmi. Le darò cinquemila settecento lire.

Il Venditore: Impossibile, signore. Io invece sono sposato ed ho sei bambini da mantenere . . . Seimila lire è l'ultimo prezzo.

Il Cliente: Va bene, siamo d'accordo. Ecco, signore . . .
   (Lui dà al venditore seimila lire e va via con la coperta bianca ricamata in blu.)
   Al Campo dei Fiori che è aperto tutto il giorno, e fino all'una la domenica, c'è l'abitudine di discutere sui prezzi. Ecco perchè alla fine tutti e due sono contenti.

NOTE 1. *Lit.* It is a dead day for business.

## At the Campo dei Fiori of Porta Portese

In Rome, near Palazzo Farnese and the French Embassy, there is the famous market (Flower Market) where a little of everything is sold, even antiques.

We are near a display of bedspreads.

*Customer:* How much does this white bedspread embroidered in blue cost?

*Seller:* It costs 7,000 lire.

*Customer:* It is too much. I'll give you 5,000 lire.

*Seller:* But, sir, you are joking. Look at the fine work, look at the quality of the material . . . Oh well, since business is very slow,[1] I'll give it to you— 6,500 lire.

*Customer:* It is still too dear. I'll give you 5,500 lire.

*Seller:* But look, sir, how large it is. It is large enough for a double bed . . . Give me 6,000 lire.

*Customer:* I sleep in a small bed. I am a bachelor and don't have any intention of getting married. I'll give you 5,700 lire.

*Seller:* Impossible, sir. I, on the other hand, am married and have six children to support . . . 6,000 lire is my final price.

*Customer:* All right, agreed. Here you are . . .
   (He gives the seller 6,000 lire and goes away with the white bedspread embroidered in blue.)

At the Flower Market, which is open all day, and until one o'clock on Sundays, it is the custom to bargain. This is why in the end both are pleased.

### Esercizio No. 98—Lettura
#### Una visita a un piroscafo italiano

È sabato. Il signor Smith si alza alle otto e guarda dalla finestra. Il cielo è azzurro. Il sole brilla.

Lui dice a sua moglie—Oggi andiamo a visitare un piroscafo italiano che è arrivato stamattina[1] a Southampton. Ho le merci a bordo. Questa è una bella occasione per visitare il piroscafo.

— Benissimo, dice la signora Smith.

Alle nove partono in macchina e in circa tre ore arrivano al porto. All'entrata vedono un gruppo di giovanotti che mangiano gelati[2] e che parlano italiano.

Il signor Smith li saluta e parla un po' con il più vicino. Ecco la loro conversazione:

— Buon giorno giovanotto! È italiano Lei?

— No, signore, sono inglese.

— Ma Lei parla italiano molto bene.

— Ebbene, questi ragazzi che lavorano al porto sul piroscafo italiano sono i miei amici ed essi m'insegnano a parlare correttamente. Sono i miei maestri. Inoltre io studio l'italiano al ginnasio (**school**) e tutti i giorni leggo qualche pagina d'italiano. A proposito, è italiano Lei?

— Grazie per il complimento. No, ragazzo mio, anch'io sono inglese come Lei, e come Lei studio l'italiano. Ma io non ho che[3] un solo maestro.

— Ma anche Lei parla correntemente.

— Grazie di nuovo. Arrivederci e buona fortuna.

— Arrivederci, signore. Spero di rivederla ancora.

Il signor Smith raggiunge[4] sua moglie che l'attende sorridendo,[5] e poi si rimettono in cammino,[6] per visitare il piroscafo.

— È simpatico quel giovanotto, dice il signor Smith a sua moglie. E poi traduce[7] la frase in inglese perchè lei non capisce l'italiano: 'That's a nice boy.'

NOTES: 1. this morning. 2. ice cream. 3. **non** + *verb* + **che** = only. 4. rejoins. 5. smiling. 6. continue on their way. 7. translates.

# CHAPTER 20

## LA VITA DEL SOBBORGO

1 — Ora sono bene informato circa il modo in cui Lei passa la Sua giornata. Però sono ancora curioso.

Mi dica, signor Smith, come passa Lei il tempo a casa Sua nel sobborgo dove abita?

2 — Come passo il tempo? Ebbene è molto semplice. Lei sa già che torno a casa piuttosto tardi.

Non finiamo il nostro pranzo prima delle 8.00 (otto). Perciò non rimane molto tempo libero per fare gran cosa.

3 — Con tutto ciò Lei si permette qualche distrazione, il cinema per esempio, non è vero?

4 — Naturalmente. Ma in generale noi stiamo a casa, con la famiglia. Parliamo, leggiamo, guardiamo la televisione e discutiamo con i ragazzi quando essi non vogliono andare a letto.

5 — La signora Smith può fare le spese comodamente?

6 — Oh, sì certo. Vicino a noi ci sono alcuni negozi. C'è anche un gran negozio chiamato 'Supermercato'.

Là si può[1] comprare frutta, legumi, latte, formaggio, burro, caffè, carne, torte ed anche calze e casseruole!

7 — Con tutto ciò, là non si trovano[2] soprabiti!

8 — Non ancora.

Alcuni negozi di Londra hanno grandi succursali che possono fornirci di quasi tutto il necessario.

9 — Loro sono fortunati.

10 — E la miglior cosa di tutto è che si può sempre parcheggiare vicino al nostro supermercato.

11 — E i bambini sono felici a scuola?

12 — Sì infatti, essi sono proprio felici a scuola. Amano le loro maestre che sono molto simpatiche.

13 E hanno buoni amici?

14 Sì, ne hanno molti.

15 — La vita del sobborgo sembra proprio bella!

16 — Ha proprio ragione, signor Smith.

1 Now I am well informed about the way (*lit.* the way in which) you spend your day. But I am still curious.

Tell me, Mr. Smith, how do you pass the time at home in the suburb where you live?

2 How do I pass the time? Well, it is very simple. You already know that I get home rather late.

We don't finish our dinner before eight o'clock. Therefore there doesn't remain much time for anything special.

3 All the same you allow yourself some relaxation, the cinema, for example, don't you?

4 Of course. But generally we stay at home with the family. We talk, read, watch television, and discuss things with the children when they don't want to go to bed.

5 Can Mrs. Smith do her shopping conveniently?

6 Oh, yes indeed. Near us there are some shops. There is also a big store called a 'Supermarket'.

There one can buy fruit, vegetables, milk, cheese, butter, coffee, meat, cakes, and also stockings and saucepans!

7 With all that, one doesn't find overcoats there![2]

8 Not yet.

Several London stores have large branches which can provide us with almost everything we need.

9 You are lucky.

10 And the best thing of all is that we can always park near our Supermarket.

11 And the children are happy at school?

12 Yes indeed, they are very happy at school. They like their teachers who are very nice.

13 And have they good friends?

14 Yes, they have many.

15 Life in the suburbs seems really pleasant!

16 You are quite right, Mr. Smith.

NOTES: 1. The impersonal construction with **si** is used to express *one*, *people*, *you*, etc. Thus: **Si può comprare**, one (people, you) can buy. 2. Note the use of the reflexive to express the passive. Thus: **Là non si trovano i soprabiti**. (*Lit.* Overcoats do not sell themselves there.)

## Building Vocabulary

**il burro** (**bur**-ro), butter
**il desiderio** (de-zi-**dɛ**-rjo), desire
**il formaggio** (for-**mad**-dʒo), cheese
**il latte** (**lat**-te), milk
**il legume** (le-**gu**-me), vegetable
**il quartiere** (kwar-**tjɛ**-re), district
**il soprabito** (so-**pra**-bi-to), overcoat
**la calza** (**kal**-tsa), stocking
**la carne** (**kar**-ne), meat
**la casseruola** (kas-se-**rwɔ**-la), saucepan
**la distrazione** (di-stra-**tsjo**-ne), distraction, relaxation
**la succursale** (suk-kur-**sa**-le), branch (shop, etc.)
**la vita** (**vi**-ta), life
**discutere** (di-**sku**-te-re), discuss
**parcheggiare** (par-ked-**dʒa**-re), to park
**tornare** (tor-**na**-re), to return

**sembrare** (sem-**bra**-re), to seem
**rimanere** (ri-ma-**ne**-re), to remain
**venga** (**vɛn**-ga)! come!
**sarà** (sa-**ra**), he, she, it, you will be
**commerciale** (kom-mer-**tʃa**-le), commercial, business
**curioso** (ku-ri-**o**-so), curious
**fortunato** (for-tu-**na**-to), fortunate
**informato** (in-for-**ma**-to), informed
**libero** (**li**-be-ro), free
**ancora** (aŋ-**ko**-ra), yet, still
**tardi** (**tar**-di), late
**comodamente** (ko-mo-da-**mɛn**-te), comfortably
**dunque** (**duŋ**-kwe), then
**piuttosto** (pjut-**tɔ**-sto), rather
**proprio** (**prɔ**-prjo), really, quite, exactly, just
**cui** (**ku**-i), whom, which, that (*rel. pron. used after preposition*)

## Espressioni italiane

| | |
|---|---|
| **andare a letto** (lɛt-to), to go to bed | **rimanere a casa,** to stay at home |
| **fare le spese** (spe-ʒe), to do the shopping | **si può** (pwɔ), one (people, you) may, can |

Practise aloud:

| | |
|---|---|
| **A che ora va Lei a letto?** | **Rimani (tu) a casa stasera?** |
| **Vado a letto alle dieci.** | **No, vado al cinema. E voi?** |
| **Dove fa Lei le spese?** | **Rimaniamo a casa e guardiamo la** |
| **Faccio le spese al supermercato.** | **televisione.** |

## Grammar Notes and Practical Exercises

1 *Some* or *Any* in Italian. The Partitive.

| | |
|---|---|
| (*a*) **Prendo del sugo di arancia.** | I take some orange juice. |
| (*b*) **Mangiamo della frutta.** | We are eating some fruit. |
| (*c*) **Chi ha dell'inchiostro nero?** | Who has any black ink? |
| (*d*) **Essa scrive delle lettere tutti i giorni.** | She writes (some) letters every day. |

The idea of *some* or *any* before a noun is sometimes expressed by **di** + the definite article (**del, della, dell', dello, dei, delle, degli**). This construction is called the partitive. This construction has come from the French, but, strictly speaking, it is not correct to use it in Italian. Even so, you will often hear and see it used. In English the word *some* or *any* is often omitted.

2 Omission of the Partitive.

| | |
|---|---|
| (*a*) **Non prendo sugo di arancia.** | I don't take (any) orange juice. |
| (*b*) **Lui non importa macchine.** | He does not import (any) cars. |
| (*c*) **Compro legumi, burro, uova, ecc.** | I am buying vegetables, butter, eggs, etc. |

**Di** + *the definite article* is omitted when the noun follows a verb in the negative (sentences (*a*) and (*b*)); and in enumerations (sentence (*c*)).

**Esercizio No. 99** Complete these sentences translating *some* or *any* by using **di** + the definite article wherever necessary.

**Esempi: 1. Mangiamo della carne per cena. 2. Non prendono cereale per colazione.**

1 **Mangiamo** (some meat) **per cena.**
2 **Non prendono** (any cereal) **per colazione.**
3 **Vogliamo comprare** (some butter and some eggs).
4 **I bambini mangiano** (rolls).
5 **Spesso** (some customers) **vengono a vederlo.**
6 **Compriamo** (vegetables, milk, butter and cheese).
7 **Ha** (any red ink)?
8 **Non** ha (any ink)?

3 **Qualche,** *some, any*; **Alcuni (alcune),** *some, any.*

The strictly correct way of translating 'some' in Italian is to use either **qualche** or **alcuni, alcune. Qualche,** together with the noun it modifies, is always in the singular, even though it is plural in meaning. **Alcuni** and **alcune,** on the other hand, are always in the plural.

| | |
|---|---|
| (*a*) **Qualche volta i bambini s'alzano tardi.** | Sometimes the children get up late. |
| (*b*) **Egli ha qualche cliente ricco.** | He has some wealthy customers. |
| (*c*) **Alcuni ragazzi non sono attenti.** | Some boys are not attentive. |
| (*d*) **Alcune ragazze sono assenti oggi.** | Some girls are absent today. |

**4 Un po' di,** *a little, some.*

Another way of translating *some* is the use of **un po' di,** literally *a little.*

| | |
|---|---|
| (*a*) **Voglio un po' di vino.** | I want (a little) some wine. |
| (*b*) **Vuole passare un po' di burro.** | Will you pass some butter. |

**Esercizio No. 100** Complete the Italian sentences with **qualche, alcuni,** or **alcune.**

Remember: **qualche** is used only with a singular noun in Italian, even though the meaning may be plural.

1 . . . **grandi negozi hanno succursali qui.**
2 **Leggiamo . . . rivista italiana.**
3 **Comprano . . . libri italiani.**
4 **Voglio farle . . . altra domanda.**

5 **Qui piove . . . giorno ogni settimana.**
6 **Vogliono comprare . . . matite.**
7 **Ci sono . . . quadri alla parete.**
8 **Vuole scrivere . . . lettera.**

**5 The Partitive Pronoun ne.**

Study the use of the partitive pronoun **ne** in these sentences.

| | |
|---|---|
| 1 **Vuole Lei del vino?** | Would you like some wine? |
| **Grazie, *ne* ho già.** | Thank you, I already have *some (of it).* |
| 2 **Ha dell'inchiostro?** | Have you any ink? |
| **No, non *ne* ho.** | No, I haven't *any.* |
| 3 **Hanno Loro bisogno di denaro?** | Do you need money (Have you need of)? |
| **No, *ne* abbiamo abbastanza.** | No, we have enough (*of it*). |

The partitive pronoun **ne** may be translated *some, any, of it, of them, some of it, some of them, any of it,* and *any of them.* In English these words are often omitted, but in Italian **ne** must not be omitted.

Like all object pronouns, **ne** usually precedes the verb, but follows it if the verb is in the infinitive form.

Notice that **ne** has to be used after verbs which are followed by the preposition **di,** e.g. **aver bisogno di; ne ho bisogno** (*I need some*).

**Esercizio No. 101** Read each sentence. Translate the answer into Italian. Use **ne** in your answer.

**Esempio 1: No, non ne vendo.**

| | |
|---|---|
| 1 **Vende Lei della porcellana?** | 1 No, I do not sell any (of it). |
| 2 **Compra lei dei legumi?** | 2 Yes, she is buying some. |

| | |
|---|---|
| 3 Quante succursali ha questo negozio? | 3 It has two (of them). |
| 4 Hanno loro abbastanza denaro? | 4 They have enough (of it). |
| 5 Parlano loro della pellicola? | 5 Yes, they are speaking about it. |
| 6 Vuole alcuni di questi fiori? | 6 No, I do not want any. |
| 7 Ha Lei delle matite rosse? | 7 Yes, I have ten (of them). |
| 8 I fanciulli hanno dei buoni amici? | 8 Yes, they have many (of them). |

If you were to translate the first sentence **No, non la vendo** it would mean *No, I don't sell it*. **No, non ne vendo** means *No, I don't sell any of it*. The **ne** translates the *of*.

### Esercizio No. 102—Domande

1 Chi è ancora curioso?
2 Che cosa sa già il signor Facci?
3 A che ora finisce il pranzo la famiglia Smith?
4 Che fanno sempre dopo il pranzo con la famiglia?
5 Come si chiama il negozio dove la signora Smith fa le spese?
6 Che cosa si può comprare al 'supermercato'?
7 Che cosa non si trova al 'supermercato'?
8 I grandi negozi di Londra hanno succursali nel sobborgo?
9 I ragazzi chi amano?
10 Hanno alcuni buoni amici?

# CHAPTER 21

## CHE CATTIVO TEMPO!

1 Piove a catinelle quando il signor Facci arriva dal[1] signor Smith. La signora apre la porta. Il signor Facci entra.

2 Ella gli dice — Buona sera, signor Facci. Che tempo terribile! Entri,[2] entri in casa.

Lei è tutto bagnato. Mi dia per favore l'impermeabile e il cappello. Metta[2] l'ombrello nel portaombrelli. Può lasciare le soprascarpe nell'ingresso.

3 Il signor Facci le dà il cappello e l'impermeabile e risponde — Grazie tante. Ora mi sento meglio. Piove a catinelle, ma non fa freddo. Sono sicuro che non prenderò un raffreddore.

È a casa il signor Smith?

4 — Sì, signore. Lui l'aspetta in salotto. Eccolo.

5 — Buona sera, signor Facci. Sono molto contento di vederla, ma con un tempo così orribile non è bene uscire.

Venga[2] nella sala da pranzo e beva[2] una tazza di tè col rum, per riscaldarsi un poco.

6 — Grazie, grazie, signor Smith.

Una tazza di tè mi farà bene e mentre beviamo il tè parliamo del tempo.

È un tema comune e sarà del momento stasera.

7 I signori vanno nella stanza da pranzo parlando con voce animata.

Loro si siedono e la signora Smith porta loro un vassoio con due tazze e due piattini, una teiera, una zuccheriera e due cucchiaini.

La signora li mette sulla tavola insieme con una bottiglia di rum che ella prende dalla credenza.

Poi lascia la sala da pranzo.

8 — Mi permetta[2] di servirla, signor Facci, dice il signor Smith.

Egli versa il tè nelle tazze con una porzione assai generosa di rum per ognuno.

9 Mentre bevono il tè col rum i signori continuano a parlare con voce animata.

10 Fuori continua a piovere.

1 It is raining cats and dogs when Mr. Facci arrives at Mr. Smith's home. His wife opens the door. Mr. Facci goes in.

2 She says to him, 'Good evening, Mr. Facci. What terrible weather! Do come into the house.

'You are soaked through. Please give me your raincoat and your hat. Put your umbrella in the umbrella stand. You may leave your galoshes in the hall.'

3 Mr. Facci gives her his hat and his raincoat and answers. 'Thank you very much. Now I feel better. It is raining cats and dogs, but it is not cold. I am sure that I shall not catch a cold.

'Is Mr. Smith at home?'

4 Yes. He is waiting for you in the living-room. Here he is.

5 Good evening, Mr. Facci. I am very glad to see you, but it's horrible going out in such awful weather.

Come into the dining-room and drink a cup of tea with rum to warm yourself a little.

6 Thank you, thank you, Mr. Smith.

A cup of tea will do me good and while we drink the tea, let's talk about the weather.

It is a common topic and will be appropriate this evening.

7 The men go into the dining-room talking animatedly.

They sit down and Mrs. Smith brings them a tray with two cups and saucers, a teapot, a sugar bowl, and two teaspoons.

The wife puts them on the table together with a bottle of rum which she takes from the sideboard.

Then she leaves the dining-room.

8 'Allow me to serve you, Mr. Facci,' says Mr. Smith.

He pours the tea into the cups with a very generous portion of rum for each.

9 While they are drinking the tea with rum they continue to talk animatedly.

10 Outside it goes on raining.

NOTES: 1. The preposition **da** may mean *to* or *at the home* (*house*, *office*, *etc.*) *of*. Thus: **Andiamo dal medico.** We are going to the doctor's (house). **Egli vive dallo zio,** He lives with his uncle (at the uncle's house). 2. The polite imperative (**Lei** understood) of -are verbs ends in -i; of -ere verbs and -ire verbs in -a. Thus: **entrare: entri!** *enter!*—**mettere: metta!** *put!* The imperative of **dare (dia!** *give!*) is an exception. You will learn more about the imperative later.

## Building Vocabulary

il **cappello** (kap-**pɛl**-lo), hat
il **momento** (mo-**men**-to), moment
il **portaombrelli** (om-**brɛl**-li), umbrella stand
il **tempo** (**tɛm**-po), weather, time
il **rum** (rum), rum
il **tema** (**tɛ**-ma), topic
la **bottiglia** (bot-**ti**-ʎa), bottle
la **conversazione** (kon-ver-sa-**tsjo**-ne), conversation
la **credenza** (kre-**dɛn**-tsa), sideboard
la **porzione** (por-**tsjo**-ne), portion
la **soprascarpa** (so-pra-**skar**-pa), overshoe, galosh
la **teiera** (te-**jɛ**-ra), teapot
la **voce** (**vo**-tʃe), voice
l'**impermeabile** (im-per-me-a-bi-le), raincoat

l'**ingresso** (in-**grɛs**-so), entrance
l'**ombrello** (om-**brɛl**-lo), umbrella
**portare** (por-**ta**-re), to carry, bring
**riscaldarsi** (ri-skal-**dar**-si), to warm oneself
**versare** (ver-**sa**-re), to pour
**mettere** (**met**-te-re), to put
**bere** (**be**-re), to drink
**dovere** (do-**ve**-re), to have to, must, to owe
**si deve** (si-**dɛ**-ve), one must
**piovere** (**pjɔ**-ve-re), to rain
**prendere** (**prɛn**-de-re), to take
**prenderò** (pren-de-**rɔ**), I shall take
**sarà** (sa-**ra**), he, she, it will be (*future of* **essere**)
**sentire** (sen-**ti**-re), to feel, hear smell

**servire** (ser-**vi**-re) to serve
**animato** (a-ni-**ma**-to), animated
**bagnato** (ba-**ña**-to), wet through
**generoso** (dʒe-ne-**ro**-so), generous
**orribile** (or-**ri**-bi-le), awful, terrible

**pieno** (**pjɛ**-no), full
**sicuro** (si-**ku**-ro), sure
**comune** (ko-**mu**-ne), common
**fuori** (**fwɔ**-ri), outside
**mentre** (**men**-tre), while

### Espressioni italiane

**con un tempo così orribile,** in such
  awful weather
**del momento,** appropriate
**prendere un raffreddore,** to catch a
  cold

**mi farà bene,** it will do me good
**piove a catinelle** (**pjɔ**-ve), it is
  raining cats and dogs
**che tempo orribile!** What awful
  weather!

## Il Tempo (The Weather)

| | |
|---|---|
| **Che tempo fa** (ke **tɛm**-po fa)? | What is the weather like? |
| **Fa bel tempo.** | It's fine. |
| **Fa cattivo tempo** (kat-**ti**-vo). | It's bad. The weather is bad. |
| **Fa caldo** (**kal**-do). **Fa molto caldo.** | It's hot, warm. It's very warm. |
| **Fa freddo** (**fred**-do). **Fa molto freddo.** | It's cold. It's very cold. |
| **Fa fresco** (**fre**-sko). | It's cool. |
| **Piove** (**pjɔ**-ve). **Nevica** (ne-**vi**-ka). | It's raining. It's snowing. |
| **Tira vento** (**ti**-ra **vɛn**-to). | It's windy. |
| **Ha freddo?—Ho freddo.** | Are you cold?—I am cold. |
| **Ha caldo?—Non ho caldo.** | Are you warm?—I am not warm. |

NOTE: In Italian you say:

| | | |
|---|---|---|
| What weather does it *make* (**fa**)? | *not* | What *is* the weather? |
| It *makes* (**fa**) cold, warm. | *not* | It *is* cold, warm. |
| I *have* (**ho**) cold, warm. | *not* | I *am* cold, warm. |

## Grammar Notes and Practical Exercises

1 Present Tense of **dare** (**da**-re), to give.

| | | | | | |
|---|---|---|---|---|---|
| **do** | (do) | I give | **diamo** | (**dja**-mo) | we give |
| **dai** | (**da**-i) | you give (*fam.*) | **date** | (**da**-te) | you give |
| **dà** | (da) | ⎰you give (*pol.*)<br>⎱he, she, it gives | **danno** | (**dan**-no) | ⎰you give (*pol.*)<br>⎱they give |

The accent mark on **dà** distinguishes it from the preposition **da** meaning *from, by, to, at.*

2 Indirect Object Pronouns

The indirect object indicates the person *to* whom an action is directed. The *to* in English may be expressed or understood. Thus:

| He writes a letter to his agent. | He writes (to) him a letter. | He writes a letter to him. |
|---|---|---|

In Italian you must not omit the 'to' in the sense that the direct object pronoun for *him* is **lo** but for *to him* is **gli**.

Study the indirect object pronouns in these sentences:

| | |
|---|---|
| (*a*) Egli *mi* dà una penna stilografica. | He is giving (*to*) *me* a fountain pen. |
| (*b*) Egli *ti* scrive una lettera, Carlo. | He is writing (*to*) *you* a letter, Charles. |
| (*c*) Essa *gli* legge una storia. | She is reading (*to*) *him* a story. |
| (*d*) Io *le* mostro alcuni cappelli. | I am showing (*to*) *her* some hats. |
| (*e*) Non *Le* dicono la verità, signore. | They are not telling (*to*) *you* the truth, sir. |
| (*f*) Non *ci* prestano denaro. | They are not lending (*to*) *us* any money. |
| (*g*) Noi *vi* portiamo dei dolci, bambini. | We are bringing (*to*) *you* some sweets, children. |
| (*h*) Essa porta *loro* del tè. | She is bringing (*to*) *them* some tea. |
| (*i*) Lui scrive *Loro* oggi, signori. | He is writing *to you* today, gentlemen. |
| (*j*) Non vogliamo parlar*gli*. | We do not want to speak *to him*. |

In sentence (*a*) *the fountain pen* is the direct object and *me* (literally *to me*) is the indirect object. The English tends to be deceptive as the *to* is frequently omitted.

Compare the direct object pronouns with the indirect object pronouns.

| DIRECT OBJECTS | | INDIRECT OBJECTS | |
|---|---|---|---|
| **Singular** | **Plural** | **Singular** | **Plural** |
| **mi** me | **ci** us | **mi** to me | **ci** to us |
| **ti** you (*fam.*) | **vi** you | **ti** to you (*fam.*) | **vi** to you |
| **lo** him, it (*m.*) | **li** them (*m.*) | **gli** to him | **loro** to them |
| **la** her, it (*f.*) | **le** them (*f.*) | **le** to her | |
| **La** you (*pol. m. and f.*) | **Li** you (*pol. m.*) | **Le** to you (*pol. m. and f.*) | **Loro** to you (*pol. m. and f.*) |
| | **Le** you (*pol. f.*) | | |

The pronouns **mi, ti, ci, vi** are used both as direct and indirect objects.

Like direct object pronouns, the indirect object pronouns (except **loro, Loro**) generally precede the verb (sentences (*a*)–(*g*)). Used with an infinitive, they follow and are attached to it (sentence (*j*)).

**loro**, *to them*, and **Loro**, *to you*, always follow the verb and are never attached to it (sentences (*h*), (*i*)).

### 3 Some Common Verbs that May Take Indirect Objects.

| | | | |
|---|---|---|---|
| **dare** | to give | **mandare** | to send |
| **domandare** | to ask | **mostrare** | to show |
| **donare** | to donate | **parlare** | to speak |

| | | | |
|---|---|---|---|
| **portare** | to bring | **scrivere** | to write |
| **presentare** | to present | **vendere** | to sell |
| **prestare** | to lend | **dire** | to say |
| **leggere** | to read | **servire** | to serve |
| **rispondere** | to answer | | |

NOTE 1. **Domandare** takes an indirect object for persons and a direct object for things. Thus:

| | |
|---|---|
| **Domando i libri a Carlo.** | I am asking Charles for the books, literally I am asking the books to Charles. |
| *Gli* **domando i libri.** | I am asking *him* for the books. |

4 Indirect Objects with **piacere**, *to be pleasing to.*

In Italian **piacere** is an impersonal verb: **mi piace**, *I like it*, literally *it is pleasing to me.*

| | | |
|---|---|---|
| *Le* **piace il cappello?** | Do you like the hat? | (Is the hat pleasing *to you?*) |
| **Il cappello** *mi* **piace.** | I like the hat. | (The hat is pleasing *to me.*) |
| **Il cappello** *gli* **piace.** | He likes the hat. | (The hat is pleasing *to him.*) |
| **I cappelli** *ci* **piacciono.** | We like the hats. | (The hats are pleasing *to us.*) |
| **I cappelli piacciono** *loro.* | They like the hats. | (The hats are pleasing *to them.*) |
| **I cappelli piacciono** *a Luigi.* | Louis likes the hats. | (The hats are pleasing *to Louis.*) |

English sentences which contain the verb *like* are translated into Italian by means of **piace,** *is pleasing*, or **piacciono,** *are pleasing*, plus an indirect object: **mi, ti, a Luigi,** etc.

**Esercizio No. 103** Complete each sentence with the correct Italian indirect object pronoun.

**Esempio 1: Non gli presto denaro.**

1 Non (him) **presto denaro.**
2 **Essi portano** (you) **le torte, signorine.**
3 **La signora serve** (them) **il tè.**
4 **Egli** (her) **mostra dei cappelli.**
5 **Essa** (me) **manda un paio di guanti.**
6 **Elena, voglio dar** (you) **questi fiori.**
7 **Lui** (us) **domanda i biglietti.**
8 **Perchè Lei non risponde** (them)?
9 **Essa** (to him) **dice: 'Entri in casa.'**
10 **Voglio dar** (her) **una buona mancia.**
11 **Lei** (me) **insegna a parlare italiano.**
12 **Vogliamo parlare** (to you), **signori.**
13 (To you) **piace questa pellicola, signore?**
14 (To me) **piace molto.**
15 **Queste pellicole non** (us) **piacciono.**
16 **Queste camere** (to you) **piacciono, ragazzi?**

### Esercizio No. 104—Domande

1 Che tempo fa quando il signor Facci arriva dal signor Smith?
2 Chi apre la porta?
3 Che cosa gli dice la signora?
4 Dove lascia lui l'ombrello e le soprascarpe?
5 Che cosa dà il maestro alla signora Smith?
6 Chi è molto contento di vedere il signor Facci?
7 Dove entrano i due signori?
8 Che cosa mette sulla tavola la signora?
9 E poi che cosa fa ella?
10 Chi serve il tè col rum?
11 Mentre bevono il tè che fanno i signori?

# CHAPTER 22

## IL CLIMA D'ITALIA

1 I due signori sono ancora seduti nella sala da pranzo. Stanno ancora parlando mentre bevono il tè col rum. Fuori sta sempre piovendo.

2 Egli dice al suo studente — Qui a Londra abbiamo un clima che non va da un estremo all'altro.

3 — Questo è vero, signor Facci. D'estate non fa caldo. Qualche volta fa abbastanza caldo.

D'inverno fa freddo. Qualche volta fa molto freddo. Di tanto in tanto nevica.

4 — Ma la primavera è bella, non è vero, signor Smith?

5 — Certo. In primavera comincia a far bel tempo, ma spesso piove come questa sera. Qualche volta fa freddo per settimane intere; poi tutto d'un tratto fa più caldo.

Quale stagione preferisce Lei, signor Facci?

6 — Preferisco l'autunno. Mi piace l'aria fresca e crespa; mi piace il cielo lucente. In campagna gli alberi mettono molti colori.

E Lei, signor Smith, quale stagione preferisce?

7 — Preferisco la primavera quando a poco a poco tutto diviene verde. Ma parliamo un po' del clima d'Italia. C'è in Italia una grande differenza fra le stagioni?

8 — Sono assai differenti.

9 — Questo deve essere più piacevole.

10 — Sì infatti. Inoltre tutte le quattro stagioni in Italia sono diverse.

11 — Non fa freddo in Italia del Nord?

12 — D'inverno fa assai freddo nel nord a causa dell'influenza delle Alpi. Così pure nel territorio influenzato dalla catena degli Appennini fa freddo.

Ma dalla Costa Azzurra francese fino al Golfo della Spezia si può dire che l'inverno è mite. Lo stesso si può dire del Golfo di Napoli con le famose isole di Capri e Ischia.

Poi c'è Taormina in Sicilia dove la primavera è eterna.

13 — È il clima della Riviera italiana così bello come quello della Riviera francese, la famosa Costa Azzurra?

14 — Sì infatti. Ecco perchè le persone che abitano in Italia del Nord, se hanno i mezzi, vanno a passare qualche settimana in Riviera.

Ma è gia tardi. Lasciamo il resto della discussione sulla Riviera fino alla settimana prossima.

15 — Va bene. E poi parliamo anche del clima di Roma che naturalmente m'interessa di più.

1 The two men are still sitting in the dining-room. They are still talking while they drink the tea with rum. Outside it is still raining.

2 He says to his student, 'Here in London we have a climate which doesn't go from one extreme to the other.'

3 That is true, Mr. Facci. In summer it isn't hot. Sometimes it is quite hot.

In winter it is cold. Sometimes it is very cold. From time to time it snows.

4 But spring is beautiful, isn't it, Mr. Smith?

5 Yes, very. In spring the weather begins to be nice, but it often rains like this evening. Sometimes it is cold for weeks on end; then all of a sudden it is warmer.

Which season do you prefer, Mr. Facci?

6 I prefer the autumn. I like the cool and crisp air; I like the bright sky. In the country the trees turn many colours.

And you, Mr. Smith, which season do you prefer?

7 I prefer spring when little by little everything becomes green. But let's speak a little about the climate of Italy. Is there in Italy a big difference between the seasons?

8 They are quite different.

9 That must be much nicer.

10 Yes, indeed. Moreover all four seasons in Italy are different.

11 Isn't it cold in northern Italy?

12 In the winter it is very cold in the north because of the influence of the Alps. So also in the territory influenced by the Apennine range it is cold.

But from the French Côte d'Azur to the Gulf of la Spezia one could say that the winter is mild. The same may be said of the Gulf of Naples with the famous islands of Capri and Ischia.

Then there is Taormina in Sicily where spring is eternal.

13 Is the climate of the Italian Riviera as good as that of the French Riviera, the famous 'Blue Coast'?

14 Yes, indeed. That is why people who live in northern Italy, if they have the means, go to spend several weeks on the Riviera.

But it is already late. Let us leave the rest of the discussion about the Riviera until next week.

15 Good. And then let us also speak about the climate of Rome which naturally interests me more.

## Building Vocabulary

**il golfo** (gol-fo), gulf
**il mezzo** (mɛt-tso), means
**la catena** (ka-te-na), chain, range
**la costa** (kɔ-sta), coast
**la differenza** (dif-fe-rɛn-tsa), difference
**l'albero** (al-be-ro), tree
**l'aria** (a-rja), air
**l'autunno** (a-u-tun-no), autumn
**l'estremo** (e-strɛ-mo), extreme
**l'influenza** (in-flu-ɛn-tsa), influence
**l'inverno** (in-vɛr-no), winter
**l'isola** (i-ʒo-la), island

**gli Appennini** (ap-pen-ni-ni), Apennines
**divenire** (di-ve-ni-re), to become
**eterno** (e-tɛr-no), eternal
**intero** (in-tɛ-ro), entire
**influenzato** (in-flu-en-tsa-to), influenced
**lucente** (lu-tʃɛn-te), bright
**mite** (mi-te), mild
**piacevole** (pja-tʃe-vo-le), pleasant, nice
**spiacevole** (spja-tʃe-vo-le), unpleasant
**crespo** (cre-spo), crisp

## Espressioni italiane

**m'interessa di piu** (min-te-rɛs-sa di pju), it interests me more

**tutto d'un tratto** (tut-to dun trat-to), all of a sudden

Practise aloud:

— Quanti sono le stagioni dell'anno?
— Le stagioni dell'anno sono
  quattro: la primavera, l'estate,
  l'autunno e l'inverno.
— Quale delle stagioni è la più bella
  nel Suo paese?
— Nel mio paese la primavera è la
  più bella, ma anche l'autunno
  è molto piacevole.

— Che pensa Lei dell'inverno e
  dell'estate?
— Queste stagioni sono generalmente
  molto spiacevoli. Nell'estate fa
  molto caldo e nell'inverno fa
  molto freddo e tira vento.
  Spesso il tempo cambia tutto d'un
  tratto.

## Grammar Notes and Practical Exercises

1 The Present Progressive Tense—**parlare, vendere, finire.**

| | | |
|---|---|---|
| sto | parlando (vendendo, finendo) | I am speaking (selling, finishing) |
| stai | parlando (vendendo, finendo) | you are speaking (selling, finishing) *fam.* |
| sta | parlando (vendendo, finendo) | ⎰you are speaking (selling, finishing) *pol.* ⎱he, she, it is speaking (selling, finishing) |
| stiamo | parlando (vendendo, finendo) | we are speaking (selling, finishing) |
| state | parlando (vendendo, finendo) | you are speaking (selling, finishing) |
| stanno | parlando (vendendo, finendo) | ⎰you are speaking (selling, finishing) *pol.* ⎱they are speaking (selling, finishing) |

The present progressive tense is formed with the present tense of **stare** and the gerund of the verb you wish to use.

To form the gerund, remove the infinitive ending **-are**, **-ere**, or **-ire**. Then add **-ando** to the stem of **-are** verbs and add **-endo** to the stem of **-ere** and **-ire** verbs. The endings **-ando** and **-endo** can often be translated by the English ending *-ing*:

**parl–ando** (par-lan-do), speak–ing    **vend–endo** (ven-dɛn-do), sell–ing
  **fin–endo** (fi-nɛn-do), finish–ing

The simple present tense in Italian may be translated by the English present progressive. The present progressive in Italian is used to emphasize continuing action. Thus:

| | |
|---|---|
| **Sta leggendo la lettera.** | He is in the act of reading the letter. |
| **Stanno ancora parlando.** | They are still talking. |

2 Other Uses of the Gerund.

In general the gerund in Italian is used much as it is in English. It can translate the English gerund, alone or preceded by *while, on, in, by.* Thus:

| | |
|---|---|
| **Lasciando Roma, conto di andare a Capri.** | On leaving Rome, I intend to go to Capri. |
| **Non avendo molto tempo, viaggio in aereo.** | Not having much time, I travel by plane. |
| **Facendo i suoi compiti, ascolta la radio.** | While doing his homework, he is listening to the radio. |
| **Sentendo il rumore, egli apre la finestra.** | Hearing the noise, he opens the window. |

3 Position of Object Pronouns with Gerunds.

Object pronouns *follow* the gerund and are attached to it. In the progressive tense, however, object pronouns come before **stare**. This, as you have seen, is also the case with infinitives.

| | |
|---|---|
| **Aspettandoci scrive delle lettere.** | While waiting for us, he is writing some letters. |
| **Guardandolo.** | By looking at him |
| **Lo sto guardando.** | I am looking at him. |

**Esercizio No. 105** Give the present participle of the following verbs.

| | | |
|---|---|---|
| 1 mangiare | 6 mettere | 11 aprire |
| 2 insegnare | 7 prendere | 12 sentire |
| 3 studiare | 8 piovere | 13 finire |
| 4 dare | 9 essere | 14 capire |
| 5 imparare | 10 avere | 15 servire |

**Esercizio No. 106** Complete these sentences in Italian. Use the progressive tense in sentences 1–10.

1 (It is raining) **a catinelle.**

2 **I signori** (are talking) **nella sala.**

3 (He is waiting for) **la sua amica.**

4 (Are you learning) **l'italiano Lei?**

5 (Is she putting) **i piatti sulla tavola?**

6 (She is serving) **caffè e torta.**

7 (I am reading) **la storia d'Italia.**

8 **Perchè** (are you (**voi**) not eating) **la frutta?**

9 **I fanciulli** (are not listening to) **la radio.**

10 **Egli** (is calling) **il tassì.**

11 (Not having) **il suo numero non posso telefonargli.**

**Esercizio No. 107** Read each question. Then translate the English answer into Italian.

**Esempio 1: Non gli presto denaro.**

1 **Presta Lei il denaro a Giorgio?**

2 **Che cosa mi portano?**

3 **La signora sta servendo il tè?**

4 **Che cosa sta mostrando Lei a Gianna?**

1 I am not lending him any money.

2 They are bringing you sweets, child.

3 She is serving it.

4 I am showing her my new watch.

5 Che cosa ci mandano?

6 Chi ci sta chiamando?

7 Chi Le insegna a parlare italiano?

8 Le piace questa pellicola?

9 Questi cappelli piacciono Loro?

10 Quanto gli lascia di mancia?

5 They are sending you (*pol. plur.*) the magazines.

6 Your mother is calling you (*fam. plur.*).

7 Mr. Facci is teaching me to speak Italian.

8 I like it (it is pleasing to me).

9 We don't like them (they are not pleasing to us).

10 I am leaving him 200 lire as a tip.

## Esercizio No. 108—Domande

1 Che tempo fa d'estate a Londra?

2 Che tempo fa d'inverno a Londra?

3 Quando comincia a fare bel tempo?

4 Quale stagione preferisce il signor Facci?

5 Quale stagione preferisce il signor Smith?

6 Di che clima vuole parlare il signor Smith?

7 Come sono in generale le quattro stagioni in Italia?

8 Perchè fa assai freddo d'inverno nel nord?

9 Dov'è mite l'inverno?

10 Dov'è eterna la primavera?

# CHAPTER 23

## IL CLIMA D'ITALIA (SEGUITO)

1 — Questa sera desidera parlare ancora del clima d'Italia, non è vero, signor Smith?

2 — Sì, signor Facci, e specialmente del clima della Riviera italiana e quello di Roma che m'interessa di più. Si dice che in Riviera non esiste l'inverno. È vero?

3 — L'inverno è molto mite lì. Quasi ogni giorno il sole brilla e il tempo è bello.

4 — Fa molto caldo d'estate?

5 — D'estate fa caldo, ma c'è sempre un buon venticello di mare. E fa fresco durante la notte.

6 — Ora capisco. Ma non fa mai freddo in Riviera?

7 — Non fa mai molto freddo eccetto nelle montagne vicine.

8 — A che distanza si trova la Riviera dalle montagne?

9 — Da San Remo, vicino alla frontiera francese, c'è una distanza di circa sessanta o ottanta chilometri. Dalla spiaggia si possono vedere le alte montagne delle Alpi Marittime coperte di neve.

10 — Questa deve essere una vista meravigliosa!

11 — Sì, è veramente affascinante. Se Lei ha tempo non deve mancare d'andarci. Deve andare anche a Rapallo e al suo famoso promontorio di Portofino. Resterà incantato da questi luoghi.

12 — Grazie del suo buon consiglio. Spero di andarci se ho tempo.

E ora mi dica qualche cosa del clima di Roma, dove conto di passare tre o quattro settimane durante i mesi di giugno e di luglio.

13 La primavera e l'autunno sono le stagioni più piacevoli a Roma. Non piove molto, il clima è asciutto con una grande maggioranza di giornate di sole.

In primavera il tempo è quasi sempre bello. Il cielo è azzurro con dense nuvole bianche; l'aria è dolce, i prati sono verdi, gli alberi con le foglie ed i fiori hanno un profumo delizioso che si spande nell'aria. Tutta la città sorride.

14 Ma Lei sta componendo un poema, signor Facci!

15 Ebbene, non per nulla sono romano e naturalmente entusiasta della mia città natia, in qualunque stagione dell'anno.

1 This evening you want to talk again about the climate of Italy, don't you, Mr. Smith?

2 Yes, Mr. Facci, and especially about the climate of the Italian Riviera and that of Rome which interests me more. They say that there is no winter on the Riviera. Is it true?

3 The winter is very mild there. The sun shines almost every day and the weather is fine.

4 Is it very hot in summer?

5 In summer it is hot, but there is always a good sea breeze. And it is cool during the night.

6 Now I see. But is it never cold on the Riviera?

7 It is never very cold except in the near-by mountains.

8 What distance is the Riviera from the mountains?

9 From San Remo, near the French border, there is a distance of about sixty to eighty kilometres. From the beach one can see the high mountains of the Maritime Alps covered with snow.

10 That must be a wonderful sight!

11 Yes, it is really fascinating. If you have time you mustn't fail to go there. You must also go to Rapallo and to its famous promontory at Portofino. You will be enchanted by these places.

12 Thank you for your good advice. I hope to go there if I have time.

And now tell me something about the climate of Rome where I expect to spend three or four weeks during the months of June and July.

13 Spring and autumn are the most pleasant seasons in Rome. It doesn't rain much and the climate is dry with most days sunny.

In spring the weather is almost always fine. The sky is blue with dense white clouds; the air is fragrant, the fields are green, the trees with their leaves and the flowers have a delicious perfume which is wafted through the air. The whole city smiles.

14 But you are composing a poem, Mr. Facci!

15 Well, it's not for nothing that I am a Roman and naturally enthusiastic about my native city in any season of the year.

## Building Vocabulary

il consiglio (kon-si-ʎo), advice
il prato (pra-to), field
il profumo (pro-fu-mo), perfume
il promontorio (pro-mon-tɔ-rjo), promontory
il seguito (se-gwi-to), continuation
il venticello (ven-ti-tʃɛl-lo), breeze
la nuvola (nu-vo-la), cloud
la maggioranza (mad-dʒo-ran-tsa), majority
la pioggia (pjɔd-dʒa), rain
la spiaggia (spjad-dʒa), beach
la vista (vi-sta), sight, view
l'albero (al-be-ro), tree
la frontiera (fron-tjɛ-ra), frontier
la foglia (fɔ-ʎa), leaf
la neve (ne-ve), snow

l'entusiasta (en-tu-sja-sta), enthusiast
asciutto (aʃ-ʃut-to), dry
denso (dɛn-so), thick
coperto (ko-pɛr-to), covered
incantato (iŋ-kan-ta-to), charmed, enchanted
natio (na-ti-o), native
qualunque (kwa-luŋ-kwe), any whatsoever
durante (du-ran-te), during
lì= là, there
nulla (nul-la), nothing
specialmente (spe-tʃal-mɛn-te), especially
mai (maj), ever
non *verb* mai, never

## Espressioni italiane

grazie del Suo consiglio, thank you for your advice
in primavera; di primavera, in spring

in estate; d'estate, in summer
in autunno; d'autunno, in autumn
d'inverno, in winter

Practise reading aloud:

| | |
|---|---|
| **Fa mai molto freddo in Riviera?** | Is it ever very cold on the Riviera? |
| **Non fa mai molto freddo in Riviera.** | It is never very cold on the Riviera. |
| **Lei prende mai il tè col rum?** | Do you ever drink tea with rum? |
| **Non prendo mai il tè col rum.** | I never drink tea with rum. |
| **Il signor Smith va mai all'ufficio il sabato?** | Does Mr. Smith ever go to the office on Saturdays? |
| **Non va mai all'ufficio il sabato.** | He never goes to the office on Saturdays. |

## Grammar Notes and Practical Exercises

1 Present Tense of **dovere** (do-ve-re), to owe, to have to, must, be supposed to, be obliged to.

| | | | | | |
|---|---|---|---|---|---|
| **devo** (dɛ-vo) | I owe | | **dobbiamo** (dob-bja-mo) | we owe | |
| **debbo** (dɛb-bo) | | | **dovete** (do-ve-te) | you owe | |
| **devi** (dɛ-vi) | you owe (*fam.*) | | | | |
| **deve** (dɛ-ve) | you owe (*pol.*) he, she, it owes | | **devono** (dɛ-vo-no) **debbono** (dɛb-bo-no) | you owe (*pol.*) they owe | |

The verb **dovere** is an important verb with various shades of meaning. Besides meaning *to owe*, it expresses the idea *must, have to*, in the sense of duty or obligation; also *must* in the sense of *to be supposed to, to probably be*.

**Esercizio No. 109** Read these sentences, noting the different meanings of **dovere**. Read each sentence aloud three times.

| | |
|---|---|
| 1 **Dobbiamo loro venti sterline.** | We owe them £20. |
| 2 **Il signor Smith deve al signor Facci i suoi progressi rapidi in italiano.** | Mr. Smith owes his rapid progress in Italian to Mr. Facci. |
| 3 **I loro ragazzi devono finire l'anno scolastico.** | Their children must (have to) finish the school year. |
| 4 **Il treno deve arrivare alle 16.00.** | The train is due (supposed to arrive) at 4 p.m. |
| 5 **Il clima d'Italia deve essere più piacevole di quello del nostro paese.** | The Italian climate must be (is probably) more pleasant than that of our country. |
| 6 **Lei deve essere stanco dopo una tale giornata.** | You must be (are probably) tired after such a day. |
| 7 **Devo fare le spese.** | I have to go shopping. |
| 8 **Quanto devo lasciare di mancia?** | How much must I leave as a tip? |
| 9 **Lei deve lasciare il dieci percento.** | You must (are supposed) to leave ten per cent. |
| 10 **Con un tempo così terribile non si deve uscire.** | One must (should) not go out in such terrible weather. |
| 11 **Quella deve essere una vista meravigliosa.** | That must be a wonderful sight. |
| 12 **Ha un francobollo? Devo imbucare una lettera.** | Have you a stamp? I must post a letter. |

2 The Polite Imperative (**Lei** and **Loro** forms). Regular Verbs.

|  | **parlare** | **vendere** |
|---|---|---|
| **Lei** (*understood*) | **parli!** speak! | **venda!** sell! |
| **Loro** (*understood*) | **parlino!** speak! | **vendano!** sell! |

|  | **servire** | **capire** |
|---|---|---|
| **Lei** (*understood*) | **serva!** serve! | **capisca!** understand! |
| **Loro** (*understood*) | **servano!** serve! | **capiscano!** understand! |

The endings of the polite imperative are:

for regular **-are** verbs: singular **-i**, plural **-ino**.
for regular **-ere** and **-ire** verbs: singular **-a**, plural **-ano**.

NOTE: **-ire** verbs like **capire** take **-isc** in both polite forms of the imperative.

3 Some Irregular Imperatives (**Lei** and **Loro** forms).

| **dire** |  | **andare** |  | **venire** |  |
|---|---|---|---|---|---|
| **dica!** | say! | **vada!** | go! | **venga!** | come! |
| **dicano!** | say! | **vadano!** | go! | **vengano!** | come! |

| **dare** |  | **fare** |  |
|---|---|---|---|
| **dia!** | give! | **faccia!** | do! |
| **diano!** | give! | **facciano!** | do! |

**Esercizio No. 110** Change the following imperatives to the negative singular and also to the negative plural.

Esempio: **Venda la casa! Non venda la casa! Non vendano la casa!**

1 Apra[1] le porte!
2 Chiuda le finestre!
3 Dica le parole!
4 Mangi la frutta!
5 Faccia l'esercizio!
6 Compri la camicia!
7 Ascolti la radio!
8 Guardi la televisione!
9 Vada a casa!
10 Risponda alla domanda!
11 Legga la storia!
12 Le dia i fiori!

NOTE 1. **aprire,** to open; **chiudere,** to close, to shut.

**Esercizio No. 111** Rewrite each sentence, changing the object noun to a pronoun. Remember: object pronouns (except **loro**) precede the verb in the polite imperative.

Esempio: **Non metta la torta sulla tavola. Non la metta sulla tavola.**

1 Apra la finestra!
2 Scriva queste frasi!
3 Non prenda l'autobus!
4 Finiscano quegli esercizi!
5 Comprino i biglietti!
6 Inviti i suoi amici!
7 Leggano queste storie!
8 Non scriva la lettera!
9 Chiami il tassì!
10 Non ascolti la radio!
11 Guardino la televisione!
12 Faccia il lavoro!
13 Diano il denaro!
14 Dica la parola!
15 Facciano il viaggio!

### Esercizio No. 112—Domande

1 Quale clima interessa di più il signor Smith?
2 D'estate fa caldo in Riviera?
3 Fa caldo durante la notte?
4 Fa mai molto freddo?
5 Che cosa è visibile dalla spiaggia?
6 Dove deve andare il signor Smith se ha tempo?
7 Quanto tempo conta di passare a Roma il signor Smith?

8 Quali stagioni a Roma sono le più piacevoli?
9 Completi in italiano queste frasi:
Il cielo è (blue).
L'aria è (sweet).
I prati sono (green).
La Riviera è (beautiful).
10 Che cosa sorride?

# REVISION 5

## CHAPTERS 20–23

### Revisione di Parole

#### NOUNS

| | | |
|---|---|---|
| 1 l'albero | 11 il desiderio | 21 la musica |
| 2 l'acqua | 12 la differenza | 22 il museo |
| 3 l'aria | 13 l'estate (f.) | 23 la neve |
| 4 l'autunno | 14 il formaggio | 24 l'ombrello |
| 5 la bottiglia | 15 la guida | 25 la pioggia |
| 6 il burro | 16 l'impermeabile (m.) | 26 la scarpa |
| 7 il cappello | 17 l'inverno | 27 la soprascarpa |
| 8 la calza | 18 il latte | 28 il soprabito |
| 9 la carne | 19 il legume | 29 la vita |
| 10 il consiglio | 20 la succursale | 30 la voce |

| | | |
|---|---|---|
| 1 tree | 11 desire | 21 music |
| 2 water | 12 difference | 22 museum |
| 3 air | 13 summer | 23 snow |
| 4 autumn | 14 cheese | 24 umbrella |
| 5 bottle | 15 guide | 25 rain |
| 6 butter | 16 raincoat | 26 shoe |
| 7 hat | 17 winter | 27 overshoe, galosh |
| 8 stocking | 18 milk | 28 overcoat |
| 9 meat | 19 vegetable | 29 life |
| 10 advice | 20 branch | 30 voice |

#### VERBS

| | | |
|---|---|---|
| 1 prestare | 10 portare | 19 prendere |
| 2 brillare | 11 tornare | 20 sorridere |
| 3 donare | 12 sperare | 21 aprire |
| 4 imbucare | 13 versare | 22 divenire |
| 5 inviare | 14 bere | 23 fornire (isc) |
| 6 mancare | 15 bevo | 24 seguire |
| 7 mandare | 16 dovere | 25 sentire |
| 8 presentare | 17 mettere | 26 servire |
| 9 restare | 18 chiudere | 27 uscire |

| | | |
|---|---|---|
| 1 to lend | 10 to carry, wear, | 19 to take |
| 2 to shine | bring, take | 20 to smile |
| 3 to give, present to | 11 to return | 21 to open |
| 4 to post | 12 to hope | 22 to become |
| 5 to send | 13 to pour | 23 to furnish |
| 6 to lack, miss | 14 to drink | 24 to follow |
| 7 to send | 15 I drink | 25 to hear, feel |
| 8 to introduce, give | 16 to have to, owe | 26 to serve |
| 9 to remain | 17 to put | 27 to go out |
| | 18 to close, to shut | |

## ADJECTIVES

| 1 asciutto | 5 freddo | 9 piacevole |
|---|---|---|
| 2 spiacevole | 6 fresco | 10 lucente |
| 3 caldo | 7 intero | 11 sicuro |
| 4 duro | 8 mite | 12 stesso |

| 1 dry | 5 cold | 9 pleasant |
|---|---|---|
| 2 unpleasant | 6 cool | 10 bright |
| 3 hot, warm | 7 entire | 11 sure |
| 4 hard | 8 mild | 12 same |

## ADVERBS

| 1 ancora | 4 dunque | 7 piuttosto |
|---|---|---|
| 2 non *verb* ancora | 5 mai | 8 proprio |
| 3 assai | 6 non *verb* mai | 9 tardi |

| 1 still, yet | 4 then | 7 rather |
|---|---|---|
| 2 not yet | 5 ever | 8 exactly, just |
| 3 quite, very, enough | 6 never | 9 late |

## PREPOSITIONS

| 1 a causa di | 2 fino a | 3 durante |
|---|---|---|
| 1 because of | 2 until | 3 during |

## CONJUNCTIONS

| 1 ebbene | 2 dunque | 3 mentre |
|---|---|---|
| 1 well | 2 then, therefore | 3 while |

## ITALIAN EXPRESSIONS

| 1 grazie del Suo consiglio | 3 a destra | 5 andare a letto |
|---|---|---|
| 2 tutto d'un tratto | 4 a sinistra | 6 fare la spesa |

| 1 thank you for your advice | 3 to the right | 5 to go to bed |
|---|---|---|
| 2 all at once | 4 to the left | 6 to go shopping (for food) |

**Esercizio No. 113** From Group II select the antonym (opposite) of each word in Group I.

| I | | II | |
|---|---|---|---|
| 1 peggiore | 8 alzarsi | (a) mancare | (h) libero |
| 2 giovane | 9 freddo | (b) più tardi | (i) niente |
| 3 triste | 10 uscire | (c) felice | (j) vecchio |
| 4 bagnato | 11 ricco | (d) coricarsi | (k) povero |
| 5 avere | 12 inviare | (e) caldo | (l) entrare |
| 6 occupato | 13 qualche cosa | (f) migliore | (m) non . . . mai |
| 7 adesso | 14 sempre | (g) ricevere | (n) asciutto |

**Esercizio No. 114** Complete these sentences in Italian.

1 **Quando fa freddo** (I am cold).
2 **Quando fa caldo** (I am warm).
3 **D'estate** (it is warm).
4 **D'inverno** (it is cold and it is windy).
5 **D'autunno** (it is cool).
6 **In primavera** (it rains a great deal).
7 **Quando piove** (I wear a raincoat).
8 **Quando nevica** (I wear an overcoat).
9 **Piove** (cats and dogs).
10 **Ci sono** (four seasons).
11 **Mi piacciono** (all the seasons).
12 (But I prefer) **la primavera.**

**Esercizio No. 115** Select the group of words in Column II which best completes each sentence begun in Column I.

| I | II |
|---|---|
| 1 **Io preferisco il clima d'Italia** | (a) **del clima d'Italia.** |
| 2 **Il signor Facci prende il tè col rum** | (b) **qualche buon piatto italiano.** |
| 3 **E ora parliamo un po'** | (c) **ma lei preferisce quello di Francia.** |
| 4 **È vero che d'inverno** | (d) **alle cinque del pomeriggio.** |
| 5 **Prenda un ombrello** | (e) **ma quelli là sono liberi.** |
| 6 **I due signori entrano in salotto** | (f) **perchè ha freddo.** |
| 7 **Questi posti sono occupati** | (g) **a Roma piove spesso?** |
| 8 **Non è difficile preparare** | (h) **parlando con voce animata.** |
| 9 **Io devo comprare alcuni franco-bolli** | (i) **perchè piove a catinelle.** |
| 10 **Il treno da Roma deve arrivare** | (j) **perchè voglio imbucare le lettere.** |

**Esercizio No. 116** Complete the answer to each question in Italian with the correct direct or indirect object pronoun.

1 **Che dice la signora Smith al signor Facci?**
2 **Il signor Facci che cosa dà alla signora?**
3 **Il signor Smith aspetta il signor Facci?**
4 **È contento di vedere il signor Facci?**
5 **Perchè il signor Facci prende una tazza di tè?**
6 **Che cosa dice il commerciante al signor Facci?**
7 **Preferiscono i film?**
8 **Quando lascia Lei la città?**
9 **Chi t'invita a colazione?**

1 **Essa** (to him) **dice — Che cattivo tempo!**
2 **Egli** (to her) **dà il suo ombrello.**
3 **Sì,** (him) **aspetta.**
4 **Sì, è contento di veder** (him).
5 **Egli** (it) **prende per riscaldar** (himself).
6 **Dice — (Me) permetta di servir** (you).
7 **Non** (them) **preferiscono.**
8 **(It) lascio la settimana prossima.**
9 **Il mio amico Giovanni (me) invita.**

10 Che cosa dà Lei ai ragazzi?

11 Le piace questa pittura, signora?

12 Vi piacciono questi fiori, bambini?

10 **Do** (them) **una radio.**

11 **No, questa pittura non** (me) **piace.**

12 **Questi fiori** (us) **piacciono molto.**

**Esercizio No. 117** Translate the following dialogues. Practise reading them aloud. Note the use of the partitive.

1 — Che cosa prende Lei per la prima colazione, caffè o tè?
— Non prendo nè caffè nè tè. Bevo un bicchiere di latte.

2 — Vuole Lei del latte e dello zucchero nel caffè?
— Voglio del latte ma non voglio zucchero.

3 — Ha Lei dell'inchiostro nero?
— No. Non ne ho. Ma ho dell'inchiostro rosso.

4 — Che cosa si mangia per la prima colazione in Italia?
— Si mangia poco; generalmente panini col burro e caffè.

5 — Che cosa si mangia per la prima colazione in Inghilterra.
— Di solito, si comincia col cereale. Poi si mangiano le uova; inoltre pane tostato e caffè.

**Esercizio No. 118** Translate. Be careful to use the correct indirect object pronoun with **piace** or **piacciono**.

1 I like that letter.

2 They do not like travelling.

3 We like these flowers.

4 Do you like those paintings, madam?

5 We like these paintings very much.

6 She does not like this style.

7 Do you like playing the piano, Maria?

8 He does not like working hard.

9 Children, do you like these dolls (**bambole**)?

10 They do not like their seats.

### Dialogo

### Al Ristorante

1 — Buon giorno, signore. Ecco la lista.

2 — Grazie. Che c'è di buono oggi?

3 — Abbiamo un buon pranzo a prezzo fisso, oggi: minestrone, cotoletta alla Milanese con patate, pomodori ripieni, insalata, formaggio e una buona torta con le fragole.

4 — E che cosa c'è di buono alla carta?

5 — C'è un antipasto misto, pesce fritto, pollo arrosto con patate e piselli, insalata mista, e zabaione per dolce.

6 — Benissimo. Mi piacciono gli scampi fritti. Però mi porti prima un po' d'antipasto misto.

7 — Va bene, signore. Desidera anche dei legumi? Il pesce è guarnito di patate fritte.

8 — No, grazie. Solo un'insalata mista, questo è tutto.

9 — Va bene, signore. Vuole del formaggio?

10 — Sì, certamente. Com'è il Bel Paese?

11 — Eccellente.

12 — Benissimo. Col formaggio mi porti una tazzina di caffè-espresso forte.
13 — E che vino desidera?
14 — Una piccola bottiglia di Capri bianco, in ghiaccio.
15 — Va bene, signore, subito.
16 Alla fine del pranzo il signor Smith dice — Cameriere, il conto, per favore.
17 — Eccolo, signore.
18 — È compreso il servizio?
19 — Sì signore.
20 Il signor Smith paga il conto e esce dal ristorante.

1 Good morning, sir. Here is the menu.
2 Thank you. What is there that's good today?
3 We have a very good set dinner today: vegetable soup, cutlet in Milanese style with potatoes, stuffed tomatoes, salad, cheese, and a nice strawberry tart.
4 And what is there that's good *à la carte*?
5 There is a dish of *hors d'œuvre*, fried fish, roast chicken with potatoes and peas, a mixed salad, and for dessert, zabaione.
6 Very good. I like fried scampi. But first bring me a little of the *hors d'œuvre*.
7 Very good, sir. Would you like any vegetables? The fish is served with fried potatoes.
8 No, thank you. Only a mixed salad, that is all.
9 Very good, sir. Would you like any cheese?
10 Yes, certainly. How is the Bel Paese?
11 Excellent.
12 That's fine. With the cheese bring me a small cup of strong black coffee.
13 And what wine would you like?
14 A small bottle of white Capri, on ice.
15 Right, sir, immediately.
16 At the end of the meal Mr. Smith says, 'Waiter, the bill, please.'
17 Here it is, sir.
18 Is the service charge included?
19 Yes, sir.
20 Mr. Smith pays the bill and leaves the restaurant.

### Esercizio No. 119—Lettura

#### Carlo non ama studiare l'aritmetica

Un giorno ritornando da scuola, Carlo dice a sua madre — Non mi piace studiare l'aritmetica. È così difficile. Perchè dobbiamo fare tanti esercizi e tanti problemi? Abbiamo macchine per calcolare, non è vero? E allora?

La signora Smith guarda suo figlio e dice — Hai torto, bambino mio. Non si può fare niente senza i numeri. Per esempio, si ha sempre bisogno di cambiare del denaro, di fare le spese, di calcolare le distanze, e poi . . . tante, tante altre cose. La madre si ferma vedendo che suo figlio non fa attenzione a ciò che lei dice.

— A proposito caro, continua lei sorridendo, il calcio non t'interessa neanche?

— Che idea! mamma! Scherzi.[1]

— Allora se Arsenal vince[2] dieci partite[3] e ne perdono[4] sei, sai tu quale percentuale delle partite vincono?

Sentendo questa domanda Carlo dice — Hai ragione, mamma. I numeri e l'aritmetica sono molto importanti. Credo che da ora in poi[5] io studierò di più.

NOTES: 1. **Scherzare,** to joke. 2. **vincere,** to win. 3. **partita,** game, match. 4. **perdere,** to lose. 5. **da ora in poi,** from now on.

# CHAPTER 24

## LA BUONA CUCINA ITALIANA

1 — Lei sa, senza dubbio, signor Smith, che la buona cucina italiana è uno dei più grandi piaceri del turista.

2 — Lo so bene.

3 — Conosce qualche cosa della cucina italiana?

4 — Sì. La conosco un poco. Quando ho un cliente importante, l'invito a pranzare con me in uno dei buoni ristoranti italiani di Londra. Questo succede spesso ed è sempre un gran piacere.

5 — Ebbene. In Italia troverà che la cucina italiana non è mai monotona e offre sempre qualche nuova sorpresa al viaggiatore.

6 — Bene. Quando sarò in Italia farò una lista dei piatti che mi piacciono di più e poi manderò a mia moglie un buon libro sulla cucina italiana, in inglese naturalmente.

7 — Che buona idea!

8 — Mi dica, signor Facci, è molto complicata la cucina italiana?

9 — È vero che alcuni piatti famosi sono assai complicati, ma in generale vi[2] sono tre segreti nella buona cucina italiana.

10 — Quali sono i tre segreti?

11 — I tre segreti sono: Primo, tutto ciò che si compra deve essere di ottima qualità, l'olio di oliva, le uova, la carne, il pesce, i legumi, il formaggio, ecc.
Poi si deve cucinare in modo da ritenere il sapore naturale dei cibi.
La cosa più importante è di amare l'arte della cucina.

12 — La pastasciutta[1] ha una grand'importanza in Italia, non è vero?

13 — Altro che. Vi[2] sono molte varietà ma fra le più conosciute sono gli spaghetti, i vermicelli, e i maccheroni. Anche il risotto, il pollo, il vitello, il manzo, ecc. sono molto importanti.

14 — È vero che la cucina italiana varia secondo le regioni d'Italia?

15 — Sì, certo. Ogni regione ha la sua specialità. Ce ne sono abbastanza per riempire un libro di cucina.

16 — Lei sa che i legumi mi piacciono molto. Perciò mi dica: C'è l'abitudine di servire vari legumi con la carne e col pesce?

17 — Sì. In generale si serve una grande varietà di legumi e d'insalata verde.
Alla fine del pranzo si serve la frutta che in Italia è abbondante e varia.

18 — Lei non ha parlato del vino.

19 — È vero. Ma è una cosa che si sa. Tutti gl'Italiani bevono vino durante i pasti ma in quantità moderata.

20 — Lei mi fa venire l'acquolina in bocca. Signor Facci, vuole pranzare con me in un ristorante italiano prima della mia partenza?

21 — Con piacere, signor Smith. Grazie infinite.

NOTES: 1. **Pastasciutta**, literally *dry dough*, covers all the varieties made of spaghetti, macaroni, and so on. 2. **vi sono**=**ci sono**, there are.

1 No doubt you know, Mr. Smith, that good Italian cooking is one of the great pleasures of the tourist.

2 I'm fully aware of that.

3 Are you acquainted at all with Italian cooking?

4 Yes. I know a little about it. When I have an important client, I invite him to dine with me in one of the good Italian restaurants in London. This happens often and is always a great pleasure.

5 Well, in Italy you will find that Italian cooking is never monotonous and always offers some new surprise for the traveller.

6 Good. When I am in Italy I shall make a list of the dishes that I like best and then I shall send my wife a good Italian cookery book, in English of course.

7 What a good idea!

8 Tell me, Mr. Facci, is Italian cooking very complicated?

9 It is true that some famous dishes are very complicated, but in general there are three secrets of good Italian cooking.

10 What are the three secrets?

11 The three secrets are: first, everything that you buy must be of the finest quality, the olive oil, the eggs, the meat, fish, vegetables, cheese, etc.

Then you must cook in such a way as to retain the natural flavour of the foods.

The most important thing of all is to love the art of cooking.

12 Pasta is of great importance in Italy, isn't it?

13 Most definitely. There are many varieties, but among the best known are spaghetti, vermicelli, and macaroni. Also risotto, chicken, veal, beef, etc., are very important.

14 Is it true that Italian cooking varies according to the regions of Italy?

15 Yes, it is. Each region has its own speciality. There are enough of them to fill a cookery book.

16 You know that I like vegetables very much. Therefore tell me: is it the custom to serve various vegetables with the meat and fish?

17 Yes. In general a large variety of vegetables and green salad is served. At the end of the dinner fruit is served; it is plentiful and varied in Italy.

18 You have not spoken of wine.

19 That is true. But that goes without saying. All Italians drink wine during meals, but in moderation.

20 You make my mouth water. Mr. Facci, will you have dinner with me in an Italian restaurant before my departure?

21 With pleasure, Mr. Smith. Many thanks.

## Building Vocabulary

il **cibo** (tʃi-bo), food
il **manzo** (man-tso), beef
il **pesce** (peʃ-ʃe), fish
il **pollo** (pol-lo), chicken
il **risotto** (ri-sɔt-to), risotto (savoury cooked-rice)
il **sapore** (sa-po-re), flavour
il **segreto** (se-gre-to), secret

il **turista** (tu-ri-sta), tourist
il **vino** (vi-no), wine
il **vitello** (vi-tɛl-lo), veal
i **maccheroni** (mak-ke-ro-ni), macaroni
gli **spaghetti** (spa-get-ti), spaghetti
i **vermicelli** (ver-mi-tʃɛl-li), vermicelli

**la cucina** (ku-tʃi-na), cooking, kitchen
**la lista** (li-sta), list, menu
**la maniera** (ma-njɛ-ra), manner
**la qualità** (kwa-li-ta), quality
**la varietà** (va-rje-ta), variety
**l'importanza** (im-por-tan-tsa), importance
**l'insalata** (in-sa-la-ta), salad
**l'olio** (ɔ-ljo), oil
**l'oliva** (o-li-va) *or* **l'uliva**, olive
**cucinare** (ku-tʃi-na-re), to cook
**offrire** (of-fri-re), to offer
**ritenere** (ri-te-ne-re), to retain
**riempire** (ri-em-pi-re), to fill
**succedere** (sut-tʃɛ-de-re), to happen

**variare** (va-rja-re), to vary
**complicato** (kom-pli-ka-to), complicated
**descritto** (de-skrit-to), described
**moderato** (mo-de-ra-to), moderate
**monotono** (mo-nɔ-to-no), monotonous
**ottimo** (ɔt-ti-mo), best
**puro** (pu-ro), pure
**vario** (va-rjo), various
**semplicemente** (sem-pli-tʃe-mɛn-te), simply
**me** (me), me (*used after a preposition*)
**secondo** (se-kon-da), according to

### Espressioni italiane

**Altro che,** I should say so!
**Che buona idea!** What a good idea!

**È una cosa che si sa.** It is something taken for granted. It goes without saying.

### Grammar Notes and Practical Exercises

1 Present Tense of **bere** (be-re) to drink.

| | | | | |
|---|---|---|---|---|
| **bevo** (be-vo) | I drink | **beviamo** (be-vja-mo) | we drink |
| **bevi** (be-vi) | you drink (*fam.*) | **bevete** (be-ve-te) | you drink |
| **beve** (be-ve) | {you drink (*pol.*) / he, she, it drinks | **bevono** (be-vo-no) | {you drink (*pol.*) / they drink |

Imperative: *Sing.* **beva!** drink! *Plur.* **bevano!** drink!
**Bere** is a contraction of **bevere**.

**Esercizio No. 120** Complete these sentences with the correct form of **bere**.

1 **Che** (do you (**Lei**) drink)?
2 (I drink) **tè e caffè.**
3 (She drinks) **una tazza di tè.**
4 (I never drink) **vino.**
5 (They are drinking) **tè col rum.**
6 (He is drinking) **dell'acqua.**
7 (We never drink) **caffè.**
8 (Are you drinking) **il latte, bambini?**
9 (We are drinking) **il latte.**
10 **Perchè** (do you not drink) **il latte, Anita?**
11 (Drink) **un bicchiere di vino, signore.**
12 (Do not drink) **quell'acqua, signori!** **Non è pura.**

2 The Adjectives **buono** and **grande.**

*un* **libro,** a book
*una* **penna,** a pen
*un'***amica,** a friend
*uno* **zio,** an uncle

il *buon* **libro,** the good book
la *buona* **penna,** the good pen
la *buon'***amica,** the good friend
il *buono* **zio,** the good uncle

un *gran* maestro, a great teacher (*m.*)
una *gran* maestra, a great teacher (*f.*)
un *grand'*attore, a great actor
una *grand'*attrice, a great actress

The adjective **buono**, when it precedes a noun, takes forms in the singular very similar to the forms of the indefinite article. Thus: **buon, buona, buon', buono** are used in the same way as **un, una, un', uno.**

**Grande** becomes **gran** before any noun beginning with a consonant. **Grande** generally becomes **grand'** before nouns beginning with a vowel.

If **buono** or **grande** do not precede the noun, their endings are regular.

| | |
|---|---|
| Questo libro è buono. | This book is good. |
| Questo ragazzo è grande. | This boy is tall. |

**Esercizio No. 121** Complete in Italian with the correct form of **buono** or **grande.**

1 Questo è un (good) **ristorante.**
2 Essa è una (good) **amica.**
3 Abbiamo un (good) **maestro.**
4 La (good) **cucina italiana** è famosa.
5 L'Italia ha un (good) **clima.**
6 Egli è un (good) **medico.**
7 Il vino chiamato dei Castelli è (good).
8 Questa frutta è molto (good).
9 Vede Lei quel (large) **edifizio?**
10 Quell'edifizio è molto (large).

3 Special Uses of the pronoun **si.**

(*a*) To express the impersonal *one, people, we, you, they.*

| | |
|---|---|
| **Si fa uso dei numeri in un viaggio.** | One (people, etc.) makes use of numbers on a trip. |
| **Si deve studiare diligentemente.** | One (etc.) must study diligently. |
| **Si lavora duramente qui.** | One (etc.) works hard here. |
| **Non si può restare qui dopo le sei.** | You (one, etc.) can't stay here after six o'clock. |

(*b*) To express a passive idea.

| | |
|---|---|
| **Qui si parla italiano.** | Here Italian is spoken (*lit.* speaks itself). |
| **Qui si vende tabacco.** | Here tobacco is sold (*lit.* sells itself). |
| **Qui si vendono francobolli.** | Here stamps are sold (*lit.* sell themselves). |
| **Si dice che lui viene oggi.** | It is said (people, etc., say) that he's coming today. |

(*c*) To express the idea *each other* or *one another.* This is called the reciprocal use.

| | |
|---|---|
| 1 Adesso i signori s'incontrano nell'ufficio. | Now the men are meeting (each other) in the office. |
| 2 Ci vediamo spesso. | We see one another often. |

**Esercizio No. 122** Complete these sentences using the pronoun **si**.

1 (People say) **che fa molto freddo là.**
2 **A Roma** (is spoken) **italiano.**
3 **I conti** (are paid) **in lire.**
4 **Dove** (is sold) **il tabacco?**
5 **Là** (one sees) **molti negozi.**
6 **Da qui** (one can) **vedere il castello.**
7 (Can one) **sedersi qui.**
8 **A Parigi** (they speak) **francese.**
9 **Dove** (does one buy) **i franco-bolli?**
10 (One makes) **uso di uova fresche.**
11 **Carlo e Maria** (love each other) **molto.**
12 **Adesso** (they are greeting each other).

### Esercizio No. 123—Domande

1 **Qual'è uno dei più grandi piaceri del turista in Italia?**
2 **Quanti segreti vi sono in generale nella buona cucina italiana?**
3 **Qual'è la cosa più importante?**
4 **Quali sono le varietà più conosciute della pastasciutta?**
5 **Quali altri cibi sono molto importanti?**
6 **Che cosa ha ogni regione?**
7 **Che cosa si serve in generale con la carne e col pesce?**
8 **Che cosa si serve alla fine del pranzo?**
9 **Che cosa bevono gl'Italiani durante i pasti?**
10 **Lo bevono in gran quantità o in quantità moderata?**

# CHAPTER 25

## LA BELL'ITALIA

1 — Signor Facci, più libri leggo sull'Italia più mi sento impaziente di andarci.

2 — Ebbene signor Smith, Lei sente la stessa cosa che molti uomini hanno sentito prima di Lei, — poeti, scrittori, artisti, ecc.

3 — Mi dica, signor Facci, come spiega Lei questa attrazione che la gente da tutte le parti del mondo sente per l'Italia?

4 — Oh, questa è una storia molto lunga. Prima di tutto mi permetta di nominare le bellezze naturali del paese, le alte montagne, i bei laghi, i mari che lo circondano, le numerose isole e i vulcani ancora attivi! Tutte queste bellezze non sono sorpassate.

5 — Questo è un buon principio!

6 — Poi c'è il clima così mite di cui abbiamo già parlato, quel bel cielo azzurro e la carezza del sole italiano.

7 — Molti altri paesi hanno bellezze naturali e un clima piacevole, non è vero, signor Facci?

8 — Lei ha ragione. Ma l'Italia ha molto più da offrire. Là si trova la sede dell'antica civiltà di Roma. Dappertutto si vedono i monumenti dell'antica grandezza romana. Tutti i libri di guida li descrivono, ma per meglio capirli e amarli bisogna vederli da sè stesso.

9 — Il Suo entusiasmo mi fa amarli anche prima di vederli.

10 — Lei li amerà, e amerà pure i monumenti, i tesori dell'arte del Rinascimento e dell'epoca moderna.

11 — M'interesso molto del Rinascimento, signor Facci. Questo è il periodo di Leonardo da Vinci, Michelangelo e Raffaello, solo per menzionare alcuni grandi maestri.

12 — Lei è un uomo d'affari eccezionale, signor Smith. Lei s'interessa di tante cose, d'arte, di pittura, di scultura, di storia, di letteratura, di musica ... Io l'ammiro molto.

13 — Anch'io ammiro tanto Lei, signor Facci, perchè Lei è un maestro eccezionale. Ho ancora molto da imparare, e da chi posso imparare meglio se non da Lei?

14 — Grazie, signor Smith. E che cosa sarà il tema del nostro prossimo appuntamento?

15 — Gl'Italiani! Lei è troppo modesto per dire questo, signor Facci, ma gl'Italiani sono senza dubbio la più grande attrazione di tutti!

16 — Lei vedrà questo da sè stesso, signor Smith.

17 — Sì infatti, vedrò questo da me stesso.

1 Mr. Facci, the more books I read about Italy the more impatient I feel to go there.

2 Well, Mr. Smith, you are experiencing the same feeling that many men have felt before you—poets, writers, artists, etc.

3 Tell me, Mr. Facci, how do you explain this attraction that people from all over the world feel for Italy?

4 Oh, that is a very long story. First of all, allow me to mention the natural beauties of the country, the high mountains, the beautiful lakes, the seas which surround it, the numerous islands, and the still active volcanoes! All these beauties are unsurpassed.

5 That is a good beginning!

6 Then there is the mild climate of which we have already spoken, that beautiful blue sky, and the caress of the Italian sun.

7 Many other countries have natural beauties and a pleasant climate, don't they, Mr. Facci?

8 You are right. But Italy has much more to offer. And you find there the centre of the ancient civilization of Rome. Everywhere you can see monuments of the former grandeur of Rome. All the guide books describe them, but to understand them better and love them, it is necessary to see them for yourself.

9 Your enthusiasm makes me love them even before seeing them.

10 You will love them and you will also love the monuments, the art treasures of the Renaissance and of the modern age.

11 I am very interested in the Renaissance, Mr. Facci. This is the period of Leonardo da Vinci, Michelangelo, and Raphael, to mention just a few great masters.

12 You are an exceptional businessman, Mr. Smith. You are interested in so many things, in art, painting, sculpture, history, literature, music . . . I admire you very much.

13 I also admire you very much, Mr. Facci, because you are an exceptional teacher. I still have so much to learn, and from whom can I learn it better than from you?

14 Thank you, Mr. Smith. And what will be the subject of our next meeting?

15 The Italians! You are too modest to say this, Mr. Facci, but the Italians are without doubt the greatest attraction of all.

16 You will see this for yourself, Mr. Smith.

17 Yes, indeed, I shall see this for myself.

## Building Vocabulary

il **monumento** (mo-nu-**men**-to), monument
il **museo** (mu-ʒɛ-o), museum
il **poeta** (po-ɛ-ta), poet
il **Rinascimento** (ri-naʃ-ʃi-**men**-to), Renaissance
il **tesoro** (te-ʒɔ-ro), treasure
la **bellezza** (bel-**let**-tsa), beauty
la **carezza** (ka-**ret**-tsa), caress
la **letteratura** (let-te-ra-**tu**-ra), literature
la **guida** (**gwi**-da), guide; guide book
la **musica** (**mu**-si-ka), music
la **pittura** (pit-**tu**-ra), painting

la **sede** (sɛ-de), seat
l'**attrazione** (at-tra-**tsjo**-ne), attraction
l'**artista** (ar-**ti**-sta), artist
l'**entusiasmo** (en-tu-**ʒja**-ʒmo), enthusiasm
l'**epoca** (ɛ-po-ka), epoch
l'**uomo d'affari**,[1] businessman
**ammirare** (am-mi-**ra**-re), to admire
**circondare** (tʃir-kon-**da**-re), to surround
**descrivere** (de-**skri**-ve-re), to describe
**nominare** (no-mi-**na**-re), to name
**spiegare** (spje-**ga**-re), to explain

eccezionale (et-tʃe-tsjo-**na**-le),
  exceptional
ansioso (an-**sjo**-so), anxious
modesto (mo-**dɛ**-sto), modest

naturale (na-tu-ra-le), natural
sorpassato (sor-pas-sa-to), surpassed
dappertutto (dap-per-**tut**-to),
  everywhere

NOTE 1. **l'uomo d'affari** is a businessman, whereas **il commerciante** is, strictly speaking, a trader, dealer.

## Espressioni italiane

**da sè stesso,** for oneself, for himself     **da me stesso,** for myself

## Grammar Notes and Practical Exercises

1 Present Tense of **venire** (ve-**ni**-re), to come.

| | | | |
|---|---|---|---|
| vengo (**vɛn**-go) | I come | veniamo (ve-**nja**-mo) | we come |
| vieni (**vjɛ**-ni) | you come (*fam.*) | venite (ve-**ni**-te) | you come |
| viene (**vjɛ**-ne) | {you come (*pol.*) <br> he, she, it comes | vengono (**vɛn**-go-no) | {you come <br> (*pol.*) <br> they come |

Polite imperative: *Sing.* **venga!** come! *Plural* **vengano!** come!

**Esercizio No. 124** Complete these sentences by translating the given verb.

1 (They come) **da molti paesi.**
2 **Perchè** (do you not come) **con noi, Luigi?**
3 **Egli** (is not coming) **oggi.**
4 **Il maestro** (comes) **tutti i giorni.**
5 **Da dove** (do you come)?
6 (I come) **da Gran Bretagna.**
7 (Are you coming), **bambini?**

8 **Adesso** (they are coming).
9 (We are not coming) **perchè sta piovendo.**
10 (Come) **con me, signori!**
11 **Per piacere,** (do not come *sing.*) **tardi.**
12 **Nessuno può** (to come) **alla mia casa.**

2 The Adjective **bello**, fine, beautiful, lovely, handsome.

Compare the forms of **bello** with the forms of the definite article, and also with the forms of the demonstrative adjective **quello**, which you have already learned (Chapter 11, page 72).

| | | |
|---|---|---|
| *il* libro | un *bel* libro | *quel* libro |
| *la* penna | una *bella* penna | *quella* penna |
| *l'* amico | un *bell'* amico | *quell'* amico |
| *lo* specchio | un *bello* specchio | *quello* specchio |
| *i* libri | i *bei* libri | *quei* libri |
| *le* penne | le *belle* penne | *quelle* penne |
| *gli* amici | i *begli* amici | *quegli* amici |
| *gli* specchi | i *begli* specchi | *quegli* specchi |

The adjective **bello**, when it precedes a noun, takes forms similar to those of the definite article. The forms of **bello** and **quello** are subject to the same rules which apply for the use of the definite article.

When placed after a noun or verb the forms of **bello** are regular (**bello, bella, belli, belle**).

**Esercizio No. 125** Complete these sentences with the correct forms of **bello** or **quello**.

1 (That) **paese ha molte alte montagne.**

2 **Nel nord ci sono dei** (beautiful) **laghi.**

3 **Abbiamo già parlato del** (lovely) **cielo.**

4 **La signora Smith è una** (beautiful) **donna.**

5 **Ella ha quattro** (beautiful) **ragazzi.**

6 **Il signor Smith è un** (handsome) **uomo.**

7 (That) **uomo abita in una** (fine) **casa.**

8 (That beautiful) **donna è sua moglie.**

9 **Ci sono alcuni** (fine) **specchi sulle pareti.**

10 **Questo capitolo si chiama La** (Beautiful) **Italia.**

11 **Desidero visitare le** (beautiful) **montagne.**

12 (That) **ragazzo è** (handsome).

3 Some Forms of the Relative Pronoun.

(*a*) **che,** who, whom, that, which.

| | |
|---|---|
| **Lei è una ragazza che impara rapidamente.** | She is a girl who learns quickly. |
| **I ragazzi hanno maestre che amano.** | The children have teachers whom they like. |
| **Ho una camera che dà sulla strada.** | I have a room which faces the street. |
| **Trovo interessanti i libri che leggo.** | I find the books (that) I am reading interesting. |

**che** is used as the subject or direct object of a verb. It may refer to people or things. Unlike English, it is never omitted in Italian. **Che** is invariable.

(*b*) **cui,** whom, which.

| | |
|---|---|
| **Dov'è la lettera di cui Lei parla?** | Where is the letter of which you are speaking? |
| **Conosco l'uomo a cui Lei scrive.** | I know the man to whom you are writing. |
| **Ecco la casa in cui abita il medico.** | Here is the house where the doctor lives. |

**cui** is used mainly after prepositions: **di cui, a cui, con cui, in cui,** etc. It is invariable.

(*c*) **ciò che,** what.

| | |
|---|---|
| **Non so ciò che vuole.** | I don't know what he wants. |
| **Non capisco ciò che dicono.** | I don't understand what (*that which*) they are saying. |

**ciò che** is used for *what*, in the sense of *that which*. **Quello che** and **quel che** are also used in this way.

(d) **chi,** *who,* in the sense of *he who.*

(It is also an interrogative pronoun.)

| | |
|---|---|
| **Chi ama l'Italia vuole andarci.** | He who likes Italy wants to go there. |
| **Chi vuole andare?** | Who wants to go? |

(e) **il quale, la quale, i quali, le quali,** *whom, that which.*

These agree in number and gender with the noun they modify.

They may sometimes replace **che** meaning *who, whom* in subordinate clauses.

They are used after prepositions and may be used instead of **cui** in this function.

| | |
|---|---|
| **L'aereo nel quale sto viaggiando.** | The plane in which I am travelling. |
| **La ragazza alla quale leggo il libro.** | The girl to whom I am reading the book. |

**Esercizio No. 126** Complete these sentences in Italian with the correct relative pronoun.

1 **I piatti** (that) **lei compra non mi piacciono.**

2 **Lei è un uomo** (whom) **ammiro.**

3 **Il clima** (of which) **ho già parlato è mite.**

4 **Non credo** (what) **dicono.**

5 **È questa la strada** (in which) **abita Roberto?**

6 **Lui vende gli oggetti** (which) **importa.**

7 **Conosce Lei il ragazzo** (who) **ha il mio libro?**

8 **Questa è la sedia** (which) **mi piace di più.**

9 **Ecco una ragazza** (who) **parla bene il francese.**

10 **Il vino** (which) **loro bevono è molto secco.**

11 **Vedono Loro** (what) **porta il facchino?**

12 **Non possiamo fare** (what) **loro vogliono.**

### Esercizio No. 127—Domande

1 **Chi è impaziente di andare in Italia?**

2 **Chi ha sentito la stessa cosa?**

3 **Quale attrazione menziona prima di tutto il signor Smith?**

4 **Qual'è la seconda grand'attrazione?**

5 **Che cosa si trova in Italia?**

6 **Che cosa si vede dappertutto?**

7 **Di quale periodo s'interessa molto il signor Smith?**

8 **Menzioni** (name) **alcuni grandi maestri del Rinascimento.**

9 **Perchè il signor Smith è un uomo d'affari eccezionale?**

10 **Si ammirano i signori Smith e Facci?**

# CHAPTER 26

## GL'ITALIANI

1 — Signor Facci, voglio farle alcune domande circa il popolo italiano. È pronto? Vuole un sigaro? Ecco i fiammiferi e il portacenere.

2 — Grazie, signor Smith. Sto comodissimo. Continui per favore.

3 — Prima di tutto mi dica: Gl'Italiani sono più o meno uguali, o differiscono molto nelle varie parti del paese?

4 — Le dirò subito che un italiano è sempre un italiano dappertutto. Però è vero che ci sono differenze fisiche e di temperamento fra gli abitanti delle diverse regioni del paese.

5 — Ho sentito dire che ci sono veramente differenze considerevoli fra gli abitanti del nord e quelli del sud.

6 — Questo è proprio vero. Prima di tutto ci sono differenze fisiche molto distinte. Generalmente la gente del nord è più alta e ha occhi, pelle e capelli chiari. Nel sud la gente è di statura più bassa e generalmente ha occhi, pelle e capelli più scuri. Si dice che la gente del sud ha un temperamento più eccitabile della gente del nord, ma generalmente non è vero.

7 — Mi dica, la vita giornaliera è più lenta nel sud a causa del clima?

8 — Sì, la vita è più lenta lì e non si vede quel viavai che si vede nel nord.

9 — Signor Facci, ho anche sentito dire che la maggior parte delle grandi industrie sono nel nord.

10 — Sì, ha ragione. Là si trovano molte grandi fabbriche italiane. Là inoltre, gli operai sono intelligenti, industriosi, e soci dei sindacati. Differiscono in molti aspetti dai contadini, pescatori, ecc.

11 — Ebbene signor Facci, adesso basta con le differenze del popolo italiano. Ora mi dica perchè un italiano è sempre un italiano dappertutto.

12 — Cercherò di essere breve e mi scusi se mi sento orgoglioso del mio popolo.

La cosa che più si osserva in tutti loro è quell'entusiasmo che hanno della vita. Amano la vita e la vogliono vivere in pieno. Esprimono senza restrizione le loro emozioni di gioia, di dolore, d'odio e d'amore. Amano discutere, specialmente le questioni politiche e amano esprimere i loro sentimenti con vigore e con passione.

13 — È vero che molta gente fra gl'Italiani è povera e mena una vita dura e difficile?

14 — Sì, perfettamente vero. Ma questa sfortunata gente sopporta questa vita dura con coraggio e dignità. E loro lottano sempre più per migliorare le loro condizioni.

Lei troverà gl'Italiani ospitali, generosi, intelligenti—in breve affascinanti.

15 — Signor Facci, ho detto nella nostra ultima conversazione che gl'Italiani sono senza dubbio la più grande attrazione d'Italia. Adesso lo devo ripetere.

16 — Partirà presto per l'Italia e lo vedrà da sè stesso.

17 — Sì, lo vedrò da me stesso.

**18** — Ebbene di che parleremo quando c'incontreremo la settimana prossima?

**19** — Credo che sarà una buona idea di parlare dei luoghi che conto di visitare.

**20** — Benissimo! Il tema del nostro prossimo appuntamento sarà: quali luoghi visiterà, signor Smith?

1 Mr. Facci, I want to ask you a few questions about the Italian people. Are you ready? Will you have a cigar? Here are the matches and the ash-tray.

2 Thank you, Mr. Smith. I am very comfortable. Please continue.

3 To begin with, tell me: are the Italians more or less alike, or do they differ greatly in the different parts of the country?

4 I'll tell you at once that an Italian is always an Italian everywhere. But it is true that there are physical differences and differences of temperament between the inhabitants of the different parts of the country.

5 I have heard it said that there are really considerable differences between the inhabitants of the north and those of the south.

6 This is quite true. First of all there are some very distinct physical differences. Generally the people of the north are taller and have light eyes, skin, and hair. In the south the people are shorter in stature and generally have darker eyes, skin, and hair. It is said that the people of the south have a more excitable temperament than the people of the north, but it is generally not true.

7 Tell me, is day-to-day life slower in the south because of the climate?

8 Yes, life is slower there and one does not see that rushing about which one sees in the north.

9 Mr. Facci, I have also heard it said that most of the big industries are in the north.

10 Yes, you are right. There you find many big Italian factories. There also the workers are intelligent, industrious, and members of trade unions. They differ in many respects from the peasants, fishermen, etc.

11 Well, Mr. Facci, enough now of the differences in the Italian people. Now tell me why an Italian is always an Italian everywhere.

12 I shall try to be brief and forgive me if I feel proud of my people.

The thing that one notices most in all of them is the enthusiasm that they have for life. They love life and wish to live it fully. They express without restraint their emotions of joy, grief, hate, and love. They love to argue, especially about political questions; and they love to express their feelings with vigour and passion.

13 Is it true that many people among the Italians are poor and lead a hard and difficult life?

14 Yes, perfectly true. But these unfortunate people endure this hard life with courage and dignity, and more and more they are struggling to better their conditions.

You will find the Italians hospitable, generous, intelligent—in short, charming.

15 Mr. Facci, I said in our last conversation that the Italians are without doubt the greatest attraction in Italy. Now I must repeat it.

16 You will soon leave for Italy and you will see for yourself.

17 Yes, I'll see for myself.

18 Well, what shall we speak about when we meet next week?

19 I think it will be a good idea to speak about the places I intend to visit.

20 Very good! The topic of our next meeting will be: which places will you visit, Mr. Smith?

## Building Vocabulary

**il contadino** (kon-ta-**di**-no), peasant

**il capello** (ka-**pel**-lo), hair (*one*); **capelli**, hair (*pl.*)

**il dolore** (do-**lo**-re), sorrow

**il coraggio** (ko-**rad**-dʒo), courage

**il fiammifero** (fjam-**mi**-fe-ro), match

**il popolo** (**pɔ**-po-lo), people

**il portacenere** (por-ta-**tʃɛ**-ne-re), ash-tray

**il rispetto** (ri-**spɛt**-to), respect

**il sigaro** (**si**-ga-ro), cigar

**il socio** (**sɔ**-tʃo), member

**la fabbrica** (**fab**-bri-ka), factory

**la gente** (**dʒɛn**-te), people

**la gioia** (**dʒɔ**-ja), joy

**la pelle** (**pɛl**-le), skin

**il viavai** (vja-**va**-i), rush, hurly-burly

**l'amore** (*m.*) (a-**mo**-re), love

**l'odio** (**ɔ**-djo), hate

**l'operaio** (o-pe-**ra**-jo), worker

**il sindacato** (sin-da-**ka**-to), trade union

**la statura** (sta-**tu**-ra), stature

**cercare** (tʃer-**ka**-re), to look for, to try

**differire** (**isco**) (dif-fe-**ri**-re), to differ

**discutere** (di-**sku**-te-re), to discuss, argue

**menare** (me-**na**-re), to lead

**migliorare** (mi-ʎo-**ra**-re), to better

**osservare** (os-ser-**va**-re), to observe

**sopportare** (sop-por-**ta**-re), to bear

**basso** (**bas**-so), low

**chiaro** (**kja**-ro), light

**considerevole** (kon-si-de-re-**vo**-le), considerable

**duro** (**du**-ro), hard

**fisico** (**fi**-ʒi-ko), physical

**lento** (**lɛn**-to), slow

**orgoglioso** (or-go-ʎo-**so**), proud

**ospitale** (o-spi-**ta**-le), hospitable

**povero** (**pɔ**-ve-ro), poor

**scuro** (**sku**-ro), dark

**sfortunato** (sfor-tu-**na**-to), unfortunate

**passione** (pas-**sjo**-ne), passion

**vigore** (vi-**go**-re), vigour

## Espressioni italiane

**prima di tutto,** first of all, to begin with

**in pieno** (**pjɛ**-no), in full

**sempre più,** always more, more and more

**sentir dire,** to hear said

**Ho sentito dire, che . . .** I have heard it said, that . . .

## Grammar Notes and Practical Exercises

1 The Future Tense—What *shall* or *will* happen. **parlare, vendere, finire.**

I shall speak, you will speak, etc.  I shall sell, you will sell, etc.

| | | | |
|---|---|---|---|
| **parlerò** | (par-le-**rɔ**) | **venderò** | (ven-de-**rɔ**) |
| **parlerai** | (par-le-**raj**) | **venderai** | (ven-de-**raj**) |
| **parlerà** | (par-le-**ra**) | **venderà** | (ven-de-**ra**) |
| **parleremo** | (par-le-**re**-mo) | **venderemo** | (ven-de-**re**-mo) |
| **parlerete** | (par-le-**re**-te) | **venderete** | (ven-de-**re**-te) |
| **parleranno** | (par-le-**ran**-no) | **venderanno** | (ven-de-**ran**-no) |

I shall finish, you will finish, etc.

| | |
|---|---|
| finirò | (fi-ni-rɔ) |
| finirai | (fi-ni-raj) |
| finirà | (fi-ni-ra) |
| finiremo | (fi-ni-re-mo) |
| finirete | (fi-ni-re-te) |
| finiranno | (fi-ni-ran-no) |

The personal endings of the future tense of all verbs are: **-ò, -ai, -à; -emo, -ete, -anno**.

To form the regular future, place the infinitive minus the final **-e** in front of the future endings: **vendere, vender, venderò**.

But *for* **-are** *verbs, the* **a** *of the infinitive ending must be changed to* **-e** *before the endings are added.* Thus:

**parlare: parlerò, parlerai**, etc. **vendere: venderò, venderai**, etc. **finire: finirò, finirai**, etc.

The future tense is used after the conjunctions **quando**, *when*, **se**, *if*, and **appena**, *as soon as*, when a future sense is implied in both the main and the subordinate clauses.

**Se andrò in Italia, visiterò i luoghi più interessanti.**

If I go (literally, shall go) to Italy, I shall visit the most interesting places.

2 Some Verbs with an Irregular Future.

Note that the irregularity is in the infinitive stem, *not* in the endings.

| avere | to have | avrò | avrai | avrà |
|---|---|---|---|---|
| | | avremo | avrete | avranno |
| essere | to be | sarò | sarai | sarà |
| | | saremo | sarete | saranno |
| andare | to go | andrò | andrai | andrà |
| | | andremo | andrete | andranno |
| fare | to make, do | farò | farai | farà |
| | | faremo | farete | faranno |
| dare | to give | darò | darai | darà |
| | | daremo | darete | daranno |
| vedere | to see | vedrò | vedrai | vedrà |
| | | vedremo | vedrete | vedranno |
| potere | to be able | potrò | potrai | potrà |
| | | potremo | potrete | potranno |
| vivere | to live | vivrò | vivrai | vivrà |
| | | vivremo | vivrete | vivranno |

**Esercizio No. 128** Translate each dialogue. Read each dialogue aloud three times.

1 — Dove andrà Lei l'estate prossima?
— Andrò in Italia.
— Quando partirà da Londra?
— Partirò il 31 maggio.

2 — Quanto tempo passerà Lei in Italia?
— Vi[1] passerò due mesi.
— Andrà Lei col treno o in aereo?
— Andrò in aereo.

3 — Vedrà Lei il suo rappresentante
a Roma?
— Sì, infatti. Lui m'aspetterà
all'aeroporto.
— Quanto tempo resterà a Roma?
— Vi resterò tre o quattro
settimane.

4 — Farà Lei un viaggio in Sicilia?
— Sì, farò un viaggio in Sicilia, se
avrò tempo.
— L'accompagnerà il signor
Facci?
— Peccato! Egli non potrà
accompagnarmi.

NOTE 1. Vi and ci both may mean *there*.

3 Expressions of Future Time. Memorize them.

domani, tomorrow
domattina, tomorrow morning
domani sera, tomorrow evening
domani l'altro, day after tomorrow
dopodomani, after tomorrow
domani a otto, a week from tomorrow

la settimana prossima, next week
l'anno prossimo, next year
l'estate prossima *or* ventura, next
summer
questa sera, this evening
stasera, this evening
più tardi, later

Esercizio No. 129 Answer each Italian question by translating the answer
given in English into Italian.

Esempio 1: Arriveranno la settimana prossima.

1 Quando arriveranno i suoi amici?
They will arrive next week.
2 Quando farete i vostri compiti,
ragazzi?
We shall do our homework this
evening.
3 Quando scriverà lei la lettera?
She will write it later.
4 Quando ci porterà Lei i libri?
I shall bring the books to you[1]
tomorrow.
5 A che ora torneranno Loro dal
cinema?
We shall return at nine o'clock.
6 Quando ci daranno il denaro?
They will give you[1] the money
a week from tomorrow.
7 A che ora si alzerà Lei
domattina?
Tomorrow morning I shall get
up at seven o'clock.

8 Quando uscirà da casa?
I shall leave my house[2] at nine
o'clock.
9 Quando sarà Lei a Roma?
I shall be in Rome next year.
10 Potrà incontrarmi stasera?
No, but I shall be able to meet
you[3] tomorrow.
11 Quando mi diranno Loro quali
posti visiteranno?
We shall tell you[1] tomorrow.
12 A che ora daranno loro gli
esami?[4]
They will take them the day
after tomorrow.

NOTES: 1. (to) you = Le (*sing*.), Loro (*pl*.). 2. da casa. 3. incontrarla. 4.
dare un esame = to take an examination.

## Esercizio No. 130—Domande

1 Ci sono differenze fra gli abitanti delle diverse regioni del paese?

2 Chi è più alta, la gente del nord o la gente del sud?

3 Di che colore sono gli occhi, la pelle e i capelli degli abitanti del sud?

4 La gente del sud ha un temperamento eccitabile?

5 Perchè la vita giornaliera è più lenta nel sud che nel nord?

6 Dov'è la maggior parte delle grandi industrie del paese?

7 Descriva (describe) gli operai italiani del nord.

8 Gli operai del nord differiscono dai contadini, pescatori, ecc?

9 Che cosa si osserva in tutti gl'Italiani?

10 Come amano esprimere i loro sentimenti?

11 Il signor Smith come troverà gl'Italiani?

12 Che cosa sarà il tema del prossimo appuntamento?

# CHAPTER 27

## QUALI LUOGHI VISITERÀ, SIGNOR SMITH?

1 — La settimana prossima partirà per l'Italia, signor Smith? Quanto tempo resterà in quel paese?

2 — Non ho che due mesi a mia disposizione. Però l'assicuro che cercherò di usarli nel miglior modo possibile.

3 — Ha deciso quali città d'Italia visiterà?

4 — Non penso a nient'altro e ne leggo molto nella mia collezione di guide. Come Lei sa già i miei affari mi conducono a Roma dove abita il mio rappresentante, signor Vitelli.

5 — E quanto tempo resterà a Roma?

6 — Tre o quattro settimane. Cercherò di prolungare il mio soggiorno nella città eterna il più lungo possibile.

7 — E quali luoghi interessanti spera di visitare là?

8 — Visiterò il Foro Romano e quello che rimane degli antichi edifici romani, come l'Arco di Costantino e il Colosseo.

Visiterò alcune delle basiliche, il Pantheon e le Terme di Caracalla[1] dove spero di sentire qualche opera. So che questo teatro è aperto durante i mesi d'estate.

9 — Desidera vedere tutto ciò che rimane della grandezza di Roma antica, non è vero?

10 — Altro che. Ma voglio anche conoscere la Roma dei Papi e la Roma moderna.

11 — Allora Lei visiterà San Pietro e la città del Vaticano[2] con la bella Cappella Sistina, la grande biblioteca e il meraviglioso museo.

12 — Certamente. Passerò anche molto tempo negli altri musei di Roma.

13 — È un progetto straordinario. Per vedere tutto ciò che vi è d'interessante nella Città Eterna Lei avrà bisogno di almeno dieci anni.

14 — Cercherò di fare l'impossibile.

15 — Spero che non dimenticherà di vedere i dintorni di Roma che sono così incantevoli.

16 — Che idea! Farò delle gite a Ostia per osservare gli scavi recenti, ai Castelli Romani, a Frascati, a Albano, al Lago di Nemi e . . .

17 — Perbacco. Lasciamo i dintorni o non usciremo mai di lì. Che altre città d'Italia visiterà?

18 — Ebbene, usando Roma come punto di partenza visiterò senza dubbio Firenze, Milano, Genova, Venezia, Napoli e anche alcune delle città più piccole, come Siena, Perugia e Assisi.

19 — Quando sarà a Milano Lei dovrà fare il giro in macchina dei bellissimi laghi del nord; Como, Garda e Maggiore.

20 — Sì, certamente, e da Genova se avrò tempo non mancherò di fare una gita in Riviera. Ricorda Lei la nostra conversazione circa la Riviera?

21 — La ricordo bene.

22 — E quando sarò a Venezia prenderò il vaporino per visitare la piccola

isola di Murano e per vedere i famosi artigiani italiani fare i bellissimi oggetti di vetro che io importo. Alla fine ritornerò a Roma da dove prenderò l'aereo per andare a casa. Che ne pensa?

23 — Che ne penso? Io l'invidio, signor Smith, e ho un gran desiderio d'andare anch'io. Ma questo, sfortunatamente, è impossibile.

24 — Che peccato, signor Facci.

1 Are you leaving for Italy next week, Mr. Smith? How long will you stay in that country?

2 I have only two months at my disposal. But I assure you that I shall try to make use of them in the best possible way.

3 Have you decided which cities in Italy you will visit?

4 I think of nothing else, and I am reading a lot about them in my collection of guide books.

As you already know my business will take me to Rome where my agent, Mr. Vitelli, lives.

5 And how long will you stay in Rome?

6 Three or four weeks. I shall try to prolong my stay in the eternal city as long as possible.

7 And what places of interest do you hope to visit there?

8 I shall visit the Roman forum and what is left of ancient Roman buildings such as the Arch of Constantine and the Colosseum.

I shall visit some of the basilicas, the Pantheon, and the Baths of Caracalla where I hope to hear some operas. I know that this theatre is open during the summer months.

9 You want to see all that remains of the grandeur of ancient Rome, don't you?

10 I do indeed. But I also want to get to know the Rome of the Popes and modern Rome.

11 Then you will visit Saint Peter's and the Vatican City with the beautiful Sistine Chapel, the great library, and the wonderful museum.

12 Most certainly. I shall also spend a great deal of time in the other museums in Rome.

13 That's a heavy programme (*lit.* extraordinary project). In order to see everything that there is of interest in the Eternal City you will need at least ten years.

14 I shall try to do the impossible.

15 I hope you will not forget to see the countryside near Rome which is so enchanting.

16 Of course not. I shall go on trips to Ostia to see the recent excavations, to the Castelli Romani, to Frascati, to Albano, to Lake Nemi, and . . .

17 Good heavens. Let us leave the surrounding countryside or we shall never finish with it. What other towns in Italy will you visit?

18 Well, using Rome as a point of departure, I shall doubtlessly visit Florence, Milan, Genoa, Venice, Naples, and also some of the smaller towns such as Siena, Perugia, and Assisi.

19 When you are in Milan you will have to make a trip by car to the very beautiful northern lakes; Como, Garda, and Maggiore.

20 Yes, certainly, and from Genoa if I have time I shall not fail to make a trip to the Riviera. You remember our conversation about the Riviera?

21 I remember it well.

22 And when I am in Venice I shall take the small steamer to visit the small island of Murano to see the famous Italian craftsmen make the very beautiful glassware which I import. Finally I shall return to Rome, where I shall take the plane home. What do you think about it?

23 What do I think about it? I envy you, Mr. Smith, and I long to go too. But that, unfortunately, isn't possible.

24 What a pity, Mr. Facci.

NOTES: 1. **Terme di Caracalla,** Baths of Caracalla. During the summer the most famous singers and conductors in the world may be heard and seen there. 2. The **Città del Vaticano** is a small independent state under the sovereignty of the Pope. It was created in 1929 by a treaty between the Catholic church and the Italian state.

## Building Vocabulary

**il desiderio** (de-zi-dɛ-rjo), desire
**il foro** (fɔ-ro), forum
**il Papa** (pa-pa), pope
**il progetto** (pro-dʒɛt-to), project
**il punto** (pun-to), point
**il soggiorno** (sod-dʒor-no), stay
**il vaporino** (va-po-ri-no), small steamer
**il vetro** (ve-tro), glass (material)
**i dintorni** (din-tor-ni), near-by area, surroundings
**la biblioteca** (bi-bljo-tɛ-ka), library
**la grandezza** (gran-det-tsa), grandeur, greatness
**l'artigiano** (ar-ti-dʒa-no), artisan, craftsman
**l'opera** (ɔ-pe-ra), opera
**lo scavo** (ska-vo), excavation
**accompagnare** (ak-kom-pa-ŋa-re), to accompany
**assicurare** (as-si-ku-ra-re), to assure
**cercare** (tʃer-ka-re), to seek, to try
**invidiare** (in-vi-dja-re), to envy

**mancare (di)** (man-ka-re), to fail (to)
**prolungare** (pro-lun-ga-re), to prolong
**osservare** (os-ser-va-re), to observe, to see
**restare** (re-sta-re), to stay, to remain
**ricordare** (ri-kor-da-re), to remember
**condurre** (*shortened form of* **conducere**), to lead
**conducono** (kon-du-ko-no), they lead
**decidere** (de-tʃi-de-re), to decide
**ho deciso** (de-tʃi-so), I have decided
**vedere** (ve-de-re), to see
**ho veduto** (ve-du-to), I have seen
**aperto** (ap-ɛr-to), open
**recente** (re-tʃɛn-te), recent
**straordinario** (stra-or-di-na-rjo), extraordinary
**almeno** (al-me-no), at least
**sfortunatamente** (sfor-tu-na-ta-men-te), unfortunately
**perbacco** (per-bak-ko), good heavens

## Espressioni italiane

**fare una gita,** to make a trip
**Farò una gita a Roma.** I shall make a trip to Rome.
**fare un giro,**[1] to make a trip, an excursion
**Farò un giro dei laghi.** I shall tour round the lakes.

**non** *verb* **niente,** nothing, not anything
**Non ho niente.** I have nothing. I haven't anything
**non** *verb* **che,** only, nothing but
**Non ho che due mesi.** I have only two months.

NOTE 1. **Un giro** is, literally, a round, a circle, hence a round trip, an excursion.

Practise speaking aloud:

| | |
|---|---|
| **Quanto tempo ha Lei a sua disposizione?** | How much time have you at your disposal? |
| **Non ho che due settimane.** | I have only two weeks. |
| **Quanto tempo passerà Lei a Firenze?** | How much time will you spend in Florence? |
| **Non ci passerò che cinque giorni.** | I shall spend only five days there. |
| **Ha Lei due biglietti per l'opera?** | Do you have two tickets for the opera? |
| **Mi dispiace. Non ne ho che uno.** | I am sorry. I have only one. |
| **Quanto denaro avete intenzione di spendere?** | How much money do you intend to spend? |
| **Non abbiamo intenzione di spendere che cinque sterline.** | We intend to spend only £5. |
| **Quanto denaro ha Lei in tasca?** | How much money do you have on you? (*Lit.* in your pocket) |
| **Non ho che mille lire.** | I have only 1,000 lire. |

## Grammar Notes and Practical Exercises

1 More Irregular Futures.

| | | | | |
|---|---|---|---|---|
| **dovere** | to have to, to owe | dovrò | dovrai | dovrà |
| | | dovremo | dovrete | dovranno |
| **sapere** | to know (how) | saprò | saprai | saprà |
| | | sapremo | saprete | sapranno |
| **venire** | to come | verrò | verrai | verrà |
| | | verremo | verrete | verranno |
| **volere** | to want | vorrò | vorrai | vorrà |
| | | vorremo | vorrete | vorranno |
| **rimanere** | to remain, to stay | rimarrò | rimarrai | rimarrà |
| | | rimarremo | rimarrete | rimarranno |

2 Present and Future of Verbs ending in **-care** and **-gare**.

**cercare** (tʃer-**ka**-re), to look for, to try

I look for, you look for, etc.

| | |
|---|---|
| **cerco** (tʃer-ko) | **cerchiamo** (tʃer-**kja**-mo) |
| **cerchi** (tʃer-ki) | **cercate** (tʃer-**ka**-te) |
| **cerca** (tʃer-ka) | **cercano** (tʃer-**ka**-no) |

I shall look for, you will look for, etc.

| | |
|---|---|
| **cercherò** | **cercheremo** |
| **cercherai** | **cercherete** |
| **cercherà** | **cercheranno** |

pagare (pa-ga-re), to pay

I pay, you pay, etc.

| | |
|---|---|
| pago (pa-go) | paghiamo (pa-gja-mo) |
| paghi (pa-gi) | pagate (pa-ga-te) |
| paga (pa-ga) | pagano (pa-ga-no) |

I shall pay, you will pay, etc.

| | |
|---|---|
| pagherò | pagheremo |
| pagherai | pagherete |
| pagherà | pagheranno |

Verbs ending in **-care** insert an **h** after the **c** whenever the **c** precedes **i** or **e**.
Verbs ending in **-gare** insert an **h** after the **g** whenever the **g** precedes **i** or **e**.
This is done to keep the sound of the **c** and **g** hard as in the infinitive endings **-care, -gare**.

Other verbs like **cercare** and **pagare** are: **dimenticare**, to forget; **mancare (di)**, to fail to, to lack; **giocare**, to play; **imbucare**, to post; **dedicare**, to dedicate; **spiegare**, to explain; **asciugare**, to dry; **pregare**, to pray; **piegare**, to fold.

**Esercizio No. 131** Complete these sentences in Italian.

**Esempio 1: Viaggerà in aereo.**

1 (He will travel) **in aereo.**
2 (I shall visit) **i posti interessanti.**
3 (She will see) **il Foro romano.**
4 (They will spend) **molto tempo nei musei.**
5 (Will you try) **di prolungare il Suo soggiorno?**
6 (We shall not forget) **di vedere i dintorni.**
7 (Will you (Loro) make) **una gita a Ostia?**
8 (They (Loro) will be) **a Milano in agosto.**

9 (I shall have to) **fare una gita sul lago Maggiore.**
10 (He will take) **il vaporino per visitare Murano.**
11 **Poi** (they will return) **a Roma.**
12 (I shall not fail) **di andare in Riviera.**
13 (He will want) **andare in Italia l'anno venturo.**
14 (Will you (tu) not forget) **di scrivermi?**

**Esercizio No. 132** Answer these questions in the first person, singular or plural according to the question, with both **sì** and **no**. Use an object pronoun or **ci** (*there*) in each answer.

**Esempio: Visiterà Lei il museo?** *Lo* visiterò. Non *lo* visiterò.

**Finiranno Loro le lezioni?** *Le* finiremo. Non *le* finiremo.

1 Scriverà Lei la lettera?
2 Comprerà Lei l'orologio?
3 Porterà Lei i cestini?
4 Prenderà Lei il caffè?
5 Domanderà Lei i biglietti?
6 Venderanno Loro la casa?

7 Vorranno Loro queste camice?
8 Dovranno Loro andare al centro domani?
9 Sapranno Loro tutte le risposte?
10 Viaggeranno Loro in Italia l'estate ventura?

## Esercizio No. 133—Domande

1 Quando partirà per l'Italia il signor Smith?

2 Quanto tempo ha a sua disposizione?

3 Pensa molto al suo viaggio in Italia?

4 In quali libri ne legge molto?

5 Chi abita a Roma?

6 Quanto tempo resterà a Roma il signor Smith?

7 Dove spera egli di sentire qualche opera?

8 Dov'è la Cappella Sistina?

9 Quali dintorni non dimenticherà di vedere il signor Smith?

10 Dove farà una gita per osservare gli scavi recenti?

11 Usando Roma come punto di partenza, quali grandi città visiterà il signor Smith?

12 Quali sono tre bellissimi laghi del nord?

13 Il signor Smith farà una gita da Genova in Riviera?

14 Che piccola isola visiterà quando sarà a Venezia?

15 Chi ha un gran desiderio d'accompagnare il signor Smith?

# REVISION 6

## CHAPTERS 24–27

### Revisione di Parole

#### NOUNS

| | | |
|---|---|---|
| 1 l'artista | 13 la gita | 25 il risotto |
| 2 l'amore (*m.*) | 14 la gioia | 26 il sapore |
| 3 l'artigiano | 15 la grandezza | 27 lo scrittore |
| 4 la bellezza | 16 l'insalata | 28 la sigaretta |
| 5 la biblioteca | 17 la lista | 29 il sigaro |
| 6 il cibo | 18 il nord | 30 il soggiorno |
| 7 il contadino | 19 il pesce | 31 il vaporino |
| 8 il dolore | 20 il pescatore | 32 il sud |
| 9 la fabbrica | 21 il pollo | 33 il tabacco |
| 10 le fabbriche | 22 il popolo | 34 il turista |
| 11 il fiammifero | 23 il progetto | 35 l'uomo d'affari |
| 12 la gente | 24 il punto | 36 il vetro |

| | | |
|---|---|---|
| 1 artist | 13 trip | 25 risotto |
| 2 love | 14 joy | 26 flavour |
| 3 artisan, craftsman | 15 grandeur | 27 writer |
| 4 beauty | 16 salad | 28 cigarette |
| 5 library | 17 list, menu | 29 cigar |
| 6 food | 18 north | 30 stay |
| 7 peasant, farmer | 19 fish | 31 small steamer |
| 8 pain | 20 fisherman | 32 south |
| 9 factory | 21 chicken | 33 tobacco |
| 10 factories | 22 people | 34 tourist |
| 11 match | 23 project | 35 businessman |
| 12 people | 24 point | 36 glass |

#### VERBS

| | | |
|---|---|---|
| 1 ammirare | 9 osservare | 17 discutere |
| 2 assicurare | 10 prolungare | 18 ripetere |
| 3 cercare | 11 ricordare di | 19 ritenere |
| 4 circondare | 12 sopportare | 20 succedere |
| 5 cucinare | 13 condurre | 21 differire (isc) |
| 6 interessarsi di | 14 conducono | 22 offrire |
| 7 menare | 15 decidere | 23 suggerire (isc) |
| 8 nominare | 16 descrivere | 24 perdere |

| | | |
|---|---|---|
| 1 to admire | 9 to observe | 17 to discuss |
| 2 to assure | 10 to prolong | 18 to repeat |
| 3 to look for, try | 11 to remember | 19 to retain |
| 4 to surround | 12 to bear | 20 to happen |
| 5 to cook | 13 to lead | 21 to differ |
| 6 to be interested in | 14 they lead | 22 to offer |
| 7 to lead | 15 to decide | 23 to suggest |
| 8 to name | 16 to describe | 24 to lose |

## ADJECTIVES

| | | |
|---|---|---|
| 1 monotono | 6 distinto | 11 ottimo |
| 2 basso | 7 grazioso | 12 puro |
| 3 chiaro | 8 incantevole | 13 recente |
| 4 crudo | 9 lento | 14 sfortunato |
| 5 duro | 10 orgoglioso | 15 scuro |

| | | |
|---|---|---|
| 1 monotonous | 6 distinct | 11 extremely good |
| 2 low | 7 pretty | 12 pure |
| 3 light | 8 enchanting | 13 recent |
| 4 raw | 9 slow | 14 unfortunate |
| 5 hard | 10 proud | 15 dark |

## ADVERBS

| | | |
|---|---|---|
| 1 dappertutto | 2 almeno | 3 piuttosto |

| | | |
|---|---|---|
| 1 everywhere | 2 at least | 3 rather |

## ITALIAN EXPRESSIONS

| | | |
|---|---|---|
| 1 ad alta voce | 5 a prezzo fisso | 8 fare un giro |
| 2 altro che | 6 sempre più | 9 in pieno |
| 3 di nuovo | 7 fare una gita | 10 alla carta |
| 4 perbacco! | | |

| | | |
|---|---|---|
| 1 aloud | 5 fixed price, set price | 8 to make a tour |
| 2 I should say so! | 6 more and more | 9 in full |
| 3 again | 7 to make a trip | 10 *à la carte* |
| 4 good heavens! | | |

**Esercizio No. 134** Select the group of words from Column II which best completes each sentence begun in Column I.

| I | II |
|---|---|
| 1 La prima colazione consiste di una tazza | (a) fisiche fra gli abitanti del nord e quelli del sud. |
| 2 Gl'Italiani non hanno l'abitudine | (b) si trovano nel nord del paese. |
| 3 Ho sentito dire che ci sono differenze | (c) che in Italia è abbondante. |
| 4 Nel sud la gente generalmente ha | (d) la grande biblioteca e il meraviglioso museo. |
| 5 Voglio vedere tutto ciò che rimane | (e) di caffè e di pane tostato con burro. |
| 6 Tutte le grandi fabbriche italiane | (f) la colazione e il pranzo. |
| 7 Il pranzo finisce con la frutta | (g) bevono vino durante i pasti. |
| 8 I due pasti principali sono | (h) di mangiare molto la mattina. |
| 9 Nella città del Vaticano visiterò | (i) occhi, pelle e capelli scuri. |
| 10 È cosa che si sa che gl'Italiani | (j) della grandezza di Roma. |

**Esercizio No. 135** Answer these questions in complete sentences (in the future tense) with the help of the words in parentheses.

Esempio 1: Comprerò questo cappello.

1 Che cosa comprerà Lei? (questo cappello)
2 Quanto costerà (tremila lire)
3 Dove andrà Lei l'estate ventura? (in Italia)
4 Quando ritornerà Lei in Inghilterra? (il 2 settembre)
5 A che ora si coricherà Lei? (a mezzanotte)
6 A che ora si alzerà Lei? (alle sei di mattina)
7 Dove s'incontreranno Loro? (alla stazione)
8 A che ora finiranno Loro l'esame? (alle tre)
9 Dove cercheranno Loro gli studenti? (nella sala d'aspetto)
10 Dove saranno Loro alle due del pomeriggio? (a casa)
11 Quando avranno Loro tempo di fare il lavoro? (domattina)
12 Quanto tempo rimarranno Loro a Firenze? (cinque giorni)

**Esercizio No. 136** Translate.

1 I shall make
2 we shall not go
3 you (Lei) will be able
4 they will try
5 who will see?
6 shall we offer?
7 he will discuss
8 you (Loro) will eat
9 I shall repeat
10 she will want
11 will he come?
12 I shall pay
13 you (tu) will want
14 she will not do
15 I shall have
16 he will not give
17 will he bring?
18 will they go out?
19 I shall have to
20 we shall know how
21 you (tu) will not have

**Esercizio No. 137** Summary of articles of clothing. **mettersi,** to put on; **portare,** to wear; **stare bene,** to be becoming, to suit. Translate the sixteen sentences beneath this list.

1 il vestiario, i vestiti, clothing
2 il cappello, hat
3 il fazzoletto, handkerchief
4 il guanto, glove
5 il vestito, suit (dress)
6 il soprabito, overcoat
7 il calzino, sock
8 la camicia, shirt
9 la camicetta, blouse
10 la cravatta, tie
11 la calza, stocking
12 la gonna, skirt
13 la giacca, jacket
14 la scarpa, shoe
15 la soprascarpa, overshoe, galosh
16 l'impermeabile, raincoat
17 i calzoni, trousers
18 l'abito, suit, dress

Translate:

1 Mi metterò il cappello.[1]
2 Questo cappello mi piace perchè mi sta bene.
3 Non porto mai cappello in estate.
4 Lei si mette il vestito.[2]
5 Il vestito le sta bene.
6 Lei porta spesso questo vestito blu.

7 Lui si mette il soprabito.

8 Il soprabito non gli sta bene.

9 Enrico non porta il soprabito tutti i giorni.

10 Egli si mette il fazzoletto in tasca.

11 Egli si prende il fazzoletto dalla tasca.

12 Perchè non portano l'impermeabile?

13 Porto sempre l'impermeabile quando piove.

14 Questi guanti non ci piacciono.

15 Non portiamo mai guanti bianchi.

16 Questa camicia mi piace ma è troppo cara.

NOTES: 1. my hat. The definite article is used in Italian with articles of clothing, instead of the possessive adjective, when the meaning is clear. 2. her dress (see Note 1).

**Esercizio No. 138** Translate. Be careful to use the correct forms of **bello, grande, buono.** Also watch out for the use of the impersonal and passive construction with **si.** (See Chapter 24, Grammar Notes 2 and 3.)

1 Italy is a beautiful country. It is a great country.

2 People go (*translate* come) there from all parts of the world.

3 There are many beautiful towns in Italy.

4 The inhabitants of each town say that their town is the most beautiful.

5 Large mountains separate (**separano**) Italy from the rest of Europe.

6 The largest river is the Po.

7 The most beautiful lakes are found in the north.

8 Everywhere one sees the monuments of the ancient civilization of Rome.

9 It is said that the Italian Riviera is as beautiful as the French Riviera.

10 English is spoken in all the large stores.

11 Italy has a pleasant climate.

12 Many good hotels are found in the large towns.

13 One can buy many beautiful things in the Italian shops.

14 Italian women are beautiful.

**Esercizio No. 139** Change these sentences to the future tense.

1 Ogni anno faccio una gita in Riviera.

2 Voglio conoscere la Roma dei Papi.

3 Avete bisogno di due mesi per vedere tutto.

4 Possono passare molto tempo nei musei.

5 Cerchiamo di fare il giro dei laghi.

6 Visita Lei i dintorni di Roma?

7 La signora Smith deve restare a casa.

8 Siamo a casa tutta la giornata.

9 Perchè non paghi tu il conto?

10 I signori si vedono tutti i giorni.

### Dialogo 1

### In Autobus

1 — Scusi, signore, dove devo scendere per andare alla Posta Centrale? (all' Ambasciata di Gran Bretagna?) (al Campidoglio?) (alla stazione ferroviaria?), ecc.

2 — Lei deve scendere a Piazzale San Claudio, ecc.

3 — È lontano da qui?

4 — No signore, non è troppo lontano.
5 — In quanto tempo ci arriveremo?
6 — In circa quindici o venti minuti.
7 — Grazie tante, signore.
8 — Non c'è di che.

1 Excuse me, where do I get off for the Main Post Office? (for the British Embassy?) (for the Campidoglio?) (for the railway station?), etc.
2 You should get off at the Piazzale San Claudio, etc.
3 Is it far from here?
4 No, it is not too far.
5 When will we get there?
6 In about fifteen or twenty minutes.
7 Thank you very much.
8 Don't mention it.

### Dialogo 2
### La Posta

1 — Signor Smith, Lei ha, senza dubbio, una gran corrispondenza. C'è una cassetta per le lettere nel Suo edifizio?
2 — Naturalmente. Ne abbiamo una a ogni piano, per le nostre lettere. Ma inviamo i pacchi postali alla posta centrale.
3 — Chi li porta?
4 — Un commesso d'ufficio. Inoltre, compra i francobolli di cui abbiamo bisogno, per la posta aerea, per gli espressi, ecc.
5 — Dov'è la posta centrale?
6 — Non è lontana da qui. Si può andare a piedi.

1 Mr. Smith, no doubt you have a lot of correspondence. Is there a letter-box in your building?
2 Naturally. We have one on each floor for our letters. But we send parcels to the main post office.
3 Who takes them?
4 An office boy. He also buys the stamps that we need for air mail, for special delivery, etc.
5 Where is the main post office?
6 It isn't far from here. One can walk there.

### Esercizio No. 140—Lettura

### Il compleanno[1] della signora Smith

È il ventidue marzo, il compleanno della signora Smith. Oggi lei ha trenta-sei anni. Per festeggiare[2] questa festa la famiglia Smith va a mangiare in un elegante ristorante italiano a Londra.

Quando entrano nel ristorante vedono sulla tavola riservata per i signori Smith un grazioso cestino riempito[3] di rose bianche. Naturalmente la signora Smith è sorpresa. Lei ringrazia[4] e abbraccia il suo caro marito[5] con affetto e tenerezza.[6]

Alla fine del pranzo, veramente squisito,[7] Lucia, la più piccola, dice piano agli altri fanciulli—Ecco, pronti! E ciascuno dei quattro fanciulli prende di sotto la tavola una graziosa scatolina.[8] Nelle scatoline ci sono regali[9] per la madre.

Lucia le regala un fazzoletto di seta,[10] Biancha una camicetta di lino,[11] Carlo un paio di guanti e Paolo una sciarpa di lana.[12]

La settimana dopo il signor Smith fa i conti di quella giornata:

| | | |
|---|---|---|
| Pranzo ............Dieci sterline .......................................... | £10·00 |
| Mancia............Una sterlina ........................................... | £ 1·00 |
| Fiori ............Due sterline ........................................... | £ 2·00 |
| Regali ............Cinque sterline e cinquanta penni .............. | £ 5·50 |
| Totale ......................... | £18·50 |

Notes: 1. birthday. 2. to celebrate. 3. filled. 4. **ringraziare,** to thank. 5. husband. 6. tenderness. 7. exquisite. 8. little box. 9. gifts. 10. silk handkerchief. 11. linen blouse. 12. woollen scarf.

# CHAPTER 28

## IL SIGNOR SMITH SCRIVE UNA LETTERA
## AL SUO RAPPRESENTANTE

1 — Il signor Smith e il signor Facci sono seduti nel salotto in casa de signor Smith.

Il commerciante ha scritto una lettera al suo rappresentante a Roma. Oggi ha ricevuto una risposta per posta aerea.

Lui ha due lettere in mano: una copia della sua propria lettera e la risposta del suo rappresentante.

2 — Signor Facci, io Le leggerò cio che ho scritto al mio rappresentante, signor Vitelli.

3 — Questo mi farà piacere, signor Smith.

4 Il signor Smith legge la lettera che segue:

Londra, 4 maggio, 1971

Signor Arturo Vitelli
Via Torino 76
Roma,

Caro signor Vitelli,

Sono contento di informarla che ho deciso di fare un viaggio in Italia.

Partirò da Londra in aereo il 31 maggio alle 15.00 e arriverò all'aeroporto di Ciampino alle 18.00 di sera.

Resterò in Italia due mesi. Sarà un viaggio di piacere e nello stesso tempo un viaggio d'affari. Passerò tre o quattro settimane a Roma.

Lasciando Roma farò le gite per vedere i luoghi più interessanti.

Spero di andare in Sicilia in aereo.

Durante il mio soggiorno a Roma approfitterò di questa occasione per fare la Sua conoscenza personale.

Ho sempre apprezzato molto il buon servizio che Lei ci ha dato e che ha contribuito così tanto al nostro successo.

So che Lei è molto occupato e che viaggia tanto. Per questa ragione Le scrivo in anticipo nella speranza di poter[1] fissare un appuntamento. Per favore mi dica se potrò aver[1] il piacere di vederla a Roma.

Da sei mesi studio l'italiano. Ciò La sorprenderà forse. Spero di poter[1] parlare con Lei nella Sua bellissima lingua poichè già da qualche tempo converso due volte la settimana col mio maestro, signor Facci, un Suo compatriotta.[2]

In attesa di una Sua pronta risposta, accetti i miei più cordiali saluti.

Enrico Smith

5 — Meraviglioso, signor Smith. Non c'è neanche un errore nella lettera.

6 — Signor Facci, io Le devo confessare una cosa. C'è un libro italiano intitolato: 'La Corrispondenza Commerciale'.

Questo libro mi ha aiutato molto in tutto ciò che riguarda i titoli, le conclusioni, e varie espressioni di gentilezza.

Naturalmente è a Lei soprattutto che devo i miei più sinceri ringraziamenti.

7 — Lei è molto gentile. E ora per favore vuole leggermi la risposta che ha proprio ora ricevuta dal signor Vitelli.

8 — Con piacere, signore.

(Continua al Capitolo 29.)

1 Mr. Smith and Mr. Facci are seated in the living-room of Mr. Smith's house.

The businessman has written a letter to his agent in Rome. Today he has received an answer by air mail.

He has two letters in his hand: a copy of his own letter and his agent's reply.

2 Mr. Facci, I shall read to you what I wrote to my agent, Mr. Vitelli.

3 That will be a pleasure for me, Mr. Smith.

4 Mr. Smith reads the following letter:

London, 4th May, 1971

Mr. Arthur Vitelli
76 Via Torino
Rome,

Dear Mr. Vitelli,

I am pleased to inform you that I have decided to make a trip to Italy.

I shall leave London by plane on the 31st of May at three o'clock and will arrive at Ciampino airport at six o'clock in the evening.

I shall stay in Italy two months. It will be a pleasure trip and at the same time a business trip. I shall spend three or four weeks in Rome.

When I leave Rome I shall go on some excursions to see the most interesting places.

I hope to go to Sicily by plane.

During my stay in Rome I shall take advantage of the opportunity of meeting you personally.

I have always appreciated very much the excellent service you have given us which has contributed so much to our success.

I know that you are very busy and that you travel a great deal. For that reason I am writing to you in advance in the hope of being able to arrange a meeting. Please let me know if I shall have the pleasure of seeing you in Rome.

For six months I have been studying Italian. Perhaps that will surprise you. I hope to be able to talk with you in your beautiful language because for some time I have been having conversations twice a week with my teacher, Mr. Facci, one of your fellow countrymen.

Awaiting your early reply, I remain yours sincerely,

Henry Smith

5 Excellent, Mr. Smith. There isn't a single mistake in the letter.

6 Mr. Facci, I must confess something to you. There is an Italian book entitled: 'Commercial Correspondence'.

This book has helped me a great deal in everything that concerns headings, endings, and various expressions of politeness.

Naturally, to you especially, I owe my most sincere thanks.

7 You are very kind. And now will you kindly read me the reply that you have just received from Mr. Vitelli.

8 With pleasure.

(Continued in Chapter 29.)

NOTES: 1. It is common to drop the final -e of the infinitive in constructions like this. 2. Similar expressions are: **un mio amico, una mia amica,** a friend of mine; **un Suo maestro,** a teacher of yours; **un nostro conoscente,** an acquaintance of ours, etc.

## Building Vocabulary

il **compatriotta** (kom-pa-tri-ɔt-ta), fellow countryman
il **ringraziamento** (riŋ-gra-tsja-men-to), thanks
il **successo** (sut-tʃɛs-so), success
il **titolo** (ti-to-lo), title
la **conoscenza** (ko-noʃ-ʃɛn-tsa), acquaintance
la **copia** (kɔ-pja), copy
la **cortesia** (kor-te-ʒi-a), courtesy
la **mano**[1] (ma-no), hand
la **speranza** (spe-ran-tsa), hope
lo **sbaglio** (sba-ʎo), error
**aiutare** (a-ju-ta-re), to help; **aiutato,** helped
**apprezzare** (ap-pret-tsa-re), to appreciate
**approfittare di** (ap-pro-fit-ta-re), to profit by

**confessare** (kon-fes-sa-re), to confess
**informare** (in-for-ma-re), to inform
**riguardare** (ri-gwar-da-re), to concern
**sorprendere** (sor-prɛn-de-re), to surprise
**contribuire** (kon-tri-bwi-re), to contribute
**seguire** (se-gwi-re), to follow
**intitolato** (in-ti-to-la-to), entitled
**personale** (per-so-na-le), personal
**sincero** (sin-tʃɛ-ro), sincere
**fa,** ago; **poco fa,** a little while ago
**non** (*verb*) **neanche** (ne-aŋ-ke), not even
**da,** since, for
**poichè** (poj-kɛ), because, since, as = **perchè**

NOTE 1. Nouns ending in **-o** are with very few exceptions masculine. **La mano** and **la radio** are exceptions.

## Espressioni italiane

**fino ad ora,** until now
**in anticipo** (an-ti-tʃi-po), in advance
**due volte la settimana,** twice a week
**fare la conoscenza di,** to make the acquaintance of
**Voglio fare la conoscenza del mio rappresentante.** I want to make the acquaintance of my agent.
**Lui vuole fare la Sua conoscenza.** He wants to make your acquaintance.
**fare piacere a,** to give pleasure to

**in mano** in (my, your, his, etc.), hand
**Ho una lettera in mano.** I have a letter in my hand.
**Lei ha un quaderno in mano.** You have a notebook in your hand.
**Lui ha una penna in mano.** He has a pen in his hand.
**La Sua lettera mi ha fatto molto piacere.** Your letter has given me much pleasure.

## Grammar Notes and Practical Exercises

1 The Present Perfect Tense. What *has happened*, or what *happened*. Regular Verbs: **parlare, vendere, capire.**

| I have spoken *or*<br>I spoke, etc. | I have not sold *or*<br>I did not sell, etc. | Have I understood *or*<br>did I understand? etc. |
|---|---|---|
| **ho parlato** | **non ho venduto** | **ho capito?** |
| **hai parlato** | **non hai venduto** | **hai capito?** |
| **ha parlato** | **non ha venduto** | **ha capito?** |
| **abbiamo parlato** | **non abbiamo venduto** | **abbiamo capito?** |
| **avete parlato** | **non avete venduto** | **avete capito?** |
| **hanno parlato** | **non hanno venduto** | **hanno capito?** |

The present perfect in Italian is formed by using an auxiliary verb plus the past participle. With most verbs the auxiliary verb is the present tense of **avere**. With some verbs, as you will see later, the auxiliary verb is the present tense of **essere**.

The present perfect tense is used to translate the English *I have done something, I did*. In addition, nowadays Italians are using it to translate the past definite, when the action referred to occurred up to a few years ago: **Oggi sono andato a fare le spese. Due anni fa ho passato le vacanze in Francia.**

Do not bother about this at the moment. It will become clearer after you have learned the past definite, and will be mentioned again then (Chapter 41, page 266).

2 Formation of the Past Participle.

All regular verbs and many irregular verbs form their past participles as follows:

**-are** verbs drop **-are** and add **-ato.** Thus:

| | | | |
|---|---|---|---|
| **comprare** | to buy | **comprato** | bought |
| **parlare** | to speak | **parlato** | spoken |
| **studiare** | to study | **studiato** | studied |
| **portare** | to bring | **portato** | brought |
| **trovare** | to find | **trovato** | found |
| **aiutare** | to help | **aiutato** | helped |
| **apprezzare** | to appreciate | **apprezzato** | appreciated |
| **dare** | to give | **dato** | given |

**-ere** verbs drop **-ere** and add **-uto.** Thus:

| | | | |
|---|---|---|---|
| **vendere** | to sell | **venduto** | sold |
| **ricevere** | to receive | **ricevuto** | received |
| **avere** | to have | **avuto** | had |
| **ottenere** | to obtain | **ottenuto** | obtained |
| **sapere** | to know | **saputo** | known |
| **conoscere** | to know | **conosciuto**[1] | known |

**-ire** verbs drop **-ire** and add **-ito**. Thus:

| | | | |
|---|---|---|---|
| capire | to understand | capito | understood |
| finire | to finish | finito | finished |
| servire | to serve | servito | served |
| preferire | to prefer | preferito | preferred |
| contribuire | to contribute | contribuito | contributed |
| sentire | to feel | sentito | felt |

NOTE 1. **conosciuto** inserts an **-i** after the **c** to keep the sound of the **c** soft.

3 Some Irregular Past Participles.

| | | | |
|---|---|---|---|
| scrivere | to write | scritto | written |
| leggere | to read | letto | read |
| chiudere | to close | chiuso | closed |
| aprire | to open | aperto | opened |
| dire | to say, to tell | detto | said, told |
| rispondere | to answer | risposto | answered |
| decidere | to decide | deciso | decided |
| prendere | to take | preso | taken |

**Esercizio No. 141** Translate these brief dialogues. Then practise reading them aloud.

1 — Quando ha scritto la lettera al suo rappresentante il signor Smith?
— Ha scritto la lettera dieci giorni fa.
2 — Quando ha ricevuto la risposta?
— Oggi ha ricevuto la risposta.
3 — A chi ha letto il signor Smith una copia della sua lettera?
— Ha letto la copia al signor Facci.

4 — Ha trovato il signor Facci molti sbagli nella lettera?
— No. Non ha trovato neanche uno sbaglio.
5 — Che libro ha aiutato molto il signor Smith?
— Il libro 'La Corrispondenza Commerciale' l'ha aiutato molto.
6 — Dove ha ottenuto questo libro?
— L'ha preso alla biblioteca.

**Esercizio No. 142** Complete these sentences with the past participle of the verb indicated.

1 Ho (received) la sua lettera del 4 maggio.
2 Abbiamo (decided) di fare un viaggio in Italia.
3 Non ho (understood) ciò che Lei ha (said).
4 Lui ha (contributed) al nostro successo.
5 Non abbiamo (written) molte lettere.
6 Essi hanno (bought) molti oggetti d'arte.

7 Hai (read) tutte le guide?
8 Loro non hanno (answered) alla mia lettera.
9 Avete (made) la conoscenza del signor Smith?
10 Hanno (taken) i libri alla biblioteca.
11 Lei non ha (finished) l'esame.
12 La signora ha già (served) il tè.
13 Ho (lost) il mio biglietto.
14 Non hanno (been able) trovarlo.

4 **da**, since, for; **da quando?** since when? how long?

| | |
|---|---|
| **Da quando studia l'italiano Lei?** | How long have you been studying Italian? |
| **Studio l'italiano da sei mesi.** | I have been studying Italian for six months. |

When an action has begun in the past and is continuing in the present, the present tense with **da** (*since, for*) and **da quando** (*since when?*) is used in Italian. In English, in such cases, the present perfect is used.

**Esercizio No. 143** Translate.

1 Since when have you been living in London?

2 I have been living there for two years.

3 Since when have they been studying Italian?

4 They have been studying it for six months.

5 Since when have you known him?

6 I have known him for three years.

7 Since when has he been working in this office?

8 He has been working here for seven weeks.

**Esercizio No. 144—Domande**

1 Dove sono seduti i signori?

2 Che cosa ha in mano il signor Smith?

3 Che cosa legge al signor Facci?

4 Quando partirà il signor Smith da Londra?

5 Quanto tempo passerà in Italia?

6 Quanto tempo resterà lui a Roma?

7 Che cosa farà dopo la partenza da Roma?

8 Spera di andare in Sicilia?

9 Chi è molto occupato?

10 Di chi desidera fare la conoscenza il signor Smith?

11 Perchè scrive in anticipo?

12 Da quanto tempo il signor Smith prende lezioni d'italiano?

# CHAPTER 29

## IL SIGNOR SMITH RICEVE UNA LETTERA

Il signor Smith ha scritto una lettera al suo rappresentante a Roma. Nell'ultimo capitolo lui ha letto una copia di quella lettera al suo maestro, il signor Facci. Quest'ultimo non ha trovato, nella lettera, neanche uno sbaglio.

Il commerciante ha ricevuto una risposta dal suo rappresentante. Ora lui la tiene in mano e la sta leggendo.

Mr. Smith has written a letter to his agent in Rome. In the last chapter he read a copy of that letter to his teacher, Mr. Facci. The latter did not find a single error (even one error) in the letter.

The businessman has received an answer from his agent. Now he is holding it in his hand and is reading it.

1 Caro signor Smith,

2 Ho ricevuto con gran piacere la Sua lettera del 4 maggio in cui Lei m'informa che farà presto un viaggio in Italia.

3 Fortunatamente sarò a Roma durante i mesi di giugno e di luglio. Perciò sarò interamente a Sua disposizione.

4 Dunque avrò il piacere d'incontrarla all'aeroporto di Ciampino alle 18.00 il 31 maggio.

5 Farò tutto il possibile per rendere la Sua permanenza a Roma piacevole dal punto di vista ricreativo e anche profittevole per gli affari.

6 Sarò ben[1] felice di parlare italiano con Lei, e sono sicuro che Lei potrà parlare la lingua perfettamente. Infatti Lei scrive l'italiano molto bene.

7 Perciò voglio congratularmi con Lei e col suo maestro. Poichè il signor Facci è italiano capisco benissimo la Sua familiarità con la lingua italiana.

8 In attesa di fare la Sua conoscenza Le invio i miei più rispettosi saluti.

Arturo Vitelli

9 — È davvero una lettera carina, dice il signor Facci. Fino ad ora Lei ha conosciuto il signor Vitelli come il Suo rappresentante serio ed abile. Senza dubbio Lei vedrà che è anche molto simpatico, come la maggior[2] parte dei suoi compatriotti. Mi perdoni se io sono orgoglioso del popolo italiano; ma Lei vedrà da sè stesso.

10 — Sono sicuro che fra gl'Italiani sarò felice, e la miglior cosa è che potrò parlare con loro nella loro propria lingua.

11 — Lei ha certamente ragione. Ebbene, signor Smith, giovedì prossimo è il nostro ultimo appuntamento prima della Sua partenza. C'incontreremo nel Suo ufficio, non è vero?

12 — Sì, signore. E mi darà Lei alcuni ultimi consigli?

13 — Con piacere, signor Smith.

1 Dear Mr. Smith,

2 I received with great pleasure your letter of the 4th of May in which you inform me that you will soon be making a trip to Italy.

3 Fortunately I shall be in Rome during the months of June and July. Therefore I shall be entirely at your service.

4 Consequently I shall have the pleasure of meeting you at Ciampino Airport at 6 p.m. on the 31st of May.

5 I shall do everything possible to make your stay in Rome pleasant in the field of entertainment as well as profitable in the field of business.

6 I shall be very happy to talk with you in Italian and I am sure that you will be able to speak the language perfectly. In fact you write Italian very well.

7 Therefore I want to congratulate you and your teacher. Since Mr. Facci is an Italian I fully understand your familiarity with the Italian language.

8 Looking forward to making your acquaintance I remain, yours sincerely,                                               Arthur Vitelli

9 'It is really a very nice letter,' Mr. Facci says. Until now you have known Mr. Vitelli as your reliable and competent agent. No doubt you will see that he is also very likeable, like most of his fellow countrymen. Forgive me if I am proud of the Italian people; but you will see for yourself.

10 I am sure that I shall be happy among the Italians, and the best thing is that I shall be able to talk with them in their own language.

11 You are quite right. Well, Mr. Smith, next Thursday is our last meeting before your departure. We shall meet in your office, shall we not?

12 Yes. And you will give me some last-minute advice?

13 With pleasure, Mr. Smith.

NOTES: 1. **ben** = **bene**. 2. **maggior** = **maggiore**.

## Building Vocabulary

**la familiarità** (fa-mi-lja-ri-**ta**), familiarity
**la permanenza** (per-ma-**nɛn**-tsa), stay
**inviare** (in-**vja**-re), to send
**incontrare** (iŋ-kon-**tra**-re), to meet
**rendere** (**rɛn**-de-re), to render, to make
**abile** (**a**-bi-le), able, skilful
**profittevole** (pro-fit-**te**-vo-le), profitable
**proprio** (**prɔ**-prjo), own
**ricreativo** (ri-kre-a-**ti**-vo), recreational

**rispettoso** (ri-spet-**to**-so), respectful
**serio** (**sɛ**-rjo), serious
**sicuro** (si-**ku**-ro), sure
**simpatico** (sim-**pa**-ti-ko), nice, pleasant
**interamente** (in-te-ra-**mɛn**-te), entirely
**dunque** (**duŋ**-kwe), therefore, consequently
**poichè** (poj-**kɛ**), since, because, as, for

## Espressioni italiane

**incontrarsi,** to meet (each other)
**Dove c'incontreremo?** Where shall we meet?
**C'incontreremo nel museo.** We shall meet (each other) in the museum.

**Dove s'incontrano ogni giorno?** Where do they meet every day?
**Ogni giorno s'incontrano alla stazione.** Every day they meet (each other) at the station.
**fino ad ora,** until now

## Grammar Notes and Practical Exercises

1 Present Tense of the Verb **tenere** (te-ne-re), to hold, to keep.

I hold, you hold, etc.

| | | | |
|---|---|---|---|
| tengo | (tɛŋ-go) | teniamo | (te-nja-mo) |
| tieni | (tjɛ-ni) | tenete | (te-ne-te) |
| tiene | (tjɛ-ne) | tengono | (tɛn-go-no) |

I come, you come, etc.

| | |
|---|---|
| vengo | veniamo |
| vieni | venite |
| viene | vengono |

Imperative: *Sing.* **tenga!** hold! *Plur.* **tengano!** hold!
*Sing.* **venga!** come! *Plur.* **vengano!** come!

**tenere** is like **venire** except in the **voi** form (**tenete, venite**).
**ottenere,** to obtain, **contenere,** to contain, **ritenere,** to retain, are conjugated like **tenere.**

**Esercizio No. 145** Translate.

1 What are you holding in your hand?
2 I am holding a letter in my hand.
3 He is holding a fountain pen in his hand.
4 Where can we obtain a guide?
5 You can obtain a guide at the travel agency (**agenzia di viaggi**).
6 Have you obtained your tickets?
7 We have already obtained our tickets.
8 What does this box (**scatola**) contain?
9 It contains some writing paper (**carta da lettere**).
10 Have you retained the money?
11 Hold this ash-tray, sir.
12 Hold these letters, ladies.

2 Agreement of the Past Participle.

The past participle of verbs conjugated with **essere** agrees with the subject.

When a direct object pronoun precedes the verb, the past participle of verbs conjugated with **avere** must agree with that direct object pronoun in number and gender. (Remember that some verbs which take a direct object in English do not take a direct object in Italian.)

Direct Object After Verb (No Agreement)

**Ha letto Lei il libro?** (*masc. sing.*)
Have you read the book?
**Ha letto Lei la lettera?** (*fem. sing.*)
Have you read the letter?
**Ha letto Lei i libri?** (*masc. plur.*)
Have you read the books?
**Ha letto Lei le lettere?** (*fem. plur.*)
Have you read the letters?

Direct Object Pronoun Before Verb (Agreement)

**L'ho** (= **lo ho**) *letto*. (*masc. sing.*)
I have read it.
**L'ho** (= **la ho**) *letta*. (*fem. sing.*)
I have read it.
**Li ho** *letti*. (*masc. plur.*)
I have read them.
**Le ho** *lette*. (*fem. plur.*)
I have read them.

The direct object pronoun may be a relative pronoun. The past participle may agree with it.

| | |
|---|---|
| Ho letto la lettera *che* Lei ha scritta (*or* scritto). | I have read the letter which you wrote. |
| Ho letto le lettere *che* Lei ha scritte (*or* scritto). | I have read the letters which you wrote. |
| Ho letto i libri *che* Lei mi ha dati (*or* dato). | I have read the books which you gave me. |

**Esercizio No. 146** Translate each question and answer. Read each aloud three times in Italian. Note the agreement of the past participles.

| | |
|---|---|
| 1 Ha Lei raccomandato queste guide? | 1 Sì, signore, le ho raccomandate. |
| 2 Ha lui scritto la risposta? | 2 Sì, signore, l'ha scritta. |
| 3 Dove ha trovato Lei il denaro? | 3 L'ho trovato all'ufficio. |
| 4 Ha Lei capito la domanda? | 4 No, signore, non l'ho capita. |
| 5 Ha lei imparato il proverbio? | 5 No, signora, non l'ho imparato. |
| 6 Chi ha riservato i due posti? | 6 Mio padre li ha riservati ieri. |
| 7 Quando ha Lei veduto la Sua amica? | 7 L'ho veduta ieri sera. |
| 8 Quando hanno finito l'esame essi? | 8 L'hanno finito alle due. |
| 9 Quando ha portato le lettere il postino? | 9 Le ha portate stamattina. |
| 10 Ha Lei sentito il campanello? | 10 No, signore, non l'ho sentito. |
| 11 Il signor Smith ha studiato tutti i libri di guida? | 11 Li ha studiati tutti. Li ha trovati molto utili. |
| 12 Quale lettera legge al signor Facci? | 12 Legge la lettera che ha ricevuta dal signor Vitelli. |

**Esercizio No. 147** Rewrite these sentences, substituting a direct object pronoun for each direct object noun. Remember the rule governing the agreement of the past participle.

Esempio: Ho trovato *gli sbagli. Li* ho trovati.

1 Ho scritto *le lettere.*
2 Non abbiamo veduto *il film.*
3 Hanno letto *i libri.*
4 Chi non ha capito *la domanda*?
5 Ha Lei raccomandato *mio fratello*?
6 Ho riservato *i posti.*
7 Abbiamo finito *il lavoro.*
8 Hanno ammirato *la nostra casa.*
9 Lei non ha pagato *il conto.*
10 Non avete ascoltato *i vostri maestri.*
11 Hanno portato *le sedie*?
12 Carlo ha fatto *il lavoro.*
13 Maria non ha incontrato *le sue amiche.*
14 Oggi ho ricevuto *queste camice.*
15 Abbiamo venduto *quei fazzoletti.*
16 Lei non ha aperto *la finestra.*
17 Chi ha preso *il mio cappello*?
18 Lui ha studiato *la geografia d'Italia.*

### Esercizio No. 148—Domande

1 Chi ha scritto una lettera al suo rappresentante?
2 A chi ha egli letto una copia di questa lettera?
3 Il signor Facci ha trovato molti sbagli nella lettera?
4 Quando sarà a Roma il signor Vitelli?

5 Dove incontrerà egli il signor
  Smith?
6 In che lingua parlerà con lui?
7 Il signor Vitelli con chi vuole
  congratularsi?
8 Di chi è orgoglioso il signor
  Facci?
9 Di che cosa è sicuro il signor
  Smith?
10 Quando avranno i due signori il
  loro ultimo appuntamento?
11 Dove s'incontreranno essi?
12 Il signor Facci che cosa darà
  al signor Smith?

# CHAPTER 30

## GLI ULTIMI CONSIGLI DEL SIGNOR FACCI

1 Fa caldo nell'ufficio del signor Smith. Non c'è un soffio d'aria. Dalle finestre aperte si sentono i rumori della strada.

2 — Sono contento di lasciare la città, dice il signor Smith al signor Facci.

3 — Ho il desiderio di partire con Lei, risponde il signor Facci.

4 — Non può venire con me?

5 — Sfortunatamente non è possibile.

6 — Peccato! Ebbene, vuole essere così gentile da darmi alcuni ultimi consigli?

La vita in Italia è differente da quella in Inghilterra?

7 — Sì, signor Smith, le abitudini del paese sono molto differenti. In generale le cose sono fatte con più formalità che qui. La cortesia ha un valore più profondo. Significa che ogni persona è degna di rispetto.

8 — Ciò è verissimo, risponde il signor Smith.

9 — Ho notato che in Italia gli affari sono fatti con più formalità che in Inghilterra. Gli uomini d'affari amano conversare un po' prima di parlare d'affari. Essi desiderano prima di tutto conoscersi.

10 — Io sarò molto felice in Italia.

11 — Lei dovrà abituarsi a un modo di vivere più agitato. In generale la vita in Italia è meno calma che qui.

12 — Lo spero. Mi sono abituato a fare le cose sempre in fretta.

13 — E ricordi che a Roma in estate qualche volta fa molto caldo. Perciò Lei deve seguire l'uso romano di fare un sonnellino dalle tredici alle quindici.

14 Non lo dimenticherò.

15 — Ora che Lei può parlare italiano così bene, colga ogni occasione di parlarlo con tutti; coi facchini, coi camerieri, coi commessi dei negozi, ecc. ecc. Questo è il miglior modo di conoscere l'Italia.

16 — Grazie a Lei, signor Facci, potrò parlare cogl'Italiani nella loro propria lingua, e certamente coglierò ogni occasione di farlo.

17 — A proposito, ha letto i libri sull'Italia che le ho raccomandati?

18 — Sì, li ho letti tutti con grand'interesse.

19 — Ho anche letto le due guide che Lei mi ha prestate. Sono sicuro che queste due guide mi saranno di grand'aiuto.

20 — Senza dubbio. Quanto a me, io passerò l'estate a Londra. Le nostre conversazioni mi hanno fatto molto piacere e la Sua compagnia mi mancherà molto.

21 — Penserò a Lei spesso e di tanto in tanto Le scriverò.

22 — Sarò molto felice di ricevere le Sue lettere. Allora, dobbiamo dirci addio. Vuole[1] salutare la signora Smith e baciare i bambini da parte mia.

23 — Grazie tante e buona fortuna!

**24 — Buon viaggio, signor Smith.**
**Ed essi si stringono la mano.**

1 It is hot in Mr. Smith's office. There isn't a breath of air. Through the open windows you can hear the noises of the street.

2 'I am glad to leave the city,' Mr. Smith says to Mr. Facci.

3 'I have a mind to go with you,' answers Mr. Facci.

4 Can't you come with me?

5 Unfortunately it isn't possible.

6 What a pity! Well then, will you be so kind as to give me some last-minute advice?
Is life in Italy different from that in England?

7 Yes, Mr. Smith, the customs of the country are quite different. In general, things are done with more formality than they are here. The question of courtesy has a more profound value. It signifies that every person is worthy of respect.

8 'That is very true,' Mr. Smith replies.

9 I have noticed that in Italy business is done with more formality than it is in England. Businessmen like to chat a little before speaking of business matters. They want first of all to get to know one another.

10 I shall be very happy in Italy.

11 You will have to get used to a more excitable way of life. In general, life in Italy is less calm than it is here.

12 I hope so. I am used to always doing things in a hurry.

13 And remember that it is often very hot in Rome during the summer. Therefore you must follow the Roman custom of taking a nap from one o'clock to three.

14 I shan't forget to do so.

15 Now that you are able to speak Italian so well, take every opportunity to speak it with everyone, with the porters, with waiters, with the shop assistants, etc. This is the best way to get to know Italy.

16 Thanks to you, Mr. Facci, I'll be able to speak to Italians in their own language and I'll certainly take every opportunity of doing so.

17 By the way, have you read the books on Italy which I recommended to you?

18 Yes, I have read them all with great interest.

19 I have also read the two guide books which you lent me. I am sure that these two guide books will be of great help to me.

20 Without any doubt. As for me, I shall spend the summer in London. Our discussions have given me much pleasure, and I shall miss your company very much.

21 I shall think of you often, and from time to time I shall write to you.

22 I shall be very happy to receive your letters. Well, we must say good-bye. Kindly give my regards to Mrs. Smith and kiss the children for me.

23 Thank you very much and good luck!

24 Have a good trip, Mr. Smith.
And they shake hands.

NOTES: 1. vuole—'will you please' or 'kindly'—an expression of courtesy. Literally, 'do you want'.

## Building Vocabulary

il **cameriere** (ka-me-rjɛ-re), waiter
il **commesso** (kom-**mes**-so), salesman, shop assistant
il **facchino** (fak-**ki**-no), porter
il **rumore** (ru-**mo**-re), noise
il **soffio** (**sof**-fjo), breath (of air)
il **sonnellino** (son-nel-**li**-no), nap
il **valore** (va-**lo**-re), value
**fretta** (**fret**-ta), haste, hurry
l'**aiuto** (a-**ju**-to), aid
**abituarsi a** (a-bi-**twar**-si), to get used to
**raccomandare** (rak-ko-man-**da**-re), to recommend

**cogliere** (**kɔ**-ʎe-re), to seize, to catch
**stringere** (**strin**-dʒe-re), to press, to clasp
**vivere** (**vi**-ve-re), to live
**riuscire a** (rjuʃ-**ʃi**-re), to succeed in
**agitato** (a-dʒi-**ta**-to), excitable, restless
**degno** (**de**-ño), worthy
**profondo** (pro-**fon**-do), deep, profound
**tranquillo** (tran-**kwil**-lo), peaceful, calm

## Espressioni italiane

**Quanto a me,** as for me
**cogliere l'occasione,** to take the opportunity.
**In quanto a noi coglieremo ogni occasione di parlare italiano.** As for us we shall take every opportunity of speaking Italian.
**fare un sonnellino,** to take a nap

**stringersi la mano,** to shake hands (*lit.* to clasp to each other the hand)
**Ci stringiamo la mano.** We shake hands.
**Si stringono la mano.** They shake hands.
**aver fretta,** to be in a hurry (*lit.* to have haste)
**Abbiamo fretta.** We are in a hurry.

## Grammar Notes and Practical Exercises

1 Independent Pronouns Used after Prepositions.

(*a*) Note carefully the personal pronouns used after prepositions. They are called *independent* or *disjunctive* pronouns because they are used independently of the verb.

### Singular

| | | | |
|---|---|---|---|
| con | *me* | with | *me* |
| con | *te* | with | *you* (*fam.*) |
| con | *Lei* | with | *you* (*pol.*) |
| per | *lui* | for | *him* |
| per | *lei* | for | *her* |
| per | *esso* | for | *him* or *it* (*m.*) |
| per | *essa* | for | *her* or *it* (*f.*) |

### Plural

| | | | |
|---|---|---|---|
| intorno a | *noi* | around | *us* |
| davanti a | *voi* | in front of | *you* (*fam.*) |
| dietro | *Loro* | behind | *you* (*pol.*) |
| vicino a | *loro* | near | *them* (*m.* or *f.* persons only) |
| lontano da | *essi* | far from | *them* (*m.* persons or things) |
| senza di | *esse* | without | *them* (*f.* persons or things) |

(b) Note the use of the independent pronouns with the preposition **da** (meaning *to* or *at the house* (*office, store, etc.*) *of*.

**da me** to *or* at my house (office, etc.)

**da Lei** to *or* at your house (office, etc.)

**da lui** to *or* at his house (office, etc.)

**da lei** to *or* at her house (office, etc.)

**da noi** to *or* at our house (office, etc.)

**da voi** to *or* at your house (office, etc.)

**da Loro** to *or* at your house (office, etc.)

**da loro** to *or* at their house (office, etc.)

(c) When **senza** is followed by a pronoun, the word **di** is usually inserted between **senza** and the pronoun: **senza di me,** *without me.*

**Esercizio No. 149** Complete the following sentences in Italian.

1 **Vuole Lei andare** (with me)?
2 **Questa lettera è** (for you), **ragazzo.**
3 **L'aeroplano partirà** (without them).
4 **Lui è seduto** (near her).
5 **Ci sono molte cose** (around us).
6 **Voglio lavorare** (for you), **signori.**
7 **Non abbiamo bisogno** (of him).
8 **Farò colazione** (with you), **signor Smith.**

9 **Non posso scrivere** (with it (*m.*)).
10 **Le regole non sono** (in it (*f.*)).
11 **Va Lei** (to) **dottore Amato?**
12 **Sì, vado** (to his office) **stasera.**
13 **Quando verrete** (to our house)?
14 **Verremo** (to your house) **domani.**
15 **Abitano gli studenti** (at your house), **signor B.?**
16 **Loro abitano** (at my house).

2 More Irregular Past Participles.

| | | | | |
|---|---|---|---|---|
| **mettere** | to put | **(io) ho** | *messo* | I have put |
| **permettere** | to permit | **(tu) hai** | *permesso* | you have permitted |
| **promettere** | to promise | **(Lei) ha** | *promesso* | you have promised |
| **aprire** | to open | **(egli) ha** | *aperto* | he has opened |
| **chiudere** | to close | **(noi) abbiamo** | *chiuso* | we have closed |
| **rompere** | to break | **(voi) avete** | *rotto* | you have broken |
| **rendere** | to give back | **(Loro) hanno** | *reso* | you have given back |
| **vedere** | to see | **(loro) hanno** | *visto or veduto* | they have seen |
| **spendere** | to spend (*money*) | **(essi) hanno** | *speso* | they have spent |

3 Past Participles Used as Adjectives.

Past participles can also be used as adjectives. When they are used as adjectives, they must agree in number and gender with the nouns they modify. Thus:

| | | | |
|---|---|---|---|
| **il libro aperto** | the open book | **i libri aperti** | the open books |
| **il libro chiuso** | the closed book | **i libri chiusi** | the closed books |
| **la finestra aperta** | the open window | **le finestre aperte** | the open windows |
| **la finestra chiusa** | the closed window | **le finestre chiuse** | the closed windows |

**Esercizio No. 150** Complete each sentence in Italian with the correct form of the past participle.

**Esempio 1: Sulle pareti ci sono cartelli illustrati.**

1 Sulle pareti ci sono cartelli (illustrated).
2 Tutte le porte sono (open).
3 La ditta Doccia è ben (known).
4 Molti vasi sono (broken).
5 Dov'è la camera (reserved) per me?
6 Abbiamo trovato i biglietti (lost).
7 Non ci daranno il denaro (promised).
8 Ecco gli esercizi (finished).
9 Le ragazze non sono (seated).
10 Non ho mai (seen) quella pittura.
11 Lui ha (promised) di andarci.
12 Loro ci hanno (permitted) di usare il telefono.
13 Lei ha (put) i piatti sulla tavola.
14 Ho (lost) il mio orologio.

**Esercizio No. 151** Change these sentences to the present perfect tense.

**Esempio 1: Ho passato l'estate in Riviera.**

1 Passo l'estate in Riviera.
2 Giorgio porta il suo nuovo abito.
3 Apprezziamo il suo buon servizio.
4 Perchè non risponde Lei alla domanda?
5 Essa mette i piatti sulla tavola.
6 Essi lasciano la città.
7 Ella vende la sua casa.
8 Fate i vostri compiti, ragazzi?
9 Non lo conosci?
10 Chiudono le porte del teatro.
11 Non ho abbastanza denaro.
12 Enrico rende l'ombrello a Elena.
13 Apriamo tutte le finestre.
14 Riserva Lei i migliori posti?

### Esercizio No. 152—Domande

1 Dove si trovano il signor Smith e il signor Facci?
2 Che tempo fa?
3 Che cosa si sente dalle finestre?
4 Chi è contento di lasciare la città?
5 Chi ha desiderio d'accompagnare il signor Smith?
6 Che cosa risponde il signor Facci alla domanda?
7 Come si fanno le cose in Italia?
8 Che cosa significa la cortesia?
9 In generale la vita in Italia è più tranquilla o più agitata di qui?
10 Che uso romano deve seguire il signor Smith?
11 Con chi parlerà italiano il signor Smith?
12 Dove passerà l'estate il signor Facci?
13 A chi penserà spesso il signor Smith?
14 Scriverà egli spesso delle lettere al signor Facci?
15 Che fanno alla fine i due signori?

# CHAPTER 31

## IL SIGNOR SMITH PARTE PER L'ITALIA

1 Sono sei mesi che il signor Smith studia l'italiano. Lui ha passato molto tempo conversando col suo maestro, il signor Facci. Ha imparato pure le regole essenziali di grammatica e ha letto libri sull'Italia. Lui ha studiato seriamente e molto.

Ora lui parla bene l'italiano e conta di cogliere ogni occasione di usarlo in Italia.

2 Il signor Smith ha comprato il biglietto per l'aereo, ha ottenuto il passaporto, e i suoi assegni turistici. Lui ha tutto ciò di cui ha bisogno.

3 Naturalmente il signor Smith ha scritto una lettera al suo rappresentante a Roma per fargli sapere l'ora del suo arrivo. Il signor Vitelli, il rappresentante, ha promesso d'incontrarlo all'aeroporto.

4 Finalmente il 31 maggio, il giorno della partenza, arriva. L'aeroplano del signor Smith parte dall'Aeroporto di Londra alle 15.00 precise. Lui deve essere all'aeroporto un'ora prima per mostrare il suo biglietto e far pesare i suoi bagagli.

5 La famiglia non va con lui in Italia perchè i suoi bambini devono finire l'anno scolastico, e sua moglie deve rimanere a casa ad occuparsi dei ragazzi. Inoltre viaggiare con quattro bambini, fra i quattro e i dieci anni, non è soltanto difficile, ma costoso.

6 Naturalmente la famiglia è molto eccitata. I bambini non hanno dormito molto e alle sette e mezzo di mattina tutti sono svegli, lavati e vestiti.

7 All'una del pomeriggio tutta la famiglia è pronta per andare all'aeroporto. Il signor Smith ha preparato due valigie e le ha già messe nella macchina. Tutti salgono in macchina. Il signor Smith si mette in viaggio e loro arrivano all'aeroporto alle due circa.

8 Il signor Smith mostra il suo biglietto e il suo passaporto e fa pesare i suoi bagagli. Lui deve pagare una sterlina extra perchè il totale del peso sorpassa le 66 libbre permesse senza spesa.

9 Poi il signor Smith abbraccia e bacia sua moglie e i suoi bambini che gli augurano 'Buon viaggio'. Lui sale in aereo, salutando con la mano la sua famiglia che lo guarda con emozione. Alle 15.00 precise l'aereo parte.

10 Il signor Smith è in viaggio!

---

1 Mr. Smith has been studying Italian for six months. He has spent a good deal of time talking with his teacher, Mr. Facci. He has also learned the essential rules of grammar and has read books on Italy. He has worked seriously and hard.

Now he speaks Italian well and expects to take every opportunity of using it in Italy.

2 Mr. Smith has bought the ticket for the plane, he has obtained his passport and his travellers' cheques. He has everything that he needs.

3 Of course Mr. Smith has written a letter to his agent in Rome to let

him know the time of his arrival. Mr. Vitelli, his agent, has promised to meet him at the airport.

4 At last May 31st, the day of departure, arrives. Mr. Smith's plane leaves London Airport at 15.00 hours (3 p.m.) sharp. He must be at the airport one hour before to have his ticket checked and have his baggage weighed.

5 The family is not going with him to Italy because his children have to finish the school year, and his wife has to remain at home to look after the children. Besides, to travel with four children from four to ten years of age is not only difficult but expensive.

6 Of course the family is very excited. The children have not slept very much and at seven-thirty in the morning they are all awake, washed and dressed.

7 At one o'clock in the afternoon the whole family is ready to leave for the airport. Mr. Smith has packed two suitcases and he has already put them in the car. They all get into the car. Mr. Smith starts off and they arrive at the airport at about two.

8 Mr. Smith has his ticket and his passport checked and he has his baggage weighed. He has to pay £1 extra because the total weight exceeds the 66 pounds allowed free (*lit.* without cost).

9 Then Mr. Smith embraces and kisses his wife and children who wish him 'Bon voyage'. He goes into the plane waving his hand to his family who are watching him excitedly. At 15.00 hours (3 p.m.) sharp the plane takes off.

10 Mr. Smith is on his way!

## Building Vocabulary

**il passaporto** (pas-sa-**por**-to), passport
**l'assegno turistico** (as-se-ño tu-**ri**-sti-ko), travellers' cheque
**la regola** (**rɛ**-go-la), rule
**l'arrivo** (ar-**ri**-vo), arrival
**abbracciare** (ab-brat-**tʃa**-re), to embrace
**augurare** (a-u-gu-**ra**-re), to wish
**mostrare** (mo-**stra**-re), to show
**occuparsi di** (ok-ku-**par**-si), to be busy with
**preparare** (pre-pa-**ra**-re), to prepare
**scendere** (**ʃʃen**-de-re), to go down, descend

**dormire** (dor-**mi**-re), to sleep
**salire** (sa-**li**-re), to go up, to get on (in)
**costoso** (ko-**sto**-so), costly
**eccitato** (et-tʃi-**ta**-to), excited
**lavato** (la-**va**-to), washed
**messo** (**mes**-so), put (*past part. of* **mettere**)
**permesso** (per-**mes**-so), permitted (*past part. of* **permettere**)
**scolastico** (sko-la-**sti**-ko), *adj.* school
**sveglio** (**sve**-ʎo), awake
**vestito** (ve-**sti**-to), clothed
**inoltre** (in-**ol**-tre), besides

## Espressioni italiane

**fare** + *infinitive*, to have something done
**far pesare i bagagli,** to have the baggage weighed
**far sapere,** to inform, to let know

**mettersi in viaggio,** to start off, to set out
**salire in automobile,** to get into the car
**scendere dall'auto,** to get out of the car

Practise speaking aloud:

| | |
|---|---|
| **Facciamo sapere ai nostri amici che veniamo. Saliamo in automobile. Ci mettiamo in viaggio. Scendiamo dall'automobile. Facciamo pesare i bagagli.** | We let our friends know we are coming. We get into the car. We set out. We get out of the car. We have our luggage weighed. |

### Grammar Notes and Practical Exercises

1 Present Tense of **salire,** to go up, get on, ascend, and **rimanere,** to stay, to remain.

I go up, you go up, etc.

| | |
|---|---|
| salgo | saliamo |
| sali | salite |
| sale | salgono |

Imperative: **salga! salgano!**

I remain, you remain, etc.

| | |
|---|---|
| rimango | rimaniamo |
| rimani | rimanete |
| rimane | rimangono |

Imperative: **rimanga! rimangano!**

2 Some Irregular Past Participles.

| | | | | | | |
|---|---|---|---|---|---|---|
| **fare** | to make, do | **fatto** | **chiudere** | to close | **chiuso** |
| **dire** | to say | **detto** | **permettere** | to permit | **permesso** |
| **aprire** | to open | **aperto** | **rendere** | to give back | **reso** |
| **coprire** | to cover | **coperto** | **spendere** | to spend | **speso** |
| **offrire** | to offer | **offerto** | **decidere** | to decide | **deciso** |
| **leggere** | to read | **letto** | **rispondere** | to answer | **risposto** |
| **scrivere** | to write | **scritto** | **rompere** | to break | **rotto** |
| **prendere** | to take | **preso** | **vedere** | to see | **visto** |
| **mettere** | to put | **messo** | | | **(veduto)** |
| **promettere** | to promise | **promesso** | | | |

Most Italian dictionaries include a list of the irregular past participles, either in a separate list from the entries in the dictionary or with the entry for the verb concerned.

3 Some Verbs with an Irregular Future.

| | | | | | | |
|---|---|---|---|---|---|---|
| **avere** | **avrò** | I shall have, etc. | **potere** | **potrò** | I shall be able, etc. |
| **essere** | **sarò** | I shall be, etc. | **dovere** | **dovrò** | I shall have to, etc. |
| **andare** | **andrò** | I shall go, etc. | **sapere** | **saprò** | I shall know, etc. |
| **fare** | **farò** | I shall make, do, etc. | **venire** | **verrò** | I shall come, etc. |
| **dare** | **darò** | I shall give, etc. | **volere** | **vorrò** | I shall want, etc. |
| **vedere** | **vedrò** | I shall see, etc. | **rimanere** | **rimarrò** | I shall remain, etc. |

**Esercizio No. 153** Substitute, in these sentences, the present, future, and present perfect of the verbs in parentheses.

**Esempio 1: Giorgio studia l'italiano. Giorgio studierà l'italiano. Giorgio ha studiato l'italiano.**

1 Giorgio (studiare) l'italiano.
2 Io (passare) molto tempo a Roma.

3 Noi (leggere) molti libri sull'Italia.

4 Chi (scrivere) una lettera in italiano?

5 (Promettere) Lei al Suo amico d'incontrarlo?

6 I ragazzi non (dormire) molto.

7 (Preparare) Lei le valigie?

8 (Fare) voi un viaggio in Italia?

9 Egli (rispondere) a tutte le domande.

10 La famiglia lo (guardare) con emozione.

11 Loro non (avere) bisogno di denaro.

12 Lei (decidere) di andare con noi.

13 Io non (volere) rimanere con loro.

14 Noi (avere) un appuntamento con lui.

15 Loro (chiudere) le porte.

16 Perchè non (aprire) Lei le finestre?

17 la bambina non (rompere) la sua bambola.

18 Nessuno (finire) l'esame.

19 Quali posti (preferire) Lei?

20 Io non (capire) queste parole.

**Esercizio No. 154** Translate the English answers to these questions into Italian. Be sure to use the correct direct object pronoun (**lo, la, l', li,** or **le**). Remember the rule governing the agreement of past participles.

Esempio 1. La comprerò. 2. L'ho sentita.

1 Comprerà Lei la carta?
I shall buy it.

2 Ha sentito Lei l'opera?
I have heard it.

3 Ha aiutato egli i suoi amici?
He has helped them.

4 Vedranno Loro le pitture?
We shall see them.

5 Hanno scritto gli esercizi?
They have written them.

6 Chi ha letto le guide?
We have read them.

7 Ha perduto lei il denaro?
She has lost it.

8 Mostrerà il suo passaporto?
He will show it.

9 Hanno aperto le finestre?
They have opened them.

10 Hanno chiuso i suoi libri?
They have not closed them.

11 Visiterà Lei il museo?
I shall visit it.

12 Studierete la lezione?
We shall study it.

**Esercizio No. 155** Translate into Italian.

1 I shall go.

2 Have you spent (*time*)?

3 We heard.

4 Has he taken?

5 Who wrote?

6 I shall spend.

7 Will you see?

8 You (**tu**) promised.

9 I have not permitted.

10 Will (**voi**) you have?

11 They will be.

12 We shall be able.

13 I shall have to.

14 Have they found?

15 We have eaten.

16 I shall have.

17 I did not give.

18 He said.

19 I will want.

20 Will (**Lei**) you come?

21 I shall remain.

22 They have not lost.

23 Will you (**Loro**) eat?

24 No one was able.

**Esercizio No. 156—Domande**

1 Quanto tempo è che il signor Smith studia l'italiano?

2 Con chi ha passato molto tempo a fare della conversazione?

3 Che cosa ha imparato?

4 Come ha studiato?

5 Come parla italiano ora?

6 Che cosa ha ottenuto il signor Smith?

7 A chi ha scritto lui?

8 Che cosa gli ha promesso il suo
   rappresentante?
9 Finalmente quale giorno arriva?
10 A che ora parte l'aeroplano
   dall'aeroporto?
11 A che ora sono svegli e vestiti i
   ragazzi?
12 La famiglia accompagna il
   signor Smith in Italia?

13 Perchè devono restare a Londra i
   suoi ragazzi?
14 Perchè deve restare a casa la
   signora Smith?
15 Quando il signor Smith sale
   in aereo, come lo guarda la sua
   famiglia?

# REVISION 7

## CHAPTERS 28–31

### Revisione di Parole

#### NOUNS

| | | |
|---|---|---|
| 1 l'arrivo | 7 la fretta | 13 il ringraziamento |
| 2 l'aiuto | 8 la gentilezza | 14 il rumore |
| 3 il cameriere | 9 la mano | 15 lo sbaglio |
| 4 il commesso | 10 l'occasione (f.) | 16 il sonnellino |
| 5 la conoscenza | 11 la permanenza | 17 la speranza |
| 6 il facchino | 12 la regola | 18 il successo |

| | | |
|---|---|---|
| 1 arrival | 7 haste | 13 thanks |
| 2 aid | 8 kindness | 14 noise |
| 3 waiter | 9 hand | 15 mistake |
| 4 shop assistant, clerk | 10 opportunity | 16 nap |
| 5 acquaintance | 11 stay | 17 hope |
| 6 porter | 12 rule | 18 happening, success |

#### VERBS

| | | |
|---|---|---|
| 1 abbracciare | 7 occuparsi di | 13 stringere |
| 2 apprezzare | 8 preparare | 14 vivere |
| 3 augurare | 9 cogliere | 15 dormire |
| 4 confessare | 10 ottenere | 16 riuscire a |
| 5 informare | 11 rendere | 17 salire |
| 6 raccomandare | 12 sorprendere | 18 sperare |

| | | |
|---|---|---|
| 1 to embrace | 7 to be busy with | 13 to press |
| 2 to appreciate | 8 to prepare | 14 to live |
| 3 to wish well | 9 to seize | 15 to sleep |
| 4 to confess | 10 to get, obtain | 16 to succeed in |
| 5 to inform | 11 to render | 17 to go up |
| 6 to recommend | 12 to surprise | 18 to hope |

#### ADJECTIVES

| | | |
|---|---|---|
| 1 abile | 5 eccitato | 9 serio |
| 2 cordiale | 6 profittevole | 10 sincero |
| 3 costoso | 7 profondo | 11 sveglio |
| 4 degno | 8 rispettoso | 12 tranquillo |

| | | |
|---|---|---|
| 1 skilful | 5 excited | 9 serious |
| 2 friendly | 6 profitable | 10 sincere |
| 3 expensive | 7 deep | 11 awake |
| 4 worthy | 8 respectful | 12 peaceful |

## ITALIAN EXPRESSIONS

| | | |
|---|---|---|
| 1 allo stesso tempo | 7 dal punto di vista di | 12 mettersi in viaggio |
| 2 in anticipo | 8 in quanto a me | 13 salire in automobile |
| 3 in mano | 9 da parte mia | 14 scendere dall'auto- |
| 4 due volte la settimana | 10 cogliere l'occasione | mobile |
| 5 proprio ora | 11 far sapere | 15 fino ad ora |
| 6 la loro propria lingua | | 16 far un sonnellino |

| | | |
|---|---|---|
| 1 at the same time | 7 from the point of | 12 to set out |
| 2 ahead of time | view of | 13 to get into a car |
| 3 in hand | 8 as for me | 14 to get out of a car |
| 4 twice a week | 9 for my part | 15 until now |
| 5 just now | 10 seize the opportunity | 16 to take a nap |
| 6 their own language | 11 to let know, inform | |

**Esercizio No. 157** Give the infinitive of each of these past participles. Translate each infinitive.

| | | |
|---|---|---|
| 1 coperto | 10 aspettato | 18 dato |
| 2 letto | 11 capito | 19 detto |
| 3 veduto | 12 saputo | 20 visto |
| 4 portato | 13 voluto | 21 sentito |
| 5 dormito | 14 reso | 22 venduto |
| 6 apprezzato | 15 offerto | 23 risposto |
| 7 salito | 16 deciso | 24 contenuto |
| 8 chiuso | 17 fatto | 25 speso |
| 9 messo | | |

**Esercizio No. 158** Select the group of words in Column II which best completes each sentence begun in Column I.

| I | II |
|---|---|
| 1 Il signor Smith ha imparato rapidamente | (a) che l'aspetta all'aeroporto. |
| 2 Parla bene l'italiano, perciò | (b) prestate mi saranno utili. |
| 3 Ha un rappresentante a Roma | (c) due volte la settimana. |
| 4 Il signor Facci non ha trovato sbagli | (d) amano la discussione. |
| 5 Da sei mesi loro s'incontrano | (e) potrà arrangiarsi (to get along) in Italia. |
| 6 La signora Smith si occupa | (f) sapere l'ora del suo arrivo? |
| 7 Tutti gl'Italiani in generale | (g) perchè ha studiato molto. |
| 8 Prima della partenza del signor Smith | (h) nella lettera del signor Smith. |
| 9 Le due guide che Lei mi ha | (i) dei bambini durante l'assenza del marito. |
| 10 Per piacere, può farmi | (j) il suo maestro gli ha dato dei buoni consigli. |

**Esercizio No. 159** Complete each sentence in Column I by using the expression in Column II. Be careful to use the correct verb forms.

**Esempio: I ragazzi si coricano alle undici.**

| I | II |
|---|---|
| 1 I ragazzi (go to bed) **alle undici.** | (a) **coricarsi** |
| 2 (They get into the car) **alle sette.** | (b) **salire in macchina** |
| 3 **Allora** (they are setting out) **per l'aeroporto.** | (c) **mettersi in viaggio** |
| 4 (They get out of the car) **all'aeroporto.** | (d) **scendere dalla macchina** |
| 5 (I shall let him know) **che vengo.** | (e) **far sapere** |
| 6 (I shall take every opportunity) **di parlare italiano.** | (f) **cogliere ogni occasione** |
| 7 I ragazzi (get up) **di buon'ora.** | (g) **alzarsi** |
| 8 (I shall have the pleasure) **di incontrarla.** | (h) **avere il piacere** |
| 9 (We have made the acquaintance) **del signor Vitelli.** | (i) **fare la conoscenza** |
| 10 **Il signor Smith** (said good-bye) **alla sua famiglia.** | (j) **dire addio** |

**Esercizio No. 160** Read each question. Translate the English answers into Italian. Remember the rule governing the agreement of the past participle (Chapter 29, Grammar Note 2, page 192).

**Esempio 1: Sì, l'ho ricevuta.**

| | |
|---|---|
| 1 **Ha ricevuto Lei la mia lettera?** | 1 Yes, I have received it. |
| 2 **A chi ha scritto la lettera il signor Smith?** | 2 He wrote it to Mr. Vitelli. |
| 3 **Ha apprezzato lui il suo buon servizio?** | 3 Yes, sir, he has always appreciated it. |
| 4 **Chi ha preparato le valigie?** | 4 Mr. Smith has prepared them. |
| 5 **I libri di guida l'hanno aiutato molto, signore?** | 5 Yes, sir, they have helped me a great deal. |
| 6 **La signora ha servito il tè?** | 6 Yes, she has served it. |
| 7 **Ha capito Lei la domanda?** | 7 No, I did not understand it. |
| 8 **Chi non ha fatto le lezioni?** | 8 Charles has not done them. |
| 9 **Ha visto Lei la nuova valigia?** | 9 No, I have not seen it. |
| 10 **Il facchino ha portato i bauli?** | 10 Yes, he has brought them. |

**Esercizio No. 161** Complete these sentences in Italian.

| | |
|---|---|
| 1 (Since when) **studia Lei l'italiano?** | 6 **Il Suo rappresentante** (knows that you are coming)? |
| 2 **Lo studio** (for two years). | 7 **Sì,** (I have written him) **una lettera.** |
| 3 (I have spent much time) **conversando col mio maestro.** | 8 **Nella lettera** (I have let him know) **l'ora** (of my arrival). |
| 4 (You have also learned) **tutte le regole essenziali,** (haven't you)? | 9 (Have you already received) **la risposta alla Sua lettera?** |
| 5 **Sì, e** (I have worked) **seriamente.** | |

10 **Sì,** (I received it) **stamattina.**
11 **Scrive** (that he will await me)
   **all'aeroporto di Ciampino.**
12 (Have you already obtained) **il**
   **passaporto?**
13 **Sì,** (I have obtained it).
14 (Will your family go) **con Lei?**
15 **Sfortunatamente** (my family will
   not be able to go) **con me.**
16 **Lei sa che i ragazzi** (must finish)
   **l'anno scolastico.**
17 **Naturalmente** (she will have to)
   **occuparsi di loro.**
18 **Sono sicuro che** (you will seize
   the opportunity) **di parlare**
   **italiano** (with everybody).

19 **Quanto tempo** (will you remain)
   **in Italia?**
20 (I shall remain there) **fino al 31**
   **agosto. Poi** (I shall return) **a**
   **Londra.**
21 (Have you bought) **il biglietto**
   **per l'aereo?**
22 Yes, I have bought it.
23 (Have you learned) **le regole di**
   **grammatica?**
24 Yes, I have learned them.
25 (Will they spend) **la primavera**
   **a Roma?**
26 (No. They will not spend it) **a**
   **Roma.**

### Dialogo 1

#### All'Aeroporto

1 — Buon giorno, signor Vitelli. Aspetta qualcuno?

2 — Sì, signore, aspetto il signor Smith di Londra, il capo della ditta che rappresento a Roma.

3 — Lo conosce Lei?

4 — Lo conosco solo per corrispondenza. Ma ho la sua fotografia e credo di poterlo riconoscere. È un uomo di circa quarant'anni.

5 — A che ora deve arrivare?

6 — L'aeroplano è annunziato per le 18.00.

7 — È in ritardo?

8 — No, è in tempo. Ah! Eccolo! Arriva! Si avvicina! Atterra!

9 Mi scusi, signore, vado a salutare il signor Smith.

1 Good afternoon, Mr. Vitelli. Are you expecting someone?

2 Yes, I am waiting for Mr. Smith from London, the head of the firm I act for in Rome.

3 Do you know him?

4 I know him only by correspondence. But I have a photo of him and I think I'll be able to recognize him. He is a man of about forty.

5 At what time is he due?

6 The plane is scheduled to arrive at six o'clock.

7 Is it late?

8 No, it's on time. Ah! There it is! It's coming! Here it is! (*Lit.* It is approaching.) It is landing!

9 Excuse me, I am going to greet Mr. Smith.

### Dialogo 2

#### Benvenuto in Italia

1 — Benvenuto in Italia, signor Smith. Com'è andato il viaggio?

2 — Meravigliosamente! Sono felicissimo di essere in Italia. Ho pensato tanto a questo momento.

3 — Ed eccola qui! Sono sicuro che Lei sarà molto felice in Italia.

1 Welcome to Italy, Mr. Smith. How was your journey?

2 Wonderful! I am very happy to be in Italy. I have thought about this moment so much.

3 And here you are! I am sure that you will be very happy in Italy.

### Esercizio No. 162—Lettura

### Un Programma Eccezzionale al Cinema

Questa sera il signore e la signora Smith vanno al cinema. Loro non amano molto la maggior parte dei film di Hollywood, soprattutto 'Westerns' nelle quali i 'Cowboys' tirano sempre dei colpi di fucile[1] su tutte le persone e galoppano senza fermarsi[2] mai. Anche i film epici non interessano loro.

Ma questa sera, c'è un programma eccezzionale in un teatro che è vicino a loro. Il film si chiama 'Un Viaggio in Italia'. È un film documentario sul paese in cui il signor Smith andrà fra qualche mese. Ci sono delle scene che rappresentano la storia d'Italia, altre che mostrano i suoi paesaggi,[3] i suoi fiumi, le sue montagne, le sue grandi città, ecc. ecc. È una pellicola molto interessante per i turisti.

Il signore e la signora Smith arrivano al teatro alle otto e mezzo. Quasi tutti i posti sono occupati, perciò devono sedersi alla terza fila. Questo non piace alla signora Smith perchè i movimenti dello schermo le fanno male agli occhi. Fortunatamente dopo un quarto d'ora possono cambiar posti, e così si siedono poi alla tredicesima fila. La famiglia Smith ama molto questa pellicola. La trova interessante.

Uscendo dal teatro, il signor Smith dice a sua moglie — Sai, Anita, penso che mi arrangerò[4] proprio bene in Italia. Ho capito quasi tutto ciò che gli attori e le attrici hanno detto.

NOTES: 1. **tirare dei colpi di fucile,** to fire shots. 2. **fermarsi,** to stop. 3. **paesaggio,** landscape. 4. **arrangiarsi,** to get along.

# CHAPTER 32

## FOREWORD

Mr. Smith is now in Italy and writes nine letters to Mr. Facci about some of the places he visits and about some of his experiences and impressions.

There are many references in his letters to things he has discussed with his teacher so that much of the vocabulary used in Chapters 1–31 is repeated in the letters.

It is therefore desirable that you re-read all the texts and dialogues of the previous chapters before proceeding with Chapter 32. You should be able to do this fairly easily, with little or no reference to the English translation. Thus you will revise the vocabulary and important expressions.

You should continue your pronunciation practice by reading aloud, as often as possible, dialogues and parts of conversational texts from previous chapters.

### L'Arrivo a Roma

### La prima lettera da Roma

Roma, 4 giugno, 1971

Caro Amico,

1 Quando l'aereo è arrivato a Ciampino ho passato la dogana e sono andato in sala d'aspetto.

2 Immediatamente un bell'uomo si è avvicinato e mi ha chiesto — Scusi, signore, è Lei il signor Smith?

3 Io gli ho risposto — Sì, sono io. E Lei è il signor Vitelli, non è vero? Sono felicissimo di conoscerla. Poi ci siamo stretto la mano.

4 — Il piacere è tutto mio, ha risposto il signor Vitelli.

5 Lei si ricorda, signor Facci, che il signor Vitelli è il rappresentante della nostra ditta a Roma.

6 Poi siamo usciti insieme e abbiamo preso un tassì per andare all'albergo.

7 Il tassì ha preso la strada del centro a tutta velocità. Ho pensato fra di me, 'Il signor Facci non si sbaglia a proposito della vita agitata dell'Italia.'

8 Guardandomi intorno, ho veduto che tutto: le automobili, gli autocarri, gli autobus, i tassì, tutti correvano[1] a una velocità vertiginosa.

9 Finalmente ho gridato all'autista — Non corra così presto, per favore! Non ho affatto fretta!

10 — Neppure io, signore! — mi ha risposto girando un angolo a gran velocità.

11 Finalmente siamo arrivati sani e salvi all'albergo, il tassì si è fermato e siamo scesi. Il signor Vitelli è entrato con me.

12 Sono andato all'Ufficio Informazioni e ho detto all'impiegato — Buona sera, signore. Ha Lei una camera prenotata per Smith?

13 — Benvenuto a Roma, signor Smith. Certamente, abbiamo riservato per

Lei una bella camera al quinto piano sul davanti. È il numero 55 (cinquanta cinque).

14 — Benissimo, grazie. Per favore qual'è il prezzo?

15 — Sei mila lire al giorno col servizio compreso.

16 — Bene. Per piacere mi faccia² portare su i miei bagagli.

17 — Subito, signore. Facchino!—Ma Lei parla italiano molto bene, signore. Da quanto tempo è in Italia?

18 — Sono arrivato proprio ora, gli ho risposto, molto orgoglioso di me stesso.

19 — È qui per un viaggio di piacere?

20 — Questo è un viaggio di piacere ed anche d'affari.

21 Ho parlato ancora un po' col signor Vitelli e poi ci siamo salutati. Uscendo il signor Vitelli ha promesso di telefonarmi per fissare un appuntamento.

22 Sono salito in camera mia al numero 55 con l'ascensore. È una stanza comodissima. Non mi manca niente. Le ripeto ancora una volta, signor Facci, che io sarò molto felice in Italia.

Cordialmente, Suo amico
Enrico Smith

Rome, 4th June, 1971

Dear Friend,

1 When the plane arrived at Ciampino, I got through the customs and went to the waiting-room.

2 Immediately a good-looking man came up to me and asked, 'Excuse me, sir, are you Mr. Smith?'

3 I replied, 'Yes, I am. And you are Mr. Vitelli, aren't you? I am delighted to meet you.' We shook hands.

4 'The pleasure is mine,' answered Mr. Vitelli.

5 You may remember, Mr. Facci, that Mr. Vitelli is the agent of our firm in Rome.

6 Then we went out together and took a taxi to the hotel.

7 The taxi tore along the road to the city centre. I thought to myself, 'Mr. Facci is not mistaken about the busy life of Italy.'

8 Looking around us I saw that everything: cars, lorries, buses, taxis, all were rushing about at a dizzy speed.

9 At last I shouted to the diver, 'Not so fast, please! I am not in any hurry!'

10 'Neither am I, sir!' he answered me, turning a corner at full speed.

11 At last we arrived safe and sound (*lit.* sound and safe) at the hotel, the taxi stopped and we got out. Mr. Vitelli went in with me.

12 I went to the reception desk and said to the clerk, 'Good evening. Do you have a room reserved for Smith?'

13 Welcome to Rome, Mr. Smith. Certainly we have reserved for you a nice room on the fifth floor at the front. It is number 55.

14 Very good, thank you. What is the rate, please?

15 Six thousand lire a day, including service.

16 Good. Would you please have my luggage taken up?

17 Right away, sir. Porter!—But you speak Italian very well, sir. How long have you been in Italy?

18 'I have just arrived,' I said, quite proud of myself.

19 Are you here on a pleasure trip?

20 This is a pleasure trip as well as a business trip.

21 I chatted a little more with Mr. Vitelli and then we said good-bye. On leaving, Mr. Vitelli promised to telephone me to make an appointment.

22 I went up to my room, number 55, in the lift. It is a very comfortable room. I lack nothing. I repeat once more, Mr. Facci, that I shall be very happy in Italy.

Cordially, your friend<br>Henry Smith

NOTES: 1. **correvano,** were running. This is the imperfect tense in the polite form. You will learn more about the imperfect in Chapter 34. 2. *Sing.* **faccia,** *pl.* **facciano;** irregular imperative of **fare.**

## Building Vocabulary

**il centro** (tʃɛn-tro), centre
**la dogana** (do-ga-na), customs, customs hall
**la sala d'aspetto** (a-spet-to), waiting-room
**la velocità** (ve-lo-tʃi-ta), speed
**l'ascensore** (aʃ-ʃen-so-re), lift
**l'autista** (a-u-ti-sta), chauffeur, driver
**l'autocarro** (a-u-to-kar-ro), truck
**avvicinarsi** (av-vi-tʃi-nar-si), to approach
**chiedere** (kjɛ-de-re), to ask
**chiesto** (kjɛ-sto) *past part.*, asked
**fermarsi** (fer-mar-si), to stop
**girare** (dʒi-ra-re), to turn

**gridare** (gri-da-re), to shout
**prenotare** (pre-no-ta-re), to reserve
**sbagliarsi** (sba-ʎar-si), to be mistaken
**correre** (kor-re-re), to run
**scendere** (ʃʃen-de-re), to descend, to get out of
**uscire** (uʃ-ʃi-re), to go out
**vertiginoso** (ver-ti-dʒi-no-so), dizzy
**su** (su), up; **fa,** ago
**subito** (su-bi-to), immediately
**sul davanti** (da-van-ti), in front
**neppure** (nep-pu-re), also not, not even
**non** (*verb*) **affatto,** not at all

## Espressioni italiane

**aver fretta,** to be in a hurry (*lit.* to have haste)
**Non ho affatto fretta.** I am in no hurry at all
**proprio ora,** just now
**sano e salvo,** safe and sound (*lit.* sound and safe)

**Tutti i passeggieri sono arrivati sani e salvi.** All the passengers arrived safe and sound.
**Non ho fame. Io neppure.** I am not hungry. Neither am I (*lit.* I also not).

Practice speaking aloud. Notice the different meanings of **proprio**, own, just, exactly, quite.

| | |
|---|---|
| **Parlerò con lui nella sua propria lingua.** | I shall speak with him in his own language. |
| **Parleremo con loro nella loro propria lingua.** | We shall speak with them in their own language. |
| **Lei ha proprio ragione.** | You are quite right. |
| **Il tassì è arrivato proprio ora.** | The taxi has arrived just now. |
| **È corretta la risposta? Proprio.** | Is the answer correct? Quite right. |

## Grammar Notes and Practical Exercises

1 Present Tense of **uscire**, to go out.

| | | | |
|---|---|---|---|
| **esco** (ɛ-sko) | I go out | **usciamo** (uʃ-ʃja-mo) | we go out |
| **esci** ( ɛʃ-ʃi) | you go out *(fam.)* | **uscite** (uʃ-ʃi-te) | you go out |
| **esce** (ɛʃ-fe) | ⎧ you go out *(pol.)*<br>⎨ he, she, it<br>⎩ goes out | **escono** (ɛ-sko-no) | ⎧ you go out *(pol.)*<br>⎨<br>⎩ they go out |

Imperative: **esca!** go out!—**escano!** go out!

2 Verbs with the Auxiliary **essere** instead of **avere**.

*Transitive* verbs are verbs that may take a direct object, such as: *to take the road*, *to find a present*, *to eat a meal*, etc.

*Intransitive* verbs are verbs that are used without a direct object, like: *to go*, *to come*, *to be*, etc.

All verbs that take a direct object (i.e. transitive verbs) use the auxiliary **avere** to form the present perfect tense. Thus: **Ho preso il primo posto.** I have taken the first seat.

Most, not all, intransitive verbs use the auxiliary **essere**. The most common of these are verbs of motion, i.e. **andare**, *to go*. Observe carefully the present perfect tense of **andare**, noting the auxiliary verb and the changes in the past participle.

> *I have gone, went, did go ; you have gone, went, did go ; etc.*

| | | | |
|---|---|---|---|
| (io) | sono | **andato (a)** | I have gone |
| (tu) | sei | **andato (a)** | you have gone *(fam.)* |
| (Lei) | è | **andato (a)** | you have gone *(pol.)* |
| (lui) | è | **andato** | he has gone |
| (lei) | è | **andata** | she has gone |
| (noi) | siamo | **andati (e)** | we have gone |
| (voi) | siete | **andati (e)** | you have gone |
| (Loro) | sono | **andati (e)** | you have gone *(pol.)* |
| (essi) | sono | **andati** | they (*m.*) have gone |
| (esse) | sono | **andate** | they (*f.*) have gone |

The past participle of an **essere**-verb agrees with the subject in number and gender. Thus, if the subject of the verb is masculine singular the past participle ends in **-o**; if it is masculine plural it ends in **-i**; if the subject is feminine singular the past participle ends in **-a** and if it is feminine plural it ends in **-e**.

3 List of the Most Frequently Used **essere**-Verbs.

| | Infinitive | Present Perfect |
|---|---|---|
| **andare** | to go | **sono andato (a)** |
| **arrivare** | to arrive | **sono arrivato (a)** |
| **cadere** | to fall | **sono caduto (a)** |

| | | |
|---|---|---|
| correre | to run | sono corso (a) |
| divenire | to become | sono divenuto (a) |
| diventare | to become | sono diventato (a) |
| entrare | to enter | sono entrato (a) |
| giungere | to arrive | sono giunto (a) |
| morire | to die | è morto (a) |
| essere | to be | sono stato (a) |
| nascere | to be born | sono nato (a) |
| partire | to leave | sono partito (a) |
| restare | to remain | sono restato (a) |
| rimanere | to remain | sono rimasto (a) |
| salire | to go, come up | sono salito (a) |
| scendere | to go down, to get off | sono sceso (a) |
| stare | to stay, stand, to be | sono stato (a) |
| tornare | to return | sono tornato (a) |
| uscire | to go, come out | sono uscito (a) |
| venire | to come | sono venuto (a) |

Observe that all these verbs are intransitive verbs indicating motion, change of condition, or rest.

**Diventare, divenire, morire, nascere** indicate change of condition.

**Restare, rimanere, stare** indicate rest; the remaining verbs indicate motion.

Note that the verb **essere** itself uses the auxiliary **essere** to form the present perfect. Thus: **(io) sono stato (a)**, I have been, I was; **(tu) sei stato (a)**, you have been; **(Lei) è stato (a)**, you have been; etc.

**Avere**, however, has **avere** as its auxiliary.

**Esercizio No. 163** Read each short dialogue to yourself. Read each one aloud three times. Note the agreement of the past participle.

1 — Filippo è andato alla stazione ad incontrare suo padre?
— Sì, è uscito di casa venti minuti fa.
— Sua sorella Maria è andata con lui?
— Sì, sua sorella Maria e anche suo fratello Enrico sono andati con lui.

2 — La signora Smith è tornata dalla città?
— Lei non è ancora tornata, ma tornerà presto.
— Perchè è andata in città?
— Lei vi è andata per fare la spesa.
— È con lei la domestica?
— No. La signora è uscita sola.

NOTE 1. **Di solito,** usually.

3 — Perchè è ritornato tardi stasera il signor Smith?
— Perchè molti clienti sono venuti a vederlo nel pomeriggio.
— A che ora lascia il suo ufficio di solito?[1]
— Di solito[1] lascia il suo ufficio alle cinque precise, ma oggi non l'ha lasciato che alle sei meno un quarto.

4 — A che ora è uscito di casa per andare all'aeroporto il signor Smith?
— È uscito alle sei di mattina.
— A che ora è salito sull'aeroplano?
— È salito sull'aeroplano alle otto e mezzo.

**Esercizio No. 164** Supply the correct form of the past participle of the verbs in parentheses. Read each completed sentence aloud three times.

Esempio 1: Lei è arrivata a casa alle sei e mezzo.

1 Lei è (arrivare) a casa alle sei e mezzo.
2 Noi siamo (andare) alla stazione in macchina.
3 Maria è (nascere) il 20 novembre 1942.
4 Suo zio Alberto è (morire) stamattina.
5 I bambini sono (divenire) agitati quando il loro padre è (salire) sull'aeroplano.
6 La signora Smith è (tornare) dal centro alle tre e un quarto.
7 A che ora è (uscire) la famiglia Smith per andare all'aeroporto?
8 Alle cinque precise essi sono (entrare) in sala d'aspetto.
9 Io sono (rimanere) tre settimane a Parigi.
10 Quando loro sono (partire), noi siamo (arrivare).
11 Tutti sono (scendere) dalla macchina.
12 Luigi è (stare) in piedi due ore nel cinema.

**Esercizio No. 165** Change these sentences from the present to the present perfect.

Esempio: La mia amica arriva alle tre. La mia amica è arrivata alle tre.

1 Il treno arriva alle otto.
2 Loro scendono dal treno.
3 Elena sale in macchina.
4 I ragazzi escono dalla casa.
5 Noi (*f.*) veniamo dal cinema alle nove.
6 Io (*m.*) entro nella sala d'aspetto.
7 La signora Smith rimane a casa.
8 La mia famiglia sta bene.
9 Il tassì corre a gran velocità.
10 Tutti gli alunni sono presenti.
11 Voi non state attenti, ragazzi.
12 Rimani a casa tutto il giorno, Gianna?

### Esercizio No. 166—Domande

1 Che cosa ha fatto il signor Smith quando l'aeroplano è arrivato a Ciampino?
2 Chi si è avvicinato nella sala d'aspetto?
3 Che cosa ha chiesto il signore?
4 Che cosa ha risposto il signor Smith?
5 Il tassì è andato lentamente in città?
6 Che cosa ha gridato infine il signor Smith?
7 Che cosa ha risposto l'autista?
8 Dove sono scesi dal tassì i signori?
9 Qual'è il prezzo della camera riservata per il signor Smith?
10 Qual'è il numero della sua camera?
11 Gli manca qualche cosa?
12 Che frase ripete lui ancora una volta?

# CHAPTER 33

## IL SIGNOR SMITH FA UNA VISITA
## ALLA FAMIGLIA VITELLI

### Seconda lettera da Roma

Caro Amico,

1 Lunedì scorso il signor Vitelli mi ha chiamato al telefono per invitarmi a pranzo a casa sua per il giorno dopo. Naturalmente ho accettato subito, felice d'aver l'opportunità di visitare una famiglia italiana.

2 Ho preso un tassì e alle sette ci siamo fermati in Via Piave, davanti a una casa molto attraente.

3 Sono salito in ascensore al quarto piano ed ho suonato.

Subito ho sentito passi rapidi. Una giovane cameriera mi ha aperto la porta e mi ha invitato ad entrare.

4 Il signor Vitelli è venuto a salutarmi.

— Buona sera, signor Smith, ha detto. Sono contento di vederla.

5 Poi siamo entrati in un salotto ammobiliato a stile moderno e di buon gusto.

Io gli ho detto — Questo appartamento è graziosissimo.

Il signor Vitelli mi ha presentato a sua moglie e ai suoi figli, due ragazzi seri e intelligenti.

— Si accomodi, mi ha detto la signora Vitelli.

6 I giovanotti studiano al ginnasio. Il maggiore vuol fare il medico e il minore vuol fare l'avvocato.

7 Ci siamo seduti a tavola e la signora Vitelli ha servito un delizioso pranzo italiano, cominciando dall'antipasto, poi minestra in brodo, carne con due contorni di legumi, insalata, formaggio, frutta, vini vari e caffè.

8 A tavola abbiamo parlato della vita italiana, dell'arte e soprattutto della musica.

9 Dopo il pranzo i giovanotti si sono ritirati per andare nelle loro camere a fare i compiti.

10 Poi la signora Vitelli si è seduta al pianoforte, ha suonato vari pezzi di musica e ha cantato delle canzoni italiane.

11 Avendo passato una serata così piacevole sono andato via affascinato dai miei nuovi amici, portando con me un indimenticabile ricordo di una brava famiglia italiana.

12 Poi sono tornato a casa, cioè, all'albergo.

Cordialissimi saluti dal Suo amico,

Enrico Smith

Dear Friend,

1 Last Monday Mr. Vitelli called me on the telephone to invite me to dinner at his house the following day. Naturally I accepted at once, delighted to have the opportunity of visiting an Italian family.

2 I took a taxi and at seven o'clock we stopped in front of a very attractive house in Piave Street.

3 I took the lift up to the fourth floor and rang (the bell).

Immediately I heard hurried steps. A young maid opened the door and invited me to go in.

4 Mr. Vitelli came to greet me.

'Good evening, Mr. Smith,' he said. 'I am glad to see you.'

5 Then we went into a living-room furnished in a modern style and in good taste.

I said to him: 'This flat is quite charming.'

Mr. Vitelli introduced me to his wife and to his children, two sensible and intelligent boys.

'Please sit down,' Mrs. Vitelli said to me.

6 The young men are studying at secondary school. The elder one wants to become a doctor and the younger one wants to become a lawyer.

7 We sat down at the table and Mrs. Vitelli served a delicious Italian meal, beginning with *hors d'œuvre*, then soup, meat with two side dishes of vegetables, salad, cheese, fruit, various wines, and coffee.

8 At table we discussed Italian life, art, and especially music.

9 After dinner the young men retired to go to their rooms to do their homework.

10 Then Mrs. Vitelli sat down at the piano, played various pieces of music and sang some Italian songs.

11 After spending so pleasant an evening I went away charmed by my new friends, taking with me an unforgettable memory of a fine Italian family.

12 Then I returned home, that is to say, to the hotel.

Best wishes from your friend,

Henry Smith

## Building Vocabulary

il **compito** (kɔm-pi-to), task, homework

il **contorno** (kon-**tor**-no), side dish

il **giovanotto** (dʒo-va-**nɔt**-to), young man

il **pezzo** (pɛt-tso), piece

il **ginnasio** (dʒin-**na**-ʒjo), secondary school

il **ricordo** (ri-**kor**-do), memory

il **passo** (pas-so), step

la **canzone** (kan-**dso**-ne), song

la **minestra** (mi-nɛ-stra), soup

la **serata** (se-ra-ta), evening

l'**antipasto** (an-ti-**pa**-sto), *hors d'œuvre*

**andare via** (vja), to go away

**cantare** (kan-**ta**-re), to sing

**ritirarsi** (ri-ti-**rar**-si), to retire

**ammobiliato** (am-mo-bi-**lja**-to), furnished

**attraente** (at-tra-ɛn-te), attractive

**bravo** (bra-vo), good, fine

**cordiale** (kor-**dja**-le), cordial

**grazioso** (gra-**tsjo**-so), pretty, graceful

**indimenticabile** (in-di-men-ti-ka-bi-le), unforgettable

**scorso** (skor-so), past, last

## Espressioni italiane

di **buon gusto**, in good taste

a **stile moderno**, in a modern style

**cioè** (tʃo-ɛ), that is, namely

**fare una visita a**, to pay a visit to

**fare i compiti**, to do homework (tasks)

**I giovanotti fanno i compiti.** The young men are doing their homework.

**fare l'avvocato,** to be a lawyer
**fare il medico,** to be a doctor
**Vuole fare il medico o l'avvocato?** Do you want to be a doctor or a lawyer?

**Non voglio fare nè il dottore nè l'avvocato.** I want to be neither a doctor nor a lawyer.
**Voglio fare l'ingegnere** (iŋ-dʒe-ñe-re). I want to be an engineer.

### Una Telefonata—A Telephone Conversation

Practise speaking aloud:

Il signor Vitelli chiama il signor Smith al telefono. Ecco la conversazione.

*Vitelli:* Mi metta in communicazione col signor Smith per piacere.
*Smith:* Pronto. Con chi parlo?
*Vitelli:* Parla Vitelli. Buon giorno, signor Smith, come sta?
*Smith:* Non c'è male, grazie.
*Vitelli:* Signor Smith, può Lei venire a pranzo a casa nostra domani sera? Mia moglie ed io saremo molto felici di passare la serata con Lei.
*Smith:* Grazie infinite, signor Vitelli; accetto con piacere il Suo gentile invito.
*Vitelli:* Benissimo. Allora L'aspettiamo verso le sette. Arrivederci a domani sera.
*Smith:* Arrivederla a domani sera.

Mr. Vitelli calls Mr. Smith on the telephone. Here is the conversation.

*Vitelli:* Would you put me through to Mr. Smith, please.
*Smith:* Hello. Who's speaking?
*Vitelli:* Vitelli speaking. Hello, Mr. Smith, how are you?
*Smith:* Not bad, thank you.
*Vitelli:* Mr. Smith, can you come to dinner at our house tomorrow evening? My wife and I will be very happy to spend the evening with you.
*Smith:* Thank you very much, Mr. Vitelli; I accept your kind invitation with pleasure.
*Vitelli:* Excellent. Then we shall expect you at about seven. Good-bye until tomorrow night.
*Smith:* Good-bye until tomorrow night.

### Una Presentazione—An Introduction

Practise speaking aloud:

Il signor Smith, il signor Vitelli, la signora Vitelli e i ragazzi Vitelli.

*Smith:* Buona sera, signor Vitelli!
*Vitelli:* Buona sera, signor Smith! Ho il piacere di presentarle mia moglie Maria.
*Smith:* Piacere di fare la Sua conoscenza, signora Vitelli.
*Signora Vitelli* (con un sorriso): Il piacere è tutto mio.
  (Si stringono la mano.)
*Vitelli:* Ecco i miei ragazzi, Giovanni e Paolo.
*Smith:* Piacere di fare la vostra conoscenza.

*Giovanni:*⎰ Il piacere è tutto nostro.
*Paolo:*  ⎱

  (Si stringono tutti la mano.)

  Mr. Smith, Mr. Vitelli, Mrs. Vitelli, and the Vitelli children.

*Smith:* Good evening, Mr. Vitelli!

*Vitelli:* Good evening, Mr. Smith! May I have the pleasure of introducing
  to you my wife Mary.

*Smith:* Delighted to make your acquaintance, Mrs. Vitelli.

*Mrs. Vitelli* (with a smile): The pleasure is all mine.

  (They shake hands.)

*Vitelli:* Here are my boys, John and Paul.

*Smith:* Delighted to make your acquaintance.

*John:*⎰ The pleasure is all ours.
*Paul:*⎱

  (They all shake hands.)


### Grammar Notes and Practical Exercises

1 Present Perfect of Reflexive Verbs.

  I have washed myself, I washed myself, you have washed yourself, etc.

| | | | | | |
|---|---|---|---|---|---|
| (io) | mi sono lavato (a) | | (noi) | ci siamo lavati (e) |
| (tu) | ti sei lavato (a) | | (voi) | vi siete lavati (e) |
| (Lei) | si è lavato (a) | | (Loro) | si sono lavati (e) |
| (lui) | si è lavato | | (essi) | si sono lavati |
| (lei) | si è lavata | | (esse) | si sono lavate |

  The auxiliary verb **essere** is used to form the present perfect tense of
reflexive verbs.

  The past participle agrees with the subject in number and gender.

  The reflexive pronoun has the same gender and number as the subject of
the verb.

  As the reflexive pronoun is the direct object of the verb, the past participle
agrees with it; **lei si è lavata,** *she washed* (*herself*).


2 Some Reflexive Verbs You Have Met.

| | | | |
|---|---|---|---|
| alzarsi | (io) | mi sono alzato (a) | I got up |
| sedersi | (tu) | ti sei seduto (a) | you sat down (*fam.*) |
| avvicinarsi | (Lei) | si è avvicinato (a) | you approached (*pol.*) |
| sedersi | (lui) | si è seduto | he sat down |
| coricarsi | (lei) | si è coricata | she went to bed |
| divertirsi | (noi) | ci siamo divertiti (e) | we enjoyed ourselves |
| fermarsi | (voi) | vi siete fermati (e) | you stopped |
| ritirarsi | (Loro) | si sono ritirati (e) | you retired (*pol.*) |
| sentirsi | (essi) | si sono sentiti | they (*m.*) felt |
| accomodarsi | (esse) | si sono accomodate | they (*f.*) made themselves comfortable |
| vestirsi | (loro) | non si sono vestiti | they (*m.*) did not dress themselves |

**Esercizio No. 167** Translate each question and answer. Read each question and answer aloud three times in Italian.

1 Si sono coricati di buon'ora i
  ragazzi?
  Sì, loro si sono coricati di
  buon'ora.
2 Si è alzato tardi Giovanni?
  No, egli non s'è alzato tardi.
3 S'è vestita presto Maria?
  Sì, lei s'è vestita presto.
4 Dove si sono seduti i viaggiatori?
  Si sono seduti nel ristorante.
5 Dove si sono accomodati?
  Si sono accomodati in salotto.
6 Ti sei divertita, Anna?
  No, non mi sono divertita.
7 Dove si sono incontrati Loro,
  signori?
  Noi ci siamo incontrati all'ufficio.

8 Si sono ritirati i ragazzi?
  Sì, loro si sono ritirati.
9 Dove si è fermato l'autobus?
  S'è fermato a quell'angolo.
10 La signora Smith s'è occupata
   dei suoi bambini?
   Sì, lei s'è occupata di loro.
11 Il signor Smith s'è sentito
   contento a Roma?
   Sì, egli s'è sentito molto contento.
12 In che altra maniera si può dire:
   'Loro si sono coricati?'
   Si può dire: 'Loro sono andati a
   letto.'

**Esercizio No. 168** Change these verbs from the present to the present perfect.

1 (lui) s'alza
2 (noi) ci accomodiamo
3 Maria si ritira
4 (io) mi corico
5 (essi) si avvicinano
6 (esse) si divertono

7 (noi) ci sentiamo
8 (voi) vi vestite
9 essi si incontrano
10 loro non si siedono
11 Si veste Lei, Enrico?
12 I ragazzi si coricano.

**Esercizio No. 169** Translate the following, using the present perfect tense of the given reflexive verb.

1 She approached (avvicinarsi).
2 You (tu (m.)) went to bed
  (coricarsi).
3 I (m.) retired (ritirarsi).
4 The taxi stopped (fermarsi).
5 The girls dressed (vestirsi).
6 The children had a good time
  (divertirsi).

7 We (m.) washed ourselves
  (lavarsi).
8 You (voi (m.)) did not sit down
  (sedersi).
9 They (esse) felt (sentirsi).
10 You (Lei (f.)) got up (alzarsi).

### Esercizio No. 170—Domande

1 Chi ha chiamato il signor Smith
  al telefono?
2 Il signor Smith ha accettato
  l'invito del signor Vitelli?

3 A che ora è arrivato il tassì alla
  casa dove abita il signor Vitelli?
4 A quale piano è salito in
  ascensore il signor Smith?

5 Chi ha aperto la porta?
6 Chi si è avvicinato per salutare il signor Smith?
7 Dove sono entrati i due signori?
8 Chi sono i due ragazzi seri e intelligenti?
9 Dove studiano i giovanotti?
10 Quale professione vuol fare il maggiore?

11 Quale professione vuol fare il minore?
12 Di che cosa hanno parlato a tavola?
13 Che hanno fatto i giovanotti dopo il pranzo?
14 Che ricordo ha portato con sè il signor Smith?

# CHAPTER 34

## UNA GITA A OSTIA

### Terza lettera da Roma

Caro Amico,

1 Ieri ho telefonato ai due figli del signor Vitelli e ho chiesto loro — Volete fare una gita con me in macchina a Ostia?
Loro hanno accettato con piacere.

2 Questa mattina i miei giovani amici sono venuti a prendermi presto al mio hotel.

3 I giovani portavano un paniere in cui c'era una buona colazione che la signora Vitelli aveva preparata per noi.

4 La macchina che avevo noleggiata ci aspettava davanti all'hotel. Siamo saliti parlando e ridendo, ed eccoci presto in viaggio.

5 Avevamo già passato i sobborghi della città. Io ero al volante guidando tranquillamente quando tutto d'un tratto ho sentito un rumore che ho subito riconosciuto.

6 — Che cos'è? Che è succeso? hanno chiesto i ragazzi.

7 Ho fermato la macchina e siamo scesi. — Abbiamo bucato una gomma, ho risposto.

8 Volevo cambiare la gomma e i ragazzi desideravano aiutarmi. Molto contenti hanno cominciato a cercare il cricco. Ma sfortunatamente non c'era cricco nel portabagagli. Che fare?

9 Di tanto in tanto una macchina passava a gran velocità. Malgrado i nostri segnali disperati nessuno si fermava.

10 Faceva molto caldo e il sole bruciava sulle nostre teste. Ci siamo seduti sotto un albero vicino alla strada per attendere il nostro destino.

11 Poco dopo un gran camion s'è avvicinato rapidamente e poi s'è fermato tutto d'un tratto davanti a noi con una frenata rumorosa. Il camionista è sceso.

12 — Avete[1] una gomma a terra? Volete una mano? Quell'uomo grande e grosso aveva una voce dolce e un'aria molto dignitosa.

13 — Credo di sì. Ma non abbiamo il cricco, gli ho detto. Fortunatamente: però, abbiamo una gomma di ricambio.

14 Il camionista ci ha prestato il suo cricco e ci siamo messi tutti al lavoro. In cinque minuti tutto era pronto.

15 Gli abbiamo detto mille grazie, e ho proposto di pagarlo per il suo aiuto, però egli non ha voluto niente.

16 Poi ci siamo stretti la mano e ci siamo salutati. Il grosso camion è ripartito verso Roma e noi abbiamo ripreso la strada d'Ostia.

17 Un'altra volta le scriverò e le dirò le mie impressioni d'Ostia. Ora non ho tempo perchè questa sera vado a un concerto e ora devo cambiarmi.

Cordialissimi saluti dal Suo amico,

Enrico Smith

Dear Friend,

1 Yesterday I telephoned Mr. Vitelli's two sons and I asked them, 'Would you like to come by car with me on a trip to Ostia?'
They accepted with pleasure.

2 This morning my young friends came to call for me early at my hotel.

3 The young men were carrying a basket in which there was a good lunch which Mrs. Vitelli had prepared for us.

4 The car that I had hired was waiting for us in front of the hotel. We got in talking and laughing, and there we were soon on our way.

5 We had already gone through the suburbs of the city. I was at the wheel driving calmly along when all of a sudden I heard a noise that I recognized at once.

6 'What is it? What has happened?' the boys asked.

7 I stopped the car and we got out. 'We have a puncture,' I answered.

8 I wanted to change the tyre and the boys wanted to help me. Very pleased they began to look for the jack. But unfortunately there was no jack in the boot of the car. What were we to do?

9 From time to time a car passed at great speed. In spite of our desperate signals nobody stopped.

10 It was very hot and the sun was burning on our heads. We sat down under a tree near the road to await our fate.

11 A little later a large lorry approached at speed and then stopped all of a sudden in front of us with a screeching of brakes. The lorry driver got out.

12 'Have you a flat tyre? Can I give you a hand?' That tall and large man had a gentle voice and a very dignified air.

13 'Yes, indeed. But we don't have the jack,' I said to him. 'Fortunately, however, we have a spare tyre.'

14 The lorry driver lent us his jack, and we all set to work. In five minutes everything was ready.

15 We thanked him a thousand times, and I offered to pay him for his help, but he would not take anything.

16 Then we shook hands and said good-bye. The big lorry set off again in the direction of Rome and we set off again on the road to Ostia.

17 Another time I shall write to you and tell you about my impressions of Ostia. I haven't the time now because this evening I am going to a concert and now I must change.

Best wishes from your friend,
Henry Smith

NOTE 1. The **voi** form is often used as a kind of intermediate form between the polite forms **Lei** and **Loro** and the familiar **tu**. Like the English *you*, **voi** can be used in addressing one or more persons.

## Building Vocabulary

**il camionista** (ka-mjo-**ni**-sta), lorry driver

**il cricco** (**krik**-ko), jack

**il destino** (de-**sti**-no), destiny

**il paniere** (pa-**njɛ**-re), basket

**il portabagagli** (por-ta-ba-**ga**-ʎi), boot (car)

**il rumore** (ru-**mo**-re), noise

**il segnale** (se-**ña**-le), signal

**il volante** (vo-**lan**-te), steering wheel

la gomma (gom-ma), tyre
la gomma di ricambio, spare tyre
una gomma a terra, flat tyre
la testa (tɛ-sta), head
l'autista (a-u-ti-sta), chauffeur,
  driver
bucare (bu-ka-re), to puncture
bruciare (bru-tʃa-re), to burn
cambiarsi (kam-bjar-si), to change
  clothes
guidare (gwi-da-re), to drive, to guide
noleggiare (no-led-dʒa-re), to rent,
  hire
attendere (at-tɛn-de-re), to wait,
  wait for
chiedere (kjɛ-de-re) = domandare,
  to ask

chiesto *past part.*, asked
proporre[1] (pro-por-re), to propose,
  to offer
proposto *past part.*, proposed,
  offered
riconoscere (ri-ko-noʃ-ʃe-re), to
  recognize
riprendere (ri-prɛn-de-re), to take
  again
disperato (di-spe-ra-to), desperate
dignitoso (di-ñi-to-so), dignified
grosso (grɔs-so), big, heavy
rumoroso (ru-mo-ro-so), noisy
malgrado (mal-gra-do), in spite of
nessuno (nes-su-no), no one,
  nobody, none

NOTE 1. Shortened form of **proponere**.

## Espressioni italiane

ecco, here is, here are; look, behold
eccomi (ɛk-ko-mi), here I am
eccolo, here he is
eccola, here she is; here you are
  (*pol. sing.*)
eccoci, here we are
eccoli, here they are (*m.*); here you
  are (*pol. pl.*)
eccole, here they are (*f.*); here you
  are (*pol. pl.*)
Che cosa è successo? What has
  happened?

Abbiamo una gomma a terra. We
  have a flat tyre.
stringersi la mano, to shake hands
Ci siamo stretti la mano. We shook
  hands.
Si sono stretti la mano. They shook
  hands.
Nessuno è ancora arrivato. Nobody
  has arrived yet.
Non ho visto nessuno. I have seen
  no one.

## Una telefonata—A Telephone Conversation

Practise speaking aloud:

Il signor Smith chiama al telefono i figli del signor Vitelli.

*Domestica:* Pronto.
*Smith:* Pronto. Parlo con casa Vitelli?
*Domestica:* Sì, chi parla?
*Smith:* Parla Smith. Desidero parlare con uno dei ragazzi.
*Domestica:* Ecco Giovanni, signore.
*Giovanni:* Buon giorno, signor Smith. Come sta?
*Smith:* Molto bene grazie. Volete fare te e tuo fratello Paolo una passeggiata
  in macchina con me ad Ostia domani mattina?
*Giovanni:* Paolo e io saremo felicissimi di andare con Lei.
*Smith:* Benissimo. C'incontreremo al mio albergo alle nove e mezzo.
*Giovanni:* Va bene. Ci saremo alle nove e mezzo.
*Smith:* Arrivederci, Giovanni.
*Giovanni:* A domani.

Mr. Smith calls Mr. Vitelli's sons on the phone.

*Maid:* Hello.

*Smith:* Hello. Am I speaking with the Vitelli residence?

*Maid:* Yes, who is speaking?

*Smith:* This is Smith speaking. I'd like to speak to one of the boys.

*Maid:* Here is John, sir.

*John:* Hello, Mr. Smith. How are you?

*Smith:* Very well, thank you. Would you and your brother Paul like to take a ride with me by car to Ostia tomorrow morning?

*John:* Paul and I will be very happy to go with you.

*Smith:* Excellent. We will meet at my hotel at nine-thirty.

*John:* Very good. We will be there at nine-thirty.

*Smith:* Good-bye, John.

*John:* Until tomorrow.

### Grammar Notes and Practical Exercises

1 The Imperfect Tense. What *was happening*. What *used to happen*.

Observe carefully the endings of the imperfect tense of **parlare, vendere, finire, avere.** The italicized vowel in each form indicates the stressed syllable.

| I was speaking, I used to speak, etc. | I was selling, I used to sell, etc. |
|---|---|
| parl*a*vo | vend*e*vo |
| parl*a*vi | vend*e*vi |
| parl*a*va | vend*e*va |
| parlav*a*mo | vendev*a*mo |
| parlav*a*te | vendev*a*te |
| parl*a*vano | vend*e*vano |

| I was finishing, I used to finish, etc. | I had, was having, I used to have, etc. |
|---|---|
| fin*i*vo | av*e*vo |
| fin*i*vi | av*e*vi |
| fin*i*va | av*e*va |
| finiv*a*mo | avev*a*mo |
| finiv*a*te | avev*a*te |
| fin*i*vano | av*e*vano |

To form the imperfect, drop the infinitive ending and add the endings of the imperfect.

Note that the imperfect endings are the same for **-are, -ere,** and **-ire** verbs, except that **-are** verbs retain the **a**, **-ere** verbs retain the **e**, and **-ire** verbs retain the **i**, as the first vowel of the ending. Nearly all Italian verbs are regular in the imperfect. Learn the following exceptions:

| essere | | fare | |
|---|---|---|---|
| I was, etc. | | I was doing (making), etc. | |
| I used to be, etc. | | I used to do (to make), etc. | |
| *e*ro | er*a*vamo | fac*e*vo | facev*a*mo |
| *e*ri | er*a*vate | fac*e*vi | facev*a*te |
| *e*ra | *e*rano | fac*e*va | fac*e*vano |

| dire | | bere | |
|---|---|---|---|
| I was saying, etc. | | I was drinking, etc. | |
| I used to say, etc. | | I used to drink, etc. | |
| dic*e*vo | dicev*a*mo | bev*e*vo | bevev*a*mo |
| dic*e*vi | dicev*a*te | bev*e*vi | bevev*a*te |
| dic*e*va | dicevano | bev*e*va | bevevano |

2 The Imperfect Tense is used to describe:

(i) a condition or state: **La casa era grande.** *The house was large.*
(ii) an action that went on happening: **Faceva freddo mentre lavoravano fuori.** *It was cold while they worked (went on working) outside.*
(iii) an habitual action: **Ogni giorno andavo a Londra.** *I used to go to London every day (i.e. for ten years).*

The Perfect tense is used to describe a completed action: **Mentre leggevo il telefono ha suonato.** *While I was reading, the telephone rang (i.e. I went on reading all afternoon and the telephone rang suddenly).*

**Esercizio No. 171 Brevi Dialoghi.** Translate these dialogues. Practise speaking them aloud.

1 — Che cosa faceva il signor Smith quando Lei è entrato in salotto?
— Lui leggeva ad alta voce una lettera che aveva ricevuta dal suo rappresentante a Roma.
— Che cosa faceva il signor Facci?
— Lui l'ascoltava.

2 — C'erano molti turisti a Ostia quando Loro l'hanno visitata?
— Non ce n'erano¹ molti.
— Che cosa facevano?
— Camminavano fra gli scavi.

3 — Che pensava mentre il tassì correva a gran velocità per le strade di Roma?
— Pensavo: 'La vita a Roma non è affatto tranquilla.'
— Guardando intorno a Lei che cosa ha veduto?
— Ho veduto che le automobili, i tassì, gli autobus, tutti correvano a velocità vertiginosa.

4 — Gioca Lei a tennis?
— Prima giocavo quasi tutti i giorni, ma quest'anno ho giocato solo una volta.

NOTE 1. **c'è**, there is; **ci sono**, there are; **c'era**, there was; **c'erano**, there were.

**Esercizio No. 172** Each of these sentences indicates an action that was happening (Imperfect) and another action that interrupted it at a definite time (Present Perfect).

Complete these sentences with the correct Italian verbs. Translate the completed sentences.

1 **I venditori** (were shouting) **quando sono arrivato al mercato.**

2 **Mentre** (I was listening to) **la radio, mi hanno telefonato.**

3 Mentre (we were doing) i nostri compiti, essi sono entrati in camera nostra.

4 Lei è caduta mentre (she was getting out) dalla macchina.

5 Mentre il tassì (was going) a gran velocità ho gridato: — Non corra così forte!

6 Noi gli abbiamo fatto una visita quando (he was) malato.

7 (There were) molte persone all'aeroporto quando il nostro aeroplano è arrivato.

8 Mentre (we were waiting for) l'autobus, ha cominciato a piovere.

9 Li abbiamo incontrati quando (they were coming back) dal cinema.

10 Il signor Smith è tornato mentre i bambini (were sleeping).

**Esercizio No. 173** Change these sentences from the present to the imperfect.

1 Cominciamo l'esame.

2 Lui risponde alle domande.

3 Il postino ci porta le lettere.

4 Loro vengono dal teatro.

5 Guardate la televisione?

6 Fanno i loro compiti.

7 Il tassì corre a gran velocità.

8 C'è una macchina davanti alla casa?

9 Ci sono molti turisti a Roma.

10 Finisci tu il lavoro?

11 Lei non dice la verità.

12 I bambini mangiano la torta.

13 La domestica prepara la colazione.

14 Non capisce Lei questi problemi?

15 Che cosa vendono?

16 La bambina beve il latte.

**Esercizio No. 174—Domande**

1 Chi ha invitato i giovani a fare una gita a Ostia?

2 Hanno accettato i giovani?

3 Che cosa portavano i giovani?

4 Che cosa c'era nel paniere?

5 Chi aveva preparato la colazione per loro?

6 Dove li aspettava la macchina?

7 Chi aveva noleggiato la macchina?

8 Chi guidava quando si è sentito un rumore?

9 Che cosa era successo?

10 Perchè non potevano cambiare la gomma?

11 Come passava di tanto in tanto una macchina?

12 Dopo un poco che cosa si è fermata?

13 Che ha chiesto il camionista?

14 Che cosa ha prestato loro?

15 In quanti minuti hanno cambiato la gomma?

16 Che cosa ha proposto il signor Smith?

# CHAPTER 35

## UNA BELLA PASSEGGIATA

Quarta lettera da Roma

Caro Amico,

1 Ti scrivo seduto al caffè Doney che tu mi hai tanto raccomandato. Sono stanchissimo. I piedi mi fanno male, e le gambe non le sento più!

2 Osserverai che io ti do del tu in questa lettera. Ebbene, da molto tempo ti ho considerato un vero e intimo amico. Perciò non posso più darti del Lei. Se vuoi, da ora in poi, diamoci del tu. Io comincerò per il primo in questa lettera, sperando d'indovinare anche il tuo desiderio.

3 Il signore Vitelli m'aveva invitato a fare una passeggiata con lui, e stamani lui è venuto a prendermi all'albergo. Poi siamo usciti, andando a piedi a Ponte Sant' Angelo.

4 Siamo rimasti un po' sul ponte a guardare i pescatori che stanno lì delle ore senza pescare niente.

5 Poi, seguendo il Tevere, abbiamo continuato a camminare fino a Piazza del Popolo. Che magnifica piazza! Certamente deve essere tra le più belle del mondo. Le fontane, l'obelisco e i giardini intorno, tutto è in perfetta armonia.

6 Ci siamo fermati al Caffè Rosati per prendere un caffè espresso ma soprattutto per riposarci. Quello che mi ha colpito dappertutto in Italia è l'importanza del caffè nella vita quotidiana.

7 Il caffè è come un club. Là s'incontrano gli amici, là si gioca a carte e a scacchi o si scrivono anche le lettere, come sto facendo io in questo momento.

8 Il caffè è anche un centro di commercio. Per gli uomini d'affari è un secondo ufficio o forse anche il primo.

9 Stare al caffè è come essere ad un teatro. I passanti sono gli attori e le attrici, a volte tragici, a volte comici, però sempre interessanti.

10 Poi abbiamo continuato la nostra passeggiata per Via del Babuino fino a Piazza di Spagna, fermandoci di tanto in tanto per ammirare i negozi d'antiquari, e le vetrine dove si vedono pitture e sculture interessanti.

11 Abbiamo salito[1] gli scalini della bellissima scala fino in cima a Trinità dei Monti. Là ci siamo fermati un momento per riprendere respiro dopo la faticosa salita e per godere la vista di Roma che si spande largamente al di sotto.

12 Seguendo Via Sistina e Via di Porta Pinciana, siamo arrivati a Porta Pinciana che mena dietro i giardini di Villa Borghese. Poi ritornando sulla Via di Porta Pinciana siamo andati alla Fontana di Trevi nella quale ho gettato una moneta, perchè si dice — Chi fa così ritornerà certamente a Roma!

13 Finalmente eccoci seduti al caffè Doney, tutti e due stanchissimi ma affascinati dalla nostra bella passeggiata.

14 Affettuosi saluti dal tuo amico, innamorato di Roma.

Saluti,

Enrico Smith

Dear Friend,

1 I am writing to you seated in the café Doney which you recommended to me so strongly. I am very tired. My feet are hurting and my legs are numb. (*Lit*. I don't feel them any more.)

2 You will notice that I address you with **tu** in this letter. Well, for a long time I have thought of you as a good and real friend. Therefore I cannot go on addressing you any longer with **Lei**. If you wish, from now on, let us use **tu** with each other. I shall begin first in this letter, hoping that I am following your wish too.

3 Mr. Vitelli had invited me to take a walk with him and this morning he called for me at the hotel. Then we went on foot to the Sant'Angelo bridge.

4 We stayed for some time on the bridge watching the fishermen who stay there for hours and hours without catching anything.

5 Then, following the Tiber, we continued on foot as far as the Piazza del Popolo. What a magnificent square! Certainly it must be among the most beautiful in the world. The fountains, the obelisk, and the gardens around, everything is in perfect harmony.

6 We stopped at the Café Rosati for a cup of *espresso* coffee, but most of all to rest. What has struck me, everywhere in Italy, is the importance of the café in everyday life.

7 The café is like a club. There friends meet, there people play cards and chess, or also write letters as I am doing at this very moment.

8 The café is also a business centre. For businessmen it is a second office or perhaps even the first.

9 Being at a café is like being at a theatre. The passers-by are the actors and actresses, sometimes tragic, sometimes comic, but always interesting.

10 Then we continued on our walk through Babuino Street as far as the Piazza di Spagna, stopping from time to time to admire the antique shops and the window displays where paintings and interesting sculptures can be seen.

11 We went up the steps of the beautiful staircase right to the top to the Trinita dei Monti. There we stopped a moment to catch our breath after the exhausting climb and to enjoy the view of Rome which extends far and wide below.

12 Following the Via Sistina and the Avenue of Porta Pinciana, we arrived at the Porta Pinciana which takes you behind the Villa Borghese park. Then returning along the Avenue of Porta Pinciana we went to the Fountain of Trevi into which I threw a coin, because they say: whoever does this will certainly return to Rome!

13 Finally, here we are sitting down at the Café Doney, both very tired but enchanted by our lovely walk.

14 Affectionate greetings from your friend, who has fallen in love with Rome.

Best wishes,

Henry Smith

NOTE 1. The verb **salire** takes an object here. Therefore the auxiliary **abbiamo** is used.

## Building Vocabulary

il **commercio** (kom-**mɛr**-tʃo), commerce, business

il **giardino** (dʒar-**di**-no), garden

il **passante** (pas-**san**-te), passer-by

il **ponte** (**pon**-te), bridge

la **fontana** (fon-**ta**-na), fountain

la **gamba** (**gam**-ba), leg

la **moneta** (mo-**ne**-ta), coin

la **passeggiata** (pas-sed-**dʒa**-ta), walk

la **scala** (**ska**-la), stairs

la **vetrina** (ve-**tri**-na), shop window, window display

l'**armonia** (ar-mo-**ni**-a), harmony

l'**attore** (at-**to**-re), actor

l'**attrice** (at-**tri**-tʃe), actress

l'**obelisco** (o-be-**li**-sko), obelisk

lo **scalino** (ska-**li**-no), step

**scacchi** (**skak**-ki), chess

**camminare** (kam-mi-**na**-re), to walk

**incontrarsi** (in-kon-**trar**-si), to meet (each other)

**pescare** (pe-**ska**-re), to fish

**riposarsi** (ri-po-**sar**-si), to rest

**rimanere** (ri-ma-**ne**-re), to remain

**rimasti** *past part.*, remained

**godere** (go-**de**-re), to enjoy

**colpire** (kol-**pi**-re), to strike

**comico**[1] (**kɔ**-mi-ko), comic (*pl.* **comici**)

**faticoso** (fa-ti-**ko**-so), exhausting

**innamorato di** (in-na-mo-**ra**-to), in love with

**magnifico** (ma-**ɲi**-fi-ko), magnificent

**tragico** (**tra**-dʒi-ko), tragic

**in cima a** (tʃi-ma), on top of

**stamani** (sta-**ma**-ni), this morning

**tra = fra**, among, between

NOTE 1. Nouns and adjectives ending in -co form their plural in -chi if the stress of the word falls on the next to last syllable. Thus: **antico**, *pl.* **antichi**; **poco**, *pl.* **pochi**. (**Amico**, *pl.* **amici**, is an exception.) If the stress falls on any other syllable, the plural is in **-ci**. Thus: **comico**, *pl* **comici**; **tragico**, *pl.* **tragici**. An exception is **stomaco**, *pl.* **stomachi**, stomach.

## Espressioni italiane

**a volte,** at times

**da ora in poi,** from now on

**darsi del tu,** to address each other with **tu** (the familiar *you*)

**riprendere respiro,** to catch one's breath

**far male a,** to hurt (*lit.* to make pain to)

I piedi **mi** fanno male. My feet hurt (*lit.* make pain to me).

I piedi **ti** fanno male. Your (*fam.*) feet hurt.

I piedi **Le** fanno male. Your (*pol.*) feet hurt.

I piedi **le** fanno male. Her feet hurt.

I piedi **gli** fanno male. His feet hurt.

I piedi **ci** fanno male. Our feet hurt.

I piedi **vi** fanno male. Your feet hurt.

I piedi fanno **Loro** male. Your (*pol.*) feet hurt.

I piedi fanno **loro** male. Their feet hurt.

## Grammar Notes and Practical Exercises

1 The Past Perfect. What *had happened*.

Verbs with the Auxiliary **avere**

I had spoken (sold, finished), etc.

| | | |
|---|---|---|
| avevo | parlato | (venduto, finito) |
| avevi | parlato | (venduto, finito) |
| aveva | parlato | (venduto, finito) |

| avevamo | parlato | (venduto, finito) |
|---------|---------|-------------------|
| avevate | parlato | (venduto, finito) |
| avevano | parlato | (venduto, finito) |

Verbs with the Auxiliary **essere**

I had gone (departed, come), etc

| ero | andato (a), (partito (a), venuto (a)) |
|-----|----------------------------------------|
| eri | andato (a), (partito (a), venuto (a)) |
| era | andato (a), (partito (a), venuto (a)) |

| eravamo | andati (e), (partiti (e), venuti (e)) |
|---------|----------------------------------------|
| eravate | andati (e), (partiti (e), venuti (e)) |
| erano | andati (e), (partiti (e), venuti (e)) |

The past perfect is formed by the imperfect of the auxiliary **avere (avevo,** etc ) or **essere (ero,** etc ), plus the past participle. Of course, verbs (including reflexives) will take the same auxiliary in the past perfect as they take in the present perfect Thus:

| **Loro hanno parlato.** | They have spoken. |
|-------------------------|-------------------|
| **Abbiamo accettato.** | We have accepted. |
| **Lei è partita.** | She has left. |
| **Mi sono seduto.** | I sat down. |
| **Lui è caduto.** | He fell. |
| **Ci siamo divertiti.** | We had a good time. |
| **Loro avevano parlato.** | They had spoken. |
| **Avevamo accettato.** | We had accepted. |
| **Lei era partita.** | She had left. |
| **Mi ero seduto.** | I had sat down. |
| **Lui era seduto.** | He had fallen. |
| **Ci eravamo divertiti.** | We had had a good time. |

**Esercizio No. 175** Complete these sentences with the correct form of the auxiliary **avere** or **essere** to form the past perfect tense. Translate each completed sentence.

**Esempio 1: Egli aveva imparato le regole essenziali.** He had learned the essential rules.

1 Egli . . . imparato le regole essenziali.
2 A che ora . . . venuti i ragazzi dal cinema?
3 Noi . . . lavorato veramente molto.
4 Io . . . andato in sala d'aspetto.
5 Io non . . . ancora ottenuto i miei biglietti.
6 Il camion si . . . avvicinato rapidamente.
7 . . . Lei scritto una lettera al Suo amico?
8 Noi non . . . usciti insieme.
9 Voi . . . promesso d'incontrarli al museo?
10 Il tassì si . . . fermato davanti all'albergo.
11 Essi . . . arrivati sani e salvi.
12 Tu . . . dimenticato il mio ombrello.

**Esercizio No. 176** Change these sentences from the present perfect to the past perfect.

**Esempio 1: Poi eravamo usciti seguendo il Tevere.**

1 Poi siamo usciti seguendo il Tevere.
2 Io sono rimasto un po' sul ponte.
3 Poi abbiamo continuato a camminare.
4 Si sono fermati al Caffè Rosati?
5 Mi ha colpito l'importanza del caffè.
6 Ti ho considerato un vero amico.
7 Là, si sono incontrati gli amici.

8 Ha gettato Lei una moneta nella fontana?
9 Chi non ha salito gli scalini?
10 Essi hanno noleggiato un'automobile.
11 Lei l'ha invitato a pranzare a casa Sua.
12 Noi siamo stati a casa con la famiglia.

**Esercizio No. 177** Complete these sentences in Italian.

1 (He had bought) i biglietti.
2 (I had seen) la pellicola.
3 (We had eaten) il pranzo.
4 (Had they received) la lettera?
5 (I had entered) in sala d'aspetto.
6 (They had not slept) tutta la notte.
7 L'uomo (had seated himself) sotto un albero.

8 Il camion (had approached) rapidamente.
9 Noi (had arrived) alle 17.00.
10 (Had you (Lei) read) i libri di guida?
11 (Had you (voi) returned) di buon'ora?
12 (They had left) alle sette di sera.

2 The Use of **Tu**.

**Tu** is only used when addressing a close relative, a young child, or a friend you have known for some time. Foreigners should never take the initiative in suggesting the use of **tu** (Mr. Smith has done so here for the purposes of introducing you to the construction). Never use it yourself unless an Italian suggests that you should do so.

NOTE: **Voi** is much less 'intimate' than **tu**: nowadays Italians do use it in preference to the very formal **Loro**.

## Esercizio No. 178—Domande

1 Dov'è seduto il signor Smith quando scrive questa lettera?
2 Chi ha raccomandato questo caffè?
3 Chi è venuto a prendere il signor Smith all'albergo?
4 Dove sono rimasti un po'?
5 Che pensa il signor Smith a proposito della Piazza del Popolo?
6 Dove si sono fermati per prendere un caffè espresso?
7 Che cosa ha colpito il signor Smith in Italia?

8 Dove s'incontrano gli amici?
9 Il caffè assomiglia a un teatro, non è vero?
10 Chi sono gli attori e le attrici?
11 In quale via si sono fermati i signori per ammirare i negozi d'antiquari?
12 Dove sono saliti per godere una magnifica vista di Roma?
13 Che cosa ha fatto il signor Smith alla Fontana di Trevi?
14 Perchè?

# CHAPTER 36

## DA ROMA A CASTEL GANDOLFO

### Quinta lettera da Roma

Caro Amico,

1 Indovina da dove ti scrivo. Hai ragione. Eccomi di nuovo seduto al caffè. Il mestiere del turista esige molto riposo. E dove posso riposarmi meglio che in un caffè?

2 Ti ricordi delle nostre conversazioni a proposito dei dintorni di Roma? Ebbene oggi voglio descriverti la mia gita in autobus[1] da Roma a Castel Gandolfo, ora che ho la memoria fresca.

3 Mentre l'autobus attraversava la campagna io guardavo pei finestrini. Ho veduto parecchi contadini che lavoravano nei campi. Alcuni erano occupati nelle vigne lungo il pendio delle colline.

4 Tutto intorno vi erano magnifici vecchi olivi, e qua e là, gruppi di cipressi. Avevo preso un autobus che faceva il giro dei Castelli Romani ed attraversava la zona dove si produce il vino detto dei Castelli.

5 La prima fermata importante è stata a Frascati. Tutto il gruppo dei viaggiatori è sceso e in pochi minuti le osterie erano piene e i padroni si affrettavano a portare i bicchieri e a servire il vino bianco secco del luogo.

6 Dopo una mezz'ora molto allegra all'osteria sono salito di nuovo sull'autobus per continuare il giro.

7 Abbiamo passato il grosso paese di Marino con le sue case di pietra, e mentre salivamo la collina per la via che conduce a Castel Gandolfo, un magnifico panorama s'apriva ai nostri occhi: il cielo azzurro, le numerose gradazioni di verde delle vigne, degli olivi, dei cipressi, il colore dorato dei piccoli campi di grano.

8 Finalmente siamo giunti in vista del magnifico Castel Gandolfo, dove il Papa ha la sua residenza estiva. Guardando in alto abbiamo visto la cupola della Specola Vaticana, una delle più importanti d'Europa.

9 Sono sceso sulla piazza. Là vedevamo molte bancherelle con ricordi del luogo: cartoline illustrate e molti oggettini religiosi. Era uno spettacolo raro.

10 Dopo una breve colazione abbiamo ripreso il nostro viaggio di ritorno e vorrei[2] raccontarti qualcosa dei vari paesetti che abbiamo attraversati.

11 Ma è tardi; perciò chiudo questa lettera contento d'aver goduto una bella giornata.

Tuo amico,

Enrico Smith

Dear Friend,

1 Guess where I am writing to you from. You are right. Here I am again sitting in a café. When one is touring one needs a lot of rest. And where can I rest better than in a café?

2 Do you remember our discussions about the countryside of Rome?

Well, today I want to describe to you my trip by bus from Rome to Castel Gandolfo, while it is still fresh in my mind.

3 While the coach was passing through the countryside I was looking out of the windows. I saw a good many peasants who were working in the fields. Some were busy in the vineyards on the slopes of the hills.

4 All around there were magnificent old olive trees and, here and there, cypress groves. I had taken a coach that was making the tour of the Castelli Romani and was going through the district where the wine called dei Castelli is produced.

5 The first important stop was at Frascati. The entire group of passengers got out and in a few minutes the inns were full and the owners were in a hurry to bring the glasses and to serve the dry white wine typical of the place.

6 After a very pleasant half-hour at the inn, I got into the coach again to continue the trip.

7 We passed the large village of Marino with its stone houses, and while we were going up the hill by the road that leads to the Castel Gandolfo a magnificent panorama opened out in front of us: the blue sky, the many shades of green of the vines, of the olive trees, of the cypress trees, the golden colour of the small cornfields.

8 Finally, we came in sight of the magnificent Castel Gandolfo, where the Pope has his summer residence. Looking up we saw the dome of the Vatican Observatory, one of the most important in Europe.

9 I got out at the Square. There we saw many stalls with souvenirs of the place: illustrated postcards and many small religious articles. It was an unusual sight.

10 After a quick lunch we set out on our homeward journey and I would like to tell you something about the various small villages we passed through.

11 But it is late; therefore I am closing this letter, happy to have spent an enjoyable day.

Your friend,

Henry Smith

NOTES: 1. Another commonly used word for coach in Italian is **il pullman**. 2. **vorrei**, I would want *or* I would like. This is the conditional of **volere**. The conditional will be taught in Chapter 39.

### Building Vocabulary

**la bancherella** (ban-ke-**rella**), stall

**il bicchiere** (bik-kjɛ-re), glass (*drinking*)

**il cipresso** (tʃi-**prɛs**-so), cypress

**il finestrino** (fi-ne-**stri**-no), car window

**il paesetto** (pa-e-**set**-to), little village

**il panorama** (pa-no-**ra**-ma), panorama

**il pendio** (pen-**di**-o), slope

**il padrone** (pa-**dro**-ne), landlord

**la pietra** (**pjɛ**-tra), stone

**la gradazione** (gra-da-**tsjo**-ne), shade (colour)

**la residenza** (re-si-**dɛn**-tsa), residence

**la specola** (**spɛ**-ko-la), observatory

**la vigna** (**vi**-ña), vineyard

**la zona** (**dsɔ**-na), zone

**l'olivo** (o-**li**-vo) or **l'ulivo**, olive tree

**l'osteria** (o-ste-**ri**-a), inn

**attraversare** (at-tra-ver-**sa**-re), to cross

**affrettarsi** (af-fret-**tar**-si), to hurry

**raccontare** (rak-kon-**ta**-re), to relate

**chiudere** (kju-de-re), to close
**chiuso** (kju-so) *past part.*, closed
**giungere** (dʒun-dʒe-re), to arrive
**giunto** (dʒun-to) *past part.*, arrived
**esigere** (e-ʒi-dʒe-re), to require
**dorato** (do-ra-to), guilded, golden
**estivo** (e-sti-vo) *adj.*, summer
**insolito** (in-sɔ-li-to), unusual

**parecchio** (par-rek-kjo), a lot of, a good many, several
**raro** (ra-ro), rare, unusual
**religioso** (re-li-dʒo-so), religious
**secco** (sek-ko), dry
**allegro** (al-le-gro), happy, gay
**a proposito di** (pro-pɔ-si-to), about

### Espressioni italiane

**qua e là,** here and there
**da poco,** a little while ago
**giungere** = **arrivare,** to arrive
**riprendere il viaggio,** to set out again

**Dopo un breve riposo riprenderemo il viaggio di ritorno.** After a short rest we shall set out again on the return trip.

### Grammar Notes and Practical Exercises

1 Imperative—All Forms.

You have already learned the polite forms of the imperative. The polite forms will serve you most of the time.

#### *Polite Imperative*

| | parlare | vedere |
|---|---|---|
| **(Lei)** | **parli, signore!** speak, sir! | **veda, signore!** see, sir! |
| **(Loro)** | **parlino, signori!** speak, gentlemen! | **vedano, signori!** see, gentlemen! |
| | **partire** | **finire** |
| **(Lei)** | **parta, signore!** leave, sir! | **finisca, signore!** finish, sir! |
| **(Loro)** | **partano, signori!** leave, gentlemen! | **finiscano, signori!** finish, gentlemen! |

Here are the remaining forms of the imperative:

| | | |
|---|---|---|
| **(tu)** | **parla, Anita!** speak, Anita! | **vedi, Anita!** see, Anita! |
| | **parti, Anita!** leave, Anita! | **finisci, Anita!** finish, Anita! |
| **(noi)** | **parliamo!** let us speak! | **vediamo!** let us see! |
| | **partiamo!** let us leave! | **finiamo!** let us finish! |
| **(voi)** | **parlate, ragazzi!** speak, children! | **vedete, ragazzi!** see, children! |
| | **partite, ragazzi!** leave, children! | **finite, ragazzi!** finish, children! |

Subject pronouns are omitted in commands.

Except for the (tu) form of -are verbs (parla), the (tu), (noi), and (voi) forms of the imperative are exactly like the present tense forms of -are, -ere, and -ire verbs.

The tu form of -are verbs is formed by changing the -i of the second person singular ending to an -a: parli becomes parla.

To form the negative of the imperative of the noi and voi forms, just place non before the verb. Thus:

**non parliamo,** let us not speak     **non finite,** do not finish

*But:* non plus the infinitive is used in the negative instead of the (tu) form. Thus:

**Parla forte, Anita!**          **Non parlare troppo forte, Anita!**
Speak loudly, Anita!         Do not speak too loudly, Anita!

**Esercizio No. 179** Complete each sentence with the polite imperative of the verb in parentheses. Sentences 1–7 are in the singular; 8–14 are in the plural.

Esempio 1: **Mi scriva se avrà tempo, signore.**

1 Mi (scrivere) se avrà tempo, signore.
2 Mi (ricordare) alla signora Smith, signore.
3 Mi (scusare) un minuto. Devo telefonare.
4 Mi (permettere) di farle qualche domanda, signore.
5 Mi (passare) il pane, per piacere, signora.
6 (Continuare) diritto, signora.
7 (Prendere) l'autobus 55, signorina.
8 (Attraversare) la strada, signori.
9 (Accomodarsi) in salotto, signore.
10 (Passare) in salotto, signori.
11 (Scendere) dall'automobile, signore.
12 (Aspettare) un momento, signorine.
13 (Finire) l'esame, signori.
14 (Salire) nell'automobile, signori.

**Esercizio No. 180** These sentences are in the imperative familiar singular (tu understood). Change them to the familiar plural (voi understood).

Esempio: **Porta la rivista. Portate la rivista.**

1 Ascolta la radio!
2 Scrivi la lettera!
3 Impara le parole!
4 Mangia la carne!
5 Finisci il lavoro!
6 Scendi dall'autobus!
7 Sali sull'automobile!
8 Lascia quì i fiori!
9 Guarda la televisione!
10 Leggi i cartelli!

**Esercizio No. 181** Complete in Italian.

1 (Let us begin) l'esame.
2 (Let us go) a teatro.
3 (Let us see) i giornali.
4 (Let us get on) sull'autobus.
5 (Let us get off) dal treno.
6 (Let us pass) in salotto.
7 (Let us finish) la storia.
8 (Let us study) il francese.
9 (Let us wait) in sala d'aspetto.
10 (Let us make) un giro della città.

2 Position of Object Pronouns with the Imperative.

With the polite forms of the imperative (i.e. the **Lei** and **Loro** forms), object pronouns precede the verb as usual.

With the negative forms of all imperatives, object pronouns precede the verb as usual.

*But:* With the affirmative **(tu)**, **(noi)**, and **(voi)** forms of the imperative, the object pronouns follow the verb and are attached to it. Thus:

| | | | |
|---|---|---|---|
| **Vendilo!** | Sell it! | **Non lo vendere!** | Do not sell it! |
| **Vendeteli!** | Sell them! | **Non li vendete!** | Do not sell them! |
| **Vendiamoli!** | Let's sell them! | **Non li vendiamo!** | Let's not sell them! |

NOTE: In the negative imperative of the **tu** form an exception occurs to the rule by which pronouns are attached to the infinitive: **vado a vederlo,** *I am going to see him,* but **non lo vedere,** *don't see him.*

**Esercizio No. 182** The following sentences are all **(tu)**, **(noi)**, or **(voi)** forms of the imperative. Column I has a noun object; Column II has a pronoun object in the affirmative; and Column III a pronoun object in the negative. Practise them aloud. They will give you a feeling for the **(tu)**, **(noi)**, and **(voi)** imperatives.

| I | II | III |
|---|---|---|
| 1 Mangia il pane. | Mangialo. | Non lo mangiare. |
| 2 Passa il burro. | Passalo. | Non lo passare. |
| 3 Scrivi la lettera. | Scrivila. | Non la scrivere. |
| 4 Leggi le guide. | Leggile. | Non le leggere. |
| 5 Guardate la televisione. | Guardatela. | Non la guardate. |
| 6 Studiate la lezione. | Studiatela. | Non la studiate. |
| 7 Ascoltiamo la radio. | Ascoltiamola. | Non la ascoltiamo. |
| 8 Rispondete alle domande. | Rispondete loro | Non rispondete loro |
| 9 Spendete il denaro. | Spendetelo. | Non lo spendete. |

**Esercizio No. 183** Complete these sentences, using the **tu**, **voi**, and **noi** forms of the imperative.

1 (Let's go) **al cinema.**
2 (Let's go there.)
3 (Study) **la lezione, ragazzi.**
4 (Study it), **ragazzi.**
5 (Do not study it), **ragazzi.**
6 (Take) **l'autobus, Carlo.**
7 (Take it), **Carlo.**
8 (Do not take it), **Carlo.**
9 (Let's buy) **i biglietti.**
10 (Let's not buy them.)
11 (Come) **con me, bambini.**
12 (Do not eat) **questi dolci, Maria.**
13 (Do not eat) **questi dolci, ragazzi.**
14 (Do not eat them), **ragazzi.**
15 (Let's eat them.)

### Esercizio No. 184—Domande

1 **Quale mestiere esige molto riposo?**

2 **Quale gita vuole descrivere il signor Smith in questa lettera?**

3 Che faceva il signor Smith mentre l'autobus attraversava la campagna?

4 Che facevano i contadini che lui vedeva?

5 Quale zona attraversava l'autobus?

6 Dov'è stata la prima fermata importante?

7 Che servivano i padroni delle osterie?

8 Quanto tempo sono rimasti a Frascati?

9 Dove sono giunti finalmente?

10 Chi ha la sua residenza al Castel Gandolfo?

11 Che cosa vendevano sulla piazza?

12 Dopo che cosa hanno ripreso il loro viaggio di ritorno?

# REVISION 8

## CHAPTERS 32-36

### Revisione di Parole

#### NOUNS

| | | |
|---|---|---|
| 1 l'aeroporto | 9 la ditta | 17 la passeggiata |
| 2 l'arrivo | 10 la dogana | 18 il pezzo |
| 3 l'ascensore | 11 la gamba | 19 il ricordo |
| 4 l'autista | 12 l'attore | 20 la serata |
| 5 l'autocarro | 13 l'attrice | 21 la terra |
| 6 l'avvocato | 14 il giardino | 22 la testa |
| 7 il bicchiere | 15 il giovanotto | 23 la verdura |
| 8 il contorno | 16 il passante | 24 la vigna |

| | | |
|---|---|---|
| 1 airport | 9 business firm | 17 walk |
| 2 arrival | 10 customs | 18 piece |
| 3 lift | 11 leg | 19 souvenir |
| 4 driver | 12 actor | 20 evening |
| 5 truck (lorry) | 13 actress | 21 earth, ground |
| 6 lawyer | 14 garden | 22 head |
| 7 glass | 15 young man | 23 vegetable (green) |
| 8 side dish | 16 passer-by | 24 vineyard |

#### VERBS

| | | |
|---|---|---|
| 1 affrettarsi | 8 fermarsi | 15 riposarsi |
| 2 andare via | 9 gridare | 16 sbagliarsi |
| 3 attraversare | 10 guidare | 17 attendere |
| 4 avvicinare | 11 noleggiare | 18 chiedere |
| 5 bucare | 12 pescare | 19 correre |
| 6 cambiarsi | 13 raccontare | 20 esigere |
| 7 cantare | 14 riservare | 21 giungere |

| | | |
|---|---|---|
| 1 to hurry | 8 to stop | 15 to rest |
| 2 to go away | 9 to cry out | 16 to be mistaken |
| 3 to cross | 10 to drive | 17 to wait for |
| 4 to approach | 11 to hire | 18 to ask, ask for |
| 5 to puncture | 12 to fish | 19 to run |
| 6 to change clothes | 13 to relate | 20 to demand |
| 7 to sing | 14 to reserve | 21 to arrive |

#### ADJECTIVES

| | | |
|---|---|---|
| 1 attraente | 4 disperato | 7 magnifico |
| 2 bravo | 5 dignitoso | 8 quotidiano |
| 3 comico | 6 indimenticabile | 9 vertiginoso |

| | | |
|---|---|---|
| 1 attractive | 4 desperate | 7 magnificent |
| 2 fine, good | 5 dignified | 8 daily |
| 3 comic, funny | 6 unforgettable | 9 dizzy |

## CONJUNCTIONS

| 1 siccome | 2 poichè | 3 perchè |
|---|---|---|
| 1 since, as | 2 because, since, as | 3 because |

## ADVERBS

| 1 su | 2 su e giù | 3 subito | 4 fa |
|---|---|---|---|
| 1 up | 2 up and down | 3 at once | 4 ago |

## ITALIAN EXPRESSIONS

| 1 Eccoci in viaggio. | 5 aver una gomma a terra | 9 fare il medico |
|---|---|---|
| 2 a tutta velocità | | 10 far una visita a |
| 3 (sul) davanti | 6 stringersi la mano | 11 fare male a |
| 4 Il piacere è tutto mio. | 7 fare i compiti | 12 I piedi mi fanno male. |
| | 8 fare l'avvocato | |

| 1 Here we are on our way! | 5 to have a flat tyre | 9 to be a doctor |
|---|---|---|
| 2 at full speed | 6 to shake hands | 10 to pay a visit to |
| 3 in front | 7 to do homework | 11 to hurt |
| 4 The pleasure is all mine. | 8 to be a lawyer | 12 My feet hurt. |

**Esercizio No. 185** Translate each sentence. Then read it aloud three times.

1 Il signor Smith è partito per Roma.
2 Sua moglie è rimasta a casa.
3 La signora Smith è uscita un'ora fa.
4 Lei non è ancora ritornata.
5 Siamo saliti in ascensore.
6 Sono scesi dall'aeroplano.

7 Perchè sei tornata così tardi, Maria?
8 Io sono andato al mercato per fare le spese.
9 Suo nonno è morto stamattina.
10 La mia nonna è nata il cinque giugno 1900.

**Esercizio No. 186** Fill in the correct form of the past participle of each verb in parentheses.

Esempio: Un bell'uomo si è avvicinato.

1 Un bell'uomo si è (avvicinarsi).
2 Si sono (incontrarsi) alla stazione.
3 Ho (prendere) un tassì per andare all'albergo.
4 Siamo (uscire) insieme.
5 Il tassì si è (fermarsi) davanti al teatro.
6 Essa è (arrivare) sana e salva.

7 Il signor Smith è (scendere) dalla macchina.
8 Gli uomini hanno (riservare) una bella camera.
9 Mia sorella è (nascere) il cinque gennaio.
10 Lui si è (mettere) il soprabito.
11 Che cosa ha (dire) Lei?

12 Non ho (fare) le valigie.
13 Hanno (chiedere) delle informazioni?

14 Le finestre sono (aprire).
15 Chi le ha (aprire)?
16 Le porte sono (chiudere).

**Esercizio No. 187** Complete each sentence in Italian. Then read it aloud three times.

1 (It was raining cats and dogs) **quando il signore ha aperto la porta.**

2 (I was very happy) **quando ho ricevuto la sua lettera.**

3 **Essi prendevano il tè col rum** (when Mr. Smith received) **un telegramma.**

4 **Pranzavamo** (when my agent telephoned me).

5 **Nel passato** (we used to go) **spesso a teatro.**

6 (I did not know) **ciò che dicevano.**

7 (We were not able) **trovare la penna stilografica.**

8 (Did they want) **viaggiare dappertutto?**

9 (She did not have time) **per andare al cinema.**

10 (She was to) **farci una visita qui.**

**Esercizio No. 188** Complete each sentence by selecting from the parentheses the correct tense of the verb.

1 **Domani noi . . . una visita alla famiglia.** (faremo, facevamo, abbiamo fatto)

2 **Gli alunni non ascoltavano mentre il professore . . .** (parlerà, parlava, ha parlato)

3 **Dove . . . la giornata ieri?** (passerà, passava, ha passato)

4 **Io non li . . . fino a domani.** (vedrò, vedevo, ho visti)

5 **Noi facevamo i nostri compiti mentre essi . . . a carte.** (giocheranno, giocavano, hanno giocato)

6 **Ieri sera i bambini . . . al cinema.** (andranno, andavano, sono andati)

7 **Esse sono rimaste a casa perchè . . . a catinelle.** (pioveva, pioverà, è piovuto)

8 **. . . un viaggio in Europa l'estate ventura?** (farete, facevate, avete fatto)

9 **Lui ci . . . cinque sterline ieri.** (presterà, prestava, ha prestato)

10 **A che ora . . . loro stamattina?** (si alzeranno, si alzavano, si sono alzati)

**Esercizio No. 189** Write the verbs listed below in the present, future, imperfect, present perfect, and past perfect tenses, using the subject pronouns indicated in parentheses.

*Esempio:* 1. Lei studia; studierà; studiava; ha studiato; aveva studiato.
2. noi andiamo; andremo; andavamo; siamo andati; eravamo andati.

1 (Lei) studiare
2 (noi) andare
3 (io) capire
4 (tu) vendere
5 (egli) prendere
6 (voi) viaggiare

7 (io) partire
8 (esso) costare
9 (tu) salire
10 (loro) conoscere
11 (io) sapere
12 (lei) servire

## Dialogo

### Al rifornimento di benzina

1 Il signor Smith va al posto di rifornimento di benzina per fare il pieno. Immediatamente un giovanotto s'avvicina per servirlo.

2 — Buon giorno, signore, in che posso servirla?

3 — Buon giorno giovanotto, risponde il signor Smith. Mi faccia il pieno, per piacere?

4 — Normale o Super?

5 — Normale per favore. Vuole controllare l'olio, l'acqua e le gomme?

6 — Con piacere, signore, risponde l'impiegato.

7 Il giovanotto fa il pieno, controlla l'olio, l'acqua e le gomme.

8 — Tutto va bene, dice al nostro turista.

9 — Tante grazie. Quanto le devo?

10 — Due mila settecento novanta lire in tutto.

11 Il signor Smith gli dà tre biglietti da mille lire e il giovanotto gli dà duecento dieci lire di resto.

12 Il signor Smith fa il conto e vede che tutto va bene.

13 — Benissimo, lui dice all'impiegato. — Grazie e arrivederci.

14 Il giovanotto risponde — Arrivederla e buon viaggio.

1 Mr. Smith goes to the petrol station to fill up the tank. Immediately a young man approaches to serve him.

2 'Good morning, sir, what can I do for you?'

3 'Good morning, young man,' answers Mr. Smith. 'Fill up the tank' please.

4 'Regular or Super?'

5 'Regular, please. Will you check the oil, water, and the tyres?'

6 'With pleasure, sir,' the attendant replies.

7 The young man fills the tank, checks the oil, water, and the tyres.

8 'Everything is all right,' he says to our tourist.

9 'Many thanks. How much do I owe you?'

10 '2,790 lire in all'

11 Mr. Smith gives him three 1,000 lire notes and the young man gives him 210 lire in change.

12 Mr. Smith works out the amount and sees that all is in order.

13 'Very good,' he says to the attendant. 'Thank you and good-bye.'

14 The young man answers, 'Good-bye—have a good journey.'

### Esercizio No. 190—Lettura

### Venezia, regina dell'Adriatico

Venezia sembra un grandioso miracolo nato[1] dal mare. Vecchia città del mistero e del romanzo, essa conserva ancora la magnificenza del suo passato nei suoi palazzi, nelle sue gondole, nella sua affascinante gente, nei suoi canali e nelle sue chiese, prima fra cui è la famosa San Marco.

Venezia è costruita[2] su numerose isolette che sono unite una all'altra da piccoli ponti. Il mare tocca[3] la soglia[4] dei bellissimi palazzi, molti dei quali sfortunatamente sono ormai[5] in uno stato di deterioramento.

Nei canali passano silenziose le gondole. Di tanto in tanto il silenzio viene rotto[6] dalla voce soave[7] d'un gondoliere o dalle romantiche melodie d'una fisarmonica.[8]

Dalla primavera all'autunno il turismo è enorme; c'è sempre un gran viavai di gente che viene da tutte le parti del mondo. Piazza San Marco spesso assomiglia a un formicaio,[9] specialmente quando molti turisti si divertono a dar da mangiare ai colombi.[10] Venezia ha tutto per rendere il viaggiatore felice.

NOTES: 1. born. 2. built. 3. touches. 4. threshold. 5. by now. 6. **viene rotto,** is broken. 7. soft. 8. accordion. 9. anthill. 10. pigeons.

# CHAPTER 37

## IL PALIO DELLE CONTRADE A SIENA

### Lettera da Siena

Caro Amico,

1 Una sera mentre facevo una passeggiata per Via Veneto coi suoi numerosi alberghi e caffè, ho osservato un cartello dai bei colori.

2 Mi sono fermato a leggerlo. Era l'annunzio del Palio delle Contrade di Siena di cui avevo già sentito tanto parlare.

3 Siccome Siena è una delle più piccole città che avevo intenzione di visitare, ho deciso di andarvi col treno per vedere questo spettacolo che ha luogo due volte l'anno, il 2 luglio e il 16 agosto, nella storica Piazza del Campo.

4 Quando sono arrivato a Siena, il 2 luglio di mattina, ho trovato la città affollatissima. Le strade erano popolate da gente in costumi medioevali.

5 Andando a piedi pei[1] vari quartieri della città (chiamati 'le contrade' in italiano antico) ho veduto su tutti i muri manifesti coi nomi, con le bandiere e coi colori dei partecipanti di ciascun quartiere alla storica competizione.

6 Il Palio, come tu sai, è una corsa di cavalli, e i numerosi fantini, vestiti in abiti medioevali, cavalcano senza sella. Molti stranieri vanno a vederlo.

7 Un gran corteo ha aperto la festa in cui tutte le più vecchie famiglie della città hanno partecipato in antichi e preziosissimi costumi.

8 Le corse stesse erano molto eccitanti. L'entusiasmo era molto vivo e tutti i turisti facevano fotografie delle corse. Anch'io mi sono sentito preso dall'entusiasmo generale.

9 Più tardi, nel giro che ho fatto a Siena, ho avuto occasione di ammirare molti palazzi, la Pinacoteca, il Duomo e il Palazzo Pubblico con la sua meravigliosa torre.

10 Mi dicono che la lingua che si parla a Siena è molto dolce e pura. Non avevo nessuna difficoltà a capirla.

11 Al mio ritorno a Londra ti farò vedere tutte le belle fotografie a colori che ho fatto quel giorno a Siena.

12 E ora ti faccio sapere che domani partirò per Firenze per passare qualche giorno nella città di Dante.

Sempre con molto affetto,
tuo amico,
Enrico Smith

Dear Friend,

1 One evening, while taking a walk through Via Veneto with its numerous hotels and cafés, I noticed an advertisement attractively coloured.

2 I stopped to read it. It was an advertisement of the Inter-District Palio at Siena about which I had already heard a great deal.

3 Since Siena is one of the smaller towns which I intended to visit, I

244

decided to go there by train to see this spectacle which takes place twice a year, on the 2nd of July and 16th of August, in the historic Piazza del Campo.

4 When I arrived in Siena, on the morning of the 2nd of July, I found the city very crowded. The streets were filled with people in medieval costumes.

5 Walking through the various districts of the city (called **le contrade** in old Italian), I saw on all the walls notices with the names, the flags, and the colours of the participants from each district in the historic competition.

6 The Palio, as you know, is a horse race, and the numerous jockeys, wearing medieval costumes, ride bareback (*lit.* without saddle). Many foreigners go to see it.

7 A huge procession opened the fiesta, in which all the oldest families of the city took party in ancient and very precious costumes.

8 The races themselves were very exciting. There was great enthusiasm and all the tourists were taking pictures of the races. I also felt myself carried away by the general enthusiasm.

9 Later, in the tour I made in Siena, I had the opportunity of admiring many palaces, the Art Gallery, the Cathedral, and the Town Hall with its wonderful tower.

10 They tell me that the language which is spoken at Siena is very soft and pure. I had no difficulty in understanding it.

11 On my return to London I shall show you the beautiful colour photographs that I took on that day in Siena.

12 I am letting you know now that I shall leave tomorrow for Florence to spend several days in the city of Dante.

Always with much affection,
Your friend,
Henry Smith

NOTE 1. **per** + **il** may contract into **pel** and **per** + **i** into **pei**.

## Building Vocabulary

il **corteo** (kor-tɛ-o), parade, procession

il **costume** (kos-tu-me), custom, costume

il **cavallo** (ka-val-lo), horse

il **duomo** (dwɔ-mo), dome, cathedral

il **fantino** (fan-ti-no), jockey

il **manifesto** (man-ni-fɛ-sto), placard, notice

il **muro** (mu-ro), wall (outside)

il **palazzo** (pa-lat-tso), palace, building

il **partecipante** (par-te-tʃi-**pan**-te), participant

il **quartiere** (kwar-tjɛ-re), quarter, district

la **bandiera** (ban-djɛ-ra), flag

la **competizione** (kom-pe-ti-tsjo-ne), competition

la **corsa** (kor-sa), race

la **fotografia** (fo-to-gra-fi-a), photograph

la **sella** (sɛl-la), saddle

la **torre** (tor-re), tower

l'**abito** (a-bi-to), suit, costume

l'**affetto** (af-fɛt-to), affection

l'**atmosfera** (a-tmos-fɛ-ra), atmosphere

lo **straniero** (stra-njɛ-ro), stranger, foreigner

**cavalcare** (ka-val-ka-re), to ride (horseback)

**partecipare** (par-te-tʃi-**pa**-re), to take part

**affollato** (af-fol-la-to), crowded
**eccitante** (et-tʃi-tan-te), exciting
**medioevale** (me-djo-e-va-le),
  medieval
**popolato** (po-po-la-to), populated
**pubblico** (**pub**-bli-ko), public

**prezioso** (pre-tsjo-so), precious
**precedente** (pre-tʃe-dɛn-te),
  preceding
**storico** (sto-ri-ko), based on history
**siccome** (sik-ko-me), since, as

NOTE 1. The word **duomo**, literally dome, is usually used for a cathedral in Italian (i.e. **il duomo a Firenze,** the cathedral in Florence, which is famous for Brunelleschi's dome). The word **cattedrale** does exist but is much less common.

### Espressioni italiane

**aver intenzione di,** to intend to
**aver luogo (lwo**-go), to take place

**far vedere,** to show (*lit.* to make see)
**sentir parlare di,** to hear speak of

Practise speaking aloud:

**Ha sentito parlare Lei della corsa che ha luogo il due luglio a Siena?**

Have you heard of the race (*lit.* have you heard speak of) which takes place on the 2nd of July at Siena?

**Sì, ne ho sentito tanto parlare. Ho intenzione di andare al Palio e spero di fare delle fotografie a colori che ti farò vedere.**

Yes, I have heard a great deal about it (*lit.* heard speak of it). I intend to go to the Palio and I hope to take some colour photographs which I shall show you.

### Grammar Notes and Practical Exercises

1 Summary of Negative Expressions.

1 **Questi studenti non sono mai in ritardo.**
These students are never late.

2 **Non ho niente (nulla) da fare.**
I have nothing to do.

3 **Non ho trovato neanche uno sbaglio.**
I have not found even one mistake.

4 **Lei non ha che cinque sterline?**
Have you only £5?

5 **Non ho conosciuto nessuno a quella festa.**
I didn't meet anyone at that party.

6 **In primavera non fa nè caldo nè freddo.**
In spring it is neither warm nor cold.

7 **Nessuno mi ha capito.**
Nobody (no one) understood me.

8 **Neanche un solo studente ha superato l'esame.**
Not a single student passed the exam.

9 **Non ho fretta. Neppure io.**
I am not in a hurry. Neither am I.

Negative expressions usually have two parts: **non** before the verb, the negative expression after the verb. When any one of these expressions precedes the verb, **non** is omitted (sentences 7, 8, 9).

Common negatives are:

| | |
|---|---|
| 1 **non** *verb* **mai,** never | 5 **non** *verb* **nessuno,** nobody, not |
| 2 **non** *verb* **niente** (*or* **nulla),** nothing | anybody, none |
| 3 **non** *verb* { **neanche** } not even, not | 6 **non** *verb* **nè . . . nè,** neither . . . |
| **nemmeno** } either | nor |
| **neppure** | 7 **non** *verb* **affatto,** not at all |
| 4 **non** *verb* **che,** only, nothing but | |

In negative sentences the word *any* is not translated if the object is in the plural: **non vedo palazzi,** *I don't see any palaces.* If, however, the object noun is in the singular, **nessun, nessuno, nessuna,** or **nessun,** is used: **non vedo nessuna torre,** *I don't see any tower.*

**Esercizio No. 191** Complete each Italian sentence with the correct negative. Read each one aloud.

| | |
|---|---|
| 1 I know nothing about that matter. | 1 . . . so . . . di quell'affare. |
| 2 We never travel in winter. | 2 . . . viaggiamo . . . d'inverno. |
| 3 I do not lack anything in this hotel. | 3 . . . mi manca . . . in quest'albergo. |
| 4 We don't like standing, either. | 4 . . . ci piace stare in piedi . . . |
| 5 It never rained much. | 5 . . . è . . . piovuto molto. |
| 6 I took neither the umbrella nor the galoshes. | 6 . . . ho preso . . . l'ombrello . . . le soprascarpe. |
| 7 I have never seen such a thing. | 7 . . . ho . . . visto una cosa simile. |
| 8 Nobody stopped in spite of our signals. | 8 . . . si è fermato malgrado i nostri segnali. |
| 9 What is new? Nothing, absolutely nothing. | 9 Che c'è di nuovo? . . . proprio . . . |
| 10 Better late than never. | 10 Meglio tardi che . . . |
| 11 We have neither the time nor the money. | 11 . . . abbiamo . . . il tempo . . . il denaro. |
| 12 I think of nothing else. | 12 . . . penso a . . . altro. |
| 13 I saw nobody. | 13 . . . ho visto . . . |
| 14 We have only two months at our disposal. | 14 . . . abbiamo . . . due mesi a nostra disposizione. |
| 15 They say nothing and they do nothing. | 15 . . . dicono . . . e . . . fanno . . . |
| 16 It is pleasant doing nothing. | 16 È dolce far . . . |
| 17 I don't have any money at all. | 17 . . . ho . . . denaro. |
| 18 I can stay here only until Thursday. | 18 . . . posso restare qui . . . fino a giovedì. |
| 19 Nobody has gone away. | 19 . . . è andato via. |
| 20 I saw no porter there. | 20 . . . vi ho visto . . . facchino. |

### Esercizio No. 192—Domande

| | |
|---|---|
| 1 Che cosa ha osservato una sera il signor Smith? | 3 Il signor Smith aveva già sentito parlare del Palio? |
| 2 Perchè si è fermato egli? | 4 Che cosa ha deciso il signor Smith? |

5 Quante volte l'anno ha luogo questo spettacolo?

6 C'erano molte persone nelle strade?

7 Dove ha veduto egli manifesti coi nomi e con le bandiere dei partecipanti?

8 Che cosa è il Palio?

9 Come sono vestiti i fantini?

10 Quale avvenimento ha aperto la festa?

11 Chi ha partecipato nel corteo?

12 Che facevano tutti i turisti?

13 Che cosa ha fatto più tardi il signor Smith?

14 Il signor Smith aveva difficoltà a capire la lingua che si parla a Siena?

15 Quando partirà lui per Firenze?

# CHAPTER 38

## FOREWORD

In Chapters 38–40 there is no parallel translation of the texts. However, the new words and expressions that appear are given in the vocabularies which follow each text. There is also the Italian–English vocabulary in the Appendix to which you can refer for words you may have forgotten.

You should therefore have no difficulty in reading and understanding the texts. As a means of testing your understanding, a series of English questions to be answered in English are given under the heading 'Test of Reading Comprehension', instead of the usual Italian **Domande**. You can check your answers in the 'Answers' section of the Appendix.

### Firenze, città di Dante

### Lettera da Firenze

Caro Amico,

1 Eccomi a Firenze dove ho passato cinque giorni indimenticabili visitando i magnifici palazzi, le chiese e i musei, camminando sù e giù per le strade pittoresche. Non cercherò di descrivere tutti i bei luoghi che ho visitato qui perchè per far ciò sarebbe (*would be*) necessario non una lettera ma un libro intero. In ogni modo ti scriverò qualche cosa delle mie impressioni ed esperienze.

2 Si dice che si può trovare a Firenze la gloria e la ricchezza dell'intera civilizzazione e che questa città non appartiene solo all'Italia ma al mondo intero. Sono qui da solo cinque giorni ma sento che questa affermazione è vera.

3 Naturalmente ho passato molte ore nella Galleria degli Uffizi che contiene una delle più famose collezioni d'arte italiana e straniera dal tredicesimo al diciottesimo secolo.

4 Ho visitato pure la Galleria del Palazzo Pitti dove ho ammirato i quadri di Raffaello e di Tiziano, e il Museo Nazionale nel Bargello dove ho veduto le famose sculture di Donatello e di Luca della Robbia.

5 Sono anche andato alla Galleria dell'Accademia di Belle Arti dove si trovano i capolavori di Michelangelo.

6 Ho passato molte ore camminando per le pittoresche vie fra cui c'è, naturalmente, Via Tornabuoni che è la strada più importante di Firenze per le sue botteghe eleganti e pei suoi caffè.

7 In una vecchia strada, molto stretta, ho veduto la casa dove il famoso poeta Dante Alighieri nacque nel 1265 (milleduecentosessantacinque). Ho letto la sua Divina Commedia in inglese. Un giorno spero di leggerla in italiano.

8 Come puoi immaginare, il Ponte Vecchio coi suoi negozi d'artigianato è stato di grand'interesse per me, essendo io importatore d'oggetti d'arte.

Quanti begli oggetti artistici fatti dagli artigiani fiorentini si vedono lì: braccialetti, anelli, orecchini, collane ed anche molti oggetti di pelle.

9 A metà del ponte c'è un'arcata da cui si può ammirare il fiume Arno che scorre calmo e lento di sotto.

10 Ho approfittato d'ogni opportunità di parlare coi fiorentini, e grazie a te ho potuto arrangiarmi molto bene nella loro lingua.

11 Ho trovato i fiorentini cortesi e sempre pronti ad aiutare gli stranieri che visitano la loro città.

12 Domani partirò per Venezia e farò un giro a Verona, Milano e Genova. Poi ritornerò a Roma per qualche giorno. Forse farò una breve gita a Napoli perchè desidero specialmente visitare Pompei, Capri e Ischia. Dopo ritornerò di nuovo a Roma dove prenderò l'aereo per tornare a casa.

Molto affettuosamente,

Tuo amico,

Enrico Smith

NOTE. The passage about the Ponte Vecchio was written in the hope that the flood damage would be repaired.

## Building Vocabulary

**il braccialetto** (brat-t∫a-**let**-to), bracelet
**il secolo** (**sɛ**-ko-lo), century
**il quadro** (**kwa**-dro), picture
**la collana** (kol-la-na), necklace
**la gloria** (**glɔ**-rja), glory
**la pelle** (**pɛl**-le), leather, skin
**la ricchezza** (rik-**ket**-tsa), riches
**l'anello** (a-**nɛl**-lo), ring
**l'arcata** (ar-**ka**-ta), arcade
**l'orecchino** (o-rek-**ki**-no), ear-ring
**il mondo** (**mon**-do), the world
**l'artigiano** (ar-ti-**dʒa**-no), craftsman
**arrangiarsi** (ar-ran-**dʒar**-si), to get along, to manage

**l'artigianato,** handicraft
**appartenere** (ap-par-te-**ne**-re), to belong
**contenere** (kon-te-**ne**-re), to contain
**scorrere** (**skor**-re-re), to flow
**nacque** (**nak**-kwe), he, she, it was born
**artistico** (ar-**ti**-sti-ko), artistic
**calmo** (**kal**-mo), calm
**cortese** (kor-**te**-ʒe), courteous, kind
**elegante** (e-le-**gan**-te), elegant
**pittoresco** (pit-to-**re**-sko), picturesque
**stretto** (**stret**-to), narrow
**a metà**[1] **di** (me-**ta**), in the middle of
**sù e giù** (su e dʒu), up and down

NOTE 1. It is very important in Italian to give each syllable its correct stress. **Metà**, *middle*, has the stress on the **-tà**, but **meta**, *goal*, has the stress on the **me-**.

## Espressioni italiane

**eccomi,** here I am
**eccolo,** here he is
**eccola,** here she is

**eccoli,** here they are (*m.*)
**eccole,** here they are (*f.*)

## Esercizio No. 193—Test of Reading Comprehension

1 Where has Mr. Smith spent five unforgettable days?
2 How did he pass the time there?
3 Why will he not try to describe all the places he visited?

4 What is said about Florence?
5 What does Mr. Smith think of this statement?
6 In which gallery did he spend many hours?

7 What famous collection does this gallery contain?

8 Whose paintings does he admire in the Palazzo Pitti?

9 Whose sculptures did he see in the Museo Nazionale?

10 In which gallery are found Michelangelo's masterpieces?

11 Which street in Florence is most important for its elegant shops and cafés?

12 Where is the house where Dante Alighieri was born?

13 What does Mr. Smith hope to read in Italian some day?

14 Name some of the artistic objects made by Italian craftsmen in the shops on the Ponte Vecchio.

15 Which river flows under the Ponte Vecchio?

16 How has Mr. Smith been able to manage when talking to people in Florence?

17 How did he find the people of Florence?

### Grammar Notes and Practical Exercises

1 Summary of Single Object Pronouns.

You have learned:

(*a*) The direct and indirect object pronouns and the reflexive pronouns.

SINGLE OBJECT PRONOUNS

*Singular*

| Direct | | Indirect | | Reflexive | |
|---|---|---|---|---|---|
| mi | me | mi | to me | mi | myself |
| ti | you | ti | to you | ti | yourself |
| lo | him, it | gli | to him | si | himself |
| la | her, it | le | to her | si | herself |
| La | you | Le | to you | si | yourself |
| ne | some, any, some of it, any of it | | | | |

*Plural*

| Direct | | Indirect | | Reflexive | |
|---|---|---|---|---|---|
| ci | us | ci | to us | ci | ourselves |
| vi | you | vi | to you | vi | yourselves |
| li | them (*m.*) | loro | to them | si | themselves |
| le | them (*f.*) | | | | |
| Li | you (*m.*) | Loro | to you | si | yourselves |
| Le | you (*f.*) | | | | |
| ne | some, any, some of them, any of them | | | | |

(*b*) The use of the partitive ne (some, any, some of it, etc.).

**Hanno Loro del burro?**          Have you any butter?
**Sì, ne abbiamo due libbre.**     Yes, we have two pounds (of it).

Ne must not be omitted in Italian.

(*c*) The position of object pronouns. Object pronouns precede all verbs except infinitives, gerunds, and the affirmative imperative (**tu, noi,** and **voi** forms).

| | |
|---|---|
| Ha comprato Lei quelle belle pitture? | Have you bought those beautiful pictures? |
| Sì, *le* ho comprate. | Yes, I have bought *them*. |
| Vuole comprare questa cravatta? | Do you want to buy this tie? |
| Non voglio comprar*la*. | No, I do not want to buy *it*. |
| Compriamo*la*. | Let's buy *it*. |
| Non *la* compriamo. | Let us not buy *it*. |
| Comprandolo. | Buying *it*. |

### 2 Double Object Pronouns.

| | |
|---|---|
| (*a*) A chi darà Carlo i biglietti? | To whom will Charles give the tickets? |
| *Me li* darà. | He will give *them to me*. |
| *Te li* darà. | He will give *them to you*. |
| *Ce li* darà. | He will give *them to us*. |
| *Ve li* darà. | He will give *them to you*. |
| Voglio dar*tene*. | I want to give *some to you*. |
| *Me li* mostri. | Show *them to me*. |

When a verb has two object pronouns, the *indirect object* precedes the *direct object* (the reverse of English usage), and both objects precede or follow the verb, according to the same rules that apply to single object pronouns.

Before **lo, la, li, le,** or **ne,** the pronouns **mi, ti, ci, vi,** and **si** become **me, te, ce, ve,** and **se.**

| | |
|---|---|
| (*b*) A chi manderà Lei il denaro? | To whom will you send the money? |
| *Glielo* manderò. | I shall send *it to him* (*to her, to you*). |
| A chi manderà Lei i libri? | To whom will you send the books? |
| *Glieli* manderò. | I shall send *them to him* (*to her, to you*). |
| *Gliene* mandi! | Send *some to him* (*to her*)! |
| Voglio mandar*gliene*. | I want to send *some to him* (*to her, to you*). |

Before **lo, la, li, le,** or **ne,** both **gli** (*to him*) and **le** (*to her, to you*) become **glie.** Thus:

| | |
|---|---|
| glielo<br>gliela } | it to him, *or* it to her, *or* it to you (*pol. sing.*) |
| glieli<br>gliele } | them to him, *or* them to her, *or* them to you (*pol. sing.*) |
| gliene | some to him, *or* some to her, *or* some to you (*pol. sing.*) |

| | |
|---|---|
| (*c*) *Lo* manderò *loro*. | I shall send *it to them*. |
| *Lo* manderò *Loro*. | I shall send *it to you* (*pol. plur.*). |

**Loro** (to you (*pol. plur.*)) and **loro** (to them) must as usual follow the verb.

**Esercizio No. 194** Translate the following sentences. Then practise saying them aloud. They will help give you a 'feeling' for the double object pronouns.

1 Avete mandato le lettere al signor Smith?
Sì, gliele abbiamo mandate.
2 Ha ritornato l'impermeabile al signor Amato?
Sì, glielo ho ritornato.
3 Mi mandi i giornali italiani, per favore.
Glieli manderò domani.
4 Le ha dato il conto il cameriere?
No, lui non me l'ha ancora dato.
5 Hai chiesto i biglietti all'impiegato?
No, non glieli ho ancora chiesti perchè è troppo occupato.
6 Quanti piatti ci sono in questa cassa?
Ce ne sono venticinque dozzine.
7 Gli hai reso il danaro che ti ha prestato?
(Io) glielo renderò domani.
8 La ragazza vi ha mostrato i vasi che il signor Smith ha ricevuti da Roma?
Sì, lei ce li ha mostrati.

9 Può Lei prestarmi il Suo ombrello?
Sì, glielo presterò, ma me lo renderà domani, non è vero?
Grazie tante, glielo renderò domani.
10 Mi mostri per favore il nuovo abito che Lei ha comprato.
Mi dispiace, non posso mostrarglielo perchè non è ancora arrivato dal negozio.
11 Quando ci porterà Lei gli abiti?
Li porterò Loro domani.
12 Quando scriverà Lei la lettera a Anita?
Gliela scriverò dopodomani.
13 Ecco la penna. Me la dia!
14 Ecco l'orologio. Ce lo dia!
15 Ecco il quadro. Lo dia loro!
16 Mi porterà Lei i cappelli?
Sì, glieli porterò stasera.

**Esercizio No. 195** Rewrite these sentences, changing the nouns in italics to pronouns.

Esempio 1: Glielo manderò. I shall send it to her.

1 Manderò *l'anello alla signora Smith*.
2 Presterò *la mia collana a Maria*.
3 Egli ha dato *il giornale a Giorgio*.
4 Mi restituirà Lei *l'ombrello*?
5 Vi porteremo *gli oggetti d'arte*.
6 Le compriamo *questo braccialetto*.
7 Dopo pranzo ti leggerò *la storia*.
8 Ci comprerà Lei *dei francobolli*?
9 Comprerò Loro *dei francobolli*.

10 Ho mandato *il denaro al commerciante*.
11 Mi mandi *i libri* immediatamente.
12 Insegno *il poema agli studenti*.
13 Essi le mandano *i fiori*.
14 Prestiamogli *il denaro*.
15 Non dare *i fiammiferi al bambino*.
16 Mandate *le lettere a Maria*.

# CHAPTER 39

## IL SIGNOR SMITH COMPRA UN BIGLIETTO DI LOTTERIA

**Sesta lettera da Roma**

Caro Amico,

1 Non sono un giocatore. Voglio dire cioè, che fino alla settimana scorsa non ero stato un giocatore. Adesso ti dirò quello che è successo.

2 A Roma si vendono dappertutto biglietti di lotteria.

3 Quando sono arrivato a Roma ho notato subito che s'interessavano tutti della Lotteria Nazionale. Vedevo cartelli della lotteria negli autobus, per le strade, nei negozi, nell'albergo, in breve, dovunque.

4 Mentre guardavo uno di questi avvisi ho cominciato a sognare. Ho sognato che vincerei (*I would win*) il primo premio. Poi avrei (*I would have*) abbastanza denaro per viaggiare in tutta l'Europa l'anno prossimo. La mia famiglia verrebbe (*would come*) con me e i miei figli andrebbero (*would go*) ad una buona scuola italiana per studiare la lingua. Mia moglie potrebbe (*would be able*) fare la conoscenza dei signori Vitelli e forse potremmo (*we would be able*) fare tutti un bel viaggio insieme. Potrei (*I would be able*) comprare anche alcune bellissime cose, non per venderle, ma per tenerle in casa mia. Sarei (*I would be*) l'uomo più felice del mondo.

Così sognavo, sognavo . . .

5 Un giorno, mentre scendevo dall'autobus e osservavo un gran cartello della Lotteria Nazionale, un uomo piuttosto vecchio e mal vestito si è avvicinato e mi ha detto — Signore, compri questo biglietto. Vincerà. Le porterà fortuna.

6 — Come sa Lei che questo numero vincerà?

7 — Perchè ci sono tre zeri. Guardi!

8 Ho guardato, ed infatti il numero finiva con tre zeri. Mi sono detto: Questo numero esce dall'ordinario. Compriamolo!

9 Ed ecco come sono diventato giocatore!

10 Il giorno dopo mi sono alzato presto e ho chiesto subito il mio caffè, i panini e il giornale. Ma la sola cosa che m'interessava era il giornale. L'ho aperto subito. Il cuore mi batteva forte forte. Ma dove li hanno nascosti quei numeri? Oh, eccoli! Che vedo? Il numero che ha vinto il primo premio finisce con tre zeri, 26,000 (ventiseimila)!

11 Non respiro più. Cerco il mio biglietto facendo castelli in aria.

12 Alla fine lo trovo. Posso appena tenerlo in mano. Ecco i tre zeri! Ecco il numero due! Ma che sfortuna, l'altro numero è un cinque e non un sei. Peccato!

13 Allora ho fatto colazione ridendo di me stesso.

14 Ho deciso che l'emozioni di un giocatore non sono per me. Amo la vita tranquilla come ti ho sempre detto a Londra.

Molto affettuosamente,
Tuo amico,
Enrico Smith

## Building Vocabulary

il cuore (kwɔ-re), heart
il giocatore (dʒo-ka-to-re), player, gambler
la lotteria (lot-te-ri-a), lottery
la sfortuna (sfor-tu-na), misfortune
l'avviso (av-vi-zo), notice
l'emozione (e-mo-tsjo-ne), emotion
lo zero (dsɛ-ro), zero
respirare (re-spi-ra-re), to breathe
sognare (so-ña-re), to dream
battere (bat-te-re), to beat
chiedere (kjɛ-de-re), to ask, to ask for

chiesto *past part.*, asked, asked for
nascondere (na-skon-de-re), to hide
nascosto *past part.*, hidden
ridersi (di) (ri-der-si), to laugh (at)
tenere (te-ne-re), to hold, to keep
vincere (vin-tʃe-re), to win
vinto *past part.*, won
appena (ap-pe-na), scarcely, as soon as
dovunque (do-vuŋ-kwe), everywhere
scorso (skor-so), last; la settimana scorsa, last week

## Espressioni italiane

ecco come, that is how
alla fine, at last

tutti (tutte) e quattro, all four
tutti (tutte) e due, both
uscire dall'ordinario, to be unusual

### Esercizio No. 196—Test of Reading Comprehension

1 What kind of man had Mr. Smith never been?
2 What did Mr. Smith notice when he came to Rome?
3 As he looked at the lottery notices, what did he dream of winning?
4 For what would he then have sufficient money?
5 Who would come with him to Italy?
6 What would the children do in Italy?
7 With whom would his wife become acquainted?
8 What would all (the Smiths and Vitellis) perhaps do together?
9 Who approached Mr. Smith one day as he was looking at a large advertisement for the National Lottery?
10 What did the man say to him?

11 What was unusual about the number of the ticket which Mr. Smith bought?
12 What did Mr. Smith ask for the next morning?
13 What was the only thing that interested him?
14 Was he calm when he opened the newspaper?
15 What did the number which won the first prize end in?
16 What was Mr. Smith doing mentally as he looked for his ticket?
17 Which number won the first prize?
18 Which number did Mr. Smith have?
19 Was Mr. Smith sad as he ate his breakfast?
20 What did Mr. Smith decide?

## Grammar Notes and Practical Exercises

1 The Present Conditional. What *would happen.* parlare, vendere, finire.

| I should or would buy, etc. | | I should or would sell, etc. |
|---|---|---|
| comprerei | (kom-pre-rɛ-i) | venderei |
| compreresti | (kom-pre-re-sti) | venderesti |

| I should or would buy, etc. | | I should or would sell, etc. |
|---|---|---|
| comprerebbe | (kom-pre-reb-be) | venderebbe |
| compreremmo | (kom-pre-rem-mo) | venderemmo |
| comprereste | (kom-pre-rɛ-ste) | vendereste |
| comprerebbero | (kom-pre-rɛb-be-ro) | venderebbero |

I should or would finish, etc.

> finirei
> finiresti
> finirebbe
> finiremmo
> finireste
> finirebbero

The present conditional personal endings are **ei, esti, ebbe, emmo, este, ebbero.**

To form the present conditional, use as a base the infinitive minus the final **-e** and add the conditional endings.

*But,* in the -are verbs, the **-a** of the infinitive must be changed to **-e** before the endings are added.

Thus the base for the present conditional is the same as the base for the future.

Be careful not to confuse the first person plural of the conditional with the future: **avremo,** *we shall have*; **avremmo,** *we should have.*

| FUTURE | CONDITIONAL |
|---|---|
| parlare: parlerò, parlerai, parlerà, etc. | parlerei, parleresti, parlerebbe, etc. |
| vendere: venderò, venderai, venderà, etc. | venderei, venderesti, venderebbe, etc. |
| finire: finirò, finirai, finirà, etc. | finirei, finiresti, finirebbe, etc. |

The conditional is used in Italian where *should* or *would* is used in English. Be careful, though, not to use the conditional in Italian where *would* in English has the sense of *used to*:

| **Andavo a Londra ogni giorno.** | *I* would *go to London every day* (used to go). |
|---|---|

When *should* expresses the idea of *ought to*, then **dovere** must be used:

| **Dovresti andare a scuola, stamattina, Luisa.** | You *should* go to school this morning, Louise (*ought to*). |
|---|---|

The conditional is often used with verbs of wishing, or preference:

| **Vorrei andare in Italia.** | *I should like to go to Italy.* |
|---|---|
| **Preferirei non andarci.** | *I'd prefer not to go there.* |

It is also used when one is quoting what someone else has said:

| | |
|---|---|
| **Secondo il maestro il ragazzo sarebbe malato.** | *According to the teacher, the boy is ill.* |

(i.e. I don't know whether he is really ill or not, but the teacher said he was.)

## 2 The Irregular Present Conditional.

All verbs that have an irregular base for the future have the same irregular base for the conditional:

| | | |
|---|---|---|
| avere | **avrei, etc.** | I would have, etc. |
| essere | **sarei, etc.** | I would be, etc. |
| andare | **andrei, etc.** | I would go, etc. |
| fare | **farei, etc.** | I would make, do, etc. |
| dare | **darei, etc.** | I would give, etc. |
| vedere | **vedrei, etc.** | I would see, etc. |
| potere | **potrei, etc.** | I would be able, etc. |
| dovere | **dovrei, etc.** | I would have to, etc. |
| sapere | **saprei, etc.** | I would know, etc. |
| venire | **verrei, etc.** | I would come, etc. |
| volere | **vorrei, etc.** | I would want, etc. |
| rimanere | **rimarrei, etc.** | I would remain, etc. |

**Esercizio No. 197** Change these sentences from the future to the present conditional. Translate each sentence in the present conditional.

**Esempio 1: Viaggerei dappertutto in Europa.** I would travel everywhere in Europe.

1 **Io viaggerò dappertutto in Europa.**
2 **Egli visiterà la Francia e l'Italia.**
3 **Noi impareremo l'italiano.**
4 **La mia famiglia non mi accompagnerà.**
5 **Lei potrà comprare molte belle cose.**
6 **Avrà lui abbastanza denaro?**
7 **Essi compreranno alcuni oggetti d'arte.**
8 **Sarete voi contenti di rimanere qui?**
9 **Lei non vi riconoscerà.**
10 **Loro non faranno i loro compiti.**
11 **Io ti manderò le riviste.**
12 **Loro non verranno la settimana prossima.**
13 **Mi piacerà andare in Sicilia.**
14 **Ti piacerà fare una gita in Riviera?**
15 **Avrò bisogno di buoni consigli.**
16 **Saranno contenti di fare la sua conoscenza.**

**Esercizio No. 198** Complete in Italian with the correct form of the verb.

1 (Will you buy) **l'anello?**
2 **Lo** (I would buy) **ma** (I do not have) **abbastanza denaro.**
3 (She will buy) **gli orecchini, quando** (she returns = will return) **al negozio.**

4 (Would you (**Lei**) be able) **farlo?**

5 (I shall be able) **farlo, se** (I have = shall have) **il tempo.**

6 (I would go out) **ma** (it is raining).

7 (They would be) **contenti di andare, ma** (they cannot).

8 (I would be) **contento di vederla.**

9 **La sua famiglia** (will not accompany him).

10 (They would like = it would be pleasing to them) **imparare l'italiano.**

11 (Would you (**voi**) have to) **prendere quel treno?**

12 (We will be able) **comprare molte cose.**

# CHAPTER 40

## IL SIGNOR SMITH SE NE VA DALL'ITALIA

### Settima lettera da Roma

Caro amico,

1 Quando sono partito da Londra ero bene informato sull'Italia. Avevo letto molti libri sulla storia e sui costumi del paese. Con te avevo spesso discusso il clima, la geografia e il popolo d'Italia. Sapevo parlare italiano passabilmente.

2 Adesso che sono sul punto di partire dall'Italia, parlo la lingua con più facilità. Ho visitato molti luoghi di cui abbiamo parlato nelle nostre conversazioni. Nelle mie lettere non potevo descrivere che ben poco di tutto quello che ho veduto e appreso. Il resto devo lasciarlo per le nostre future conversazioni.

3 Amo tante cose in Italia: Roma, Roma antica e Roma moderna; i monumenti storici; i meravigliosi musei d'arte, di pittura, di scultura; i paesaggi dei dintorni di Roma. Amo Firenze dove ho passato cinque giorni indimenticabili e tutte le altre città che ho visitate.

4 Soprattutto amo gl'Italiani. Amo il loro entusiasmo della vita, il loro profondo senso della dignità, il loro senso dell'umorismo, la loro gentilezza, la loro passione per la discussione e la loro indipendenza. Naturalmente mi piace molto la cucina italiana.

5 Come tu mi hai consigliato, ho approfittato di ogni occasione di parlare con tutti — coi facchini, coi camerieri, coi commessi dei negozi, cogli autisti di tassì, ecc.

6 La vita in Italia è veramente meno tranquilla che a Londra. Mi ricordo delle mie prime impressioni nel tassì che mi conduceva a vertiginosa velocità dall'aeroporto all'albergo. Come tu sai il mio era un viaggio di piacere e nello stesso tempo un viaggio d'affari. Fortunatamente ho finito i miei affari al più presto e poi mi sono dedicato completamente agli svaghi.

7 Non ho avuto tempo per andare in Sicilia; perciò non sono andato nè a Palermo, nè a Taormina. Ho preferito passare il tempo a conoscer meglio Roma e l'Italia del Nord. C'è tanto da vedere, da fare e d'apprendere. Tutto mi ha affascinato e interessato.

8 Avrò molto da raccontarti a proposito delle persone che ho conosciute, dei posti che ho visitati, e di tutto ciò che ho imparato sui costumi, sulla vita, sull'arte d'Italia.

9 Certamente ritornerò in Italia, al dolce paese del sole, dell'arte, dei canti a della gente simpatica. Ma la prossima volta la mia famiglia verrà con me. Sono sicuro che potrò fare da guida senza difficoltà. Non ho vinto il primo premio della lotteria ma ritornerò in Italia ugualmente.

10 Questa è l'ultima lettera che ti scrivo prima di partire per Londra il primo agosto. Sarò lieto di telefonarti appena arriverò per invitarti a

pranzo a casa mia. Senza dubbio passeremo molte ore a parlare dell'Italia e della nostra Roma che amiamo tanto.

> A presto dunque,
> Tuo amico,
> Enrico Smith

## Building Vocabulary

**il commesso di negozi,** shop assistant
**il canto** (kan-to), song
**il senso** (sɛn-so), sense
**il paesaggio** (pa-e-sad-dʒo), landscape
**la dignità** (di-ñi-ta), dignity
**la passione** (pas-sjo-ne), passion
**l'indipendenza** (in-di-pen-dɛn-tsa), independence
**il senso dell'umorismo,** humour
**lo svago** (ʒva-go), recreation, amusement

**dedicare** (de-di-ka-re), to devote
**affascinare** (af-faʃ-ʃi-na-re), to enchant, fascinate
**apprendere** (ap-prɛn-de-re), to learn
**appreso** (*past participle*), learned
**lieto** (ljɛ-to) happy, glad
**simpatico** (sim-pa-ti-ko), friendly, nice
**ugualmente** (u-gwal-mɛn-te), equally, all the same
**passabilmente,** fairly well

## Espressioni italiane

**ben poco,** very little
**fare da guida,** to act as guide
**Chi può fare da guida?** Who can act as guide?
**Possiamo fare da guida.** We can act as guide.

**sul punto di,** on the point of, about to
**Chi è sul punto di partire?** Who is about to leave?
**Io sono sul punto di partire.** I am about to leave.
**a presto,** see you soon

## Esercizio No. 199—Test of Reading Comprehension

1 Before leaving for Italy, how had Mr. Smith obtained his knowledge of that country?
2 How much was he able to describe in his letters?
3 What does he like best in Italy?
4 What does he like about the Italian people?
5 To what kind of people has he taken every opportunity of talking?
6 How does he compare life in Italy with life in London?
7 When did he have a different impression?
8 Why was he able to devote himself largely to pleasure?
9 Why did Mr. Smith not go to Sicily?
10 About what things will he have much to tell on his return?
11 Who will go with him on his next trip to Italy?
12 What is he sure of?
13 When is he leaving for London?
14 What will he be glad to do immediately on his arrival home?
15 What does he think will happen when they are together again?

## Grammar Notes and Practical Exercises

### 1 Andarsene to go away.

| | | | | | |
|---|---|---|---|---|---|
| (io) | me ne vado | I go away | (noi) | ce ne andiamo | we go away |
| (tu) | te ne vai | you go away (*fam.*) | (voi) | ve ne andate | you go away |
| (Lei) | se ne va | you go away (*pol.*) | (Loro) | se ne vanno | you go away (*pol.*) |
| (egli) | se ne va | he goes away | (essi) | se ne vanno | they go away (*m.*) |
| (essa) | se ne va | she goes away | (esse) | se ne vanno | they go away (*f.*) |

| | | |
|---|---|---|
| Present: | (io) me ne vado, etc. | I go away, etc. |
| Imperfect: | (io) me ne andavo, etc. | I was going away, etc. |
| Future: | (io) me ne andrò, etc. | I shall go away, etc. |
| Pres. Cond.: | (io) me ne andrei, etc. | I should go away, etc. |
| Pres. Perf.: | (io) me ne sono andato (a), etc. | I went away, etc. |
| Past. Perf.: | (io) me n'ero andato (a), etc. | I had gone away, etc. |

In Italy, when one wants to say 'I'm off now', 'I'm going', one uses **andarsene**. **Me ne vado**. **Vado** on its own would not sound right.

**Esercizio No. 200** Translate these sentences. Be sure to use the correct tense.

1 Siamo partiti da Roma di buon'ora.
2 Ho spesso discusso il clima con lui.
3 Sapeva Lei parlare italiano?
4 Visiterei molti posti.
5 Non posso descrivere tutti i musei.
6 Che cosa aveva appreso Lei in Italia?
7 Quella cartolina mi è piaciuta molto.
8 Lasceremo il resto per domani.
9 Avevamo finito i nostri affari presto.
10 Io sono ritornato in primavera.
11 Sarei contento di telefonarle, signore.
12 Avrebbe Lei tempo di visitarci?
13 Domani sera faremo una gita a Siena.
14 Vorrò fare le spese nel pomeriggio.
15 La macchina si è fermata subito.
16 I bambini si erano alzati alle sei.
17 Non salire nell'automobile!
18 Scendiamo dall'autobus!
19 Si accomodino, signori!
20 Non eravamo stati a Firenze.
21 Egli è sul punto d'andarsene da Roma.
22 Me ne andrò domani l'altro.
23 Quando se n'è andato da Londra il signor Smith?
24 Tutti i turisti se n'erano andati.
25 Essi se ne andavano mentre noi arrivavamo.

**Esercizio No. 201** Translate.

1 Do you know Italy well?
2 Yes, I have read many books about that country.
3 Have you ever been (**stato**) in Italy?
4 Yes, I have spent two months there.
5 Can you (do you know how to) speak Italian?
6 Yes, I can speak it very well.

7 Can you describe in Italian the places you have seen?

8 Yes, but I can describe them better in English.

9 Do you like the Italians?

10 I love them.

11 Is life in Italy less tranquil than in England?

12 Indeed it is less tranquil.

13 Is there much to see in Italy?

14 I should say so! (**Altro che!**) There is so much to see, to do, to learn.

15 Will you return there next year?

16 Certainly, I shall return there.

17 Will you go alone?

18 No, I shall take my family with me.

19 I shall be able to act as guide.

20 I know many people and many interesting places.

# REVISION 9

## CHAPTERS 37–40

### Revisione di Parole

#### NOUNS

| | | |
|---|---|---|
| 1 l'abito | 8 la collana | 15 il passaggio |
| 2 l'affetto | 9 il costume (m.) | 16 il quadro |
| 3 l'anello | 10 il cuore (m.) | 17 la ricchezza |
| 4 l'avviso | 11 la fotografia | 18 la sfortuna |
| 5 il braccialetto | 12 il gioiello | 19 lo straniero |
| 6 il canto | 13 il muro | 20 lo svago |
| 7 il cavallo | 14 l'orecchio | 21 la torre |

| | | |
|---|---|---|
| 1 suit, dress | 8 necklace | 15 passage |
| 2 affection | 9 custom | 16 picture |
| 3 ring | 10 heart | 17 richness |
| 4 poster | 11 photograph | 18 misfortune |
| 5 bracelet | 12 jewel | 19 foreigner, stranger |
| 6 song | 13 wall (outside) | 20 pleasure, amusement |
| 7 horse | 14 ear | 21 tower |

#### VERBS

| | | |
|---|---|---|
| 1 arrangiarsi | 5 respirare | 9 nascondere |
| 2 cavalcare | 6 sognare | 10 ridersi (di) |
| 3 guadagnare | 7 apprendere | 11 vincere |
| 4 partecipare | 8 battere | 12 avvenire |

| | | |
|---|---|---|
| 1 to get along, manage | 5 to breathe | 9 to hide |
| 2 to ride a horse | 6 to dream | 10 to laugh at |
| 3 to earn, gain | 7 to learn | 11 to win |
| 4 to take part | 8 to beat, strike | 12 to happen |

#### ADJECTIVES

| | | |
|---|---|---|
| 1 affollato | 5 elegante | 9 pubblico |
| 2 artistico | 6 lieto | 10 scorso |
| 3 calmo | 7 pittoresco | 11 simpatico |
| 4 cortese | 8 popolato | 12 stretto |

| | | |
|---|---|---|
| 1 crowded | 5 elegant | 9 public |
| 2 artistic | 6 happy | 10 last |
| 3 calm | 7 picturesque | 11 nice, friendly |
| 4 polite | 8 populated | 12 narrow |

#### ADVERBS

| | | | |
|---|---|---|---|
| 1 appena | 2 dovunque | 1 scarcely, as soon as | 2 wherever, anywhere |

## ESPRESSIONI ITALIANE

| | | |
|---|---|---|
| 1 in ogni modo | 5 sul punto di | 8 fare da guida |
| 2 a volte | 6 avere luogo | 9 fare vedere |
| 3 tutti e quattro | 7 fare fotografie | 10 sentire parlare |
| 4 alla fine | | |

| | | |
|---|---|---|
| 1 in any case | 5 on the point of | 8 to act as a guide |
| 2 at times | 6 to take place | 9 to show (cause to see) |
| 3 all four | 7 to take photographs | 10 to hear said |
| 4 finally | | |

**Esercizio No. 202** Translate the following sentences accurately. All the tenses you have learned are included in this exercise.

1 Esse sono andate al mercato per fare le spese.
2 Gl'Italiani hanno fatto una buona impressione al signor Smith.
3 Lui è andato alla stazione per chiedere informazioni.
4 Io potrò arrangiarmi in Italia perchè parlo italiano passabilmente.
5 Dopo domani faremo una visita al signor Vitelli.
6 Il giovanotto aveva già fatto il pieno e controllato l'olio.
7 L'estate prossima il signor Smith potrà fare da guida a tutta la famiglia.
8 Avrei fatto un viaggio in Sicilia ma non ho avuto tempo.
9 All'albergo non mi è mancato nulla.
10 Dopo aver finito gli affari, il signor Smith si è dedicato completamente agli svaghi.
11 Sto scrivendo una lettera al mio rappresentante per dirgli la data del mio arrivo.
12 Dopo aver salutato tutti siamo saliti in aereo.
13 Pensavo ai consigli del mio maestro mentre il tassì andava a gran velocità per le strade di Roma.
14 Prima il signor Smith faceva tradurre la sua corrispondenza italiana, ma da ora in poi la tradurrà da se stesso.
15 I ragazzi si divertivano a giocare a scacchi.
16 Se Lei troverà le soprascarpe che ho lasciate in casa Sua, me le renda, per favore.
17 Non dimenticherò di rendergliele.
18 Non ho mai veduto un simile spettacolo.
19 Mentre il signor Smith viaggiava, la signora Smith si occupava dei suoi ragazzi.
20 Non sono mai stato in Italia ma conto di andarci l'estate prossima.
21 I miei affari mi conducono a Roma e ad altre città italiane.
22 Sogniamo di fare un altro viaggio in Italia l'estate prossima.

**Esercizio No. 203** Complete these sentences in Italian.

1 Il signor Smith (is a businessman of London).
2 Lui ha fatto (a trip to Italy in order to visit his agent).
3 Egli voleva (to get to know him).
4 Prima di partire per l'Italia (he had learned to speak Italian well enough).
5 (He had also read many books) sull'Italia.
6 Egli ha scritto (many letters to his friend and teacher).
7 Lui ha descritto (many interesting places of which they had spoken in their conversations).
8 Lui pensava al tassì (which had taken him to his hotel).

9 (The dizzy speed of the taxi) **non gli aveva fatto piacere.**

10 **Fortunatamente** (he soon had finished his business matters).

11 **Lui ha amato soprattutto gl'Italiani,** (their politeness, their sense of humour, and their passion for discussion).

12 **Ma sfortunatamente** (he did not have time to go to Sicily).

13 **C'era** (so much to see, so much to do, so much to learn).

14 **Egli aveva imparato molto** (about the customs, the life, the language, and the arts of Italy).

15 **L'anno prossimo** (he will return to Italy).

16 **Tutta la famiglia** (would accompany him).

17 (He has not won the first prize in the lottery) **ma avrà** (enough money).

18 **Questa è l'ultima lettera** (which Mr. Smith will write before leaving Italy).

19 **Senza alcun dubbio** (he will invite Mr. Facci to dinner with his family) **quando tornerà a Londra.**

# CHAPTER 41

## FOREWORD

You have learned three tenses for past time: the Present Perfect, indicating *what has happened, happened, or did happen*; the Imperfect, indicating *what was happening or used to happen*; and the Past Perfect, indicating *what had happened*. For practical purposes in everyday conversation, you can get along quite well with these three past tenses. However, there is another past tense called the Past Definite or Remote Past, which expresses *what happened*. This tense is used instead of the Present Perfect when the time referred to is long ago, or in narratives and historical accounts. It is used with such expressions as **l'anno scorso,** *last year*; **il mese scorso,** *last month*; **sei mesi fa,** *six months ago.*

Following is a brief narrative of Mr. Smith's trip, in which the Past Definite is used. You are familiar with all the words and expressions, so that you will be able to read it easily.

### Il viaggio in Italia del signor Smith

L'anno scorso il signor Smith, un importatore di Londra, decise (*decided*) di fare un viaggio in Italia. Volle (*he wanted*) fare una visita al suo rappresentante a Roma e nello stesso tempo volle (*he wanted*) vedere le cose più interessanti della città e di varie altre città d'Italia. Ma il signor Smith non parlava italiano. Per imparare quella lingua egli trovò (*he found*) a Londra un maestro italiano, il signor Facci. Per sei mesi il signor Smith ricevè (*took*) lezioni e tutti e due s'incontrarono (*met*) il martedì e il giovedì a casa del signor Smith.

Il 31 maggio il signor Smith partì (*left*) per l'Italia in aereo. Quando lui arrivò (*arrived*) all'aeroporto di Ciampino, il suo rappresentante, il signor Vitelli, era lì ad aspettarlo. Chiamarono (*they called*) un tassì che li portò (*took*) a gran velocità all'albergo dove il signor Vitelli aveva riservato una camera con bagno per lui.

Alcuni giorni dopo il suo arrivo a Roma, il signor Smith pranzò (*dined*) a casa del suo rappresentante. Fece (*he made*) la conoscenza di sua moglie, una gentile e attraente signora, e dei suoi figli. Giovanni e Paolo furono (*were*) felici di fare la conoscenza di un signore inglese e di passare una giornata a Ostia con lui.

Il signor Smith finì (*finished*) assai presto i suoi affari e così potè (*he was able*) dedicarsi interamente agli svaghi. Rimase (*he remained*) a Roma circa tre settimane per visitare tanti luoghi interessanti e passò (*he spent*) molto tempo nei musei.

Usando Roma come il suo punto di partenza, fece (*he made*) un giro a Firenze, a Siena, a Genova, a Milano, un po' dappertutto. A Siena fu (*he was*) presente al famoso Palio delle Contrade che ha luogo due volte l'anno.

Quando il signor Smith arrivò (*arrived*) in Italia sapeva già parlare italiano abbastanza bene, perciò approfittò (*took advantage*) di ogni occasione per parlare la lingua italiana con tutti. Così imparò (*he learned*) a conoscere e ad amare il popolo italiano.

Mentre era in Italia scrisse (*he wrote*) diverse lettere al suo maestro e comprò (*he bought*) alcuni regali per la famiglia. Aveva (*he had*) tante cose da raccontare al signor Facci ma naturalmente non fu (*it was not*) possibile scrivere lettere piene di dettagli. Dovè (*he had to*) lasciare alle loro future conversazioni a Londra molti soggetti interessanti.

Il 31 agosto il signor Smith tornò (*returned*) in Inghilterra. Aveva fatto davvero un viaggio piacevolissimo, e lo aveva goduto molto. Ora spera di ritornare in Italia, ma questa volta porterà la sua famiglia con sè.

### Grammar Notes and Practical Exercises

1 The Past Definite. *What happened.* Regular Verbs.

The italicized vowel in each form indicates the stressed syllable.

| parlare | | vendere | |
|---|---|---|---|
| parl*a*i | I spoke | vend*e*i (*etti*) | I sold |
| parl*a*sti | you spoke (*fam.*) | vend*e*sti | you sold (*fam.*) |
| parl*ò* | {you spoke (*pol.*) / he, she, it spoke} | vend*è* (*ette*) | {you sold (*pol.*) / he, she, it sold} |
| parl*a*mmo | we spoke | vend*e*mmo | we sold |
| parl*a*ste | you spoke | vend*e*ste | you sold |
| parl*a*rono | {you spoke (*pol.*) / they spoke} | vend*e*rono (*ettero*) | {you sold (*pol.*) / they sold} |

| finire | | | |
|---|---|---|---|
| fin*i*i | I finished | fin*i*mmo | we finished |
| fin*i*sti | you finished (*fam.*) | fin*i*ste | you finished |
| fin*ì* | {you finished (*pol.*) / he, she, it finished} | fin*i*rono | {you finished (*pol.*) / they finished} |

Note that the endings in the third person of regular -**are**, -**ere**, and -**ire** verbs are -**ò**, -**è**, and -**ì** respectively.

Note that all the other endings are the same for regular -**are**, -**ere**, and -**ire** verbs, except that each verb retains the vowel of the infinitive as the first letter of the endings. Thus: **parlaste, vendeste, finiste.**

There is an alternative form for the first and third person singular and the third person plural of -**ere** verbs: **vendetti, vendette, vendettero.**

The past definite is used to describe past actions which have been completed, particularly in books. The present perfect is used to describe actions which have occurred recently in the past. Nowadays Italians often use the present perfect to describe actions that have occurred even up to several years ago.

| | |
|---|---|
| **Mio fratello è andato in Italia cinque anni fa.** | My brother went to Italy five years ago. |

**Esercizio No. 204** Translate these verbs. Where more than one subject pronoun is possible, give all the possibilities. Thus: **comprò** = you, he, she, or it bought.

| 1 comprai | 11 non lavorammo | 21 aiutammo |
|-----------|------------------|-------------|
| 2 imparammo | 12 sentirono? | 22 sperarono |
| 3 capirono | 13 vendè | 23 partì |
| 4 viaggiaste | 14 non ripetemmo | 24 giocaste? |
| 5 ricevè | 15 salutaste? | 25 lasciò |
| 6 servii | 16 non differimmo | 26 potemmo |
| 7 visitasti | 17 non restarono | 27 dovei |
| 8 non credemmo? | 18 non seguì | 28 domandarono |
| 9 preferirono | 19 confessò? | 29 preferii |
| 10 non aspettò | 20 riceveste | 30 perdesti |

2 The Past Definite. Irregular. **rispondere.**

| **risposi** | I answered | **rispondemmo** | we answered |
|-------------|------------|-----------------|-------------|
| **rispondesti** | you answered (*fam.*) | **rispondeste** | you answered |
| **rispose** | {you answered (*pol.*) he, she, it answered | **risposero** | {you answered (*pol.*) they answered |

Note that the first person singular, and the third person singular and plural, are irregular in both the stem and the ending. The other three forms are regular. This is the pattern for most irregular verbs. The first person of irregular verbs has to be memorized.

3 Some of the many Verbs Irregular in the Past Definite.

| avere, to have | ebbi, avesti, ebbe | avemmo, aveste, ebbero |
|----------------|--------------------|-----------------------|
| bere, to drink | bevvi, bevesti, bevve | bevemmo, beveste, bevvero |
| cadere, to fall | caddi, cadesti, cadde | cademmo, cadeste, caddero |
| chiedere, to ask | chiesi, chiedesti, chiese | chiedemmo, chiedeste, chiesero |
| chiudere, to close | chiusi, chiudesti, chiuse | chiudemmo, chiudeste, chiusero |
| conoscere, to know | conobbi, conoscesti, conobbe | conoscemmo, conosceste, conobbero |
| correre, to run | corsi, corresti, corse | corremmo, correste, corsero |
| decidere, to decide | decisi, decidesti, decise | decidemmo, decideste, decisero |
| difendere, to defend | difesi, difendesti, difese | difendemmo, difendeste, difesero |
| dire, to say, tell | dissi, dicesti, disse | dicemmo, diceste, dissero |
| discutere, to discuss | discussi, discutesti, discusse | discutemmo, discuteste, discussero |
| dividere, to divide | divisi, dividesti, divise | dividemmo, divideste, divisero |
| fare, to make, do | feci, facesti, fece | facemmo, faceste, fecero |
| giungere, to arrive | giunsi, giungesti, giunse | giungemmo, giungeste, giunsero |

| leggere, to read | lessi, leggesti, lesse | leggemmo, leggeste, lessero |
| mettere, to put | misi, mettesti, mise | mettemmo, metteste, misero |
| muovere, to move | mossi, movesti, mosse | movemmo, moveste, mossero |
| nascere, to be born | nacqui, nascesti, nacque | nascemmo, nasceste, nacquero |
| parere, to seem | parvi, or parsi, pareste, parve | paremmo, pareste, parvero |
| piangere, to weep | piansi, piangesti, pianse | piangemmo, piangeste, piansero |
| porre, to put | posi, ponesti, pose | ponemmo, poneste, posero |
| prendere, to take | presi, prendesti, prese | prendemmo, prendeste, presero |
| ridere, to laugh | risi, ridesti, rise | ridemmo, rideste, risero |
| rimanere, to remain | rimasi, rimanesti, rimase | rimanemmo, rimaneste, rimasero |
| rispondere, to answer | risposi, rispondesti, rispose | rispondemmo, rispondeste, risposero |
| sapere, to know | seppi, sapesti, seppe | sapemmo, sapeste, seppero |
| scegliere, to choose | scelsi, scegliesti, scelse | scegliemmo, sceglieste, scelsero |
| scendere, to go down | scesi, scendesti, scese | scendemmo, scendeste, scesero |
| scrivere, to write | scrissi, scrivesti, scrisse | scrivemmo, scriveste, scrissero |
| spendere, to spend | spesi, spendesti, spese | spendemmo, spendeste, spesero |
| valere, to be worth | valsi, valesti, valse | valemmo, valeste, valsero |
| tenere, to hold | tenni, tenesti, tenne | tenemmo, teneste, tennero |
| vedere, to see | vidi, vedesti, vide | vedemmo, vedeste, videro |
| venire, to come | venni, venisti, venne | venimmo, veniste, vennero |
| vincere, to win | vinsi, vincesti, vinse | vincemmo, vinceste, vinsero |
| volere, to want | volli, volesti, volle | volemmo, voleste, vollero |
| | | |
| dare, to give | diedi, desti, diede[1] | demmo, deste, diedero |
| stare, to stand, to be | stetti, stesti, stette | stemmo, steste, stettero |
| essere, to be | fui, fosti, fu | fummo, foste, furono |

Note 1. The alternative forms **detti, dette, dettero** also exist.

**Esercizio No. 205** Translate these sentences.

1 L'anno scorso decisi di fare un viaggio in Italia.
2 Volle Lei fare una visita al Suo amico?
3 Parlò italiano il signor Smith prima di partire per l'Italia?
4 L'anno scorso imparammo l'italiano.
5 Riceverono lezioni in italiano due anni fa?
6 Dove s'incontrarono ieri l'altro?
7 Trovasti un buon maestro d'italiano?
8 Perchè non prendeste un tassì?
9 Dante Alighieri nacque a Firenze.
10 Il signor Vitelli presentò il commerciante ai suoi figli.
11 Furono felici di fare la sua conoscenza.
12 Fui contento di passare un giorno a Ostia.
13 Quanto tempo rimasero Loro a Roma?
14 Quando il signor Smith venne in Italia, sua moglie rimase a casa.
15 Facesti un giro in altre città?
16 Scriveste diverse lettere ai vostri genitori quando eravate in Italia?
17 Dappertutto vedemmo turisti che erano venuti a godere lo spettacolo.
18 L'entusiasmo fu molto grande.
19 Scesero dall'automobile ed entrarono nella sala d'aspetto.
20 Non fummo contenti perchè dovemmo restare a casa.
21 Non ebbi bisogno di niente.
22 Leggesti i libri di guida prima di partire per Roma?
23 Ci furono molte persone alla festa.
24 Mia madre mi diede un bel regalo per il mio compleanno.
25 Non sapevo niente d'italiano quando giunsi a Roma. Ora so parlare benissimo l'italiano.

## SUMMARY OF VERBS IRREGULAR IN THE PRESENT TENSE

| andare, to go | vado, vai, va | andiamo, andate, vanno |
|---|---|---|
| avere, to have | ho, hai, ha | abbiamo, avete, hanno |
| bere, to drink | bevo, bevi, beve | beviamo, bevete, bevono |
| condurre, to take, lead | conduco, conduci, conduce | conduciamo, conducete, conducono |
| dare, to give | do, dai, dà | diamo, date, danno |
| dire, to say, tell | dico, dici, dice | diciamo, dite, dicono |
| dovere, to have to, must | devo (debbo), devi, deve | dobbiamo, dovete, devono (debbono) |
| essere, to be | sono, sei, è | siamo, siete, sono |
| fare, to make, do | faccio, fai, fa | facciamo, fate, fanno |
| porre, to put, place | pongo, poni, pone | poniamo, ponete, pongono |
| potere, to be able, can | posso, puoi, può | possiamo, potete, possono |
| rimanere, to remain | rimango, rimani, rimane | rimaniamo, rimanete, rimangono |
| salire, to go up | salgo, sali, sale | saliamo, salite, salgono |
| sapere, to know (how) | so, sai, sa | sappiamo, sapete, sanno |
| scegliere, to choose | scelgo, scegli, sceglie | scegliamo, scegliete, scelgono |
| sedere, to sit | siedo, siedi, siede | sediamo, sedete, siedono |

| | | |
|---|---|---|
| **stare,** to stay, be | **sto, stai, sta** | **stiamo, state, stanno** |
| **tenere,** to hold, have | **tengo, tieni, tiene** | **teniamo, tenete, tengono** |
| **tradurre,** to translate | **traduco, traduci, traduce** | **traduciamo, traducete, traducono** |
| **udire,** to hear | **odo, odi, ode** | **udiamo, udite, odono** |
| **uscire,** to go out | **esco, esci, esce** | **usciamo, uscite, escono** |
| **valere,** to be worth | **valgo, vali, vale** | **valiamo, valete, valgono** |
| **venire,** to come | **vengo, vieni, viene** | **veniamo, venite, vengono** |
| **volere,** to wish, want | **voglio, vuoi, vuole** | **vogliamo, volete, vogliono** |

## SUMMARY OF VERBS IRREGULAR IN THE FUTURE AND CONDITIONAL

| *Infinitive* | *Future* | *Conditional* |
|---|---|---|
| **andare,** to go | **andrò,** etc. | **andrei,** etc. |
| **avere,** to have | **avrò,** etc. | **avrei,** etc. |
| **bere,** to drink | **berrò,** etc. | **berrei,** etc. |
| **cadere,** to fall | **cadrò,** etc. | **cadrei,** etc. |
| **dare,** to give | **darò,** etc. | **darei,** etc. |
| **dire,** to say, tell | **dirò,** etc. | **direi,** etc. |
| **dovere,** to have to | **dovrò,** etc. | **dovrei,** etc. |
| **essere,** to be | **sarò,** etc. | **sarei,** etc. |
| **fare,** to make, do | **farò,** etc. | **farei,** etc. |
| **parere,** to seem | **parrò,** etc. | **parrei,** etc. |
| **potere,** to be able | **potrò,** etc. | **potrei,** etc. |
| **rimanere,** to remain | **rimarrò,** etc. | **rimarrei,** etc. |
| **sapere,** to know | **saprò,** etc. | **saprei,** etc. |
| **stare,** to stay, be | **starò,** etc. | **starei,** etc. |
| **tenere,** to hold | **terrò,** etc. | **terrei,** etc. |
| **valere,** to be worth | **varrò,** etc. | **varrei,** etc. |
| **vedere,** to see | **vedrò,** etc. | **vedrei,** etc. |
| **venire,** to come | **verrò,** etc. | **verrei,** etc. |
| **vivere,** to live | **vivrò,** etc. | **vivrei,** etc. |
| **volere,** to want, wish | **vorrò,** etc. | **vorrei,** etc. |

## SUMMARY OF VERBS WITH IRREGULAR PAST PARTICIPLES

| *Infinitive* | *Past Participle* | *Infinitive* | *Past Participle* |
|---|---|---|---|
| **accendere,** to light | **acceso** | **dire,** to say, tell | **detto** |
| **aprire,** to open | **aperto** | **dirigere,** to direct | **diretto** |
| **bere,** to drink | **bevuto** | **discutere,** to discuss | **discusso** |
| **chiedere,** to ask | **chiesto** | **dividere,** to divide | **diviso** |
| **chiudere,** to close | **chiuso** | **essere,** to be | **stato** |
| **cogliere,** to gather | **colto** | **fare,** to make, do | **fatto** |
| **correre,** to run | **corso** | **frangere,** to break | **franto** |
| **condurre,** to lead | **condotto** | **giungere,** to arrive | **giunto** |
| **cuocere,** to cook | **cotto** | **leggere,** to read | **letto** |
| **decidere,** to decide | **deciso** | **mettere,** to put | **messo** |
| **difendere,** to defend | **difeso** | **morire,** to die | **morto** |

| *Infinitive* | *Past Participle* | *Infinitive* | *Past Participle* |
|---|---|---|---|
| **nascere,** to be born | **nato** | **scendere,** to go down | **sceso** |
| **offrire,** to offer | **offerto** | **scrivere,** to write | **scritto** |
| **parere,** to appear | **parso** | **spendere,** to spend | **speso** |
| **piangere,** to weep | **pianto** | **stringere,** to press | **stretto** |
| **porre,** to put, place | **posto** | **succedere,** to happen | **successo** |
| **prendere,** to take | **preso** | **tradurre,** to translate | **tradotto** |
| **rendere,** to render | **reso** | **valere,** to be worth | **valso** |
| **ridere,** to laugh | **riso** | **vedere,** to see | **visto (veduto)** |
| **rimanere,** to remain | **rimasto** | **venire,** to come | **venuto** |
| **rispondere,** to reply | **risposto** | **vincere,** to win | **vinto** |
| **rompere,** to break | **rotto** | **vivere,** to live | **vissuto** |
| **scegliere,** to choose | **scelto** | | |

# ANSWERS

## Exercise No. 1

| | | | | | |
|---|---|---|---|---|---|
| 1 l' | 5 l' | 9 l' | 13 il | 17 la | 21 la |
| 2 la | 6 il | 10 la | 14 la | 18 l' | 22 il |
| 3 il | 7 la | 11 il | 15 il | 19 l' | 23 la |
| 4 la | 8 la | 12 l' | 16 la | 20 l' | 24 l' |

## Exercise No. 2

| | | |
|---|---|---|
| 1 i ragazzi | 7 i figli | 13 i fratelli |
| 2 le famiglie | 8 gli uffici | 14 le sorelle |
| 3 gl'Inglesi | 9 le madri | 15 i signori |
| 4 le donne | 10 le signorine | 16 le cucine |
| 5 i salotti | 11 le Australiane | 17 le figlie |
| 6 le signore | 12 i commercianti | 18 gli uomini |

## Exercise No. 3

| | | | | |
|---|---|---|---|---|
| 1 è | 3 ci sono | 5 lavora | 7 ci sono | 9 sono |
| 2 ha | 4 va | 6 abita | 8 c'è | 10 è |

## Exercise No. 5

| | | | | | |
|---|---|---|---|---|---|
| 1 un | 5 un | 9 un' | 13 una | 17 una | 21 un' |
| 2 un' | 6 un | 10 un | 14 un | 18 un | 22 un |
| 3 una | 7 una | 11 un | 15 un' | 19 un | 23 un |
| 4 un | 8 un | 12 una | 16 un' | 20 una | 24 un |

## Exercise No. 6

| | | | |
|---|---|---|---|
| 1 il; un | 4 una; le | 7 i; le | 10 l' |
| 2 il; un | 5 la; un, una | 8 gli | 11 i; gli |
| 3 la; una | 6 la; un' | 9 un' | 12 l' |

## Exercise No. 7

| | | | |
|---|---|---|---|
| 1 desidera | 4 chiama | 7 visita | 10 fare |
| 2 lavora | 5 abita | 8 impara | 11 studiare |
| 3 impara | 6 si chiama | 9 parlano | 12 imparano |

## Exercise No. 9

| | | | | |
|---|---|---|---|---|
| 1 l', un | 6 i | 11 l', un | 16 i | 21 la, una |
| 2 gli | 7 lo, uno | 12 gli | 17 l', un | 22 le |
| 3 la, una | 8 gli | 13 la, una | 18 gli | 23 il, un |
| 4 le | 9 la, una | 14 le | 19 lo, uno | 24 i |
| 5 il, un | 10 le | 15 il, un | 20 gli | |

## Exercise No. 10

1 Sì, vedo lo scaffale.
  Yes, I see the bookcase.
2 Sì, abito in un sobborgo.
  Yes, I live in a suburb.

No, non vedo lo scaffale.
No, I don't see the bookcase.
No, non abito in un sobborgo.
No, I don't live in a suburb.

3 Sì, desidero fare un viaggio.
Yes, I want to make a trip.
No, non desidero fare un viaggio.
No, I don't want to make a trip.
4 Sì, imparo le parole.
Yes, I am learning the words.
No, non imparo le parole.
No, I'm not learning the words.
5 Sì, lavoro tutto il giorno.
Yes, I work all day.
No, non lavoro tutto il giorno.
No, I don't work all day.
6 Sì, visito il maestro.
Yes, I visit the teacher.
No, non visito il maestro.
No, I don't visit the teacher.
7 Sì, indico gli oggetti d'arte.
Yes, I point out the *objets d'art*.
No, non indico gli oggetti d'arte.
No, I don't point out the *objets d'art*.
8 Sì, ho molti libri.
Yes, I have many books.
No, non ho molti libri.
No, I don't have many books.
9 Sì, importo articoli italiani.
Yes, I import Italian articles.
No, non importo articoli italiani.
No, I don't import Italian articles.

### Exercise No. 11

| | | | |
|---|---|---|---|
| 1 Che cosa | 4 lo scaffale | 7 gli studenti | 10 le parole |
| 2 la lampada | 5 lo specchio | 8 Ecco | 11 le tavole e le sedie |
| 3 questo | 6 Ecco | 9 una penna e una matita | 12 Chi |

### Exercise No. 13

| | | | |
|---|---|---|---|
| 1 sulla | 6 sullo | 11 nello | 16 della |
| 2 delle | 7 agli | 12 dalla; all' | 17 della |
| 3 al | 8 nel | 13 vicino al | 18 sul |
| 4 nella | 9 sul | 14 davanti alla | 19 negli |
| 5 con gli *or* cogli | 10 nel | 15 ai | 20 nei; sulla |

### Exercise No. 14

| | | | |
|---|---|---|---|
| 1 sul | 5 nel | 9 con lo *or* collo | 13 dalle |
| 2 nel | 6 vicino al | 10 allo | 14 alle |
| 3 dalla | 7 dalla | 11 degli | 15 vicino agli |
| 4 della | 8 alla | 12 agli | 16 dietro gli |

### Exercise No. 15

1 Whose pencil is this? It is Bernard's pencil.
2 Of whom is this portrait? It is the portrait of Mrs. Smith.
3 Is this Albert's pen or Charles'? This pen is Albert's.
4 Where does the aunt live? She lives in the uncle's house.
5 Where is the girl's watch? It is on the teacher's desk.
6 Who has Richard's books? George has Richard's books.
7 How many rooms has the businessman's house? It has seven rooms.
8 Where are Mrs. Smith's children? They are in the park.
9 Who is Mr. Facci? He is Mr. Smith's teacher.
10 Does Paul's father speak Italian? Yes, he speaks Italian and English.

### Exercise No. 16

1 Il signor Smith è seduto in salotto.
2 Il signor Facci è seduto vicino al signor Smith.
3 Sì. Ci sono molte cose intorno a noi.
4 In Italia bisogna sapere i nomi delle cose in italiano.
5 Il signor Smith impara rapidamente.
6 La lampada è sul pianoforte.
7 Lo specchio è fra le due finestre.
8 Il ritratto della signora Smith è sulla parete sopra il pianoforte.

9 La moglie del signor Smith (la signora Smith) suona bene il pianoforte.
10 Il tavolino è davanti al divano.
11 Sul tavolino c'è un vaso italiano con fiori.
12 Sulla scrivania ci sono alcuni libri e alcune carte.
13 Dietro la scrivania c'è uno scaffale.
14 La sedia è vicino alla scrivania.
15 Sa molto bene i nomi delle cose nella stanza.

### Exercise No. 17

| 1 (*h*) | 3 (*g*) | 5 (*a*) | 7 (*l*) | 9 (*f*) | 11 (*b*) |
| 2 (*i*) | 4 (*e*) | 6 (*j*) | 8 (*k*) | 10 (*c*) | 12 (*d*) |

### Exercise No. 18

1 tutto il giorno
2 per piacere
3 Buona sera
4 in città
5 Perciò
6 hanno un appuntamento
7 oggetti d'arte
8 un buon maestro
9 rapidamente, intelligente
10 bisogna
11 fare un viaggio
12 basta per oggi
13 le; le; i; e così via
14 a domani; a più tardi

### Exercise No. 19

| 1 (*d*) | 3 (*i*) | 5 (*h*) | 7 (*c*) | 9 (*j*) | 11 (*f*) |
| 2 (*e*) | 4 (*k*) | 6 (*g*) | 8 (*a*) | 10 (*b*) | |

### Exercise No. 20

| 1 nella | 11 nell' | 21 dalla |
| 2 fra le | 12 degli | 22 allo |
| 3 vicino alla | 13 davanti alla | 23 dal |
| 4 sopra il | 14 con gli *or* cogli | 24 dalla |
| 5 dalla | 15 intorno alla | 25 la casa del maestro |
| 6 sotto la | 16 sotto lo | 26 la madre della ragazza |
| 7 coi | 17 per la | 27 la casa dei ragazzi |
| 8 sul | 18 per il | 28 l'amico dei bambini |
| 9 sul | 19 dietro il | 29 la scrivania di Maria |
| 10 con gli *or* cogli | 20 vicino all' | 30 l'orologio di Paolo |

### Exercise No. 21

1 Chi è il signor Smith?
2 È un commerciante di Londra.
3 Dove abita lui?
4 Abita in un sobborgo.
5 Perchè impara l'italiano?
6 Perchè desidera fare un viaggio in Italia.
7 Chi è il maestro?
8 Il maestro è il signor Facci.
9 Come sta?
10 Molte bene, grazie.
11 Buon giorno. Arrivederci.
12 Il signor Smith è inglese.
13 Ci sono sette stanze.
14 C'è anche una stanza da bagno.

### Exercise No. 22

#### Mr. Smith Is Learning Italian

Mr. Smith is a businessman who imports *objets d'art* from Italy. Therefore he wants to make a trip to Italy. He wants to talk with his agent. He also wants to visit many interesting places in Italy. But he does not know how to speak Italian. Therefore he is learning the language.

Mr. Smith has a good teacher. He is an Italian teacher who lives in London. His name is Mr. Facci. On Tuesdays and Thursdays the teacher takes the train to go to his pupil's house. There the two men talk a little in Italian. Mr. Smith is very intelligent and he learns quickly.

During the first lesson, for example, he learns by heart the greetings and farewells. He already knows how to say, 'Good morning. How are you? See you later: and, Until tomorrow'. He already knows how to say in Italian the names of many things which are in his living-room, and he knows how to answer correctly the questions: 'What is this?' 'Where is . . .?'

Mr. Facci is well satisfied with his pupil's progress and says, 'Very good. That's enough for today: until we meet again. Good-bye'.

### Exercise No. 23

1 she talks, they talk
2 we begin, I begin
3 we listen, do you listen?
4 they travel, we travel
5 he studies, we study
6 they call, he calls
7 you play, you play
8 I learn, we learn
9 they visit, we visit
10 does he work? do you work?
11 do you live? do you live?
12 I want, he wants

### Exercise No. 24

1 Are you Italian? No, I am not Italian. But you speak Italian well. Thank you, you are very kind.
2 Are you studying French? Yes, I am studying it. Why are you studying it? I want to make a trip to France.
3 Do you play the piano, Louise? No, I do not play it. Does Rose play the piano? Yes, she plays it well.
4 Does Mr. Smith import cars? No, he does not import cars. Does he intend to make a trip to France? No, he intends to make a trip to Italy.
5 Do the students live in a private house? No, they live in a flat. In what street? In Salute Street.
6 Do you listen carefully in class, children? Yes, miss, we listen carefully. Are you learning much? Yes, miss, we are learning a lot.

### Exercise No. 25

| | | | |
|---|---|---|---|
| 1 parlano | 6 conta | 11 desiderano | 16 costa |
| 2 studiamo | 7 parlano | 12 chiama | 17 costano |
| 3 importa | 8 ascoltate | 13 studi | 18 domanda |
| 4 desidera | 9 imparano | 14 parlate | 19 studiano |
| 5 comincia | 10 suono | 15 abita | 20 ascoltiamo; ascoltano |

### Exercise No. 26

1 (Essi) sono seduti in salotto.
2 Il maestro comincia a parlare.
3 Il commerciante ascolta attentamente.
4 Sì, i verbi sono importanti.
5 Il signor Facci fa le domande.
6 Lui dice — Non so.
7 Il signor Smith è commerciante.
8 Importa oggetti d'arte e altri articoli.
9 Perchè desidera visitare il suo rappresentante a Roma.
10 No, non parla inglese.
11 Lui parte il 31 (trentuno) maggio.
12 Viaggia in aereo.
13 Impara rapidamente.
14 Il signor Facci è molto gentile.

### Exercise No. 27

1 ha; ho
2 ha; ha
3 hai; non ho
4 hanno; non hanno

5 hanno; hanno
6 avete; non abbiamo
7 hanno; abbiamo

8 ha; non ha
9 hai; ho
10 ha; hanno

### Exercise No. 28

1 è; sono
2 sono; non siamo, siamo
3 sono; non sono
4 è; sono

5 è; è
6 sono; non sono; sono
7 sono; sono
8 sei; sono

9 è; è; sono; è
10 non sono; sono

### Exercise No. 29

1 Il signor Facci suona il campanello e la signora Smith apre la porta.
2 Aspetto il signor Facci in salotto.
3 Il signor Smith dice — Come sta, signor Facci?
4 Molto bene, grazie.
5 Ma la mia bambina Lucia è malata.
6 Mi dispiace. Che ha?
7 Ha un raffreddore e la febbre.
8 Quanti bambini ha Lei.
9 Ho quattro bambini.
10 Quanti anni ha il più giovane?
11 Ha quattro anni.
12 Quanti anni ha Lei, signor Smith?
13 Ho trentasette anni.
14 Parlano ancora un po'.
15 Il signor Smith invita il signor Facci a visitare il suo ufficio.
16 Il signor Facci dice — Accetto l'invito con piacere.

### Exercise No. 30

1 Il signor Facci suona il campanello.
2 La signora apre la porta.
3 Dice: — Buona sera. Come sta?
4 La sua bambina Lucia è malata.
5 Sì. Ha un raffreddore e la febbre.
6 Ha quattro bambini.
7 Ci sono sei persone.
8 I bambini si chiamano: Paolo, Carlo, Bianca e Lucia.
9 Ha dieci anni.
10 Paolo è il maggiore.
11 Lucia è la più giovane.
12 Sì, tutti eccetto Lucia vanno a scuola.
13 Invita il signor Facci a visitare il suo ufficio.
14 Sì. Egli accetta l'invito con piacere.

### Exercise No. 31

1 to take; we take; you take
2 to write; I write; you write
3 to read; they read; we read

4 to see; they see; he sees
5 to answer; I answer; you answer
6 they write; they read; they take

### Exercise No. 32

1 What are you writing? I am writing a letter. To whom are you writing? I am writing to my agent.
2 What are you reading, children? We are reading an Italian book. Is the book interesting? Yes, it is very interesting.
3 Who answers the questions of the teacher well? Richard answers well. Who answers badly? Henry and Paul answer badly.
4 What are they selling here? They are selling Italian *objets d'art*. Are they cheap? No, they are very dear.
5 What are you having? I'm having coffee. What are you having? I am having coffee too.
6 What do you see on this map, Charles? I see the rivers and mountains of Italy. Do you see the towns of Italy? There are no towns on this map.

### Exercise No. 33

| | | | |
|---|---|---|---|
| 1 vedo | 5 vendono | 9 scrivono | 13 prendono |
| 2 legge | 6 rispondi | 10 vendono | 14 leggete |
| 3 prendiamo | 7 vende | 11 leggi | 15 scrivono |
| 4 scrive | 8 vedete | 12 vendiamo | |

### Exercise No. 34

| | | |
|---|---|---|
| 1 bello e comodo | 8 azzurra e grigia | 15 quale |
| 2 grigie | 9 giallo | 16 molte |
| 3 illustrati | 10 piccole | 17 nuova |
| 4 tutti; belli | 11 nera | 18 presente; malata |
| 5 grande | 12 quante; presenti | 19 quali |
| 6 nuovi | 13 questo; grandi | 20 molto |
| 7 intelligenti | 14 breve | |

### Exercise No. 35

1 Non è grande e non è piccolo, ma è comodo.
2 Ci sono alcuni cartelli alle pareti grigie dell'ufficio.
3 Ci sono molte carte sulla scrivania.
4 Fra le due finestre c'è una lunga tavola.
5 Sulla tavola ci sono dei giornali e delle riviste.
6 Il signor Smith è seduto alla scrivania.
7 Va alla porta per salutare il signor Facci.
8 La carta geografica d'Italia piace molto al signor Facci.
9 Il castello è bianco.
10 La collina è verde.
11 Sì, è azzurro.
12 I camini sono neri.
13 Il signor Smith comincia ad aver fame.
14 Sì, anch'egli ha fame.

### Exercise No. 37

1 I prefer; you prefer; they prefer; they feel
2 you feel; you feel; they finish; you finish
3 we finish; they open; you open; he, she, it opens

### Exercise No. 38

| | | | |
|---|---|---|---|
| 1 capisci | 5 aprite | 9 finisce | 13 finisci |
| 2 capisco | 6 sentono | 10 parte | 14 senti |
| 3 finiscono | 7 preferite | 11 capiscono | 15 sento |
| 4 sentiamo | 8 finiamo | 12 preferisco | |

## Exercise No. 39

1 Where are my letters? Your letters are on the desk.
2 Is Louise's room large? Her room is large and comfortable.
3 Where are our seats? Here are your seats, gentlemen.
4 Are you making progress in your studies? Yes, I am making rapid progress in my studies.
5 What are the students doing? They are writing their exercises.
6 Mr. Rossi, what is the name of your doctor? My doctor's name is Luigi Covello.
7 Mummy, who has my doll? Anita has your doll, my child.
8 How many students are there in your class? In our class there are thirty students.
9 Julia, have you my basket? No, miss, I haven't your basket.
10 Where is your office, papa? My office is in London, my child.
11 Is your brother a doctor? No, my brother is a teacher.
12 Gentlemen, have you your passports? Here are our passports.
13 Where do Mr. Facci's parents live? His parents live in Rome.
14 Where is Mr. Vivaldi's watch? His watch is on the table.

## Exercise No. 40

| | | | |
|---|---|---|---|
| 1 loro | 4 nostre | 7 miei | 10 tua |
| 2 mia | 5 Suoi | 8 suoi | 11 Loro |
| 3 mie | 6 loro | 9 Suo | 12 sua |

## Exercise No. 41

1 Abita a Londra.
2 Parla bene l'italiano.
3 I suoi genitori sono italiani.
4 Sa che il suo amico il signor Smith impara l'italiano.
5 Entra nell'ufficio del signor Smith.
6 Comincia a parlare italiano.
7 Il signor Smith impara a parlare, a leggere e a scrivere l'italiano.
8 Non trova l'italiano (*or* non lo trova) difficile ad imparare.
9 Impara le parole e le espressioni della vita giornaliera.
10 Il signor Facci capisce il signor Smith (*or* lo capisce).
11 Parla italiano a meraviglia.
12 Conta di partire per l'Italia il 31 maggio.
13 Viaggia sempre in aereo.
14 Dice — Buon viaggio e buona fortuna!

## Exercise No. 42

1 (*c*) 2 (*e*) 3 (*a*) 4 (*g*) 5 (*i*) 6 (*b*) 7 (*j*) 8 (*d*) 9 (*h*) 10 (*f*)

## Exercise No. 43

1 No, non ho un raffreddore.
2 No, non studio la lezione.
3 No, non aspetto il maestro.
4 No, non imparo a scrivere l'italiano.
5 No, non ascolto la radio.
6 No, non leggiamo le riviste.
7 No, non capiamo le domande.
8 No, non partiamo per Roma.
9 No, non siamo inglesi.
10 No, non abbiamo i giornali.

## Exercise No. 44

1 Le matite sono rosse.
2 La parete è verde.
3 Gli specchi sono neri.
4 I **fiori** sono bianchi.
5 Il cielo è azzurro.
6 La casa è bianca e azzurra.
7 Il libro è grigio.
8 Le carte sono bianche.
9 I cartelli sono gialli.
10 La penna è bianca.

## Exercise No. 45

| | | | | |
|---|---|---|---|---|
| 1 studiate | 3 Lei è | 5 impara Lei | 7 Loro sono | 9 non siete |
| 2 scrivi | 4 Lei è | 6 siete | 8 ascoltate | 10 abitano Loro |

## Exercise No. 46

| | | | |
|---|---|---|---|
| 1 vendiamo | 6 prendo | 11 aspettano | 16 sono |
| 2 imparano | 7 non rispondi | 12 leggete | 17 finisco |
| 3 capisco | 8 ha | 13 visitano | 18 non aprono |
| 4 Egli legge | 9 non sono | 14 hai | 19 non viaggiamo |
| 5 scrive | 10 fa | 15 ho | 20 entrano |

## Exercise No. 47

| | | | |
|---|---|---|---|
| 1 i Suoi | 4 il suo | 7 vostra | 10 il loro |
| 2 i miei | 5 i loro | 8 sua | 11 il Suo |
| 3 le nostre | 6 nostra | 9 Sua | 12 il mio |

## Exercise No. 48
### Mr. Smith's Two Friends

Mr. Smith already knows the names of all the objects in his house. Now he is beginning to study verbs because he wants to learn to read, speak, and write Italian. He also wants to learn numbers in Italian.

Since he wants to visit his agent in Italy who does not speak English, he is learning to speak Italian as quickly as possible. Therefore he needs to practise a great deal with people who speak Italian well. Luckily he has two Italian friends who are in business near his office in Bamford Street.

One day Mr. Smith goes to visit these Italians. The two men listen attentively while Mr. Smith talks Italian with them. After ten minutes of conversation, the men ask their friend many questions, and they are well satisfied with his progress.

## Exercise No. 49
### Mr. Smith Is Ill

On Thursday the 22nd of April, at eight o'clock in the evening, Mr. Facci arrives at the house of his pupil, Mr. Smith. The elder son, a boy of ten, opens the door and greets the teacher politely. They go into the living-room where Mr. Smith usually waits for his teacher.

But that evening he is not there. Mrs. Smith is not there either. Mr. Facci is very surprised and he asks the boy, 'Where is your father?' The son answers sadly, 'Daddy is ill. He is in bed because he has a cold and a temperature.'

The teacher becomes sad and says, 'What a shame. I am very sorry. Well, next week we must study for two hours. Until next Tuesday, then. Good-bye, my child.' The boy replies, 'Good-bye, Mr. Facci. Good-bye, till Tuesday.'

## Exercise No. 50

| | | | |
|---|---|---|---|
| 1 non voglio | 4 non vuole | 7 vuoi | 9 vuole |
| 2 vuole | 5 vogliamo | 8 vogliono | 10 volete |
| 3 vuole | 6 non vogliono | | |

## Exercise No. 51

| | | | | |
|---|---|---|---|---|
| 1 quell' | 5 quello | 9 quella | 13 quella | 17 quell' |
| 2 quegli | 6 quegli | 10 quelle | 14 quelle | 18 quelle |
| 3 quell' | 7 quel | 11 quel | 15 quell' | 19 quel |
| 4 quegli | 8 quei | 12 quei | 16 quegli | 20 quei |

### Exercise No. 52

| | | | | |
|---|---|---|---|---|
| 1 questi | 5 quella | 9 quest' | 13 questi | 17 questa |
| 2 questa | 6 quel | 10 quest' | 14 quel | 18 quell' |
| 3 quelle | 7 quell' | 11 questi | 15 questa | 19 quegli |
| 4 quei | 8 questa | 12 quelle | 16 quegli | 20 quel |

### Exercise No. 53

1 Sono seduti nella sala da pranzo.
2 Prendono il caffè con torta.
3 Dice — Le piacciono queste tazze e questi piattini?
4 È della ditta Doccia presso Firenze.
5 La porcellana della ditta Doccia è celebre.
6 Viene da Faenza.
7 I disegni sono verdi.
8 Faenza è celebre per la sua ceramica.
9 Sì, è molto carina.
10 Il signor Smith conosce bene il suo mestiere.
11 Ha alcuni campioni di ceramica ordinaria per la cucina.
12 È generalmente molto semplice.
13 Tutto è delizioso.

### Exercise No. 54

| | | | | |
|---|---|---|---|---|
| 1 posso | 4 può | 7 vogliamo | 10 possiamo | 13 vuole |
| 2 vuole | 5 possono | 8 vuoi | 11 vogliono | 14 può |
| 3 voglio | 6 possiamo | 9 potete | 12 vogliono | |

### Exercise No. 55

| | | | |
|---|---|---|---|
| 1 trenta | 5 dodici | 9 diciotto | 13 ottantotto |
| 2 dieci | 6 quattordici | 10 tredici | 14 undici |
| 3 cinquanta | 7 venticinque | 11 settanta | 15 diciassette |
| 4 quarantanove | 8 sessantotto | 12 novantacinque | |

### Exercise No. 56

(*a*) quattro più nove fanno tredici
(*b*) otto più sette fanno quindici
(*c*) dodici meno tre fanno nove
(*d*) dieci meno due fanno otto
(*e*) sette per otto fanno cinquantasei
(*f*) nove per dieci fanno novanta
(*g*) sessantanove diviso per tre fanno ventitrè
(*h*) cinquantacinque diviso per undici fanno cinque
(*i*) sette per sette fanno quarantanove
(*j*) nove per nove fanno ottantuno

### Exercise No. 57

2 In un anno ci sono dodici mesi.
3 In una settimana ci sono sette giorni.
4 In un'ora ci sono sessanta minuti.
5 In un minuto ci sono sessanta secondi.
6 Nel mese di settembre ci sono trenta giorni.
7 Ho diciannove anni.
8 Ha sedici anni.
9 Nel garage ci sono quindici automobili.
10 Sullo scaffale ci sono cento libri.
11 Abito in Via Marsala 89 (ottantanove).
12 Negli Stati Uniti ci sono cinquanta stati.

## Exercise No. 58

1 Lui sa già che i nomi delle cose sono importanti.
2 I numeri sono così importanti come i nomi e i verbi.
3 Il maestro pensa ai numeri.
4 Abbiamo bisogno di numeri.
5 Pensa subito agli affari.
6 I numeri non valgono molto senza il denaro.
7 Possiamo indicare le date, l'ora del giorno, la temperatura, ecc.
8 Il signor Smith vuole capire e usare i numeri correttamente.
9 Fa progressi rapidi.
10 dieci, venti, trenta, quaranta, cinquanta, sessanta, settanta, ottanta, novanta, cento.

## Exercise No. 59

| | | | |
|---|---|---|---|
| 1 sa (Lei)? | 4 so | 7 sa Lei | 9 conosciamo |
| 2 conosciamo | 5 (egli) sa | 8 conosco | 10 conosce |
| 3 non sappiamo | 6 non conoscono | | |

## Exercise No. 60

(*a*) trecento
(*b*) quattrocento
(*c*) cinquecento trenta
(*d*) duecento quarantasette
(*e*) seicento cinquanta
(*f*) settecento sessanta
(*g*) mille ottocento settanta
(*h*) due mila venticinque
(*i*) sei mila settecento cinquanta
(*j*) dieci mila ottocento ottanta
(*k*) quindici mila seicento venti
(*l*) venticinque mila quattrocento quaranta
(*m*) trenta mila
(*n*) cinquanta mila

## Exercise No. 61

settecento cinquanta
mille cinquecento
tre mila

sei mila
sette mila cinquecento
quindici mila

## Exercise No. 62

1 Ricevo 400 (quattrocento) lire di resto.
2 Costano 1700 (mille settecento) lire.
3 Costano 1000 (mille) lire.
4 Ricevo 70 (settanta) lire di resto.
5 Ho in tasca 3250 (tre mila duecento cinquanta) lire.
6 Un biglietto di dieci sterline ha più valore.
7 Sì, lui è milionario.

## Exercise No. 63

1 Lui fa delle domande.
2 Gli studenti fanno alcuni esercizi.
3 Il signor Smith conta di fare un viaggio.
4 La signora Smith fa le spese ogni giorno.
5 Che fanno i ragazzi?
6 Fanno le loro lezioni.
7 Faccio pesare i bagagli.
8 Ogni anno facciamo un viaggio in Italia.
9 Cinque per venti fanno cento.
10 Lei fa progressi rapidi nei Suoi studi.
11 Che cosa fate, ragazzi?
12 Facciamo un problema difficile.

### Exercise No. 64

| | | | |
|---|---|---|---|
| 1 prima | 5 decima | 9 dodicesimo | 13 prime |
| 2 quarta | 6 secondo | 10 quinta | 14 primo |
| 3 sesto | 7 undicesimo | 11 settimo | 15 tredicesima |
| 4 nono | 8 terza | 12 ottavo | |

### Exercise No. 65

(a) dieci; ventidue
venti; quarantaquattro
trenta; sessantasei
quaranta; ottantotto
cinquanta; cento dieci

sessanta; cento trentadue
settanta; cento cinquantaquattro
ottanta; cento settantasei
novanta; cento novantotto
cento; duecento venti

(b) otto; cinque

sedici; dieci

trentadue; venti

quarantotto; trenta

sessantaquattro;
quaranta
ottanta; cinquanta

### Exercise No. 66

1 Noi pranziamo al ristorante.
2 Il conto per tutti e quattro è di 3700 (tre mila settecento) lire.
3 Lascio 555 (cinquecento cinquantacinque) lire.
4 Porto una valigia pesante alla stazione.
5 Pesa trenta chili o sessantasei libbre.
6 Si contano le distanze in chilometri.
7 Il signor Smith sa cambiare i chilometri in miglia.
8 Compra tre paia di guanti.
9 Il soggetto della prossima conversazione è 'L'ora del giorno.'
10 Meglio tardi che mai!

### Exercise No. 67

1 Dove va?
2 Vado alla stazione.
3 Dove va Luigi?
4 Va al lavoro.
5 Dove andate?
6 Andiamo in biblioteca.

7 Vanno a piedi?
8 No. Vanno in autobus.
9 Dove vai, Elena?
10 Vado a scuola.
11 Il mio orologio va indietro.
12 Il suo orologio va avanti.

### Exercise No. 68

1 l'una
2 l'una e un quarto
3 l'una e venti
4 le undici
5 le nove
6 le sette e mezzo
7 le due e venti
8 le due meno venti

9 le tre meno un quarto
10 all'una e dieci
11 alle quattro meno dieci
12 alle dieci e mezzo
13 alle dieci meno un quarto
14 mezzogiorno
15 mezzanotte

### Exercise No. 69

1 alle dieci; alle dieci
2 alle tredici, all'una
3 alle quindici e quarantacinque; alle quattro meno un quarto
4 alle diciannove e trenta; alle sette e mezzo
5 alle quattordici e cinquanta; alle tre meno dieci
6 alle venti e trenta; alle otto e mezzo

7 alle quindici e quindici; alle tre e un quarto
8 alle diciotto e dieci; alle sei e dieci
9 alle ventuno e cinque; alle nove e cinque
10 alle sette; alle sette

## Exercise No. 70

1 Tutti vogliono sapere — Che ora è?
2 Il signor Smith fa la parte del viaggiatore.
3 Il signor Facci fa la parte dell'impiegato allo sportello dei biglietti.
4 Desidera un biglietto di prima classe.
5 Un biglietto di andata e ritorno costa 18,000 (diciotto mila) lire.
6 Il signor Facci fa la parte dell'impiegato al cinema.
7 Il signor Smith chiede delle informazioni circa lo spettacolo.
8 Ci sono tre spettacoli.
9 Lui compra due biglietti per il terzo spettacolo.
10 Lui paga 800 (ottocento) lire.

## Exercise No. 71

| 1 (*f*) | 2 (*h*) | 3 (*a*) | 4 (*j*) | 5 (*b*) |
| 6 (*i*) | 7 (*c*) | 8 (*d*) | 9 (*e*) | 10 (*g*) |

## Exercise No. 72

1 ho bisogno di
2 di mancia
3 Che vuole dire
4 Chi fa la parte
5 fanno progressi rapidi
6 ho ragione; ha torto
7 nel frattempo
8 abbiamo fame (appetito)
9 Eccoli
10 fa molte domande
11 fare le spese
12 abbiamo bisogno
13 Grazie infinite! — Prego.
14 chiedono delle informazioni

## Exercise No. 73

| 1 (*g*) | 2 (*e*) | 3 (*b*) | 4 (*c*) | 5 (*a*) | 6 (*l*) | 7 (*f*) | 8 (*d*) |
| 9 (*i*) | 10 (*h*) | 11 (*j*) | 12 (*k*) | 13 (*o*) | 14 (*p*) | 15 (*m*) | |

## Exercise No. 74

1 vogliono
2 vogliamo
3 Vuole
4 posso
5 possiamo
6 (Loro) possono
7 Può
8 non posso
9 Conosce (Lei)
10 so
11 Vuole
12 Voglio
13 Può
14 non sanno
15 non conosco
16 Può
17 volete
18 volete
19 Non so
20 vogliamo andare; non possiamo

## Exercise No. 75

A.  1 Voglio cambiare il denaro.
2 Lui vuole ascoltare la radio.
3 Vogliamo pranzare alle sette.
4 Vuole pagare il conto Lei?
5 Vogliono telefonare al medico.
6 Vogliono fare le spese?

B.  1 Posso indovinare la risposta.
    2 Può finire il lavoro.
    3 Lei può spiegare l'affare.
    4 Possiamo fare la parte.
    5 Potete lasciare la sala.
    6 Possono aver ragione.
C.  1 So dove egli abita.
    2 Sai che ora è?
    3 Lei sa ciò che vogliono.
    4 Sappiamo parlare italiano.
    5 Ella (lei) sa leggere il francese.
    6 Sanno suonare il pianoforte.
D.  1 Non conosco quell'uomo.
    2 Conosce (Lei) questi studenti?
    3 Conoscete questa città?
    4 Conosciamo le stelle del cinema.
    5 Non conoscono il nostro sistema monetario.
    6 Lui conosce tutti i miei amici.

### Exercise No. 76

1 Per piacere (favore), mi dica — Dov'è lo sportello dei biglietti?
2 Ecco lo sportello.
3 Dico all'impiegato — Desidero (Voglio) un biglietto semplice per Siena.
4 Quanto costa?
5 Quando parte il treno per Siena?
6 Quando arriva a Siena?
7 Dove posso trovare un facchino?
8 Facchino, può portare i miei bagagli al treno?
9 È in ritardo il treno?
10 No. È a tempo.
11 È occupato questo posto?
12 No, è vuoto (libero).

### Exercise No. 77

#### The Smith Family Visits Father

It is the first time that the Smith family comes to see father at his office. Mrs. Smith and her four children enter a big building. They go up to the third floor in the lift. Lucy, who is the youngest, is only four years old and is very curious. She asks her mother many questions about father's office.

When they arrive at the office the father gets up and says, 'What a pleasant surprise! How glad I am to see you!' The children admire all the objects that they see in the office: the typewriter, many Italian things, and samples of Italian ceramics, the Italian magazines and especially the coloured posters on the walls. Everybody is happy.

Paul, the oldest, looks out of the window and sees the blue sky and the sun which is shining. He sees the cars which are passing in the street.

When the visit is over, the whole family goes to a restaurant which is not far from the office. They all eat well, especially the boys because they are hungry.

### Exercise No. 78

#### The Donkey and the Car

#### A Modern Fable

Lucy, the youngest of Mr. Smith's children, is very fond of the old fables of Aesop. She also likes very much this modern fable which Mr. Facci has written for her. Here is the fable: 'The Donkey and the Car'.

A car is going along the road and sees a donkey. This donkey seems very tired. He is carrying a heavy load.

The car stops and says to the donkey, 'Good morning, why are you going along so slowly? Don't you want to go more quickly like me?'

'Oh yes, madam. But tell me how is that possible?'

'It is not difficult,' says the car. 'My petrol tank is full. Drink some and you'll be able to go very fast.'

Then the donkey drinks a little petrol. Now he does not go along slowly. He does not go fast. In fact, he does not go at all. He has a stomach-ache.

Poor donkey! He is not very intelligent, is he? He does not know that petrol is good for cars but is of no use to donkeys.

### Exercise No. 79

1 How are you? Very well thank you, and you? I am not too well.
2 How are the children? All are well except Mary. She has a cold.
3 Are you going to the theatre this evening? No, we are staying at home with the family.
4 I don't like standing at the cinema.
5 All the pupils are standing.
6 They are staying at home. We are going to school.
7 How are things?

### Exercise No. 80

| | | | | | |
|---|---|---|---|---|---|
| 1 lo | 3 la | 5 li | 7 li | 9 ti | 11 Li *or* Le |
| 2 l' | 4 l' | 6 le | 8 L' | 10 la | 12 l' |

### Exercise No. 81

1 Adesso i bambini non la vogliono.
2 Le conosco bene.
3 Qualche volta lo vedo.
4 Non vogliamo prenderli.
5 Non posso spiegarle.
6 Gli studenti li salutano.
7 Voglio cambiarle . . .
8 Lo conosce Lei?
9 Sappiamo usarli . . .
10 Mia moglie e io lo preferiamo.

### Exercise No. 82

1 Il signor Smith sa chiedere delle informazioni.
2 Preferiscono il teatro.
3 Preferiscono il cinema.
4 Li conoscono bene.
5 Abita in una cittadina non lontana da Londra.
6 No. È abbastanza vicino alla sua casa.
7 Li preferiscono alla quattordicesima o quindicesima fila.
8 Da lì si può vedere e capire molto bene.
9 Arrivano di buon'ora.
10 Fa progressi assai rapidi.

### Exercise No. 83

1 il 12 (dodici) ottobre 1492 (millequattrocentonovantadue)
2 il 18 (diciotto) aprile 1775 (millesettecentosettantacinque)
3 il 12 (dodici) febbraio 1809 (milleottocentonove)
4 l' 11 (undici) novembre 1918 (millenovecentodiciotto)
5 il 21 (ventuno) marzo 1959 (millenovecentocinquantanove)
6 il 4 (quattro) luglio 1776 (millesettecentosettantasei)
7 il 20 (venti) settembre 1870 (milleottocentosettanta)
8 il 25 (venticinque) dicembre 1958 (millenovecentocinquantotto)

### Exercise No. 85

1 I'm going there.
2 They do not live there.
3 We can go there on foot.
4 He is going there in the spring.
5 I go there on foot.
6 We expect to make a trip there in the summer.
7 They are entering there at this moment.
8 They are studying there.
9 She returns there at nine o'clock.
10 He is coming today.

### Exercise No. 86

1 Il signor Facci dà alcune date importanti.
2 Deve indicare un evento importante per ciascuna data.
3 Nomina la fondazione di Roma.
4 Il 20 settembre, 1870 è la data dell'unificazione d'Italia.
5 Quel periodo si chiama 'Il Risorgimento'.
6 Si chiama Giuseppe Garibaldi.
7 Il 1918 segna la vittoria degli alleati.
8 È una data triste perchè segna il principio della dittatura di Mussolini.
9 Conosce bene la storia d'Italia.

### Exercise No. 87

| | | |
|---|---|---|
| 1 più moderni | 5 così . . . come | 9 più . . . del |
| 2 alta; più | 6 meno difficile | 10 più di |
| 3 più alta | 7 di | 11 meno di |
| 4 più | 8 più . . . di | |

### Exercise No. 88

1 Are Italian films better than English films?
2 Some are better, others are worse.
3 In Italy and in England one finds the best and also the worst films. Generally I prefer Italian films.
4 George sings badly. Henry sings worse than George. But John sings the worst of all.
5 Philip writes well, but you write better than he does. Emily writes the best of all.
6 Where do they make the best porcelain? They make the best porcelain in Faence.
7 Better late than never.
8 Practice makes perfect.
9 Henry is my elder brother.
10 Sylvia is my younger sister.

### Exercise No. 89

A.  1 Comincia con la domanda 'Su quale fiume è situata la città di Roma?'
    2 Importa molte merci da Genova.
    3 Dicono che la loro città è la più bella.
    4 Dice 'L'esame è finito. Mi congratulo con Lei.'
    5 Aspetta il suo diploma.
    6 Ora possono cominciare la seconda parte del corso.

B.　1 Il signor Bianchi è il più giovane dei tre.
　　2 Sì, il signor Ricci è più vecchio del signor Bianchi.
　　3 Il signor Marino è il più vecchio dei tre.
　　4 Il più ricco è il signor Bianchi.
　　5 Il meno ricco è il signor Marino.
　　6 No. Il signor Ricci non è tanto ricco quanto il signor Bianchi.

### Exercise No. 90

1 What is your name, my child? My name is John. And what is your brother's name? My brother's name is Joseph.
2 How are you? I don't feel very well. I have a headache. I'm very sorry. Why don't you take an aspirin?
3 What are the children doing? They are having a good time watching television. Isn't it time to go to bed? I think so. Tomorrow they have to get up early.
4 When do you go to bed? I go to bed at eleven. Do you get up early? Usually I get up at six-thirty.

### Exercise No. 91

| | | | | |
|---|---|---|---|---|
| 2 ci | 6 s' | 10 vestirsi; lavarsi | 14 si | 18 si |
| 3 si | 7 si | 11 si | 15 s' | 19 ci |
| 4 mi | 8 ti | 12 ci | 16 si | 20 vi |
| 5 alzarvi | 9 s' | 13 vestirci | 17 si | |

### Exercise No. 92

1 Egli s'alza alle sei e mezzo.
2 Poi si lava e si veste.
3 Si lava e si veste in circa mezz'ora.
4 Verso le sette si mette a tavola.
5 Sì, si alza di buon'ora anche lei.
6 Sì, fanno la prima colazione insieme.
7 Mangia (*or* prende) sugo di arancia, caffè, panini e uova.
8 Alle sette e mezzo è pronto per andare alla stazione.
9 Arriva al suo ufficio alle nove circa.
10 Fa colazione quasi sempre all'una.
11 Nel pomeriggio i clienti vengono a vederlo.
12 Finisce la sua giornata alle cinque precise.

### Exercise No. 93

| | | | | |
|---|---|---|---|---|
| 1 (*i*) | 2 (*e*) | 3 (*f*) | 4 (*h*) | 5 (*g*) |
| 6 (*a*) | 7 (*c*) | 8 (*j*) | 9 (*b*) | 10 (*d*) |

### Exercise No. 94

| | | | | | |
|---|---|---|---|---|---|
| 1 (*e*) | 2 (*a*) | 3 (*b*) | 4 (*f*) | 5 (*c*) | 6 (*h*) |
| 7 (*d*) | 8 (*i*) | 9 (*j*) | 10 (*g*) | 11 (*l*) | 12 (*k*) |

### Exercise No. 95

2 No, non lo preferisco.
3 Sì, le conoscono molto bene.
4 Sì, Li aspettiamo. Sono in ritardo.
5 Li finiscono alle tre.
6 Lo finisco alle cinque e mezzo.
7 Sì, si vestono subito.
8 Mi chiamo Riccardo Gronchi.
9 Mi alzo (*or* m'alzo) di buon'ora, alle sei.
10 Mi corico alle undici.
11 Mi diverto ad ascoltare la radio.
12 Di solito si siedono alle sette.
13 Ci (*or* vi) vanno di tanto in tanto.
14 Ci ritornano il cinque maggio.

### Exercise No. 96

1 più grande di
2 il fiume più lungo
3 più vecchio di
4 più giovane di
5 tanto alto quanto
6 la più giovane

7 la più alta cima
8 il primo giorno
9 più denaro di noi
10 il mio migliore amico
11 cattiva; peggiore *or* più cattiva
12 la peggiore

### Exercise No. 97

1 stare in piedi
2 di tempo in tempo
3 fanno colazione
4 a piedi
5 facciamo una visita

6 Lei ha proprio ragione.
7 di nostro gusto
8 stanco; tale
9 qualche volta
10 si divertono

### Exercise No. 98

### A Visit to an Italian Liner

It is Saturday. Mr. Smith gets up at eight o'clock, and he looks out of the window. The sky is blue. The sun is shining. He says to his wife, 'Today let's visit an Italian liner which arrived this morning at Southampton. I have some merchandise on board. This is a good opportunity to visit the ship.'

'Fine,' says Mrs. Smith.

At nine o'clock, they leave in the car and in about three hours they arrive at the port. At the entrance they see a group of boys eating ice cream and talking Italian.

Mr. Smith greets them and he chats a bit with the nearest one. Here is the conversation.

'Good morning, young man. Are you Italian?'

'No, sir, I am English.'

'But you speak Italian very well.'

'Well, these boys who work at the port on the Italian liner are my friends and they teach me how to speak correctly. They are my teachers. Besides, I study Italian at school and every day I read a few pages of Italian. By the way, are you Italian?'

'Thank you for the compliment. No, young man, I also am English like you, and like you I am studying Italian. But I have only one teacher.'

'But you also speak fluently.'

'Thank you again. Good-bye and good luck.'

'Good-bye, sir. Hope to see you again.'

Mr. Smith goes back to his wife, who is waiting for him smiling, and then they continue on their way to visit the liner.

'È simpatico, quel giovanotto,' says Mr. Smith to his wife, and then he translates the sentence because she doesn't understand Italian: That's a nice boy.

### Exercise No. 99

3 del burro e delle uova
4 dei panini
5 dei clienti

6 legumi, latte, burro e formaggio
7 dell'inchiostro rosso
8 inchiostro

### Exercise No. 100

| 1 alcuni | 2 qualche | 3 alcuni | 4 qualche |
| 5 qualche | 6 alcune | 7 alcuni | 8 qualche |

## Exercise No. 101

2 Sì, lei ne compra.
3 Ne ha due.
4 Loro ne hanno abbastanza.
5 Sì, ne parlano.

6 No, non ne voglio.
7 Sì, ne ho dieci.
8 Sì, ne hanno molti.

## Exercise No. 102

1 Il signor Facci è ancora curioso.
2 Egli sa già che il signor Smith ritorna a casa piuttosto tardi.
3 La famiglia Smith non finisce il pranzo prima delle otto (*or* alle otto circa).
4 Dopo il pranzo parlano, leggono e guardano la televisione.
5 Si chiama 'supermercato'.
6 Si può comprare frutta, legumi, latte, formaggio, burro, ecc.
7 Là non si trovano soprabiti.
8 Sì. Hanno grandi succursali.
9 Amano le loro maestre.
10 Si, ne hanno molti.

## Exercise No. 103

| | | | | |
|---|---|---|---|---|
| 2 Loro | 5 mi | 8 loro | 11 m' | 14 mi |
| 3 loro | 6 darti | 9 gli | 12 Loro | 15 ci |
| 4 le | 7 ci | 10 darle | 13 Le | 16 vi |

## Exercise No. 104

1 Piove a catinelle.
2 La signora Smith apre la porta.
3 Gli dice: — Buona sera, signor Facci.
4 Lascia l'ombrello nel portaombrelli e le soprascarpe (*or* li lascia) nell'ingresso.
5 Le dà il suo cappello e il suo impermeabile.
6 Il signor Smith è molto contento di vederlo.
7 Entrano nella sala da pranzo.
8 Ella mette sulla tavola due tazze, due piattini, una teiera, una zuccheriera e due cucchiaini.
9 Poi ella lascia la sala da pranzo.
10 Il signor Smith serve il tè col rum. *or* Il signor Smith lo serve.
11 Continuano a parlare con voce animata.

## Exercise No. 105

| | | | |
|---|---|---|---|
| 1 mangiando | 5 imparando | 9 essendo | 13 finendo |
| 2 insegnando | 6 mettendo | 10 avendo | 14 capendo |
| 3 studiando | 7 prendendo | 11 aprendo | 15 servendo |
| 4 dando | 8 piovendo | 12 sentendo | |

## Exercise No. 106

1 sta piovendo
2 stanno parlando
3 sta aspettando
4 Sta imparando . . . Lei?
5 Sta mettendo . . . ?
6 Sta servendo

7 Sto leggendo
8 non state mangiando
9 non stanno ascoltando
10 sta chiamando
11 non avendo

### Exercise No. 107

2 Ti portano dolci, bambino mio.
3 Ella lo sta servendo.
4 Le sto mostrando il mio nuovo orologio.
5 Mandano Loro le riviste.
6 La vostra mamma vi sta chiamando.
7 Il signor Facci m'insegna a parlare italiano.
8 Mi piace.
9 Non ci piacciono.
10 Gli lascio 200 (duecento) lire di mancia.

### Exercise No. 108

1 D'estate non fa caldo a Londra.
2 D'inverno fa freddo a Londra.
3 In primavera comincia a far bel tempo.
4 Il signor Facci preferisce l'autunno.
5 Il signor Smith preferisce la primavera.
6 Egli vuole parlare del clima d'Italia.
7 Le quattro stagioni in Italia sono diverse.
8 D'inverno del nord fa assai freddo a causa dell'influenza delle Alpi.
9 Dalla Costa Azzurra francese fino al Golfo della Spezia l'inverno è mite.
10 A Taormina in Sicilia la primavera è eterna.

### Exercise No. 110

1 Non apra; Non aprano
2 Non chiuda; Non chiudano
3 Non dica; Non dicano
4 Non mangi; Non mangino
5 Non faccia; Non facciano
6 Non compri; Non comprino
7 Non ascolti; Non ascoltino
8 Non guardi; Non guardino
9 Non vada; Non vadano
10 Non risponda; Non rispondano
11 Non legga; Non leggano
12 Non le dia; Non le diano

### Exercise No. 111

1 L'apra!
2 Le scriva!
3 Non lo prenda!
4 Li finiscano!
5 Li comprino!
6 Li inviti!
7 Le leggano!
8 Non la scriva!
9 Lo chiami!
10 Non l'ascolti!
11 La guardino!
12 Lo faccia!
13 Lo diano!
14 La dica!
15 Lo facciano!

### Exercise No. 112

1 Il clima di Roma l'interessa di più.
2 D'estate fa caldo ma c'è sempre un buon venticello di mare.
3 No, fa fresco durante la notte.
4 Non fa mai molto freddo eccetto nelle montagne vicine.
5 Dalla spiaggia si possono vedere le alte montagne delle Alpi Marittime.
6 Deve andare a Rapallo e al suo famoso promontorio di Portofino.
7 Conta di passare a Roma (*or* passarci) tre o quattro settimane.
8 La primavera e l'autunno sono le stagioni più piacevoli.
9 Il cielo è azzurro. L'aria è dolce. I prati sono verdi. La Riviera è bella.
10 Tutta la città sorride.

### Exercise No. 113

| 1 (*f*) | 2 (*j*) | 3 (*c*) | 4 (*n*) | 5 (*a*) | 6 (*h*) | 7 (*b*) |
| 8 (*d*) | 9 (*e*) | 10 (*l*) | 11 (*k*) | 12 (*g*) | 13 (*i*) | 14 (*m*) |

### Exercise No. 114

1 ho freddo
2 ho caldo
3 fa caldo
4 fa freddo e tira vento
5 fa fresco
6 piove molto
7 porto l'impermeabile
8 porto il soprabito
9 a catinelle
10 quattro stagioni
11 tutte le stagioni
12 Ma preferisco

### Exercise No. 115

| | | | | |
|---|---|---|---|---|
| 1 (c) | 2 (f) | 3 (a) | 4 (g) | 5 (i) |
| 6 (h) | 7 (e) | 8 (b) | 9 (j) | 10 (d) |

### Exercise No. 116

1 gli
2 le
3 l'
4 vederlo
5 la; riscaldarsi
6 mi; servirla
7 li
8 la
9 m'
10 loro
11 mi
12 ci

### Exercise No. 117

1 What do you have for breakfast, coffee or tea? I take neither coffee nor tea. I drink a glass of milk.
2 Do you want some milk and sugar in your coffee? I want some milk, but I do not want any sugar.
3 Have you any black ink? No. I haven't any. But I have some red ink.
4 What does one eat for breakfast in Italy? One eats very little; in general, rolls with butter and coffee.
5 What does one eat for breakfast in England? Usually one begins with cereal. Then one eats eggs; followed by toast and coffee.

### Exercise No. 118

1 Quella lettera mi piace.
2 Non piace loro viaggiare.
3 Questi fiori ci piacciono.
4 Le piacciono quelle pitture, signora?
5 Queste pitture ci piacciono molto.
6 Questo stile non le piace.
7 Ti piace suonare il pianoforte, Maria?
8 Non gli piace lavorare molto.
9 Bambini, vi piacciono queste bambole?
10 I loro posti non piacciono loro.

### Exercise No. 119

#### Charles Does Not Like Studying Arithmetic

One day when he comes home from school Charles says to his mother, 'I don't like studying arithmetic. It's so difficult. Why do we have to do so many exercises and so many problems? We have calculating machines, don't we? Well, then?'

Mrs. Smith looks at her son and says, 'You are wrong, my boy. One can do nothing without numbers. For example, one always needs to change money, to go shopping, reckon distances, and then . . . many, many other things.' His mother stops speaking, seeing that her son is not paying attention to what she is saying.

'By the way, dear,' she continues, smiling, 'football doesn't interest you either?'
'What an idea, mother! You're joking.'
'Well, then, if Arsenal wins ten games and loses six, do you know what percentage of the games they win?'

On hearing this question Charles exclaims, 'You're right, mother. Numbers and arithmetic are very important. I think that from now on I shall study more.'

## Exercise No. 120

| | | |
|---|---|---|
| 1 beve Lei | 5 Bevono | 9 Beviamo |
| 2 bevo | 6 Egli beve | 10 non bevi |
| 3 lei beve | 7 non beviamo mai | 11 beva |
| 4 non bevo mai | 8 Bevete | 12 non bevano |

## Exercise No. 121

| | | | |
|---|---|---|---|
| 1 buon | 4 buona | 7 buono | 10 grande |
| 2 buon' | 5 buon | 8 buona | |
| 3 buon | 6 buon | 9 grand' | |

## Exercise No. 122

| | | |
|---|---|---|
| 1 Si dice | 5 si vedono | 9 si comprano |
| 2 si parla | 6 si può | 10 si fa |
| 3 si pagano | 7 Si può | 11 si amano |
| 4 si vende | 8 si parla | 12 si salutano |

## Exercise No. 123

1 La buona cucina italiana è uno dei più grandi piaceri del turista.
2 Vi sono tre segreti.
3 La cosa più importante è di amare l'arte della cucina.
4 Le varietà più conosciute della pastasciutta sono gli spaghetti, i vermicelli e i maccheroni.
5 Il risotto, il pollo, il vitello, il manzo, ecc. sono molto importanti.
6 Ogni regione ha la sua specialità.
7 In generale si serve una grande varietà di legumi e d'insalata verde.
8 Alla fine del pranzo si serve la frutta.
9 Durante i pasti gl'Italiani bevono vino.
10 Lo bevono in quantità moderata.

## Exercise No. 124

| | | |
|---|---|---|
| 1 vengono | 5 viene Lei | 9 Non veniamo |
| 2 non vieni | 6 Vengo | 10 vengano |
| 3 non viene | 7 Venite | 11 non venga |
| 4 viene | 8 vengono | 12 venire |

## Exercise No. 125

| | | | |
|---|---|---|---|
| 1 quel | 4 bella | 7 quell'; bella | 10 Bell' |
| 2 bei | 5 bei | 8 quella bella | 11 belle |
| 3 bel | 6 bell' | 9 begli | 12 quel; bello |

## Exercise No. 126

| | | | |
|---|---|---|---|
| 1 che | 4 ciò che | 7 che | 10 che |
| 2 che | 5 in cui *or* nella quale | 8 che | 11 ciò che |
| 3 di cui | 6 che | 9 che | 12 ciò che |

## Exercise No. 127

1 Il signor Smith è impaziente di andarci.
2 I poeti, gli scrittori, gli artisti, ecc. hanno sentito la stessa cosa (*or* l'hanno sentita).
3 Menziona le bellezze naturali del paese.
4 È il clima di cui hanno già parlato.

5 Si trova la sede dell'antica civiltà di Roma.
6 Si vedono i monumenti dell'antica grandezza romana.
7 S'interessa molto del periodo del Rinascimento.
8 Leonardo da Vinci, Michelangelo e Raffaello.
9 Perchè s'interessa di tante cose, d'arte, di pittura, di scultura, ecc.
10 Sì, infatti, si ammirano molto.

### Exercise No. 128

1 Where will you go next summer? I shall go to Italy. When will you leave London? I shall leave on the 31st of May.
2 How much time will you spend in Italy? I shall spend two months there. Will you go by train or by plane? I shall go by plane.
3 Will you see your agent in Rome? Yes, indeed, he will meet me at the airport. How long will you stay in Rome? I shall stay there three or four weeks.
4 Will you make a trip to Sicily? Yes, I shall make a trip to Sicily if I have time. Will Mr. Facci accompany you? Alas! He will not be able to accompany me.

### Exercise No. 129

2 Faremo i nostri compiti stasera.
3 La scriverà più tardi.
4 Porterò Loro i libri domani.
5 Torneremo alle nove.
6 Daranno Loro il denaro domani a otto.
7 Domattina mi alzerò alle sette.
8 Uscirò da casa alle nove.
9 Sarò a Roma l'anno prossimo.
10 No, ma potrò incontrarla domani.
11 Le diremo domani.
12 Li faranno domani l'altro.

### Exercise No. 130

1 Sì. Ci sono differenze fisiche e di temperamento.
2 La gente del nord è generalmente più alta.
3 Sono scuri.
4 Generalmente non è vero.
5 È più lenta a causa del clima.
6 La maggior parte delle grandi industrie sono nel nord.
7 Sono intelligenti, industriosi e soci dei sindacati.
8 Si, differiscono da loro in molti aspetti.
9 Si osserva l'entusiasmo che hanno della vita.
10 Amano esprimerli con vigore e con passione.
11 Li troverà ospitali, generosi e intelligenti.
12 Il tema sarà: Quali luoghi visiterà, signor Smith?

### Exercise No. 131

| | | |
|---|---|---|
| 2 visiterò | 7 faranno Loro | 12 non mancherò |
| 3 vedrà | 8 Loro saranno | 13 vorrà |
| 4 passeranno | 9 dovrò | 14 non dimenticherai |
| 5 cercherà Lei | 10 prenderà | |
| 6 non dimenticheremo | 11 ritorneranno | |

### Exercise No. 132

1 La scriverò. Non la scriverò.
2 Lo comprerò. Non lo comprerò.

3 Li porterò. Non li porterò.
4 Lo prenderò. Non lo prenderò.
5 Li domanderò. Non li domanderò.
6 La venderemo. Non la venderemo.
7 Le vorremo. Non le vorremo.
8 Dovremo andarci. Non dovremo andarci.
9 Le sapremo. Non le sapremo.
10 Ci viaggeremo. Non ci viaggeremo.

## Exercise No. 133

1 Partirà per l'Italia la settimana prossima.
2 Non ha che due mesi a sua disposizione.
3 Non pensa a nient'altro.
4 Ne legge molto nella sua collezione di guide.
5 Il suo rappresentante abita a Roma.
6 Resterà a Roma tre o quattro settimane.
7 Spera di sentire qualche opera nelle Terme di Caracalla.
8 La Cappella Sistina è nella città del Vaticano.
9 Lui non dimenticherà di vedere i dintorni di Roma.
10 Farà una gita a Ostia per osservare gli scavi recenti.
11 Visiterà Firenze, Milano, Genova, Venezia e Napoli.
12 Tre bellissimi laghi sono Como, Garda e Maggiore.
13 Se ha tempo il signor Smith farà una gita in Riviera.
14 Visiterà la piccola isola di Murano.
15 Il signor Facci ha un gran desiderio d'accompagnarlo.

## Exercise No. 134

| | | | | |
|---|---|---|---|---|
| 1 (*e*) | 2 (*h*) | 3 (*a*) | 4 (*i*) | 5 (*j*) |
| 6 (*b*) | 7 (*c*) | 8 (*f*) | 9 (*d*) | 10 (*g*) |

## Exercise No. 135

2 Costerà tremila lire.
3 Andrò in Italia.
4 Ritornerò il 2 settembre.
5 Mi coricherò a mezzanotte.
6 Mi alzerò (m'alzerò) alle sei di mattina.
7 C'incontreremo alla stazione.
8 Lo finiremo alle tre.
9 Li cercheremo nella sala d'aspetto.
10 Saremo a casa.
11 Domattina avremo tempo.
12 Ci rimarremo cinque giorni.

## Exercise No. 136

1 farò
2 non andremo
3 Lei potrà
4 cercheranno
5 chi vedrà
6 offriremo?
7 discuterà
8 Loro mangeranno
9 ripeterò
10 lei vorrà
11 verrà lui?
12 pagherò
13 vorrai
14 non farà
15 avrò
16 non darà
17 porterà?
18 usciranno?
19 dovrò
20 sapremo
21 non avrai

## Exercise No. 137

1 I shall put on my hat.
2 I like this hat because it suits me.
3 I never wear a hat in summer.
4 She is putting on her suit.
5 The suit looks nice on her.
6 She often wears this blue suit.

7 He is putting on his overcoat.
8 The overcoat does not fit (suit) him.
9 Henry does not wear his coat every day.
10 He is putting his handkerchief in his pocket.
11 He is taking his handkerchief out of his pocket.
12 Why don't they wear their raincoats?
13 I always wear my raincoat when it rains.
14 We don't like these gloves.
15 We never wear white gloves.
16 I like this shirt but it is too dear.

### Exercise No. 138

1 L'Italia è un bel paese. È un gran paese.
2 La gente ci viene da tutte le parti del mondo.
3 Ci sono molte belle città in Italia.
4 Gli abitanti di ciascuna città dicono che la loro città è la più bella.
5 Grandi montagne separano l'Italia dal resto dell'Europa.
6 Il fiume più grande è il Po.
7 I più bei laghi si trovano nel nord.
8 Dappertutto si vedono i monumenti dell'antica civiltà di Roma.
9 Si dice che la Riviera italiana è così bella come la Riviera francese.
10 Si parla inglese in tutti i grandi negozi.
11 L'Italia ha un bel clima.
12 Molti buoni alberghi si trovano nelle grandi città.
13 Si possono comprare molti begli articoli nelle botteghe italiane.
14 Le donne italiane sono belle.

### Exercise No. 139

| | | |
|---|---|---|
| 1 farò | 5 Cercheremo | 8 Saremo |
| 2 Vorrò | 6 Visiterà | 9 pagherai |
| 3 Avrete | 7 dovrà | 10 vedranno |
| 4 Potranno | | |

### Exercise No. 140

#### Mrs. Smith's Birthday

It is the 22nd of March, Mrs. Smith's birthday. Today she is thirty-six. To celebrate the occasion (this festive day) the Smith family goes out to dinner at a smart restaurant in London.

When they go into the restaurant they see on the table reserved for Mr. and Mrs. Smith an attractive basket full of white roses. Naturally Mrs. Smith is surprised. She thanks and hugs her dear husband with affection and tenderness.

At the end of a really delicious meal Lucy, the youngest, says in a low voice to the other children, 'Now!' And each of the four children takes out from under the table a pretty little box. In the boxes there are presents for their mother.

Lucy gives her a silk handkerchief; Blanche a linen blouse; Charles a pair of gloves; and Paul a woollen scarf.

The following week Mr. Smith adds up the bill for that day.

| | | | |
|---|---|---|---|
| Dinner | . | . | £10·00 |
| Tip | . | . | £ 1·00 |
| Flowers | . | . | £ 2·00 |
| Presents | . | . | £ 5·50 |
| Total | . | . | £18·50 |

## Exercise No. 141

1 When did Mr. Smith write a letter to his agent? He wrote the letter ten days ago.
2 When did he receive the answer? He received the answer today.
3 To whom did Mr. Smith read a copy of his own letter? He read the copy to Mr. Facci.
4 Did Mr. Facci find many mistakes in the letter? He did not find even a single mistake.
5 What book has helped Mr. Smith a great deal? The book 'Commercial Correspondence' helped him a great deal.
6 Where did he get this book? He took it from the library.

## Exercise No. 142

| | | |
|---|---|---|
| 1 ricevuto | 6 comprato | 11 finito |
| 2 deciso | 7 letto | 12 servito |
| 3 capito, detto | 8 risposto | 13 perduto |
| 4 contribuito | 9 fatto | 14 potuto |
| 5 scritto | 10 preso | |

## Exercise No. 143

1 Da quando abita Lei a Londra?
2 Ci abito da due anni.
3 Da quando studiano l'italiano?
4 Lo studiano da sei mesi.
5 Da quando lo conosce?
6 Lo conosco da tre anni.
7 Da quando lavora lui in quest'ufficio?
8 Ci lavora da sette settimane.

## Exercise No. 144

1 Sono seduti nel salotto.
2 Ha in mano una copia della sua propria lettera e la risposta del suo rappresentante.
3 Legge ciò che ha scritto al signor Vitelli.
4 Partirà da Londra il 31 maggio.
5 Passerà due mesi in Italia.
6 Resterà tre o quattro settimane a Roma.
7 Dopo la partenza da Roma farà delle gite per vedere i luoghi più interessanti.
8 Sì, spera di andarci in aereo.
9 Il signor Vitelli è molto occupato.
10 Desidera fare la conoscenza del signor Vitelli.
11 Scrive in anticipo perchè il signor Vitelli è molto occupato e viaggia tanto.
12 Riceve lezioni d'italiano da sei mesi.

## Exercise No. 145

1 Che cosa tiene Lei in mano?
2 Tengo in mano una lettera.
3 Egli tiene in mano una penna stilografica.
4 Dove possiamo ottenere una guida?
5 Può ottenere una guida all'agenzia di viaggi.
6 Hanno ottenuto i Loro biglietti?
7 Abbiamo già ottenuto i nostri biglietti.
8 Che cosa contiene questa scatola?
9 Contiene carta da lettere.
10 Ha Lei ritenuto il denaro?
11 Tenga questo portacenere, signore.
12 Tengano queste lettere, signore.

## Exercise No. 146

1 Have you recommended these guides? Yes, I have recommended them.
2 Has he written the answer? Yes, he has written it.
3 Where did you find the money? I found it at the office.
4 Have you understood the question? No, I have not understood it.
5 Has she learned the proverb? No, she has not learned it.
6 Who reserved the two seats? My father reserved them yesterday.
7 When did you see your friend? I saw her yesterday evening.
8 When did they finish the examination? They finished it at two o'clock.
9 When did the postman bring the letters? He brought them this morning.
10 Did you hear the bell? No, I didn't hear it.
11 Has Mr. Smith studied all the guide books? He has studied them all. He has found them very useful.
12 Which letter is he reading to Mr. Facci? He is reading the letter which he received from Mr. Vitelli.

## Exercise No. 147

1 Le ho scritte.
2 Non l'abbiamo veduto.
3 Li hanno letti.
4 Chi non l'ha capita?
5 L'ha raccomandato Lei?
6 Li ho riservati.
7 L'abbiamo finito.
8 L'hanno ammirata.
9 Lei non l'ha pagato.
10 Non li avete ascoltati.
11 Le hanno portate?
12 Carlo l'ha fatto.
13 Maria non le ha incontrate.
14 Oggi le ho ricevute.
15 Li abbiamo venduti.
16 Lei non l'ha aperta.
17 Chi l'ha preso?
18 Lui l'ha studiata.

## Exercise No. 148

1 Il signor Smith gli ha scritto una lettera.
2 Ha letto una copia della lettera al signor Facci.
3 Non ha trovato neanche uno sbaglio.
4 Sarà a Roma durante i mesi di giugno e di luglio.
5 L'incontrerà all'aeroporto di Ciampino.
6 Parlerà con lui in italiano.
7 Vuole congratularsi col signor Smith e col suo maestro.
8 È orgoglioso del popolo italiano.
9 È sicuro che sarà felice in Italia.
10 L'avranno giovedì prossimo.
11 Loro s'incontreranno nell'ufficio del signor Smith.
12 Gli darà alcuni ultimi consigli.

## Exercise No. 149

1 con me
2 per te
3 senza di loro
4 vicino a lei
5 intorno a noi
6 per Loro
7 di lui
8 con Lei
9 con esso
10 in essa
11 dal
12 da lui
13 da noi
14 da voi *or* da Loro
15 da Lei
16 da me

## Exercise No. 150

1 illustrati
2 aperte
3 conosciuta
4 rotti
5 riservata
6 perduti *or* persi
7 promesso
8 finiti
9 sedute
10 veduto (visto)
11 promesso
12 permesso
13 messo
14 perduto *or* perso

## Exercise No. 151

2 ha portato
3 abbiamo apprezzato
4 non ha risposto Lei
5 ha messo
6 hanno lasciato
7 ha venduto
8 avete fatto

9 Non l'hai conosciuto?
10 Hanno chiuso
11 Non ho avuto
12 ha reso
13 Abbiamo aperto
14 Ha riservato Lei

## Exercise No. 152

1 Si trovano nell'ufficio del signor Smith.
2 Fa caldo.
3 Dalle finestre si sentono i rumori della strada.
4 Il signor Smith è contento di lasciare la città.
5 Il signor Facci ha desiderio d'accompagnarlo.
6 Risponde — Sfortunatamente non è possibile.
7 Si fanno con più formalità che qui.
8 Significa che ogni persona è degna di rispetto.
9 La vita è meno tranquilla che qui.
10 Deve fare un sonnellino dalle tredici alle quindici.
11 Parlerà italiano coi facchini, camerieri, ecc.
12 Passerà l'estate a Londra.
13 Penserà spesso al suo maestro.
14 Gli scriverà delle lettere di tanto in tanto.
15 Loro si stringono la mano.

## Exercise No. 153

2 passo, passerò, ho passato
3 leggiamo, leggeremo, abbiamo letto
4 scrive, scriverà, ha scritto
5 Promette, prometterà, ha promesso
6 dormono, dormiranno, hanno dormito
7 Prepara Lei, Preparerà Lei, Ha Lei preparato
8 Fate, Farete, Avete fatto
9 risponde, risponderà, ha risposto
10 guarda, guarderà, ha guardato
11 hanno, avranno, hanno avuto
12 decide, deciderà, ha deciso
13 voglio, vorrò, ho voluto
14 abbiamo, avremo, abbiamo avuto
15 chiudono, chiuderanno, hanno chiuso
16 apre Lei, aprirà Lei, ha aperto Lei
17 rompe, romperà, ha rotto
18 finisce, finirà, ha finito
19 preferisce Lei, preferirà Lei, ha preferito Lei
20 capisco, capirò, ho capito

## Exercise No. 154

3 Egli li ha aiutati.
4 Le vedremo.
5 Li hanno scritti.
6 Noi le abbiamo lette.
7 Ella l'ha perduto.

8 Lo mostrerà.
9 Le hanno aperte.
10 Non li hanno chiusi.
11 Lo visiterò.
12 La studieremo.

## Exercise No. 155

| | |
|---|---|
| 1 Andrò | 13 Dovrò. |
| 2 Ha passato Lei? | 14 Hanno trovato? |
| 3 Abbiamo sentito. | 15 Abbiamo mangiato. |
| 4 Ha preso? | 16 Avrò. |
| 5 Chi ha scritto? | 17 Non ho dato. |
| 6 Passerò. | 18 Lui ha detto. |
| 7 Vedrà Lei? | 19 Vorrò. |
| 8 Hai promesso. | 20 Verrà Lei? |
| 9 Non ho permesso. | 21 Rimarrò. |
| 10 Avrete? | 22 Non hanno perduto. |
| 11 Saranno. | 23 Mangeranno Loro? |
| 12 Potremo. | 24 Nessuno ha potuto. |

## Exercise No. 156

1 Sono sei mesi che studia l'italiano.
2 Ha passato molto tempo col signor Facci.
3 Ha imparato le regole essenziali della grammatica.
4 Ha studiato seriamente e molto.
5 Ora parla bene l'italiano.
6 Ha ottenuto il passaporto e gli assegni turistici.
7 Ha scritto una lettera al suo rappresentante.
8 Gli ha promesso d'incontrarlo all'aeroporto.
9 Il giorno della partenza arriva.
10 Parte alle 15.00 precise.
11 Sono svegli e vestiti alle sette e mezzo.
12 La famiglia non l'accompagna in Italia.
13 Devono finire l'anno scolastico.
14 Deve restare a casa ad occuparsi dei ragazzi.
15 La famiglia lo guarda con emozione.

## Exercise No. 157

| | |
|---|---|
| 1 coprire, to cover | 14 rendere, to give back |
| 2 leggere, to read | 15 offrire, to offer |
| 3 vedere, to see | 16 decidere, to decide |
| 4 portare, to carry, wear | 17 fare, to make, do |
| 5 dormire, to sleep | 18 dare, to give |
| 6 apprezzare, to appreciate | 19 dire, to say |
| 7 salire, to go up | 20 vedere, to see |
| 8 chiudere, to close | 21 sentire, to feel |
| 9 mettere, to put | 22 vendere, to sell |
| 10 aspettare, to wait for | 23 rispondere, to answer |
| 11 capire, to understand | 24 contenere, to contain |
| 12 sapere, to know | 25 spendere, to spend (*money*) |
| 13 volere, to wish | |

## Exercise No. 158

| | | | | |
|---|---|---|---|---|
| 1 (*g*) | 2 (*e*) | 3 (*a*) | 4 (*h*) | 5 (*c*) |
| 6 (*i*) | 7 (*d*) | 8 (*j*) | 9 (*b*) | 10 (*f*) |

## Exercise No. 159

| | |
|---|---|
| 2 Salgono in macchina | 7 si alzano |
| 3 si mettono in viaggio | 8 Avrò il piacere |
| 4 scendono dalla macchina | 9 Abbiamo fatto la conoscenza |
| 5 Gli farò sapere | 10 ha detto addio |
| 6 Coglierò ogni occasione | |

## Exercise No. 160

2 L'ha scritta al signor V.
3 Sì signore, l'ha sempre apprezzato.
4 Il signor Smith le ha preparate.
5 Sì signore, m'hanno aiutato molto.
6 Sì, l'ha servito.

7 No, non l'ho capita.
8 Carlo non le ha fatte.
9 No, non l'ho veduta (*or* vista).
10 Sì, li ha portati.

## Exercise No. 161

1 Da quando
2 da due anni
3 Ho passato molto tempo
4 Lei ha imparato pure (*or* anche); non
 è vero?
5 ho studiato
6 sa che Lei viene
7 Gli ho scritto
8 Gli ho fatto sapere; del mio arrivo
9 Ha già ricevuto Lei
10 l'ho ricevuta
11 che m'aspetterà
12 Ha già ottenuto Lei
13 l'ho ottenuto

14 La Sua famiglia andrà
15 la mia famiglia non potrà andare
16 devono finire
17 lei dovrà
18 lei coglierà l'occasione; con tutti
19 rimarrà (*or* resterà) Lei
20 Ci rimarrò (*or* resterò); ritornerò
21 Ha comprato Lei
22 Sì, l'ho comprato.
23 Ha imparato Lei
24 Sì, le ho imparate.
25 Passeranno loro (essi)
26 No. Non la passeranno

## Exercise No. 162

### An Exceptional Programme at the Cinema

This evening Mr. and Mrs. Smith are going to the cinema. They don't like the majority of Hollywood films, especially Westerns in which cowboys are continually shooting at everybody and are endlessly galloping about. Epics don't interest them either.

But this evening there is a special programme at the cinema near their home. The film is called *A Trip to Italy*. It is documentary film about the country where Mr. Smith is going in a few months' time. There are some scenes which represent the history of Italy, others which show its landscape, rivers, mountains, large towns, etc. It is a most interesting film for tourists.

Mr. and Mrs. Smith arrive at the cinema at 8.30. Almost all the seats are taken. Therefore they have to sit in the third row. Mrs. Smith does not like this because the movements on the screen hurt her eyes. Fortunately, after a quarter of an hour, they are able to change seats and so sit in the thirteenth row.

The Smith family like this picture very much. They find it interesting.

On leaving the cinema Mr. Smith says to his wife, 'Do you know, Anita, I think that I'll manage very well in Italy. I understood almost everything the actors and actresses said.'

## Exercise No. 164

2 andati (e)
3 nata
4 morto
5 divenuti, salito
6 tornata
7 uscita

8 entrati
9 rimasto (a)
10 partiti (e), arrivati (e)
11 scesi (e)
12 stato

### Exercise No. 165

| | | |
|---|---|---|
| 1 è arrivato | 5 siamo venute | 9 è corso |
| 2 sono scesi | 6 sono entrato | 10 sono stati |
| 3 è salita | 7 è rimasta | 11 non siete stati |
| 4 sono usciti | 8 è stata | 12 sei rimasta |

### Exercise No. 166

1 Ha passato la dogana ed è andato in sala d'aspetto.
2 Un bell'uomo si è avvicinato.
3 Scusi signore, è Lei il signor Smith?
4 Ha risposto — Sì, sono io.
5 No, è andato in città a tutta velocità.
6 Ha gridato. Non corra così presto, per favore. — Non ho affatto fretta!
7 L'autista ha risposto — Neppure io, signore.
8 Sono scesi davanti all'albergo.
9 Il prezzo è seimila lire, servizio compreso.
10 Il numero della sua camera è cinquantacinque.
11 Non gli manca niente.
12 Lui ripete — Sarò molto felice in Italia.

### Exercise No. 167

1 Did the children go to bed early? Yes, they went to bed early.
2 Did John get up late? No, he did not get up late.
3 Did Mary dress quickly? Yes, she dressed quickly.
4 Where did the travellers sit down? They sat down in the restaurant.
5 Where did they sit down? They sat down in the living-room.
6 Did you have a good time, Anna? No, I did not have a good time.
7 Where did you meet? We met at the office.
8 Did the boys retire? Yes, they retired.
9 Where did the bus stop? It stopped on that corner.
10 Did Mrs. Smith look after the children? Yes, she looked after them.
11 Did Mr. Smith feel happy in Rome? Yes, he felt very happy.
12 In what other way can one say: 'Loro si sono coricati?' One can say: 'Loro sono andati a letto.'

### Exercise No. 168

| | |
|---|---|
| 1 lui si è alzato | 7 noi ci siamo sentiti (e). |
| 2 noi ci siamo accomodati (e). | 8 voi vi siete vestiti (e). |
| 3 Maria si è ritirata. | 9 essi si sono incontrati. |
| 4 io mi sono coricato (a). | 10 loro non si sono seduti (e). |
| 5 essi si sono avvicinati. | 11 Si è vestito Lei? |
| 6 esse si sono divertite. | 12 I ragazzi si sono coricati. |

### Exercise No. 169

| | |
|---|---|
| 1 Lei s'è avvicinata. | 6 I ragazzi si sono divertiti. |
| 2 Tu ti sei coricato. | 7 Noi ci siamo lavati. |
| 3 Io mi sono ritirato. | 8 Voi non vi siete seduti. |
| 4 Il tassì s'è fermato. | 9 Esse si sono sentite. |
| 5 Le ragazze si sono vestite. | 10 Lei si è alzata. |

### Exercise No. 170

1 Il signor Vitelli l'ha chiamato al telefono.
2 L'ha accettato con piacere.
3 Il tassì è arrivato alle sette.

4 È salito al quarto piano.
5 Una giovane cameriera l'ha aperta.
6 Il signor Vitelli si è avvicinato per salutarlo.
7 Sono entrati in un salotto ammobiliato.
8 Sono i figli del signor Vitelli.
9 Studiano al ginnasio.
10 Il maggiore vuol fare il medico.
11 Il minore vuol fare l'avvocato.
12 Hanno parlato della vita italiana, dell'arte e sopratutto della musica.
13 Si sono ritirati per andare nelle loro camere a fare i compiti.
14 Ha portato con sè un indimenticabile ricordo di una brava famiglia italiana.

### Exercise No. 171

1 What was Mr. Smith doing when you entered the living-room? He was reading aloud a letter which he had received from his agent in Rome. What was Mr. Facci doing? He was listening to him.
2 Were there many tourists at Ostia when you visited it? There were not many (of them). What were they doing? They were walking among the excavations.
3 What were you thinking while the taxi was rushing at great speed through the streets of Rome? I was thinking: 'Life in Rome is not at all peaceful.' Looking around you what did you see? I saw that the cars, taxis, buses, all were going at dizzy speeds.
4 Do you play tennis? At one time, I used to play almost every day, but this year I have played only once.

### Exercise No. 172

1 (gridavano) The vendors were shouting when I arrived at the market.
2 (ascoltavo) While I was listening to the radio, they rang me.
3 (facevamo) While we were doing our homework, they entered our room.
4 (scendeva) She fell as she was getting out of the car.
5 (andava) While the taxi was going at great speed, I shouted: 'Don't go so fast!'
6 (era) We paid him a visit when he was ill.
7 (C'erano) There were many people at the airport when our plane arrived.
8 (aspettavamo) While we were waiting for the bus it began to rain.
9 (tornavano) We met them when they were coming back from the cinema.
10 (dormivano) Mr. Smith returned while the children were sleeping.

### Exercise No. 173

| | | |
|---|---|---|
| 1 cominciavamo | 7 correva | 13 preparava |
| 2 rispondeva | 8 C'era | 14 capiva |
| 3 portava | 9 C'erano | 15 vendevano |
| 4 venivano | 10 Finivi | 16 beveva |
| 5 Guardavate | 11 diceva | |
| 6 Facevano | 12 mangiavano | |

### Exercise No. 174

1 Il signor Smith li ha invitati.
2 Hanno accettato con piacere.
3 Portavano un paniere.
4 C'era una buona colazione nel paniere.
5 La signora Vitelli l'aveva preparata.
6 Li aspettava davanti all'hotel.
7 Il signor Smith l'aveva noleggiata.
8 Il signor Smith guidava tranquillamente.

9 Avevano bucato una gomma.
10 Perchè non c'era cricco nel portabagagli.
11 Passava a gran velocità.
12 Un camion si è fermato.
13 'Avete una gomma a terra?'
14 Ha prestato loro il suo cricco.
15 L'hanno cambiata in cinque minuti.
16 Ha proposto di pagarlo per il suo aiuto.

## Exercise No. 175

2 (erano) At what time had the children come from the cinema?
3 (avevamo) We had really worked hard.
4 (ero) I had gone into the waiting-room.
5 (avevo) I had not yet got my tickets.
6 (era) The lorry had approached at speed.
7 (Aveva) Had you written a letter to your friend?
8 (eravamo) We had not gone out together.
9 (avevate) Had you promised to meet them at the museum?
10 (era) The taxi had stopped in front of the hotel.
11 (erano) They had arrived safe and sound.
12 (avevi) You had forgotten my umbrella.

## Exercise No. 176

| | |
|---|---|
| 2 io ero rimasto | 8 Aveva gettato Lei |
| 3 avevamo continuato | 9 Chi non aveva salito |
| 4 si erano fermati | 10 avevano noleggiato |
| 5 mi aveva colpito | 11 Lei l'aveva invitato |
| 6 Ti avevo considerato | 12 Noi eravamo stati |
| 7 si erano incontrati | |

## Exercise No. 177

| | |
|---|---|
| 1 Lui aveva comprato | 7 si era seduto |
| 2 Avevo veduto *or* visto | 8 si era avvicinato |
| 3 Avevamo mangiato | 9 Eravamo arrivati (e) |
| 4 Avevano ricevuto | 10 Aveva letto Lei |
| 5 Ero entrato (a) | 11 Eravate tornati (e) |
| 6 Non avevano dormito | 12 Erano partiti (e) |

## Exercise No. 178

1 È seduto al Caffè Doney.
2 Il signor Facci l'aveva raccomandato.
3 Il signor Vitelli è venuto a prenderlo.
4 Sono rimasti un po' sul ponte Sant' Angelo.
5 Pensa che deve essere tra le più belle del mondo.
6 Si sono fermati al Caffè Rosati.
7 L'importanza del caffè nella vita quotidiana l'ha colpito.
8 Gli amici s'incontrano al caffè.
9 È vero.
10 I passanti sono gli attori e le attrici.
11 Si sono fermati in Via del Babuino.
12 Sono saliti in cima a Trinità dei Monti.
13 Ha gettato una moneta nella fontana.
14 Si dice: 'Chi fa così ritornerà certamente a Roma!'

### Exercise No. 179

1 **(scriva)** Write to me if you have time.
2 **(ricordi)** Remember me to Mrs. Smith.
3 **(scusi)** Excuse me a moment. I have to make a telephone call.
4 **(permetta)** May I ask you a few questions, sir.
5 **(passi)** Would you pass me the bread, please.
6 **(continui)** Continue straight ahead.
7 **(prenda)** Take the 55 bus.
8 **(attraversino)** Cross the street.
9 **(si accomodino)** Sit down in the living-room, ladies.
10 **(passino)** Go through to the living-room, gentlemen.
11 **(scendano)** Get out of the car, ladies.
12 **(aspettino)** Wait a moment, young ladies.
13 **(finiscano)** Finish the examination.
14 **(salgano)** Get into the car, gentlemen.

### Exercise No. 180

| | | |
|---|---|---|
| 1 Ascoltate | 5 Finite | 8 Lasciate |
| 2 Scrivete | 6 Scendete | 9 Guardate |
| 3 Imparate | 7 Salite | 10 Leggete |
| 4 Mangiate | | |

### Exercise No. 181

| | | |
|---|---|---|
| 1 Cominciamo | 5 Scendiamo | 8 Studiamo |
| 2 Andiamo | 6 Passiamo | 9 Aspettiamo |
| 3 Vediamo | 7 Finiamo | 10 Facciamo |
| 4 Saliamo | | |

### Exercise No. 183

| | | |
|---|---|---|
| 1 Andiamo | 6 Prendi | 11 Venite |
| 2 Andiamoci | 7 Prendilo | 12 Non mangiare |
| 3 Studiate | 8 Non lo prendere | 13 Non mangiate |
| 4 Studiatela | 9 Compriamo | 14 Non li mangiate |
| 5 Non la studiate | 10 Non li compriamo | 15 Mangiamoli |

### Exercise No. 184

1 Il mestiere del turista esige molto riposo.
2 Vuole descrivere la sua gita a Castel Gandolfo.
3 Guardava pei finestrini.
4 I contadini lavoravano nei campi.
5 L'autobus attraversava la zona dove si produce il vino detto dei Castelli.
6 La prima fermata importante è stata a Frascati.
7 Servivano il vino bianco secco del luogo.
8 Sono rimasti una mezz'ora a Frascati.
9 Finalmente sono giunti in vista del magnifico Castel Gandolfo.
10 Il Papa ha la sua residenza al Castel Gandolfo.
11 Vendevano ricordi del luogo.
12 Dopo una breve colazione hanno ripreso il loro viaggio di ritorno.

### Exercise No. 185

1 Mr. Smith has left for Rome.
2 His wife stayed at home.
3 Mrs. Smith went out an hour ago.

4 She has not yet returned.
5 We went up in the lift.
6 They got off the plane.
7 Why did you return so late, Mary?
8 I went to the market to do the shopping.
9 His grandfather died this morning.
10 My grandmother was born on the 5th of June, 1900.

## Exercise No. 186

| | | |
|---|---|---|
| 2 incontrati (e) | 7 sceso | 12 fatto |
| 3 preso | 8 riservato | 13 chiesto |
| 4 usciti (e) | 9 nata | 14 aperte |
| 5 fermato | 10 messo | 15 aperte |
| 6 arrivata | 11 detto | 16 chiuse |

## Exercise No. 187

1 pioveva a catinelle
2 Ero molto contento
3 quando il signor S. ha ricevuto
4 quando il mio rappresentante mi ha telefonato (chiamato al telefono)
5 andavamo
6 Non sapevo
7 Non potevamo
8 Hanno voluto (*or* desiderato)
9 Essa non ha avuto tempo
10 Doveva

## Exercise No. 188

| | | |
|---|---|---|
| 1 faremo | 5 giocavano | 9 ha prestato |
| 2 parlava | 6 sono andati | 10 si sono alzati |
| 3 ha passato | 7 pioveva | |
| 4 vedrò | 8 farete | |

## Exercise No. 189

3 (io) capisco; capirò; capivo; ho capito, avevo capito
4 (tu) vendi; venderai; vendevi; hai venduto; avevi venduto
5 (egli) prende; prenderà; prendeva; ha preso; aveva preso
6 (voi) viaggiate; viaggerete; viaggiavate; avete viaggiato; avevate viaggiato
7 (io) parto; partirò; partivo; sono partito (a); ero partito (a)
8 (esso) costa; costerà; costava; ha costato; aveva costato
9 (tu) sali; salirai; salivi; sei salito (a); eri salito (a)
10 (Loro) conoscono; conosceranno; conoscevano; hanno conosciuto; avevano conosciuto
11 (io) so; saprò; sapevo; ho saputo; avevo saputo
12 (lei) serve; servirà; serviva; ha servito; aveva servito

## Exercise No. 190

### Venice, the Queen of the Adriatic

Venice seems a great miracle born of the sea. An old city of mystery and romance, it still keeps the grandeur of its past in its palaces, in its gondolas, in its fascinating people, in its canals, and in its churches, foremost of which is the famous San Marco.

Venice is constructed on numerous small islands which are connected to each other by small bridges. The sea touches the threshold of the very lovely palaces, many of which unfortunately are by now in a state of decay.

The gondolas pass silently in the canals. Every once in a while their silence is broken by the soft voice of a gondolier or by the romantic melodies of an accordion.

From spring to autumn, tourism is rife; there is always a great coming and going of people who come from all over the world. Piazza San Marco often resembles an anthill, especially when many tourists amuse themselves there feeding the pigeons. Venice has everything to make the traveller happy.

## Exercise No. 191

| | |
|---|---|
| 1 non . . . niente (nulla) | 11 non . . . nè . . . nè |
| 2 non . . . mai | 12 non . . . niente |
| 3 non . . . niente (nulla) | 13 non . . . nessuno |
| 4 non . . . neppure (neanche) | 14 non . . . che |
| 5 non . . . mai | 15 non . . . niente; non . . . niente |
| 6 non . . . nè . . . nè | 16 niente |
| 7 non . . . mai | 17 non . . . affatto |
| 8 nessuno | 18 non . . . che |
| 9 nulla (niente) . . . nulla (niente) | 19 nessuno |
| 10 mai | 20 non . . . nessun |

## Exercise No. 192

1 Ha osservato un cartello dai bei colori.
2 Si è fermato a leggerlo.
3 Sì, ne aveva già sentito tanto parlare.
4 Ha deciso di andare a Siena per vedere questo spettacolo.
5 Ha luogo due volte l'anno.
6 Sì. C'erano molte persone (*or* Ce n'erano molte).
7 Li ha veduti su tutti i muri.
8 Il Palio è una corsa di cavalli.
9 Sono vestiti in abiti medioevali.
10 Un gran corteo ha aperto la festa.
11 Tutte le più vecchie famiglie hanno partecipato nel corteo *or* ci hanno partecipato.
12 Tutti i turisti facevano fotografie.
13 Ha fatto il giro di Siena.
14 Non aveva nessuna difficoltà a capirla.
15 Domani partirà per Firenze.

## Exercise No. 193

1 He has spent five unforgettable days in Florence.
2 He passed the time there visiting the magnificent palaces, churches, and museums.
3 Because to do that, a whole book and not a letter would be necessary.
4 It is said that the glory and riches of every civilization may be found in Florence.
5 He thinks that this statement is true.
6 He spent many hours in the Uffizi Gallery.
7 It contains one of the most famous collections of Italian and foreign art from the thirteenth to the eighteenth century.
8 He admires the paintings of Raphael and Titian.
9 In the National Museum he saw the famous sculptures of Donatello and Luca della Robbia.
10 The works of Michelangelo are found in the Academy of Fine Arts.
11 Via Tornabuoni is most important for its elegant shops and cafés.
12 The house where Dante Alighieri was born is in an old and narrow street.
13 Mr. Smith hopes to read the *Divine Comedy* in Italian some day.
14 Some of the things are bracelets, rings, ear-rings, necklaces, and leather goods.

15 The river Arno flows under the Ponte Vecchio.
16 He was able to manage very well when talking to people in Italian.
17 He found the people of Florence courteous, and always ready to help the foreigners who visit their city.

### Exercise No. 194

1 Have you sent the letters to Mr. Smith? Yes, I have sent them to him.
2 Have you returned the raincoat to Mr. Amato? Yes, I have returned it to him.
3 Please send me the Italian newspapers. I shall send them to you tomorrow.
4 Has the waiter given you the bill? No, he has not given it to me yet.
5 Have you asked the clerk for the tickets? No, I haven't asked him yet, because he is too busy.
6 How many plates are there in this case? There are twenty-five dozen (of them).
7 Have you returned to him the money he lent you? I shall return it to him tomorrow.
8 Has the girl shown you the vases which Mr. Smith received from Rome? Yes, she has shown them to us.
9 Can you lend me your umbrella? Yes, I shall lend it to you, but you will return it to me tomorrow, won't you? Many thanks. I shall return it to you tomorrow.
10 Please show me the new suit you bought. I am sorry, I cannot show it to you because it has not come yet from the store.
11 When will you bring us the suits? I shall bring them to you tomorrow.
12 When will you write the letter to Anita? I shall write it to her the day after tomorrow.
13 Here is the pen. Give it to me.
14 Here is the watch. Give it to us.
15 Here is the picture. Give it to them.
16 Will you bring me the hats? Yes. I shall bring them to you this evening.

### Exercise No. 195

2 Gliela presterò.
3 Egli glielo ha dato.
4 Me lo restituirà Lei?
5 Ve li porteremo.
6 Glielo compriamo.
7 Te la leggerò.
8 Ce ne comprerà Lei?
9 Ne comprerò Loro.
10 Glielo ho mandato.
11 Me li mandi.
12 Lo insegno loro.
13 Essi glieli mandano.
14 Prestiamoglielo!
15 Non glieli dare!
16 Mandategliele

### Exercise No. 196

1 Mr. Smith had never been a gambler.
2 When he came to Rome he noticed that everyone was greatly interested in the National Lottery.
3 He dreamed of winning the first prize.
4 He would then have enough money to travel everywhere in Europe the following year.
5 His family would come with him.
6 The children would go to a good Italian school to study the language.
7 His wife would become acquainted with the Vitellis.
8 All would perhaps make a trip together.
9 One day a rather old and badly dressed man approached Mr. Smith.
10 He said to him, 'Sir, buy this ticket. It will win.'
11 The number of the ticket ended in three noughts.
12 Next morning, Mr. Smith asked for his coffee, rolls, and the newspaper.
13 The only thing that interested him was the newspaper.

14 He was not calm. His heart was beating rapidly.
15 The number which won the first prize ended in three noughts.
16 He was building castles in the air.
17 The number that won the first prize was 26,000.
18 The number that Mr. Smith had was 25,000.
19 Mr. Smith was laughing at himself as he ate his breakfast.
20 He decided that the emotions of a gambler were not for him.

### Exercise No. 197

2 Egli visiterebbe . . . He would visit . . .
3 Noi impareremmo . . . We would learn . . .
4 La mia familia non mi accompagnerebbe. My family would not accompany me.
5 Lei potrebbe comprare . . . She would be able to buy . . .
6 Avrebbe lui . . . ? Would he have . . . ?
7 Essi comprerebbero . . . They would buy . . .
8 Sareste voi contenti . . . ? Would you be glad . . . ?
9 Lei non vi riconoscerebbe. She would not recognize you.
10 Loro non farebbero . . . They would not do . . .
11 Io ti manderei . . . I would send you . . .
12 Loro non verrebbero . . . They would not come . . .
13 Mi piacerebbe andare . . . I would like to go . . .
14 Ti piacerebbe fare . . . Would you like to take . . .
15 Avrei bisogno di . . . I would need good advice.
16 Sarebbero contenti . . . They would be glad . . .

### Exercise No. 198

1 Comprerà Lei?
2 comprerei; non ho
3 Comprerà; tornerà
4 Potrebbe
5 Potrò; avrò
6 Uscirei; piove
7 Sarebbero; non possono
8 Sarei
9 non l'accompagnerà
10 Piacerebbe loro
11 Dovreste
12 Potremo

### Exercise No. 199

1 He had read books on the history and customs of the country.
2 In his letters, he was able to describe only a little of all that he had seen and learned.
3 Most of all, he likes the Italian people.
4 He likes their enthusiasm for life, their sense of dignity, their humour, etc.
5 He has taken every opportunity of talking to porters, waiters, and shop assistants, etc.
6 He finds life in Italy less quiet than in London.
7 He had that impression when the taxi was taking him to his hotel at a dizzy speed.
8 He finished his business affairs quickly.
9 He did not have time to go to Sicily.
10 He will be able to tell much about the people he has learned to know and the places he has visited.
11 His family will go with him on his next trip.
12 He is sure that he will be able to act as a guide.
13 He is leaving for London on the 1st of August.
14 He will be glad to telephone Mr. Facci on his arrival to invite him to dinner.
15 They will spend many hours speaking of Italy and of Rome, which they love so much.

### Exercise No. 200

1 We left Rome early.
2 I have often discussed the climate with him.
3 Did you know how to speak Italian?
4 I would visit many places.
5 I cannot describe all the museums.
6 What had you learned in Italy?
7 I liked that postcard very much.
8 We shall leave the rest until tomorrow.
9 We had finished our business early.
10 I returned in the spring.
11 I would be glad to telephone you, sir.
12 Would you have time to visit us?
13 Tomorrow evening we shall take a trip to Siena.
14 I shall want to go shopping in the afternoon.
15 The car stopped at once.
16 The children had got up at six.
17 Don't get into the car.
18 Let's get off the bus.
19 Make yourselves comfortable, gentlemen.
20 We had not been to Florence.
21 He is on the point of leaving Rome.
22 I shall leave the day after tomorrow.
23 When did Mr. Smith leave from London?
24 All the tourists had left.
25 They were leaving while we were arriving.

### Exercise No. 201

1 Conosce Lei bene l'Italia?
2 Sì, ho letto molti libri su quel paese.
3 È stato mai in Italia Lei?
4 Sì, ci ho passato due mesi.
5 Sa parlare italiano Lei?
6 Sì, posso parlarlo molto bene.
7 Può descrivere in italiano i luoghi (posti) che ha visti?
8 Sì, ma, posso descriverli meglio in inglese.
9 Le piacciono gl'Italiani?
10 Li amo.
11 È meno tranquilla la vita in Italia che in Inghilterra?
12 È veramente meno tranquilla *or* Sì infatti, è meno tranquilla.
13 C'è molto da vedere in Italia?
14 Altro che! C'è tanto da vedere, da fare, d'apprendere.
15 Ci ritornerà l'anno prossimo?
16 Certamente, ci ritornerò.
17 Andrà da solo?
18 No. Porterò la famiglia con me.
19 Io potrò fare da guida.
20 Conosco molte persone e molti luoghi interessanti in Italia.

### Exercise No. 202

1 They have gone to the market to do some shopping.
2 The Italians made a good impression on Mr. Smith.
3 He went to the station to ask for information.
4 I will be able to manage in Italy because I speak Italian fairly well.

5 The day after tomorrow we will pay a visit to Mr. Vitelli.

6 The young man had already filled the petrol tank and checked the oil.

7 Next summer Mr. Smith will be able to act as a guide for the whole family.

8 I would have made a trip to Sicily but I did not have time.

9 I didn't lack anything at the hotel.

10 After having finished his business, Mr. Smith dedicated himself completely to pleasure.

11 I am writing a letter to my agent to tell him the date of my arrival.

12 After having greeted everyone, we got into the plane.

13 I was thinking of my teacher's advice while the taxi went at great speed through the streets of Rome.

14 Formerly, Mr. Smith used to have his Italian correspondence translated, but from now on he will translate it himself.

15 The boys were amusing themselves playing chess.

16 If you find the galoshes that I left in your house, please return them to me.

17 I will not forget to return them to you.

18 I have never seen such a show.

19 While Mr. Smith was on his travels, Mrs. Smith was looking after the children.

20 I have never been to Italy, but I plan to go there next summer.

21 My business affairs are taking me to Rome and to other Italian towns.

22 We are dreaming of making another trip to Italy next summer!

### Exercise No. 203

1 è un uomo d'affari di Londra.

2 un viaggio in Italia per visitare il suo rappresentante.

3 conoscerlo.

4 aveva imparato a parlare italiano passabilmente (abbastanza bene).

5 Egli aveva anche letto molti libri

6 molte lettere al suo amico e maestro.

7 molti luoghi interessanti di cui essi avevano parlato nelle loro conversazioni.

8 che l'aveva condotto al suo albergo.

9 La velocità vertiginosa del tassì

10 egli aveva presto finito i suoi affari.

11 la loro cortesia, il loro senso dell'umorismo e la loro passione della discussione.

12 non ha avuto tempo per andare in Sicilia.

13 tanto da vedere, tanto da fare, tanto da imparare *or* apprendere.

14 sui costumi, sulla vita, sulla lingua e sulle arti d'Italia.

15 ritornerà in Italia.

16 lo accompagnerebbe.

17 Lui non ha vinto il primo premio nella lotteria . . . abbastanza denaro.

18 che il signor Smith scriverà prima di partire dall'Italia.

19 egli inviterà il signor Facci a pranzare con la sua famiglia.

### Exercise No. 204

1 I bought

2 we learned

3 you (*pol.*), they understood

4 you (*pl.*) travelled

5 he, she, it, you (*pol.*) received

6 I served

7 you (*fam. sing.*) visited

8 did we not believe?

9 you (*pol.*), (they) preferred

10 he, she, it, you (*pol.*) did not wait

11 we did not work

12 did you (*pol.*), did they hear?

13 he, she, it, you (*pol.*) sold

14 we did not repeat

15 did you (*pl.*) greet?

16 we did not differ

17 you (*pol.*), they did not stay

18 he, she, it, you (*pol.*) did not follow

19 did he, she, it, you (*pol.*) confess?

20 you (*pl.*) received

21 we helped

22 you (*pol.*), they hoped

23 he, she, it, you (*pol.*) left
24 did you (*pl.*) play?
25 he, she, it, you (*pol.*) left
26 we were able

27 I had to
28 they, you (*pol.*) asked)
29 I preferred
30 you (*fam. sing.*) lost

### Exercise No. 205

1 Last year I decided to take a trip to Italy.
2 Did you want to visit your friend?
3 Did Mr. Smith speak Italian before leaving for Italy?
4 Last year we learned Italian.
5 Did they take Italian lessons two years ago?
6 Where did they meet the day before yesterday?
7 Did you find a good Italian teacher?
8 Why didn't you take a taxi?
9 Dante Alighieri was born in Florence.
10 Mr. Vitelli introduced the businessman to his children.
11 They were happy to meet him.
12 I was glad to spend a day at Ostia.
13 How long did you stay in Rome?
14 When Mr. Smith came to Italy, his wife stayed at home.
15 Did you go on an excursion to other towns?
16 Did you write several letters to your parents when you were in Italy?
17 Everywhere we saw tourists who had come to enjoy the show.
18 The enthusiasm was very great.
19 They got out of the car and went into the waiting-room.
20 We were not happy because we had to stay at home.
21 I did not need anything.
22 Did you read the guide books before leaving for Rome?
23 There were many people at the party.
24 My mother gave me a lovely present for my birthday.
25 I didn't know any Italian when I arrived in Rome. Now I can speak Italian very well.

# VOCABULARY—ENGLISH–ITALIAN

## A

able, abile
able (to be), potere (posso)
about, circa, a proposito di
above, sopra
absent, assente
abundant, abbondante
accept (to), accettare
accompany (to), accompagnare
according to, secondo
acquaintance, la conoscenza
actor, l'attore
admirable, ammirabile
admire (to), ammirare
advertisement, avviso, annunzio
advice, il consiglio
affection, l'affetto
afraid (to be), aver paura
after, dopo
afternoon, il pomeriggio; in the afternoon (p.m.), di pomeriggio
afterwards, poi, dopo
again, di nuovo
against, contro
agent, rappresentante m.
ago, fa
aid, l'aiuto
aid (to), aiutare
air, l'aria
air mail (by), per posta aerea
all, tutto; pl. tutti, tutte
almost, quasi
alone, solo
aloud, ad alta voce
already, già
always, sempre
also, anche, pure
American, americano
among, fra, tra
amuse (to), divertire; (oneself), divertirsi
and, e; ed (before a word beginning with e)
annoy (to), disturbare
answer, la risposta
answer (to), rispondere
any, di + def. art.; qualche
anybody, qualcuno
anything, qualche cosa
anywhere, dovunque

appetite, l'appetito
apple, la mela
appointment, l'appuntamento
appreciate (to), apprezzare
approach (to), avvicinare
appropriate, del momento
April, aprile m.
arithmetic, l'aritmetica
arm, il braccio
around, intorno a
arrange (to), arrangiare
arrival, l'arrivo
arrive (to), arrivare, giungere
art, l'arte f.; objet d'art, l'oggetto d'arte
article, l'articolo
artisan, craftsman, l'artigiano
artist, l'artista m.
as ... as, così ... come
as much ... as, tanto ... quanto
as far as, fino a
ash-tray, il portacenere
ask (to), domandare, chiedere
asleep, addormentato
asleep (to fall), addormentarsi
assure (to), assicurare
at, a, ad
attentively, attentamente
attract (to), attirare
attraction, l'attrazione f.
attractive, attraente
aunt, la zia
autumn, l'autunno
await (to), aspettare, attendere
awake, sveglio

## B

bad, cattivo
badly, male
bag, il sacco, la borsa
baggage, i bagagli pl.
bank, il banco (money); la riva (river)
basket, il cestino, il paniere
bath, il bagno
bathroom, la stanza da bagno
be (to), essere; stare
bear (to), sopportare, soffrire
beat (to), battere
beautiful, bello
beauty, la bellezza

**because,** perchè, poichè
**because of,** a causa di
**become (to),** divenire, diventare
**bed,** il letto
**bedroom,** la camera da letto
**beef,** il manzo
**beer,** la birra
**before** (*time*), prima di; (*place*), davanti a
**beg (to),** pregare
**begin (to),** cominciare
**beginning,** il principio
**behind,** dietro a
**believe (to),** credere
**bell,** la campana; (*small*), il campanello
**belong to (to),** appartenere (a)
**belt,** la cintura
**besides,** inoltre
**best** (*adj.*), il migliore; (*adv.*), il meglio
**better** (*adj.*), migliore; (*adv.*), meglio
**better (to),** migliorare
**between,** fra; tra
**big,** grande, grosso
**bill,** il conto
**birthday,** anniversario, compleanno
**black,** nero
**blackboard,** la lavagna
**blue,** azzurro, blu
**boat,** la barca
**book,** il libro
**bookcase,** lo scaffale
**boot (car),** il portabagagli
**born (to be),** nascere
**both,** tutti e due
**bottle,** la bottiglia
**box,** la scatola
**boy,** il ragazzo; **little boy,** il bambino
**bracelet,** il braccialetto
**branch** (*of business*), la succursale
**breakfast,** la colazione *or* la prima colazione
**breathe (to),** respirare
**breeze,** il venticello
**bridge,** il ponte
**bright,** lucente
**bring (to),** portare
**broad,** largo
**brother,** il fratello
**building,** l'edificio
**burn (to),** bruciare
**business,** l'affare *m.*
**businessman,** l'uomo d'affari
**busy,** occupato
**but,** ma, però
**butter,** il burro
**buy (to),** comprare

## C

**cake,** la torta
**calculate (to),** calcolare
**call (to),** chiamare; **to be called** (*named*), chiamarsi
**calm,** calmo
**car,** la macchina; l'automobile *f.*
**caress,** la carezza
**carry (to),** portare
**catch (to),** cogliere
**cathedral,** il duomo
**cease (to),** cessare
**celebrate (to),** festeggiare
**centre,** il centro
**century,** il secolo
**cereal,** il cereale
**certain,** certo
**chain,** la catena
**chair,** la sedia
**change (to),** cambiare
**change: in change,** di resto
**charm (to),** incantare
**charming,** incantevole
**chauffeur,** l'autista *m.*
**cheap,** a buon mercato
**cheese,** il formaggio
**chemist shop,** la farmacia
**chicken,** il pollo
**child,** bambino; ragazzo; fanciullo
**church,** la chiesa
**Christmas,** Natale
**cigar,** il sigaro
**cinema,** il cinema
**city,** la città; **in** *or* **to the city,** in città
**civilization,** la civiltà; la civilizzazione
**clasp (to),** stringere
**class,** la classe
**clean,** pulito
**clerk,** l'impiegato
**climate,** il clima
**clock,** l'orologio
**close (to),** chiudere
**clothes,** abiti, vestiti
**coffee,** il caffè
**coin,** la moneta
**cold,** freddo; **it's cold** (*weather*), fa freddo; **I am cold,** ho freddo; **I have a cold,** ho un raffreddore
**collection,** la collezione
**colour,** il colore
**come (to),** venire (vengo)
**comedy,** la commedia
**comfortable,** comodo
**comic,** comico

commerce, il commercio
commercial, commerciale
common, comune, ordinario
communicate (to), comunicare
complete (to), completare
complicated, complicato
compose (to), comporre
concern (to), riguardare
conclusion, la conclusione
confess (to), confessare
confused (to be), confondersi
congratulate (to), congratularsi
consequently, perciò, dunque
contain (to), contenere
continue (to), continuare
contribute (to), contribuire
conversation, la conversazione
converse (to), conversare
cook, il cuoco, la cuoca
cook (to), cucinare
cooked, cotto
cooking, la cucina
cool, fresco
cordial, cordiale
corner, l'angolo
correct, corretto, giusto
correctly, correttamente
correspondence, la corrispondenza
cost, il costo
cost (to), costare
costly, costoso
costume, il costume
count (to), contare
country, la campagna (*opposite of town*); il paese (*nation*)
countryman, il compatriotta
courage, il coraggio
course, il corso
course: of course, naturalmente
courteous, cortese
courtesy, la cortesia
cross (to), attraversare
crowded, affollato
cry (to) = to weep, piangere
cry out (to), gridare
cup, la tazza
curious, curioso
custom, l'abitudine *f.*, il costume
customer, il cliente
customs, la dogana
cut (to), tagliare

**D**

daddy, il papà
daily, giornaliero, quotidiano

dance (to), ballare
dark, scuro
date, la data
daughter, la figlia
day, il giorno, la giornata (*duration*); all day, tutto il giorno
dear, caro
death, la morte
decide (to), decidere
decorated, ornato
dedicate (to), dedicare
delicious, delizioso
dense, denso
departure, la partenza
descend (to), scendere
describe (to), descrivere
design, il disegno
desire, il desiderio
desire (to), desiderare
desk, la scrivania
dictate (to), dettare
dictatorship, la dittatura
dictionary, il dizionario
die (to), morire
difference, la differenza
differ (to), differire
different, differente
difficult, difficile
difficulty, la difficoltà
dignified, dignitoso
diligent, diligente
dine (to), pranzare
dinner, il pranzo
discuss (to), discutere
discussion, la discussione
dish, il piatto
disposition, la disposizione
distance, la distanza
distraction, la distrazione
disturbed, disturbato
divide (to), dividere
do (to), fare
doctor, il dottore; (*medical*), il medico
doll, la bambola
donate (to), donare
door, la porta
doubt, il dubbio
dough, la pasta
down, giù; down there, laggiù
dozen, la dozzina
drama, il dramma
dream (to), sognare
dress, l'abito, il vestito
dress (to), vestire; to dress oneself, vestirsi

drink (to), bere (bevo)
drive (to), guidare
dry, secco, asciutto
dry (to), asciugare
during, durante

E

each (*adj.*), ogni; each, each one (*pron.*),
 ciascuno, ognuno
ear, l'orecchio
early, presto, di buon'ora
earn (to), guadagnare
ear-ring, l'orecchino
earth, la terra
east, l'est *m.*
easy, facile
eat (to), mangiare
egg, l'uovo *m.*; *pl.* le uova *f.*
eight, otto
eighteen, diciotto
eighth, ottavo
eighty, ottanta
either . . . or, o . . . o
eleven, undici
embrace (to), abbracciare
emotion, l'emozione *f.*
empty, vuoto
enchanted, incantato
end, la fine
end (to), terminare, finire
engineer, l'ingegnere *m.*
England, Inghilterra
English, inglese
Englishman, l'Inglese
enjoy (to), godere
enough, abbastanza; basta!
enter (to), entrare
enthusiasm, l'entusiasmo
entire, intero
entirely, interamente
entrance, l'entrata, l'ingresso
envy (to), invidiare
equal (to), equivalere
equal, uguale
equally, ugualmente
error, lo sbaglio
especially, soprattutto, specialmente
essential, essenziale
etc., e così via, ecc.
eternal, eterno
evening, la sera, la serata (*duration*); in
 the evening, di *or* a sera; this evening,
 stasera
event, l'evento
ever, mai

every, ogni
everything, tutto
everywhere, dappertutto, dovunque
examination, l'esame *m.*
exceed (to), superare
excellent, ottimo, eccellente
except, eccetto
exceptional, eccezionale
excited, eccitato
exciting, eccitante
excuse (to), scusare; excuse me, mi
 scusi
exist (to), esistere
experience, l'esperienza
explain (to), spiegare
explanation, la spiegazione
express (to), esprimere
extraordinary, straordinario
extreme, l'estremo
eye, l'occhio

F

face, la faccia
fact, il fatto; in fact, infatti
factory, la fabbrica
fail (to), mancare di
fall, la caduta
fall (to), cadere
fall asleep (to), addormentarsi
family, la famiglia
famous, celebre; famoso
far, lontano
farmer, il contadino
fascinating, affascinante
fast, rapido
fatiguing, faticoso
father, il padre
fear, la paura
feel (to), sentire
fever, la febbre
few, pochi, poche; a few, alcuni, alcune
fifteen, quindici
film, il film, la pellicola
fine, bello
finish (to), finire (finisco)
fifth, quinto
fifty, cinquanta
fill (to), riempire
finally, finalmente
find (to), trovare
finish (to), finire
firm, la ditta
first (*adj.*), primo; (*adv.*), prima
fish, il pesce
five, cinque

flag, la bandiera
flat, l'appartamento
flight, il volo
floor, il pavimento; (*storey*), il piano
flow (to), scorrere
flower, il fiore
fluently, correntemente
follow (to), seguire
following, seguente
food, il cibo
foot, il piede; on foot, a piedi
football, il calcio
foreigner, lo straniero
forget (to), dimenticare
forgive (to), perdonare
fork, la forchetta
form, la forma
form (to), formare
formality, la formalità
fortunate, fortunato
forty, quaranta
foundation, la fondazione
fountain pen, la penna stilografica
four, quattro
fourteen, quattordici
fourth, quarto
France, Francia
free, libero
French, francese
friend, l'amico, l'amica
Friday, venerdì *m.*; on Fridays, il venerdì
from, da
front: in front of, davanti a
fruit, la frutta
full, pieno
furnished, ammobiliato

### G

gain (to), guadagnare
garage, la rimessa, il garage
garden, il giardino
gay, allegro
general, generale
generous, generoso
gentleman, il signore
geography, la geografia
German, tedesco
get along (to), arrangiarsi
get up (to), alzarsi
gift, il regalo
girl, la ragazza; little girl, la bambina
give (to), dare, donare
give back (to), restituire
glad, lieto

glass (*drinking*), il bicchiere; (*material*), il vetro
glove, il guanto
go (to), andare (a); to go away, andar via, partire; to go down, andar giù, scendere; to go out, uscire (esco); to go to bed, andare a letto, coricarsi; to go up, andar su; salire; to go with, accompagnare
gold, l'oro
good, buono, bravo
good-bye, arrivederci, addio
goodness! perbacco!
grandeur, la grandezza
grey, grigio
great, grande
green, verde
greet (to), salutare
greeting, il saluto
group, il gruppo
guess (to), indovinare
guide, la guida

### H

habit, l'abitudine *f.*
hair, il capello; *pl.* capelli
half, la metà; (*adj.*), mezzo
ham, il prosciutto
hand, la mano
handbag, la borsetta
handkerchief, il fazzoletto
happen (to), succedere, avvenire
happy, felice, lieto, contento
hard, difficile
haste, la fretta
hat, il cappello
hate, l'odio
have (to), avere
he, egli, esso, lui; he himself, lui stesso
head, la testa
headache, mal di testa
healthy, sano
hear (to), udire
heart, il cuore
heat, il caldo
heavy, pesante
height, l'altezza
help (to), aiutare
her (*pers. pron.*), la, lei, essa; to her, le; (*poss. adj.*), suo, sua (etc.)
here, qui, qua, ci, vi; here is *or* here are, ecco
hide (to), nascondere
high, alto
him, lo, lui; to him, gli

hire (to), noleggiare
his, suo, sua (etc.)
history, la storia
hold (to), tenere
home, la casa; at home, a casa; at *or* to the home of, da
homework, il compito
hope, la speranza
hope (to), sperare
hors d'œuvre, l'antipasto
horse, il cavallo
hospitable, ospitale
hour, l'ora
house, la casa; at *or* to the house of, da
housewife, la padrona di casa
how, come
however, però
how many, quanti (e)
how much, quanto (a)
humour, l'umore *m.*
hundred, cento
hunger, la fame
hungry: to be hungry, aver fame, aver appetito
hurry (to), affrettarsi; to be in a hurry, aver fretta

## I

I, io
ice cream, il gelato
idea, l'idea
if, se
ill, malato
imagine (to), immaginare
immediately, subito
immense, immenso
impatient, impaziente
import (to), importare
important, importante
importer, l'importatore *m.*
in, in
indeed, davvero, infatti
indicate (to), indicare
indispensable, indispensabile
individual, individuale
industrious, industrioso
industriously, industriosamente
industry, l'industria
influence, l'influenza
inform (to), informare
information, l'informazione *f.*; to get information, domandare informazioni
inhabitant, l'abitante *m.*
ink, l'inchiostro
inn, l'osteria

instead, invece; instead of, invece di
intelligent, intelligente
intend (to), contare (di)
interest, l'interesse *m.*
interest (to), interessare
interesting, interessante
into, in
introduce (to), presentare
invitation, l'invito
invite (to), invitare (a)
it, esso, essa; lo, la
Italian, italiano

## J

jack, il cricco
jacket, la giacca
jewel, il gioiello
joke (to), scherzare
journey, il viaggio
joy, la gioia
joyous, allegro
juice, il sugo
June, giugno
July, luglio

## K

keep (to), tenere
kilo, il chilo
kilometre, il chilometro
kind, la categoria
kind, gentile
kindness, la gentilezza
kiss (to), baciare
kitchen, la cucina
knife, il coltello
know (to): to know how, sapere (so)
know (to): to be acquainted with, conoscere (conosco)
knowledge, la conoscenza
known, conosciuto

## L

lacking (to be), mancare
lady, la signora; young lady, la signorina
lamp, la lampada
landscape, il paesaggio
language, la lingua
last, ultimo, scorso
last (to), durare
late, tardi; to be late, essere in ritardo
laugh (to), ridere
lawyer, l'avvocato
lazy, pigro
lead (to), menare, condurre
leaf, la foglia
learn (to), imparare, apprendere

**least: at least,** almeno; **the least,** il meno
**leather,** la pelle
**leave (to),** lasciare, partire
**leg,** la gamba
**lend (to),** prestare
**less,** meno
**lesson,** la lezione
**letter,** la lettera
**library,** la biblioteca
**life,** la vita
**lift,** l'ascensore *m.*
**light,** la luce; (*adj.*), chiaro
**like (to),** piacere; **I like,** mi piace
**list,** la lista
**listen (to),** ascoltare
**literature,** la letteratura
**little** (*small*), piccolo; (*not much*), poco; **a little of,** un po' di
**live (to),** abitare (*dwell*); vivere (*to be alive*)
**living-room,** salotto
**load,** il carico
**long,** lungo
**look (to),** guardare
**look for (to),** cercare
**lorry,** il camion; **driver,** il camionista
**love,** l'amore *m.*
**love (to),** amare
**low,** basso
**luck,** la fortuna
**lucky,** fortunato
**lunch,** la colazione

## M

**madam,** la signora
**magazine,** la rivista
**maid,** la domestica, la cameriera
**majority,** la maggioranza
**make (to),** fare
**man,** l'uomo (*pl.* gli uomini)
**manner,** la maniera
**many,** molti, molte; **so many,** tanti, tante
**mark (to),** segnare
**market,** il mercato
**masterpiece,** il capolavoro
**match,** il fiammifero
**mathematics,** la matematica
**me,** mi, me
**meal,** il pasto
**means,** il mezzo
**meantime,** il frattempo; **in the meantime,** nel frattempo
**measure (to),** misurare
**meat,** la carne

**medicine,** la medicina
**meet (to),** incontrare
**member,** il socio
**memory,** la memoria, il ricordo
**mend (to),** accomodare
**menu,** la lista
**merchandise,** la merce
**merchant,** il commerciante
**method,** il modo
**midnight,** mezzanotte
**mild,** mite
**mile,** il miglio; *pl.* le miglia
**milk,** il latte
**million,** il milione
**mirror,** lo specchio
**misfortune,** la sfortuna, la disgrazia
**Miss,** signorina
**missing (to be),** mancare
**mistake,** lo sbaglio
**mistaken (to be),** sbagliarsi
**moderate,** moderato
**modern,** moderno
**modest,** modesto
**moment,** il momento
**Monday,** lunedì *m.*; **on Mondays,** il lunedì
**monetary,** monetario
**money,** il danaro, il denaro
**month,** il mese
**more,** più
**morning,** la mattina; **this morning,** stamattina, stamane
**most,** il più
**mother,** la madre
**mountain,** la montagna, il monte
**mouth,** la bocca
**movement,** il movimento
**Mr.,** signor
**Mrs.,** signora
**much,** molto; **too much,** troppo; **so much,** tanto
**museum,** il museo
**music,** la musica
**musical,** musicale
**must (have to),** dovere
**my,** mio, mia, etc.

## N

**name,** il nome; **his name is Richard,** si chiama Riccardo
**nap,** il sonnellino
**narrow,** stretto
**native,** natio
**natural,** naturale
**near,** vicino a, presso

necessary, necessario; it is necessary, bisogna
necklace, la collana
necktie, la cravatta
need, il bisogno; to need, aver bisogno di
neither . . . nor, nè . . . nè
never, non *verb* mai
new, nuovo
news, la notizia
newspaper, il giornale
newsagent, il giornalaio
next, prossimo, venturo
nice, simpatico, gentile
night, la notte
nine, nove
nineteen, diciannove
ninety, novanta
ninth, nono
no, no
nobody, nessuno
noise, il rumore
noisy, rumoroso
noon, mezzogiorno
north, il nord
not, non
nothing, niente, nulla
notice, l'avviso
now, adesso, ora
number, il numero

## O

object, l'oggetto
observe (to), osservare
obtain (to), ottenere
occasion, l'occasione *f.*
occupied, occupato
of, di
offer (to), offrire
office, l'ufficio
often, spesso
oil, l'olio
old, vecchio, antico
older, maggiore (*referring to persons*)
olive, l'oliva
on, su, sopra
once: at once, subito
only (*adj.*), solo; (*adv.*), solo, solamente, soltanto
only: not only . . . but also, non solo . . . ma anche
open (to), aprire
opportunity, l'occasione *f.*
or, o, od (*before a word beginning with a vowel*)
orange, l'arancia

order: in order to, per
other, altro
over, sopra
overcoat, il soprabito
outside, fuori
overshoe, la soprascarpa
owe (to), dovere
own, proprio

## P

package, il pacco
pain, il male, il dolore
painting, la pittura
pair, il paio; *pl.* le paia
paper, la carta
pardon (to), perdonare
parent, genitore *m.*
Paris, Parigi
park, il parco
park (to), parcheggiare
part, la parte
participate (to), partecipare
pass (to), passare
passer-by, il passante
passport, il passaporto
past, scorso
pay (to), pagare
peak, la cima
pen, la penna
pencil, la matita
people, il popolo, la gente
perfect, perfetto
performance, lo spettacolo
perfume, il profumo
perhaps, forse
period, il periodo
permit (to), permettere
person, la persona
personal, personale
petrol, la benzina
photograph, la fotografia
piano, il pianoforte
picture, il quadro
piece, il pezzo
place, il posto, il luogo
plane (air), l'aereo
plate, il piatto
play (to) (*instruments*), suonare; (*games*), giocare
pleasant, piacevole
please, per piacere; per favore
pleasure, il piacere
plus, più
pocket, la tasca
point, il punto

point to (to), indicare
policeman, la guardia
police station, la questura
politely, educatamente
poor, povero
pope, il Papa
populated, popolato
porcelain, la porcellana
port, il porto
porter, il facchino
portion, la porzione
portrait, il ritratto
possible, possibile
post (to), imbucare
post card, la cartolina
poster, il cartello
postman, il postino
post office, la posta
pound (*weight*), la libbra
pound (*money*), la sterlina
pour (to), versare
practice, la pratica
pray (to), pregare
preceding, precedente
precious, prezioso
precise, preciso
prefer (to), preferire (preferisco)
prepare (to), preparare
present, presente
present (to), presentare
press (to), stringere
pretty, carino, bello
price, il prezzo
prize, il premio
problem, il problema
product, il prodotto
professor, il professore
profit (by) (to), approfittare (di)
profitable, profittevole
programme, il programma
progress, il progresso
project, il progetto
prolong (to), prolungare
proud, orgoglioso
public, pubblico
pull (to), tirare
pupil, l'alunno
puncture (to), bucare
purchase, la spesa
pure, puro
put (to), mettere

**Q**

quality, la qualità
quantity, la quantità

question, la domanda; **to ask questions,** fare domande
quickly, presto, rapidamente
quite, proprio; **quite good,** proprio buono

**R**

race, la corsa
radio, la radio
rain, la pioggia
rain (to), piovere
raincoat, l'impermeabile *m.*
rapidly, rapidamente
rather, piuttosto
raw, crudo
read (to), leggere
ready, pronto
reason, la ragione
receive (to), ricevere
recent, recente
recognize (to), riconoscere
recommend (to), raccomandare
record (*gramophone*), il disco
recount (to), raccontare
recreation, lo svago
red, rosso
rejoin (to), raggiungere
region, la regione
religious, religioso
remain (to), rimanere, restare
remember (to), ricordare (di)
render (to), rendere
repeat (to), ripetere
representative, il rappresentante
require (to), esigere, richiedere
resemble (to), assomigliare a
reserve (to), riservare, prenotare
residence, la residenza
respect, il rispetto
respectful, rispettoso
rest (to), riposarsi
restaurant, il ristorante, la trattoria
retain (to), ritenere
retire (to), ritirarsi
return (to), tornare
rich, ricco
riches, la ricchezza
right, giusto
rigorous, rigido
ring, l'anello
ring (to), suonare
rise (to), alzarsi
road, la strada
roll, il panino
roof, il tetto

room, la stanza, la sala, la camera
row, la fila
rule, la regola

S

sad, triste
saddle, la sella
safe, salvo
salad, l'insalata
salt, il sale
same, stesso
sample, il campione
satisfied (with), contento (di)
Saturday, sabato *m.*; on Saturdays, il sabato
saucepan, la casseruola, il tegame, la pentola
saucer, il piattino
save (to) (*money*), fare delle economie; salvare (*person*)
say (to), dire
scarcely, appena
scene, la scena, la vista
school, la scuola
science, la scienza
scream (to), gridare
screen, lo schermo
sea, il mare
seashore, la spiaggia
season, la stagione
seat, la sede, il posto
seated, seduto
second, il secondo (*unit of time*)
second (*adj.*), secondo
see (to), vedere
see again (to), rivedere
seem (to), sembrare
seize (to), cogliere
sell (to), vendere
send (to), inviare, mandare
sentence, la frase
serious, serio
seriously, seriamente
serve (to), servire
service, il servizio
seven, sette
seventeen, diciassette
seventh, settimo
seventy, settanta
she, lei, ella, essa
shine (to), brillare
shirt, la camicia
shoe, la scarpa
shop, la bottega, il negozio
shop assistant, il commesso, la commessa

shopping (to go), fare le spese
short, corto, breve
shorthand-typist, la stenografa
show (to), mostrare
shop window, la vetrina
sick, malato
side, il lato
sideboard, la credenza
silver, argento
simple, semplice
since, siccome
sincere, sincero
sing (to), cantare
sir, signore *m.*
sister, la sorella
sit down (to), sedersi, accomodarsi
situated, situato
six, sei
sixteen, sedici
sixth, sesto
sixty, sessanta
skin, la pelle
sky, il cielo
sleep, il sonno
sleep (to), dormire
sleepy (to be), aver sonno
slope, il pendio
slow, lento
slowly, lentamente, adagio
small, piccolo
smile (to), sorridere
smoke (to), fumare
snow, la neve
so, così
sock, il calzino
sofa, il divano
some, di + *definite article*; qualche; alcuni *m. pl.*; alcune *f. pl.*
somebody, qualcuno
sometimes, qualche volta
something, qualche cosa
son, il figlio
song, il canto, la canzone
soon, presto; as soon as possible, al più presto
soon: as soon as, appena
sorrow, il dolore
sorry: I am sorry, mi dispiace
south, il sud
Spanish, spagnolo
speak (to), parlare
speed, la velocità
spend (to) (*time*), passare; (*money*), spendere
spite: in spite of, malgrado

spoon, il cucchiaio
spread (to), spandere
spring, la primavera
square, la piazza
staircase, la scala
stamp, il francobollo
stand (to), stare in piedi
star, la stella
station, la stazione
stay, la permanenza, il soggiorno
steering wheel, il volante
stenographer, la stenografa
step, il passo
still, ancora
stocking, la calza
stomach-ache, mal di stomaco
stone, la pietra
stop (to), fermare; the bus stops, l'autobus si ferma
store, il negozio
story, la storia
straight, diritto; straight ahead, diritto
stranger, lo straniero
street, la strada, la via
strike (to), colpire
strong, forte
student, lo studente, la studentessa
study, lo studio
study (to), studiare
style, lo stile
subject, il soggetto
suburb, suburbs, il sobborgo, i sobborghi
succeed (to), riuscire
success, il successo
such, tale
sudden: all of a sudden, tutto d'un tratto
sugar, lo zucchero
suggest (to), suggerire
suit, l'abito, il vestito
suitcase, la valigia
sum, la somma
summer, l'estate *f.*
sun, il sole
Sunday, domenica *f.*; on Sundays, la domenica
supper, la cena
supper (to have), cenare
sure, sicuro, certo
surprise, la sorpresa
surprise (to), sorprendere
surround (to), circondare
surroundings, i dintorni
sweet, dolce; sweets (*candy*), dolci
system, il sistema

## T

table, la tavola; little table, tavolino
take (to), prendere
talk (to), parlare
task, il compito
taste, il sapore, il gusto
taxi, il tassì
teach (to), insegnare
teacher, maestro, maestra
teaspoon, il cucchiaino
telephone, il telefono
telephone (to), telefonare
television, la televisione
temperature, la temperatura
ten, dieci
tenth, decimo
terrible, terribile
than, di, che
thanks, grazie *f. pl.*; ringraziamenti *m. pl.*
that, ciò
that is, cioè
that (*conjunction*), che; (*relative*), che
that (*dem. adj.*), quel, quella, quell', quello
the, il, lo, la, i, gli, le, l'
theatre, il teatro
them, li, le, essi, esse, loro
themselves, stessi
then, poi
then, allora, dunque
there, là, lì, ci, vi; there is, c'è, v'è; there are, ci sono *or* vi sono; there is *and* there are (*pointing*), ecco; over there, laggiù
therefore, perciò
these, questi, queste
they, essi *m.*, esse *f.*, loro
thing, la cosa
think of (to), pensare (a)
third, terzo
thirteen, tredici
thirty, trenta
this, questo (a)
those (*dem. adj.*), quei, quelle, quegli
thousand, mille; *pl.* mila
three, tre
through, per
throw (to), gettare
Thursday, giovedì *m.*; on Thursdays, il giovedì
ticket, il biglietto
time, il tempo, la volta, l'ora
tip, la mancia

tired, stanco
to, a, ad (*before word beginning with a vowel*)
today, oggi
together, insieme
tomorrow, domani; **day after tomorrow,** domani l'altro; **tomorrow morning,** domattina
too (= also), anche, pure; **too much,** troppo
toothache, mal di denti
top: on top of, in cima a
topic, il tema
total, il totale
touch (to), toccare
tour, il giro
tourist, il turista
towards, verso
tower, la torre
town, la città
trade, il mestiere
trade union, il sindacato
tragic, tragico
tranquil, tranquillo
translate (to), tradurre
travel (to), viaggiare
traveller, il viaggiatore
travel agency, l'agenzia di viaggi
travellers' cheque, l'assegno turistico
tree, l'albero
trip, la gita, il viaggio
trousers, i calzoni
truck, l'autocarro
true, vero
truly, veramente
truth, la verità
Tuesday, martedì *m.*; **on Tuesdays,** il martedì
turn (to), girare
twelve, dodici
twenty, venti
two, due
typewriter, la macchina da scrivere
tyre, la gomma

## U

umbrella, l'ombrello
uncle, lo zio
under, sotto
understand (to), capire (capisco)
unforgettable, indimenticabile
unfortunate, sfortunato
until, fino a
unusual, insolito
up, su

up to, fino a
upon, su, sopra
us, ci; **to us,** ci
use, l'uso
use (to), usare
useful, utile
usually, d'abitudine, di solito

## V

vacation, la vacanza
value, il valore
varied, vario
various, diversi
vary (to), variare
vase, il vaso
veal, il vitello
vegetable, il legume, la verdura
very, molto, assai
view, la vista
vigorously, vigorosamente
visit, la visita
visit (to), visitare
voice, la voce

## W

wait for (to), aspettare
waiter, il cameriere
waiting-room, sala d'aspetto
wake up (to), svegliarsi
walk, la passeggiata
walk (to), camminare, passeggiare
wall, il muro, la parete
want (to), desiderare
war, la guerra
warm, caldo
warm (to), riscaldare
wash, la biancheria
wash (to), lavare; **to wash oneself,** lavarsi
watch, l'orologio
watch (to), guardare
water, l'acqua
way: by the way, a proposito
we, noi
wear (to), portare
weather, il tempo
Wednesday, mercoledì *m.*; **on Wednesdays,** il mercoledì
week, la settimana
weigh (to), pesare
weight, il peso
welcome, benvenuto
well, bene; (*exclamation*), ebbene
wet, bagnato
what, quale, quali

what, che cosa, che
what = that which, ciò che, quello che
whatever, qualunque
when, quando
where, dove; where is . . . ? dov'è . . . ?
wherever, dovunque
which, quale *sing.*; quali *pl.*
which, che
while, mentre
white, bianco
who, chi (*inter. pron.*); che (*rel. pron.*)
whose, di cui
why, perchè
wide, largo
wife *f.*, moglie
win (to), vincere
wind, il vento
window, la finestra; (*of a booth*), lo
  sportello; (*of a shop*), la vetrina
wine, il vino
winter, l'inverno
wise, saggio
wish (to), volere (voglio)
with, con
without, senza
woman, la donna
wonderful, meraviglioso
word, la parola

work, il lavoro
work (to), lavorare
workman, l'operaio
world, il mondo
worse (*adj.*), peggiore; (*adv.*), peggio
worst (*adj.*), il peggiore; (*adv.*), il peggio
worth (to be), valere
worthy, degno
write (to), scrivere
writer, lo scrittore
writing paper, carta da lettere
written, scritto

# Y

year, l'anno
yellow, giallo
yes, sì
yesterday, ieri
yet, ancora
you, tu, voi, Lei, Loro; ti, te, vi, ve; La,
  Li, Le
young, giovane
young man, giovanotto
your, yours, tuo, suo, vostro

# Z

zero, zero

# VOCABULARY—ITALIAN–ENGLISH

## A

**a, ad** (*used before words beginning with a vowel*), to, at
**abbastanza,** enough
**abbondante,** abundant
**abbracciare,** to embrace
**abile,** able, skilful
**abitante** *m.*, inhabitant
**abitare,** to dwell, live
**abito,** dress, suit
**abitudine** *f.*, habit, custom; **d'abitudine,** usually
**accettare,** to accept
**accomodare,** to mend, repair
**accomodarsi,** to sit down; **si accomodi,** sit down, make yourself comfortable
**accompagnare,** to accompany
**accordo,** agreement; **d'accordo,** agreed
**acqua,** water
**adagio,** slowly
**addormentarsi,** to fall asleep
**adesso,** now
**aereo, aeroplano,** plane
**affare** *m.*, business, affair; **negli affari,** in business
**affascinante,** fascinating
**affatto,** not at all, by no means
**affetto,** affection
**affollato,** crowded
**affrettarsi,** to hurry
**agenzia di viaggi,** travel agency
**agitato,** agitated, excited
**aiutare,** to aid, to help
**aiuto,** aid
**albergo,** hotel, inn
**albero,** tree
**alimenti** (*pl.*), food
**allegria,** joy, gaiety
**allegro,** gay, jolly
**alcuno,** some, any
**allora,** then; **d'allora in poi,** from then on
**almeno,** at least
**altezza,** height
**alto,** high; **ad alta voce,** aloud
**altro,** other; **altro che!** I should say so! **senz'altro,** at once, certainly
**altrui,** another's; **la casa altrui,** another's house
**alunno,** pupil

**alzarsi,** to get up, to rise
**amare,** to love
**amico** *m.*, **amica** *f.*, friend
**ammirare,** to admire
**ammobiliato,** furnished
**amore** *m.*, love
**anche,** also, too; **anch'io,** I also
**ancora,** still, yet
**andare,** to go; **andare via,** to go away; **andare a piedi,** to go on foot, walk; **L'orologio va avanti (indietro).** The watch is fast (slow).
**andarsene,** to go away, leave
**anello,** ring
**angolo,** corner
**anno,** year; **Quanti anni ha?** How old are you?
**anniversario,** birthday, anniversary
**annoiare,** to bore
**ansioso,** anxious
**anticipo: in anticipo,** in advance
**antico,** ancient
**antipasto,** hors d'œuvre
**aperto,** open
**appartamento,** flat
**appartenire (a),** to belong (to)
**appena,** scarcely, as soon as
**appetito,** appetite; **avere appetito,** to be hungry, to have an appetite
**apprendere,** to learn, to hear
**apprezzare,** to appreciate
**aprile** *m.*, April
**aprire,** to open
**approfittare (di),** to profit (by)
**appuntamento,** appointment
**arancia,** orange
**argento,** silver
**aria,** air
**aritmetica,** arithmetic
**arrangiare,** to arrange; **arrangiarsi,** to get along, to manage
**arrivare,** to arrive
**arrivederci,** good-bye
**arrivo,** arrival
**arte** *f.*, art
**articolo,** article
**artigiano,** artisan, craftsman
**artista** *m.*, artist
**artistico,** artistic
**ascensore** *m.*, lift

asciugare, to dry
asciutto, dry
ascoltare, to listen
aspettare, to wait for
assai, very much, enough
assegni turistici, travellers' cheques
assente, absent
assicurare, to assure
assomigliare a, to resemble
attendere, to await, to wait, to expect
attentamente, attentively
attirare, to attract
attore *m.*, actor
attraente, attractive
attraversare, to cross
attuale, current, present, actual
augurare, to wish
autista *m.*, chauffeur, driver
autocarro, truck, lorry
autunno, autumn
avanti, ahead, before; Avanti! Forward! Come on!
avere, to have; aver bisogno di, to need; aver caldo, to be warm; aver dolore a, to feel pain in; aver fame, to be hungry; aver freddo, to be cold; aver paura, to be afraid; aver ragione, to be right; aver sonno, to be sleepy; aver torto, to be wrong; aver venti anni, to be twenty years old
avvenire, to happen
avvicinarsi, to approach
avviso, notice
avvocato, lawyer
azzurro, blue

**B**

baciare, to kiss
bagagli, baggage, luggage
bagnato, soaked, wet
bagno, bath
ballare, to dance
bambina, child, little girl
bambino, child, little boy
bambola, doll
bancherella, stall
banco, bank, counter, bench
bandiera, flag
barba, beard; farsi la barba, to shave
barca, boat
basso, low
basta! enough!
battere, to beat, to strike, to knock
baule, trunk
bellezza, beauty

bello, beautiful, fine, handsome
bene, well; star bene, to be well
benissimo, very well
benvenuto, welcome
benzina, petrol
bere, to drink; bevo, I drink
biancheria, washing, linen
bianco, white
biblioteca, library
bicchiere *m.*, glass
biglietto, ticket, note (*money*)
birra, beer
bisogna, it is necessary
bisogno, need; aver bisogno di, to need
blu, blue
bocca, mouth
borsetta, handbag
bottega, small shop
bottiglia, bottle
braccialetto, bracelet
braccio *m.*, arm; braccia *f. pl.*
bravo, good, clever, skilful, brave
breve, short, brief
brillare, to shine
bruciare, to burn
bucare, to puncture
buono, good
burro, butter

**C**

cadere, to fall
caduta, fall
caffè *m.*, coffee, café
calcio, football
calcolare, to calculate
caldo, heat, warmth; (*adj.*), warm; fa caldo, it's warm (*weather*); ho caldo, I am warm
calza, stocking
calzino, sock
calzoni, trousers
cambiare, to change; cambiarsi, to change (*one's clothes*)
camera, room, bedroom; camera da letto, bedroom
cameriera, maid
cameriere *m.*, servant, waiter
camicetta, blouse
camicia, shirt
camino, chimney
camion, lorry
camionista *m.*, lorry driver
camminare, to walk
campagna, country (*opposite of town*)
campanello, bell

**campidoglio,** capitol
**campione,** sample
**cantare,** to sing
**canto,** song
**canzone** *f.*, song
**capello,** hair (*one*); *pl.* **capelli**
**capire (capisco),** to understand
**capolavoro,** masterpiece
**cappello,** hat
**carezza,** caress
**carico,** load
**carino,** pretty, nice
**carne** *f.*, meat
**caro,** dear, expensive
**carta,** paper
**cartello,** poster
**cartolina,** post card
**casa,** house, home; **a casa mia,** at my house
**casseruola,** saucepan
**castello,** castle
**catena,** chain
**cattivo,** bad
**causa,** cause; **a causa di,** because of
**cavallo,** horse
**celebre,** famous
**cena,** supper
**cenare,** to have supper
**cento,** one hundred
**centro,** centre
**cercare,** to look for; to try
**certamente,** surely
**certificato,** certificate
**certo,** certain, sure
**cessare,** to cease
**cestino,** basket
**che** (*adj.*), which, what; (*rel. pron.*), that, which, who, whom; (*conj.*), that
**che cosa,** what
**chi?** who? whom? **di chi?** whose?
**chiamare,** to call; **chiamarsi,** to be called; **Come si chiama?** What's your name?
**chiaro,** light, clear
**chiedere,** to ask
**chiesa,** church
**chiudere,** to close
**ci** (*pron.*), us, to us, each other; (*adv.*), here, there; **c'è,** there is; **ci sono,** there are
**ciascuno,** each, each one
**cibo,** food
**cielo,** sky
**cima,** peak, summit; **in cima a,** on top of
**cinema** *m.*, cinema
**cinquanta,** fifty

**cinque,** five
**cintura,** belt
**ciò,** this, that
**cioè,** that is, namely
**circa,** about, nearly, concerning
**circondare,** to surround
**città,** city, town; **in città,** in *or* to the town
**cittadina,** small town
**civiltà,** civilization
**classe** *f.*, class
**cliente** *m.*, customer
**clima** *m.*, climate
**cogliere,** to seize, to catch; **cogliere l'occasione,** to take the opportunity
**colazione** *f.*, breakfast, lunch; **fare colazione,** to eat breakfast, to eat lunch
**collana,** necklace
**collina,** hill
**colore** *m.*, colour; **Di che colore è . . . ?** What colour is . . . ?
**colpire,** to strike, to impress
**coltello,** knife
**come,** how, as, like
**cominciare,** to begin
**commerciale,** commercial
**commerciante** *m.*, businessman, dealer
**commercio,** commerce
**commesso-a,** shop assistant
**comodo,** comfortable, convenient
**compatriotta,** fellow countryman
**compito,** task, duty, homework
**compleanno,** birthday
**completare,** to complete
**complicato,** complicated
**comporre,** to compose
**comprare,** to buy
**compratore,** buyer
**comprendere,** to understand, to comprise
**comune,** common
**comunicare,** to communicate
**con,** with, by, by means of
**condurre,** to conduct, to take
**confessare,** to confess
**confondersi,** to be confused
**congratularsi,** to congratulate
**conoscenza,** knowledge, acquaintance; **fare la conoscenza di,** to make the acquaintance of
**conoscere,** to know, to be acquainted with, to meet
**conosciuto,** well known
**consiglio,** counsel, advice
**contadino,** farmer, peasant

contare, to count; contare (di), to intend (to)

contenere, to contain

contento (di), glad, pleased (with)

continuare, to continue

conto, bill, account

contorno, side dish

contribuire, to contribute

contro, against

conversare, to converse

coperto, covered

coraggio, courage

coricarsi, to go to bed, to lie down

correntemente, fluently

correre, to run

corretto, correct

corrispondenza, correspondence

corsa, race

corso, course

cortese, courteous

cortesia, courtesy

corto, short

cosa, thing, matter

così, so, thus; e così via, and so forth, etc.; così . . . come, as . . . as

costa, coast

costare, to cost

costo, cost

costoso, costly

costume *m.*, custom, costume, habit

cotto, cooked; ben cotto, well done

cravatta, tie

credenza, sideboard

credere, to believe; credo di sì, I think so

crespo, crisp

cricco, jack

crudo, raw

cucchiaino, teaspoon

cucchiaio, spoon

cucina, kitchen, cooking

cucinare, to cook

cui (*rel. pron. after prep.*), whom, whose, of which

cuoca, cook, cuoco (m.)

cuore *m.*, heart

### D

da, from, at the house of; since

danaro or denaro, money

dappertutto, everywhere

dare, to give

data, date

davanti a, in front of

davvero, indeed

decidere, to decide

decimo, tenth

dedicare, to dedicate

degno, worthy

delizioso, delicious

denaro, money

denso, dense

dente *m.*, tooth; ho mal di denti, I have toothache

descrivere, to describe

desiderare, to want, to desire

desiderio, desire

destro, right; a destra, to the right

dettare, to dictate

deve, must, owe

di, of, from; di + *definite article*, some, any

diciannove, nineteen

diciassette, seventeen

diciotto, eighteen

dieci, ten

dietro, behind

differente, different

differenza, difference

differire (-isco), to differ

difficile, difficult

diligente, diligent

dimenticare, to forget

dintorni, surroundings

dire, to say

diritto (*adv.*), straight ahead

disco, gramophone record

discussione *f.*, discussion

discutere, to discuss, to argue

disegno, design

disgrazia, misfortune, accident

dispiacere, to be displeasing; mi dispiace, I am sorry

disposizione *f.*, disposition, arrangement, disposal

distanza, distance

distinto, distinct

distrazione *f.*, distraction

ditta, firm

dittatura, dictatorship

divano, sofa

divenire, to become

diverso, various, different, some

divertire, to amuse; divertirsi, to amuse oneself, to have a good time

dividere, to divide

dizionario, dictionary

dodici, twelve

dogana, customs, custom house

dolce, sweet, dessert; dolci, sweets

dolere, to ache
dolore, sorrow
domanda, question; fare domande, to ask questions
domandare, to ask; domandare delle informazioni, to ask for information
domani, tomorrow; domani l'altro, day after tomorrow; domani a otto, a week from tomorrow
domattina, tomorrow morning
domenica, Sunday
domestica, servant, maid
donare, to present, to donate, to give
donna, woman
dopo, after
dormire, to sleep
dottore *m.*, doctor
dove, where; dov'è . . . ? where is . . . ?
dovere, must, have to, be obliged to, be supposed to, to owe
dovunque, wherever, anywhere
dozzina, dozen
dramma *m.*, drama
dubbio, doubt
due, two
dunque, consequently, then
duomo, dome, cathedral
durante, during
durare, to last
duro, hard

### E

e, ed (*before a word beginning with* e), and
è (*from* essere), he, she, it is
ebbene, well (*exclamation*)
eccetto, except
eccezionale, exceptional
eccitante, exciting
eccitato, excited
ecco, here is, here are, there is, there are; eccomi, here I am
edificio, building
educatamente, politely
egli, he
elegante, elegant
ella, she
emozione *f.*, emotion
entrare, to enter
entrata, entrance
entusiasmo, enthusiasm
epoca, epoch
eppure, yet, and yet, nevertheless
equivalere, to equal

esame *m.*, examination; fare un esame, to take an examination; superare un esame, to pass an examination
esempio, example
esigere, to require
esistere, to exist
esperienza, experience
espresso, express; caffè espresso, black coffee
esprimere, to express
essa, she, it *f.*
esse, they *f.*
essenziale, essential
essere, to be; io sono, I am
essi, they *m.*
esso, he, it *m.*
est, east; ad est, to the east
estate *f.*, summer
estivo (*adj.*), summer
estremo, extreme
età, age
evento, event

### F

fa, ago
fabbrica, factory
facchino, porter
faccia, face; di faccia, facing
facile, easy
fame *f.*, hunger; aver fame, to be hungry
famiglia, family
fanciullo, boy
fare, to make, to do; fare colazione, to have breakfast, lunch; fare la conoscenza di, to make the acquaintance of; fare il giro, to take the tour; fare una gita, to take a trip; fare una passeggiata, to take a walk; fare le spese, to go shopping; fare una visita a, to pay a visit to; fare l'avvocato (dottore), to be a lawyer (doctor)
faticoso, fatiguing, tiring
fatto, fact; infatti, in fact
fazzoletto, handkerchief
febbre *f.*, fever
felice, happy
fermare, to stop (*somebody or something*); fermarsi (oneself); l'autobus si ferma, the bus stops
ferrovia, railway
fiammifero, match
figlia, daughter, girl
figlio, son, child
fila, row

fine *f.*, end
finestra, window
finestrino, car window
finire (finisco), to finish
fino a, until, as far as, up to
fiore *m.*, flower
fisico, physical
fiume *m.*, river
foglia, leaf
fondo, bottom
fontana, fountain
forchetta, fork
forma, form
formaggio, cheese
formare, to form
foro, forum
forse, perhaps
forte, strong
fortuna, fortune, luck
fortunato, lucky, fortunate
fotografia, photograph
fra, between, among
francese, Frenchman, French
Francia, France
francobollo, postage stamp
frase *f.*, sentence
fratello, brother
frattempo: nel frattempo, in the mean-time
freddo, cold; fa freddo, it's cold (*weather*); ho freddo, I am cold
fresco, cool; fa fresco, it's cool (*weather*)
fretta, haste; aver fretta, to be in a hurry
frutta, fruit
fumare, to smoke
fuori, outside

## G

gabinetto, toilet
gamba, leg
garage *m.*, garage
gelato, ice cream
generale, general
generoso, generous
genitore *m.*, parent
gente *f.*, people
gentile, kind, nice
gentilezza, kindness
gettare, to throw
già, already
giallo, yellow
giardino, garden
giocare, to play (*games*); giocare a scacchi, to play chess
giocatore, player, gambler

gioia, joy
gioiello, jewel
giornalaio, newsagent
giornale *m.*, newspaper
giornaliero, daily
giornata, day (*in the course of*)
giorno, day; tutto il giorno, all day
giovane, young; a young man, a young woman
giovanotto, young man
giovedì *m.*, Thursday
giro, tour; fare un giro, to take a tour
gita, trip; fare una gita, to take a trip
giù, down
giungere, to arrive, reach
giusto, right, correct, just
gli (*pron.*), to him; (*def. art. pl.*), the
glorioso, glorious
godere, to enjoy
golfo, gulf
gomma, tyre; gomma di ricambio, spare tyre
grammatica, grammar; grammar book
grande, big, great
grandezza, grandeur
grattacielo, skyscraper
grazie, thank you
grazioso, graceful, pretty
gridare, to scream, to shout
grigio, grey
grosso, big, bulky
gruppo, group
guadagnare, to earn, to gain
guanto, glove
guardia, policeman
guardare, to look, watch
guerra, war
guida, guide, guide book
guidare, to drive, to steer
gusto, taste; di buon gusto, in good taste; di mio gusto, to my taste

## I

idea, idea; che idea! the very idea!
ieri, yesterday
il, the *m.*
illustrato, illustrated
imbucare, to post
immaginare, to imagine
imparare (a), to learn; imparare a memoria, to learn by heart
impaziente, impatient
impermeabile *m.*, raincoat
impiegato, clerk, employee
importante, important

importare, to import
importatore, importer
in, in, into
incantare, to charm, to enchant
incantevole, enchanting
inchiostro, ink
incontrare, to meet
indicare, to point to, to indicate
indimenticabile, unforgettable
indispensabile, indispensable
individuale, individual
indovinare, to guess
industria, industry
industrioso, industrious, diligent
infatti, in fact
influenza, influence
informare, to inform
informazione *f.*, information
ingegnere, engineer
Inghilterra, England
inglese, Englishman, English
ingresso, entrance
innamorato, enamoured
inoltre, besides
insalata, salad
insegnare, to teach
insieme, together
insolito, unusual
intelligente, intelligent
interamente, entirely
interessante, interesting
interessare, to interest
interesse *m.*, interest
intero, entire, whole
intorno a, around
invece, instead; invece di, instead of
inverno, winter
inviare, to send
invidiare, to envy
invitare (a), to invite
invito, invitation
io, I
isola, island
italiano, Italian

## L

la (*art.*), the; (*obj. pron.*), her, it, you
là, there
laggiù, over there
lago, lake
lampada, lamp
lana, wool
largo, wide, broad
lasciare, to leave
lato, side

latte *m.*, milk
lattiera, milk jug
lavagna, blackboard
lavare, to wash; lavarsi, to wash oneself
lavorare, to work
lavoro, work
le (*art.*) (*pl. of* la), the
le (*pron.*), them, to her, to it
leggere, to read
legume *m.*, vegetable
Lei, you (*polite singular*); lei, she, her
lento, slow
lettera, letter
letteratura, literature
letto, bed; a letto, in bed
lezione *f.*, lesson
lì (*adv.*), there
li (*obj. pron.*), them
libbra, pound
libero, free, vacant
libro, book
lieto, glad, happy
lingua, language, tongue
lira, lira (*monetary unit of Italy*)
lista, list
lo (*art.*), the; (*obj. pron.*), him, it
lontano, far
loro, they, them, to them; (*poss. adj.*), their, theirs, your, yours; Loro, you, to you, yours
lotteria, lottery
luce *f.*, light
lucente, bright, shining
lui, he, him
lunedì *m.*, Monday
lungo, long, along
luogo, place; *pl.* luoghi; aver luogo, to take place

## M

ma, but
macchina, car, machine
macchina da scrivere, typewriter
madre, mother
maestro, maestra, teacher
maggiore, older; il maggiore, the oldest
magnifico, magnificent
mai, ever; non . . . mai, never
malato, sick, ill
male *m.*, pain, evil, harm; mal di testa, headache; mal di denti, toothache
male (*adv.*), badly
malgrado, in spite of

mancare, to fail, to be lacking, to be missing
mancia, tip
mandare, to send
mangiare, to eat
maniera, manner, way
mano *f.*, hand; **stringere la mano,** to shake hands
manzo, beef
mare *m.*, sea
martedì *m.*, Tuesday
matita, pencil
matrimonio, marriage
mattina, morning
me, me, to me
medico, doctor (*medical*)
meglio (*adv.*), better; **il meglio,** the best
mela, apple
memoria, memory; **a memoria,** by heart
menare, to lead
meno, less, minus
mentre, while
menù, menu
meraviglioso, wonderful
mercato, market; **a buon mercato,** cheap, cheaply
merce *f.*, merchandise, goods
mercoledì *m.*, Wednesday
mese *m.*, month
mestiere *m.*, trade
metà, half; **a metà di,** in the middle of
mettere, to put
mezzanotte, midnight
mezzo (*n.*), means
mezzo (*adj.*), half
mezzogiorno, noon
mi, me, to me
miglio, mile; *pl.* **le miglia**
migliorare, to get better, to improve
migliore (*adj.*), better; **il migliore,** the best
milione *m.*, million
mille, one thousand; *pl.* **mila**
minuto, minute
mio, my
misurare, to measure
mite, mild
moderno, modern
modo, way, method
moglie *f.*, wife
molto (*adj.*), much; *pl.* many; (*adv.*), very
momento, moment; **del momento,** appropriate
mondiale (*adj.*), world
mondo, world
moneta, coin, small change

monetario, monetary
montagna, mountain
montare, to go up
morte *f.*, death
mostrare, to show
movimento, movement
museo, museum
musica, music

# N

nacque, was born
nascere, to be born
nascondere, to hide
naso, nose
Natale, Christmas
natio, native
naturale, natural
ne, of it, etc.; see Grammar Notes, Chap. 20
nè . . . nè, neither . . . nor
neanche, not even, not either
necessario, necessary
negozio, shop, store
neppure, not either, not even = **neanche**
nero, black
nessuno, nobody, no one
neve *f.*, snow
niente, nothing; **niente affatto,** not at all
no, no
noi, we, us
noleggiare, to hire
nome *m.*, name
nominare, to name
non, not
nonno, grandfather
nonna, grandmother
nono, ninth
nord *m.*, north
nostro, our
notizia, news; **le notizie attuali,** current affairs
notte *f.*, night
novanta, ninety
nove, nine
nulla, nothing; **di nulla,** don't mention it, you're welcome
numero, number, numeral
nuovo, new; **di nuovo,** again

# O

o, or; **od** (*before a word beginning with a vowel*)
occasione *f.*, occasion, opportunity
occhio, eye

occupare, to occupy; occuparsi (di), to be busy with

odio, hate

offrire, to offer

oggetto, object; oggetto d'arte, objet d'art

oggi, today

ogni, each, every

ognuno, each one, everyone

olio, oil; olio d'oliva, olive oil

ombrello, umbrella

opera, opera, work

operaio, workman

ora, time, hour; di buon'ora, early; da ora in poi, from now on

ordinario, common

orecchino, ear-ring

orecchio, ear

orgoglioso, proud

ornato, decorated

oro, gold

orologio, watch, clock

ospitale, hospitable

osservare, to observe

osteria, inn

ottanta, eighty

ottavo, eighth

ottenere, to obtain

ottimo, very good, excellent

otto, eight

ovest, west

## P

pacco, package

padre *m.*, father

padrone *m.*, landlord, owner

paesaggio, landscape

paese *m.*, country (*nation*), village

pagare, to pay

paio, pair; *pl.* le paia

palazzo, palace, building

pane *m.*, bread

panino, roll

panna, cream

pantaloni, trousers

papà, daddy

Papa, pope

parata, parade

parcheggiare, to park

parco, park

parecchio, a lot; *pl.* several

parete *f.*, wall (inside)

Parigi, Paris

parlare, to speak, to talk

parola, word

parte *f.*, part, side, place; fare la parte, to play the part

partecipante, participant

partecipare, to participate, to take part

partenza, departure

partire, to leave

passante, passer-by

passaporto, passport

passare, to pass, to spend (*time*)

passeggiare, to walk

passeggiata, walk, ride

passione *f.*, passion

passo, step

pasta, dough, pastry

pasto, meal

patata, potato

paura, fear; aver paura, to be afraid

peccato: Che peccato! What a pity!

peggio (*adv.*), worse; il peggio, the worst

peggiore (*adj.*), worse; il peggiore, the worst

pelle *f.*, skin, leather

pellicola, film

pendio, slope

penna, pen; penna stilografica, fountain pen

pensare (a), to think (of)

per, for, by, through, in order to

perbacco! goodness!

perchè, why, because

perciò, therefore

perdere, to lose

perdonare, to forgive, to excuse

perfetto, perfect

periodo, period

permanenza, stay

permettere, to permit, to allow

però, but, however

persona, person

pesante, heavy

pesare, to weigh

pescare, to fish

pescatore, fisherman

pesce *m.*, fish

peso, weight

pezzo, piece

piacere *m.*, pleasure

piacere, to be pleasing; mi piace il libro, I like the book

per piacere, please

piacevole, pleasant, nice

pianista *m. or f.*, pianist

piano (*n.*), floor, storey; (*adv.*), slowly, in a low voice

**pianoforte** *m.*, piano
**piattino,** saucer
**piatto,** plate
**piazza,** square; **in piazza,** on the square
**piccolo,** small
**piede** *m.*, foot; **andare a piedi,** to walk; **stare in piedi,** to stand
**pieno,** full
**pietra,** stone
**pioggia,** rain
**piovere,** to rain; **piove a catinelle,** it is raining buckets
**piroscafo,** liner (boat)
**pittoresco,** picturesque
**pittura,** painting
**più,** more, most, plus
**piuttosto,** rather
**po'** (*shortened form of* **poco**); **un po' di,** a little of
**poco,** little, not much; *pl.* **pochi, poche,** few
**poema** *m.*, poem
**poeta** *m.*, poet
**poi,** then, afterwards
**poichè,** because, for, since, as
**pollo,** chicken
**pomeriggio,** afternoon; **di pomeriggio,** in the afternoon
**ponte** *m.*, bridge
**popolo,** people (*of a country*)
**porcellana,** porcelain
**porta,** door
**portare,** to carry, to bring, to wear
**portabagagli,** boot (*of car*)
**portacenere** *m.*, ash-tray
**portaombrelli,** umbrella stand
**porto,** port
**porzione** *f.*, portion
**possibile,** possible
**postino,** postman
**posta,** post office
**posto,** place, seat
**potere (posso),** to be able, can, may
**povero,** poor
**pratica,** practice
**prato,** field
**pranzare,** to dine
**pranzo,** dinner, meal
**precedente,** preceding
**preciso,** sharp, precise
**preferire (preferisco),** to prefer
**pregare,** to pray, to beg; **prego,** please (I beg)
**premio,** prize
**prendere,** to take
**prenotare,** to reserve

**preparare,** to prepare
**presentare,** to present, to introduce
**presente,** present
**presso,** near
**prestare,** to lend
**presto,** soon, quickly, early; **al più presto,** as soon as possible
**prezioso,** precious
**prezzo,** price; **prezzo fisso,** table d'hôte, fixed price
**prima** (*adv.*), first; **prima di,** before
**primavera,** spring
**primo** (*adj.*), first
**principio,** beginning
**problema** *m.*, problem
**prodotto,** product
**professore** *m.*, professor, teacher
**profittevole,** profitable
**profondo,** deep, profound
**profumo,** perfume
**progetto,** project
**programma** *m.*, programme
**progresso,** progress; **fare progressi rapidi,** to make rapid progress
**prolungare,** to prolong
**pronto,** ready, prompt
**pronto** (*telephone*), speaking, hello
**proposito: a proposito,** by the way; **a proposito di,** about
**proprio** (*adj.*), own; **la loro propria lingua,** their own language
**proprio** (*adv.*), quite, just, exactly, really; **proprio ora,** just now; **sì proprio,** yes, indeed
**prosciutto,** ham
**prossimo,** next, near
**punta,** point, tip
**pure,** also, too; **venga pure,** do come

## Q

**qua,** here
**quadro,** picture
**qualche,** some, any
**quale,** which, which one, who, whom
**qualunque,** any, whatever
**quanto (a),** how much; **quanti (e),** how many; **quanto a me,** as for me
**quaranta,** forty
**quartiere** *m.*, quarter, district
**quarto,** quarter, fourth
**quasi,** almost
**quattordici,** fourteen
**quattro,** four
**quello,** that, that one
**questo (-a, -i, -e),** this, these

**questura,** police station
**qui,** here
**quindici,** fifteen
**quinto,** fifth
**quotidiano,** daily

## R

**raccomandare,** to recommend
**raccontare,** to relate, tell
**radio** *f.,* radio
**raffreddore** *m.,* cold; **ho un raffreddore,** I have a cold
**ragione** *f.,* reason; **aver ragione,** to be right
**rapido,** rapid, quick
**il rapido,** express train
**rappresentante** *m.,* agent, representative
**recente,** recent
**regalo,** gift
**regola,** rule
**rendere,** to render, to return; to make
**repentino,** sudden
**respirare,** to breathe
**restare,** to remain
**restituire,** to return, to give back
**resto,** remainder, change; **di resto,** in change
**ricchezza,** riches, wealth
**ricco,** rich
**ricevere,** to receive
**riconoscere,** to recognize
**ricordare (di),** to remember, to recall
**ricordo,** memory, souvenir
**ridere (di),** to laugh (at)
**riempire,** to fill
**riguardare,** to concern
**rimanere,** to remain, stay
**rimessa,** garage
**Rinascimento,** Renaissance
**ringraziamento,** thanks, gratitude
**ringraziare,** to thank
**ripetere,** to repeat
**riposarsi,** to rest
**riscaldare,** to warm, to heat
**riservare,** to reserve
**risorgimento,** rebirth
**risotto,** rice (*prepared*)
**rispetto,** respect
**rispettoso,** respectful
**rispondere,** to answer, reply
**risposta,** answer
**ristorante** *m.,* restaurant
**ritardo,** delay; **essere in ritardo,** to be late
**ritenere,** to retain

**ritirarsi,** to retire
**ritornare,** to return again
**ritratto,** portrait
**riuscire (a),** to succeed (in)
**rivedere,** to see again
**rivista,** magazine
**rompere,** to break
**rosso,** red
**rumore** *m.,* noise
**rumoroso,** noisy

## S

**sabato** *m.,* Saturday
**saggio,** wise
**sala,** hall, room; **sala da pranzo,** dining-room; **sala d'aspetto,** waiting-room
**sale** *m.,* salt
**salire,** to go up, to get on
**salotto,** living-room
**salutare,** to greet
**saluto,** greeting
**salvo,** safe
**sano,** sound, healthy
**sapere,** to know, to know how
**sapore** *m.,* flavour, taste
**sbagliarsi,** to be mistaken, to make a mistake
**sbaglio,** error, mistake
**scacchi,** chess
**scaffale** *m.,* bookcase
**scala,** stairs, staircase
**scalino,** step (*of staircase*)
**scarpa,** shoe
**scatola,** box
**scavo,** excavation
**scena,** scene
**scendere,** to descend, to get off; **scendere dall'automobile,** get out of the car
**schermo,** screen
**scherzare,** to joke
**scienza,** science
**scolastico (anno),** school
**scorrere,** to flow
**scorso,** past, last; **l'anno scorso,** last year
**scrittore** *m.,* writer
**scrivania,** desk
**scrivere,** to write
**scuola,** school
**scuro,** dark
**scusare,** to excuse; **mi scusi,** excuse me
**se,** if
**sè (stesso),** yourself, himself, etc.
**secco,** dry
**secolo,** century

**venire (vengo),** to come
**venti,** twenty
**venticello,** breeze
**vento,** wind; **tira vento,** it's windy
**ventunesimo,** twenty-first
**venturo,** next; coming
**veramente,** really, indeed
**verde,** green
**verdura,** vegetables, greens
**verità,** truth
**vero,** true; **non è vero?** isn't that so?
**versare,** to pour
**verso,** towards, about
**vertiginoso,** dizzy
**vestire,** to dress; **vestirsi,** to dress oneself, to get dressed
**vestito,** suit, dress
**vetro,** glass (pane)
**vetrina,** shop window
**vi** (*pron.*), you, to you; **vi** (*adv.*), here, there
**via,** street, way, route
**viaggio,** journey, trip
**viaggiare,** to travel
**viaggiatore** *m.*, traveller
**viaggio,** trip, voyage, journey; **fare un viaggio,** to make a trip
**viavai** *f.*, rush, hurly-burly

**vicino a,** near
**vigore** *m.*, vigour
**vigoroso,** vigorous
**vincere,** to win, to conquer
**vino,** wine
**visita,** visit
**visitare,** to visit
**vista,** view, sight
**vita,** life
**vitello,** veal
**vivere,** to live
**voce** *f.*, voice; **ad alta voce,** aloud; **a voce bassa,** in a low voice
**voi,** you (*plural*)
**volante** *m.*, steering wheel
**volentieri,** willingly, with pleasure
**volere (voglio),** to want to
**volo,** flight
**volta,** time; **quante volte,** how many times
**vuoto,** empty

## Z

**zero,** zero
**zia,** aunt
**zio,** uncle
**zona,** zone
**zucchero,** sugar